版权声明

著作权合同登记号

图字:01 - 2021 - 1081

立法法理学丛书｜主编　宋方青
厦门大学哲学社会科学繁荣计划资助项目

DRAFTING LEGISLATION

Art and Technology of Rules for Regulation

立法起草

规制规则的艺术与技术

[希腊][英国]海伦·赞塔基（Helen Xanthaki）著
姜孝贤 译　宋方青 校

法律出版社
LAW PRESS · CHINA
北　京

图书在版编目（CIP）数据

立法起草：规制规则的艺术与技术 /（英）海伦·赞塔基著；姜孝贤译. -- 北京：法律出版社，2022

书名原文：Drafting Legislation：Art and Technology of Rules for Regulation

ISBN 978-7-5197-6278-0

Ⅰ. ①立… Ⅱ. ①海… ②姜… Ⅲ. ①立法－研究 Ⅳ. ①D901

中国版本图书馆 CIP 数据核字（2021）第 262745 号

立法起草：规制规则的艺术与技术

LIFA QICAO：GUIZHI GUIZE DE YISHU YU JISHU

著　　者 ［希腊］［英国］海伦·赞塔基
译　　者 姜孝贤
校　　者 宋方青
责任编辑 陈　慧
编辑统筹 法律教育出版分社
装帧设计 凌点工作室
责任校对 杨锦华
责任印制 胡晓雅
出　　版 法律出版社／北京市丰台区莲花池西里 7 号（100073）
网　　址 www. lawpress. com. cn
总 发 行 中国法律图书有限公司／北京市丰台区莲花池西里 7 号（100073）
经　　销 新华书店
印　　刷 天津嘉恒印务有限公司
版　　本 2022 年 1 月第 1 版
印　　次 2022 年 1 月第 1 次印刷
字　　数 446 千
开　　本 710 毫米×1000 毫米　1/16
印　　张 28.5
定　　价 86.00 元
书　　号 ISBN 978-7-5197-6278-0
投稿邮箱 info@ lawpress. com. cn
维权邮箱 jbwq@ lawpress. com. cn
咨询电话 010-63939796
销售电话 010-83938349
客服电话 010-83938350

献给安娜·费伊

我美丽又有才华的小宝贝

中文版前言

立法起草是法学和法律科学的最新分支学科。但它已经处于各国政府和国际组织研究的最前沿,这仅仅是因为立法起草处于它们与人民之间沟通的核心。立法起草为(国家的、区域性或者国际性)行政部门与公民之间的沟通提供了一个独特的直接渠道。严格说来,它既起到意识形态的作用,也发挥功能性作用:它允许行政部门履行为公民服务的功能;它加强并促进公民对规制工作的参与。这两项举措均能增强公民对行政部门的信任。

所有这一切都是通过一种转变实现的,即不再认为立法只被律师和法官阅读,并将立法的有效性置于立法质量的核心。有效性跳离了立法质量特征的形式主义清单,将立法环境的相对性作为起草困境的决定性因素。

回到本书。既然有效性取决于时间和法域,那在英国撰写的一本书能为中国服务吗?我坚信可以!因为起草理论具有普遍性。起草实践确实具有法域的殊异性,但从其他法域吸取的经验教训特别有益。当然,有必要在国家范围内根据有用性和需求来对这些实践进行过滤,以便确定其在有关法域是否有用。

就这方面而言,一国的起草专家无疑十分宝贵。我有幸与中国福建省地方立法评估与咨询服务基地厦门大学立法研究中心副主任姜孝贤博士密切合作。他在英国伦敦学习期间,我们专门花了一段时间讨论这本书的各个方面及其在中国进行讲授的可行性。这是一次真正意义上的绝妙智力挑战,对此我非常感激。同时,我也要感谢厦门大学法学院院长、中国法学会立法学研究会副会长、中国法学会法理学研究会副会长、厦门大学立法研究中心主任宋方青教授对本书中文版的校阅。本书旨在将立法起草作为一门学科引进中国。没有更好的专家比我的这两位同事更能做到这一点，我衷心感谢他们的努力工作、对我的耐心，以及他们在求知和实践上永不满足的热情。作为帮助中国和中国立法者制定更好的法律的一种手段，希望本书能够为彼国和人民造福。

海伦·赞塔基
伦敦大学学院教授
伦敦大学法学研究生教育学院院长
国际立法协会主席
厦门大学客座教授
伦敦，2021 年 2 月 12 日

目 录
Contents

第十四章 授权立法

第十五章 为汇编而起草 vs 为法典化而起草

第十六章 税收立法

第十七章 域外立法

第一章

立法作为规制的一种方法：立法起草中的有效性

引　言 1

“规制规则”（rules for regulation）这一概念可以包括：政府为了履行治国理政的权利和义务，遵循支持性规制范式，[1]借助一系列支持或者惩罚而推行的各种指引和禁令。[2]这一术语可以十分广泛地加以定义，它允许将成文法和柔性规则考虑在内，尽管从定义上来说，这两种类型必须都具有拘束力才能被归类为规则；其包括所有类型的规则渊源，无论该渊源根据程序要求是立法性的还是行政性的，以及任何类型的规制：积极的或者消极的［毕竟，去规制（deregulation）是一种治理形式］、主动的或者被动的［毕竟，不规制（non-regulation）是一种治理形式］、自我实施的或者强制执行的。[3]针对这一术语，经济合作与发展组织（OECD）则将各级政府的治理机构对私营部门之行为施加义务或约束的所有法律工具都囊括其中，包括宪法、议会法、次级立法、法令、命令、规范、许可、规划、法典，甚至包括某种形式的行政指引。[4]但是，出于本书的分析目的，“规制规则”这一术语则被限缩，并被定义为书面的、有约束力的法律规定。

但是，在规制与立法或者制定法之间究竟存在怎样的关联 2
呢？[5]尽管规制与立法之间的关系非常简单明了，但却很少被置于一种功能性语境之中。[6]这导致的结果是，它被安放在学术界的理论抽屉里，而不是建立在政策过程中行动者的脑海中。慕斯慕缇（Mousmouti）和福尔曼（Voermans）对规制与立法进行了清晰区分：

> 立法质量表达了一种制度性立法观，与合法性、有效性（effectiveness）和法律确定性等宪法原则密切相关。相反，规制质量则表达了一种更具工具性的立法观，反映的是立法在促进经济发展方面的成功。[7]

简言之，无论一个国家的政体如何，其政府（选举的、任命的或者其他方式建立的）都要治国理政。政府充分履行职能是为了确保政府议程被透彻地理解，正是政府议程当初把它们送上执政位置。[8]政府议程通过能够产生理想规制结果的政策被透彻理解,[9]也就是说,政策成功的普遍衡量标准是其产生理想结果的程度。[10]政策通常先是在选举前/任命/组阁等议程设定阶段以及之后的治理阶段,由政策制定者加以构思。[11]一般情况下,两个阶段的政策议程是一致的,当然也并非总是如此,[12]原因或者是一项政策在这两个阶段之间被放弃,因为这项政策在治理阶段没有被优先考虑,或者是一项政策在选举/任命/组阁之后的执政阶段已经得到落实。但是,无论出现的时机是什么,被赋予优先性的政
3 策,其命运是被付诸施行。[13]让我来阐释一下:政府通常致力于将他们的政策真正地付诸施行。但是,与政府实际上实施了一项政策相比,将政府有意识选择的政策以书面形式固定下来则是更具可接受性的选择。[14]因此,在本书使用的意义上,规制是指根据政府意图的程度和范围,将政府政策付诸施行的过程。[15]从传统规制(如基于成效的激励进路)到共同规制和自我规制方案,[16]再到以激励和市场为基础的工具(如税收优惠和交易许可),再到信息进路,[17]可供政府使用的规制工具的弹性形式不一而足。[18]

规则制定(rule-making)通常采取立法形式,尽管以软法形式作为规则或者法律制定的替代形式正在变得流行,但是,立法仍然是可供政府选择的一种规制工具。这实际上对法律赋予了正当性:被一个正式授权的立法机关所采纳。[19]在此,政策过程被限缩为立法过程。对于大陆法系的法律人而言,这一过程被称为法律制定(law-making);对普通法系的法律人而言,这一过程被称为立法(legislating)。在此,规则变成了对其适用范围内足够多的人具有实践权威的人工制品,并安排这些人的事务。[20]同时,政策被转换成法律概念,并被表达为立法文本。[21]

后一部分是立法过程中更加狭窄的一个循环过程,即起草过程。正是在起草过程中,起草者经历着桑顿(Thornton)起草五阶段的每一步骤。[22]在此,政策官员和法律官员看到他们的理念在适当的时候被转换为成文法。[23]

4 因此,立法仅是治理的一种工具,或者仅是规制的一种工具。这是规制与立法之间的关系。立法是政府在追求将其政策付诸施行过程时众多选择中的一种。[24]但是,立法不能被"简化"为政策。[25]

如果我们将立法作为规制的一种工具这一整体图景纳入考虑,那么将起草者的目标确定为实现"立法质量",便是一个相当短视且狭隘的进路。[26]根据斯特珐努(Stefanou)的三过程框架,[27]在政府政策的应用中,起草者仅能致力于发挥关键但却微小的作用。政府政策则最好被表达为规制。[28]因此,本

章的出发点便是:起草者追求规制质量。这一声明反映了起草者在整个治理过程中的作用,并且强化了如下观点:立法仅仅是政府在试图进行规制时众多选择中的一种,并且事实上是最后的且最不重要的一种。[29]这便是在欧盟规制中,[30]欧盟所称的必要性原则。[31]

关于当前对立法的思考,最有说服力的一句话出自理查德·希顿(Richard Heaton),他是内阁办公室首席议会法律顾问和常务次官:

> 我认为,我们需要在政府内外建立一种责任感,对我们所称之法令全书(statute book)的质量(也许是误导性的)共同负责,并提升其中的共同职业荣誉。通过这样做,我希望我们能够在使用者中建立信心,让他们相信立法是对他们有利的。[32]

但是,如果起草者要对政府规制质量有所贡献的话,这种贡献到底意指 5
为何?图1-1[33]形象地展示了这些目标及其层级体系。[34]

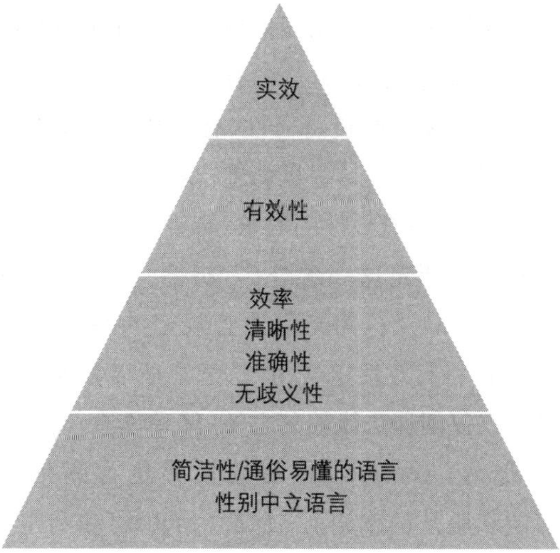

图1-1　立法起草的品质

规制的终极目标是实效(efficacy)。所谓实效,是指规制者实现其目标的程度。[35]实效经常与有效性(effectiveness)相混淆,特别是对于立法研究领域之外的专家而言,尽管他们在分析这一概念时,有很多东西可以提供。例如,布兰德尼·钱伯斯(W. Bradnee Chambers)便对这一概念的谱系进行了独特的系统化,只不过他称这一概念为有效性,[36]而我称之为实效:立法的成效

(performance)指数与其目标匹配的衡量标准。[37]布兰德尼·钱伯斯区分了关于实效的几种模型:以规则为基础的实证主义实效模型,该模型着眼于服从的实现程度;社会—法律的模型,[38]通过规则符合社会规范以及“既有社会环
6 境”中的价值,[39]或者规则能够引发服从的正当性[40]来评价实效;经济法律的模型将成本—效率作为实效的标准;[41]国际关系模型则要求在实效、实施和服从之间进行更为清晰的区分。

考虑到立法者的作用仅仅是众多规制(在政策、立法和起草过程中)[42]主体中的一个单位,从立法起草这一狭义角度看,实效便可以被定义为一部立法实现其规制目标的能力。[43]作为衡量立法质量实现预期规制目的的一种手段,实效不是起草者单独就可以实现的目标。[44]一份完美的草案也许能够产生理想的规制效果,但是糟糕的实施[45]和糟糕的司法适用可能干扰其实际效果。[46]当然,我们应当承认,不正确的实施和司法适用余地的范围与草案的质量直接相关。[47]但很有可能,草案中的错误可以归因于所实施政策的内容中有错误,或者在规制影响评估中错误地计算了实施所需配备的资源。

在实效的范畴中,起草者追求立法的有效性。[48]这一术语被广泛使用,却往往没有定义。例如,欧盟呼吁负责任性、有效性和合比例性作为实现更好
7 的立法的手段,但却根本没有对这些概念进行界定。[49]与此类似,英国议会法律顾问办公室不断重申其对有效性的渴求,希望以此有助于准确性或在两者之间取得平衡,但却没有界定这一术语。[50]梅德(Mader)将有效性定义为目标群体可被观察的态度以及行为与立法者规定的态度以及行为的符合程度。[51]斯奈德(Snyder)将有效性定义为“法律之所以重要,其事实依据在于:在法律之外,即除了仅仅阐释法律教义之外,其对政治、经济和社会生活亦具有影响”。[52]托伊布纳(Teubner)将有效性界定为涵括实施、强制执行(enforcement)、影响和服从的术语。[53]穆勒(Müller)和乌尔曼(Uhlmann)将有效性定义为立法手段实现一项具体目标且不带副作用的程度。[54]在詹金斯(Jenkins)的社会—法律的模型中,立法的有效性被定义为一部立法以期待的方式影响社会现象的程度,这一社会现象本身又是立法所力图处理的。[55]福尔曼将有效性原则界定为法治的一种结果,法治课予立法者一项义务,即考虑和尊重即将要颁布的立法的实施和强制执行。[56]慕斯慕缇将有效性描画为法律与其效果之间因果关联的衡量标准:有效的法就是被尊重或者被实施的法,前提是可观察到的尊重程度可以被归因于规范。[57]

因此,就狭义上的起草目的而言,有效性是立法质量的最终标准。[58]它仅仅反映了立法力图引入充分的机制,以便产生预期规制结果的程度。[59]如果将立法的有效性归属于规制实效(它作为其中一项要素)这一更广泛的语义 8
学领域,即使考虑到多元的立法现象,如象征性立法或者将法律的作用限定为一种仪式,有效性也站得住脚。如果立法的目的是充当一种象征,有效性便是这一象征性立法的使用者们获得鼓舞的衡量标准。如果立法被用作一种仪式,有效性便是说服使用者遵从其恰当的仪典性。

在具体而非抽象的概念意义上,有效性要求立法文本能够:(1)预见主要的预期结果,并将其运用到起草和研拟的过程中;(2)清晰地说明其主要目标和意图;(3)提供必要且恰当的方法和强制执行的措施;(4)持续且及时地评估其实际的有效性。[60]

但是,用于实现有效性的方法是什么呢?有效性可以通过两组工具来实现:第一,通过效率,即以最小成本实现立法行动的最大收益;[61]第二,借助清晰性(clarity)、准确性(precision)和无歧义性(unambiguity)。效率意指选择经济上最恰当的解决方案,因而这是多学科起草队伍中经济学家擅长考虑的事情。在立法作为规制的一种工具的语境下,效率是规制质量的必要条件,当然也是被选择用以实现规制目标之立法的必要条件。清晰性或者明确性(clearncss)[62]是指明白无误且很容易被感知和理解的品质。[63]准确性意指表达或者细节的精确性。[64]无歧义性是指确定的和精确的含义。[65]其中,语义上的无歧义性要求每个被使用的单词都有单一的含义,[66]句法无歧义性则要求句子结构清晰、短语或者分句的位置正确。[67]清晰性、准确性和无歧义性赋予法律可预测性。可预测性允许立法的使用者,包括实施者,[68]全面理解规制要求的内容。效果的可预测性是有效性的必要组成部分,事实上也是法治的必要组成部分。[69]这样一来,遵守便成为使用者有意识进行选择的问题,而 9
不是使用者对于立法和(最终意义上)规制的具体内容进行主观解释的问题。

起草者目标层级体系中还包括通俗易懂的语言(plain language)和性别中立的语言。作为一个概念,通俗易懂的语言囊括了语言的修饰词,后者对读者或者使用者来说具有主观性。[70]伊格尔森(Eagleson)将通俗易懂的语言界定为清楚、直截了当的表达,并且仅仅使用必要数量的单词。它是能够避免晦涩、膨胀的词汇量和复杂句子结构的语言。当然,它不是模仿儿语,也不是英语的简化版本。[71]根据雷迪什(Redish)的观点,通俗易懂的英语意指写作直截了当,读起来就像说话一样;写作必须去掉古体的、多音节的单词和高贵的词组转换,这些甚至连受过良好教育的读者都无法理解。通俗易懂的英语是明确的、直接的和简单的,但是好的通俗易懂的英语应当兼具清晰性和美感。[72]通俗易懂的语言要求将如下因素纳入考量:设计、布局、语言本身,以及用于分析和确定读者在考虑单词、句子或者段落之前需要什么信息来做出明智决定的方法。[73]一个通俗易懂的文件惜字如金,[74]并且处于特定文本的读者能够理解的水平上;句子结构紧凑;语气舒适、直接;设计在视觉上能够吸引人。[75]由通俗易懂语言运动发现的常见问题有:冗长的句子、被动的语气、[76]弱变化动词、多余的单词、法律和金融行话、抽象单词以及难以卒读的设计和布局。[77]

性别中立语言是准确性的一种工具,因为其提升了起草中的[78]和法庭上
10 的[79]性别明确性。性别—明确的[80]语言和通俗易懂的语言都是提升清晰性、准确性和无歧义性的补充工具。

对起草的主要原则及其在金字塔式层级中所处位置的简要阐述,展现了有趣的结论。起草者追求的是他们对于规制实效的贡献。这种贡献是在规制起草者有限的职责范围内做出的,并被定义为有效性。因此,在起草的狭义意义上,立法质量是有效性的同义词。立法的有效性一方面通过效率来实现,另一方面则通过清晰性、准确性和无歧义性来实现。通俗易懂的语言和性别—明确的语言则都是实现清晰性、准确性和无歧义性的有价值的工具。

■ 规制规则的性质:艺术抑或技术?

但是,规制规则的性质是什么呢?它们是如何被适用的?对这些问题的回答取决于起草立法的性质,后者通常被含糊其词地描述成“严肃的事业”。[81]迪克(Dick)将其描述为“看得见的法律思维”。[82]迪克森(Dickerson)将立法起草看作“以最完整可靠的形式对法律权利、特权、职能、义务、法律地位或者处分的结晶和表达”。[83]萨朗比耶(Salembier)将起草与其他写作形式进行了区分,因为起草的目标不是娱乐、给人深刻印象或者解释,而是以尽可能清晰的方式列出法律关系的参数。[84]

如果起草被认为是一种纯粹的艺术形式,[85]或者一种准技艺,[86]那么规则和习惯就要遵从创造性和创新。起草是一种自由的技能,不受任何规则的约束,并且只能通过经验和主观指导来练就。[87]这样一来,关于在未来可能发

生的各种可能环境下必须如何起草的操作指南就变得不可能,而且从任何类别的规则中都学不到任何经验;此外,技术、语言和一般路径都会发生变化,并且必须允许这种变化的自由。[88]这是过去普通法世界对于起草的传统设想,甚至在现在的大陆法世界亦是如此。起草是一项自由的技能,被有见识的法律学者所拥有。负责起草立法的政府部门或者机构的很多学者代表会 11
加入起草委员会。[89]

但是,立法起草的这样一种传统进路忽视了其作为一门法律学科的性质,[90]以及法律作为艺术的衰落和作为技术和规制的兴起。[91]而且,即使在多学科起草团队的理念中,起草也主要被视为一项法律工作。对那些拒绝将法律归类为艺术的人而言,法律是一门科学:作为法律科学的一部分,起草只能是一种科学或者也可能是一门技术。[92]如果起草真的是一门科学,[93]那么便有适用于它的规则,[94]对这些规则的认识是通过课程和研讨会中的专业发展来获得的,[95]并且,这种认识是如此专业,以至于起草只能由专业人士来掌握——通常聚集在政府某个特殊部门,[96]如议会法律顾问办公室。

在我们对法律和起草的主观偏好方法的选择中,亚里士多德伸出了援手。对亚里士多德来说,法律和起草有三种选择:[97]作为认识(*episteme*)的科学;[98]作为技艺(*techne*)的艺术;或者作为实践(*praxis*)的实践智慧(*phronesis*),[99]即根据实际情境进行决策或者将实际情境主观归类到原则之下的实践智慧和作为科学知识(*episthmh*)的智慧。[100]

phronesis 曾经被翻译为实践推理、实践智慧、道德识别力、道德洞见或者生产。[101]用亚里士多德的话说,实践智慧是一种“合乎理性且能够根据事物对丁人的利弊采取行动的”埋智品质。[102]它是“判断的艺术”。[103]实践智慧既 12
不能与不变的事物相联系,也不能与无法实现的目标相联系。[104]实践智慧不是关于世界不变秩序的知识,而是仅仅与人类事务有关,并且在这些事务中,又只能与那些可以成为有意义的慎思对象有关。[105]

实践智慧关涉价值,[106]并且超越认识的分析性、科学性知识和技艺的技术性知识或者诀窍。沃格林(Voegelin)写到:实践智慧不同于认识—科学的逻辑推理品质,后者从原理中得出结论;不同于努斯(*Nous*)—理智,这是用以发现第一原理的;也不同于理论智慧(*Sophia*),这是科学与理智的结合,关涉神性事物。[107]实践智慧不同于艺术性和技术性的技能(*techne*),因为技艺是用来生产艺术品因而不是目的在其自身的行动。[108]实践智慧既包括理性选择,也包括形成理性选择的反思性慎思(reflective deliberation)过程,并且是良善公民身份的首要品质。[109]相对于认识和技艺,实践智慧因为能够处理人类事务而至高无上,这些事务也包括无法处理自身的认识和技艺。[110]实践智慧之所以最重要,另一个原因是这种活动使工具理性和价值理性得以平衡。[111]

亚里士多德将认识定义为一种演示(demonstrative)状态(一种能够证明其所知事物的心灵状态)。当其信念被以某种方式限定的时候,人们便具有科学知识。第一原理对他们而言是已知的,因为如果他对这些原理的了解程度不比从这些原理得出的结论更好,那么他就只会偶然地获得知识。[112]认识关涉普遍事物,并生产在时空中不变的知识,后者是在分析理性的帮助下实
13 现的,与自然科学中表达的现代科学理念相一致。[113]因此,作为认识的法律
“将会是致力于普遍性和寻求普遍真理或者规律的基础科学”。[114]亚里士多德将技艺定义为一种真正合乎逻辑的生产性状态,其实践是研究如何使那些能够存在或者不能够存在的某物存在(bring into being)。[115]因此,技艺是一种手艺或者艺术,是具体的、语境—依赖的和可变的。其目标是根据实用主义的工具理性来运用技术知识和技能,福科称该工具理性是“被一个有意识的目标所支配的实践合理性”。[116]邓恩(Dunne)将技艺看作:

> 专家制造者所拥有的那类知识:使他能够对制造过程的来龙去脉以及方式方法有清晰的观念,使他能够通过提供合理解释的能力,安全熟练地掌控其行为。[117]

被实践为一种技艺的法律将是一种咨询类型,旨在通过工具理性实现更好的法律,此处的“更好的”是根据那些聘用顾问之人的价值和目标来界定的,有时候也是与顾问进行协商的结果。[118]实践智慧聚焦于伦理学领域中的实践知识:“实践智慧是一种真正的状态,合乎理智且能够根据对人而言是好的或者坏的事物来行动……这种品质属于那些懂得管理家政或者国家的人。”[119]具有实践智慧的人(*phronimoi*)被所追求目的之恰当秩序感所推动,这些目的不能被认为是理论公理,而是只能通过实践智慧来掌握。[120]因此,实践智慧意义上的法律主要关注:在实践价值—理性的基础上,以实践为参照,对价值和利益进行的反思。[121]

实践智慧需要与实践知识(*praxis*)一起运转,理论智慧(*sophia*)和理论理解(*episteme*)则需要探究永恒真理(*theoria*),亚里士多德对此进行了区分。
14 实践知识是具有实践智慧之人做出社会和道德判断时需要的一种知识。亚

里士多德也对实践智慧和技艺进行了区分,后者在制作事物的时候需要运用技术知识(*poiesis*)。[122]

法是一种实践智慧吗？它可以是,[123]并且主流观点亦是如此。[124]在大陆法系传统中,作为实践智慧的法促进了连续一致的适用,进而有助于实现确定性和法治。作为实践智慧的法主张明智(*prudence*)或者适当性(*appropriateness*),以及普通法系中的遵循先例原则。对于希望促进正义的人而言,通过敦促其回答下列问题,实践智慧可以充当一项具体的指南:我们正在通往何处？孰胜孰负以及借助什么机制？理想的结果是什么？在这一主题上可以做些什么？[125]与演绎推理相反,实践智慧支持概然性推理,后者可以被定义为特定情境下,在已知但主观地应用原则的基础上,对解决方案的选择。[126]实践智慧是"一种对细微差别和具体感觉做出反应的智慧,超越了抽象或者一般的正确理论。用这种方式,实践智慧依赖于一种直接的洞察力,而不是更为正式的推理过程"。[127]实践智慧提供了实现目的的手段。[128]并且,实践智慧可以容纳法律认知(legal *episteme*)和技艺性的法(*techno-law*)。[129]

因此,立法起草的性质是什么,是法学的一门分支学科吗？关于起草是一门艺术还是科学的争论似乎是个伪命题。它忽视了相对性是法律科学的本质。法学,以及作为其学科的起草,并非艺术的组成部分,也不是实证主义意义上[130]科学的组成部分。[131]法及其起草既不是认识,也不是技艺。法是 15
实践智慧、一种艺术性的科学,具有可以完全适用的原则和规则,但是仅仅是在理论意义上。这是因为实践智慧承认特殊性。[132]换句话说,法及其起草是一门自由的学科,起草者在理论原则的指引下,根据一系列主观经验和具体的选择来进行有意识的决策。由于立法起草是实践智慧式的,所以在其只能告知特定情境下什么行得通的意义上,法是语境依赖的。但是,在特定的情境下决定要做什么,只能依赖于身处其境之人作出的规范性判断。[133]当遇到新视角时,它也可以被修改:它总是可修改的。[134]

在将实践智慧式的社会科学描述及其与技术和知识的区别应用于立法起草时,实践智慧意义上的立法起草的核心是决定事情能够和应当如何来做,以及实际上如何执行这一任务。其不是理论知识(*episteme*),因为它不仅关涉什么是真的,而且关涉在特定情境下什么是善的。其也不同于技术知识(*techne*),因为它关涉对目标的评价与规定,并且设定实现目标的方法和手段。[135]

换言之,起草的艺术在于对其科学的主观使用和应用,在于将其普遍理论原则有意识地、主观地、亚里士多德式地运用到问题的具体情境之中。[136]意识到这些原则,起草者就必须以一种有意识的和富有学识的方式,决定如何将它们运用到具体的未来选择之上,[137]这些选择是他们事业的一部分。并且,只有起草者知道需要应用的理论原则,以及它们在原则金字塔中的层级,才能做到这一点。

举例而言,关于通俗易懂语言之极端使用的限度这一问题:我们是否需要用现代英语来替换刑事程序或者刑事证据规则中"犯罪意图"(*mens rea*)?如果参照起草原则的层次体系,通俗易懂的语言显然是清晰性的一种工具。
16 既然"*mens rea*"这一术语对刑事程序或者刑事证据规则的主要使用者(律师和法官)来说是清楚的,而通俗易懂的语言又服从清晰性原则,因此便不需要用一个对应的通俗易懂的语言来替换这一术语。并且,引入一个新的术语可能会扭曲清晰性和新立法的有效性。另外一个例子:在清晰性和准确性之间发生冲突的情况下,该怎么办?简单来说,在运用这一金字塔时,选择的标准是有效性:鉴于清晰性和准确性处于金字塔的相同层级,起草者需要在这两个原则之间选择最有助于提高有效性的一个。

规制规则的普遍性

在界定了起草立法的主要原则,以及起草者任务的主要参数之后,确定这些原则和参数在什么法律语境下适用便十分重要。与"规则"和"概念"相对,术语"原则"被用来表示对于一个法律学科或者体系而言不可或缺的构成性要素的语义范围。[138]如果所有法系和地理区域的法域模式都被分析的话,那么严格意义上的普遍性可以被主张。但是,本篇分析仅能尝试论证相对的普遍性。这一术语反映了结论在欧洲有限范围内的适用性,但跨越了传统的大陆法系和普通法系的界线。

在起草者的目标层级体系以及起草者需要遵循的原则中,有效性(作为实效的一部分)处于最高层次。因此,立法质量的关键标准就是"它是否做到了其所允诺的",换言之,在普通法中,其是否实现了目标条款;或者在大陆法系中,其是否实现了立法者的意志。除了两个法系中所使用术语的差别之外,这两个概念之间真的有区别吗?目的条款的作用就是用凝练和可感知的词语来表述一部立法的目标,或者换句话说,立法者意欲该法为何?因此,这两个术语之间根本就没有区别,至少对本书而言如此。对于起草者终极目标的确认而言,立法或者立法者的意图是在普通法中的目的条款还是在大陆法系中的立法辅助材料(travaux preparatoire)中被发现,便无关紧要。立法所意图之目标在位置上的不同,并不能改变横跨大陆法系和普通法系界限之有效性标准的相似性。最终,在这两个法系中,起草者必须以最能达到预期结果 17
的方式制定法律。有效性是两个法系的终极目标、终极追求、质量的终极标准和终极原则。

这是相对普遍性分析的一个令人兴奋的开始,它反映了最近的概念趋势,[139]但不必然出人意料。毕竟,如果深入法哲学的深处,并且剥去法律的国别殊异性,那么必定会发现普遍的真理。如果要去证明该分析的(尽管是相对的)普遍性,那么就必须探究起草原则层级体系中的那些较低层级。那里正是国别的或者法系的殊异性可能潜入的地方,并反映风格和法律概念上的差别。但在选定的法域中,如何确定清晰性、准确性和无歧义性是否适用呢?鉴于在欧洲不同法域中起草惯例和原则的形式多种多样,我们不得不细致地探究每一个法律体系,这样做不仅是为了发现法律的字句,也是为了发现反映在司法实践、成文法解释和学术争辩中的法的精神。值得庆幸的是,没有必要对过去的相关研究进行详细说明。[140]为了评估清晰性、准确性、无歧义性、通俗易懂的语言和性别—中立的起草是否同时适用于欧洲的普通法系和大陆法系,仅需要看看被包含在很容易查到的书面法源中起草的明确原则即可。[141]

清晰性被明确地引入奥地利、比利时、法国、德国、荷兰、[142]葡萄牙、西班牙和英国。[143]比利时、德国、意大利、葡萄牙、西班牙以及英国的起草者则被要求遵循无歧义性。[144]准确性和简单性是奥地利、比利时、德国、葡萄牙、西 18
班牙[145]和英国的起草原则。[146]虽然通常的感受是两大法系起草存在不同,但令人惊讶的是,即使在起草者的目标层级结构这一层次上,也有普遍性的根据。

因此,在追求作为立法质量标准的有效性时,起草者所使用的工具明显打破了大陆法系和普通法系之间的藩篱。这确实是一个令人惊奇的发现,尽管并不新奇。[147]尽管风格和概念存在差异,但两大法系的起草者们使用相同的工具以便实现相同的目标。这很可能是过去五十年欧洲一体化的结果,[148]即导致大陆法系的普通化和普通法系的大陆化。不管这一现象的根源是什么,事实仍然是:原则金字塔中的起草原则及其层级关系经受住了相对普遍性的检验。

这一论点被金字塔中最低一格的相对普遍性进一步增强。在荷兰、葡萄牙和英国,通俗易懂的语言被明确引入,作为清晰性、准确性和无歧义性的一种工具;同时也作为一种表达规则,该规则要求考虑语言对于那些将是特定立法文本主要使用者的外行人而言是可理解的。[149]

19 相对的普遍性适用于起草原则金字塔中的所有层级:从目的到机制再到工具,欧洲两大法系的起草者们运用了相同的原则。如果不进行更深入的分析,就无法确定它们是否以完全相同的方式应用。当然,有些国别殊异性应该是毋庸置疑的。

规制规则的汇编:同质性与刚性[150]

确立了起草者在实现立法质量中的确切作用,以及明确了起草者为实现那一目标可以采取的主要机制和工具之后,现在是时候讨论一下指南手册或者规制规则的汇编是否有用了。

在过去殖民时期,之前的帝国倾向于为他们的殖民地提供起草指导手册,但却从来没有给自己引入一份。这是如下信念的一种反映:具有较短立法起草和法律传统的新兴国家需要一个迈向法律成熟的起点,因而可以从一份指导手册中获益。[151]但是,拥有悠久和知名法律传统的帝国则不需要一系列如何起草的指令,因为他们感觉自己拥有相对于其殖民地而言更好的经验和智慧。关于这种进路,一个非常好的例子便是英联邦。其先前的绝大多数殖民地现在则已组成英联邦,指导手册都被提供、鼓励和引入。但是,英国仍然拒绝引入一份适用于其自己领土的起草指导手册或者指南。尽管类似的做法是不公平的和间接的,但欧盟对新成员国采取了类似的态度,或者至少似乎采用了类似的思路。在引入指导手册或者汇编这一问题上,原有的成员国出现了分歧:15 个原有成员国中,目前只有 9 个引入了指导手册或者起草惯例汇编。但是,新成员国则被鼓励和被间接地要求通过起草法律的立法,以此作为对欧盟委员会如下明智的坚决要求进行回应的一种手段:以加入为目的而实施欧盟法意味着,通过高质量的国内实施措施来正确实施欧盟法律。

这种认为只有欠缺经验的立法机关和立法者才需要指导手册的思维方式，是经不起审视的。第一，通过关于起草的立法或者引入指导手册并不能保证规则的适用，[152]因而不能被视为对所制定立法质量的保证。第二，对起草指导手册的需求反映了对改进当前立法质量的需要。鉴于人们不断意识到欧盟和所谓发达国家立法存在诸多问题，故而欧洲和前殖民国家法律体系自给自足的论点根本站不住脚。第三，不存在什么起草的教条。在任何起草问题上教条都是不明智的，这是唯一明智的教条。[153] 20

但这是否意味着，通过立法来对规制规则进行汇编就毫无益处？对这一问题的肯定回答，将否定本书蕴含的一切价值。鉴于立法是一门实践智慧式的学科，像目前的这种汇编有助于读者明确适用于立法任务中所遇到的困境和问题的原则，尽管这些原则只是相对地适用。它们也允许读者在并行适用的规则之间进行优先排序。最终，他们为这些规则的应用设定了标准，以实现实践智慧和专业经验。结合引入有效性作为立法质量，我们可以设想汇编能够帮助起草者完成任务。他们的任务不是制定刚性的规则，而是进行实践智慧式的选择。

总　结

规制规则的概念被限缩为制定法中的成文规则，后者将行政机关在治理过程中所做的政策选择付诸实施。

规制的目标是实效，这是规制质量的同义词。

作为一种规制工具，立法的目标是有效性，这是立法质量的同义词。

规则汇编的目的是提升对现代立法规则的认识，以便对相互竞争的或者平行的规则（适用于特定情形）进行优先排序，并将有效性作为最明智或者最恰当规则的选择标准。

注　释

〔1〕 正是政府的参与凸显了法律规则的共同主题。See J. C. Dernbach et al., *Legal Writing and Legal Method*, Wolters Kluwer, 2007, p. 3.

〔2〕 See esp J. Braithwaite, *The Essence of Responsive Regulation*, 44 University of British Columbia Law Review 475, 482(2011).

〔3〕 但它排除了标准。See P. Schlag, *Rules and Standards*,33 UCLA Law Review 379(1985 – 1986).

〔4〕 See OECD, *Recommendation of the Council on Improving the Quality of Government Regulation*, Paris,1995,C(95)21/Final; OECD, *Building Capacity for Regulatory Quality: Stocktaking Paper*, GOV/PGC,Paris, 2004,p.11, 2.

〔5〕 See H. Xanthaki, *Quality of Legislation: An Achievable Universal Concept or a Utopian Pursuit?*, in M. Travares Almeida ed., Quality of Legislation,Nomos,2011,p.75 – 78.

〔6〕 See S. T. Trautmann, *Empirical Knowledge in Legislation and Regulation: A Decision-making Perspective*, The Theory and Practice of Legislation 533, 538 – 539(2013).

〔7〕 See M. Mousmouti, *Operationalising Quality of Legislation through the Effectiveness Test*, 6 Legisprudence 191, 194(2012);W. Voermans, *Concern about the Quality of EU Legislation: What Kind of Problem, by What Kind of Standards?*, 2 Erasmus Law Review 59, 223 and 225(2009); R. Baldwin and M. Cave, *Understanding Regulation: Theory, Strategy and Practice*, Oxford University Press, 1999,p.85.

〔8〕 See OECD, *Recommendation of the Council on Improving the Quality of Government Regulation*, (n 4).

〔9〕 政府行政部门不再仅限于提出建议,更应让这些意见看得透彻。See J. Craig Peacock, *Notes on Legislative Drafting*, REC Foundation, 1961,p.3.

〔10〕 See N. Staem, *Governance, Democracy and Evaluation*,12(7) Evaluation 7, 7 (2006).

〔11〕 关于反对意见,即大多数政策是为了回应突如其来的需求而非执政党的宣言承诺而产生的。See M Zander, The Law Making Process, Cambridge University Press, 2005,p.2, 7.

〔12〕 这是从规制的动态属性来描述的。See C Radaelli and F de Francesco, *Regulatory Quality in Europe: Concepts, Measures and Policy Processes*, Manchester University Press, 2007,p.36.

〔13〕 经济合作与发展组织特别提到,在民主责任制的条件下,公共部门在确保政策影响力和经济效益的管理方面发挥着重要作用。C(2014)32 Recommendation of the Council on Effective Public Investment Across Levels of Government.

〔14〕 这一选择是政府的,而不是起草者的。See P. Delnoy, Le rôle des légistes dans la détermination du contenu des norms Report for the International Cooperation Group (Department of Justice, Canada, 2013) 3 www. justice. gc. ca/fra/apd-abt/gci-icg/publications. html.

〔15〕 See National Audit Office, *Department for Business, Innovations and Skills, Delivering Regulatory Reform*, (10 Feb. 2011) para. 1.

〔16〕 See Better Regulation Task Force (BRTF), Routes to Better Regulation: A Guide to Alternatives to Classic Regulation (December 2005).

〔17〕 See J. Miller, *The FTC and Voluntary Standards: Maximizing the Net Benefits of Self Regulation*,4 Cato Journal 897 (1985).

〔18〕 See OECD Report, *Alternatives to Traditional Regulation* (Paris, 2002) para. 0.3; OECD,

Regulatory Policies in OECD Countries: From Interventionism to Regulatory Governance (Paris, 2002).

〔19〕 See Y. Blankt, *The Reenchantment of Law*, 96 Cornell Law Review 633, 639 (2010 - 2011).

〔20〕 See L. Alexander and E. Sherwin, *The Rule of Rules: Morality, Rules, and the Dilemmas of Law*, Duke University Press, 2001, p. 188.

〔21〕 制定法是立法政策的正式表达。See E. A. Driedger, *The Composition of Legislation-Legislative Forms and Precedents*, Ministry of Justice, 1976, p. xv.

〔22〕 See H. Xanthaki, *Thornton's Legislative Drafting*, 5th edn, Bloomsbury Professional, 2013.

〔23〕 See National Audit Office, *Department for Business, Innovations and Skills, Delivering Regulatory Reform*, (n 15) para. 2. 5.

〔24〕 See A. Flückiger, Régulation, dérégulation, autorégulation: l'émergence des actes étatiques non obligatoires, 123 Revue de droit suisse 159(2004).

〔25〕 P. Westerman, *Breaking the Circle: Goal-legislation and the Need for Empirical Research*, 1 The Theory and Practice of Legislation 385, 411(2013).

〔26〕 有关"立法质量"一词的详细历史分析,参见 E. Albanesi, Teoria e Tecnica Legislative in Sistema Costituzionale, Editoriale Scientifica, 2013, p. 45 - 54。

〔27〕 See C. Stefanou, *Legislative Drafting as a Form of Communication*, in L. Mader and M. Travares-Almeida eds., Quality of Legislation Principles and Instruments, Nomos, 2011, p. 308; C. Stefanou, *Drafters, Drafting and the Policy Process*, in C. Stefanou and H. Xanthaki eds., Drafting Legislation: A Modern Approach, Ashgate, 2008, p. 321.

〔28〕 事实上,出现了一种对优质规则的公共兴趣。See M. De Benedetto, M. Martelli and N. Rangone, *La Qualità delle Regole*, SE il Mulino, 2011, p. 23.

〔29〕 See S. Weatherhill, *The Challenge of Better Regulation*, in S. Weatherhill ed., Better Regulation, Hart Publishing, 2007, p. 1, 19.

〔30〕 参见 1993 年 1 月 2 日的法国通告,关于在官方公报中制定、签署和出版文本的规则以及生效的特别总理程序,第 2. 1. 1. 1 条;同样,参见德国联邦部际联合议事规则(1976 年 10 月 15 日)修改后的第 40 条;德国法律形式手册(1991 年)第 26 ~ 28 段;葡萄牙 1989 年 2 月 8 日对部长理事会的审议,涉及批准拟定规范性法案项目的一般原则,第 1a 条。

〔31〕 See R. Haythorthwaite, *Better Regulation in Europe*, in Weatherhill ed., Better Regulation (n 29) p. 20, 23.

〔32〕 See R. Heaton, *Foreword in Cabinet Office, Office of Parliamentary Counsel, When Laws Become Too Complex* (16 April 2013).

〔33〕 See H. Xanthaki, *On Transferability of Legislative Solutions: The Functionality Test*, in Stefanou and Xanthaki eds., Drafting Legislation: A Modern Approach (n 27) p. 1.

〔34〕 对起草者的目标及其普遍性的理论基础的透彻分析,参见 H. Xanthaki, *On Transferability of Legislative Solutions: The Functionality Test*, in Stefanou and Xanthaki eds.,

Drafting Legislation: A Modern Approach (n 27) p. 1。

〔35〕 See H. Xanthaki, *On Transferability of Legislative Solutions: The Functionality Test*, in Stefanou and Xanthaki eds., Drafting Legislation: A Modern Approach (n 27) p. 126; Mousmouti, *Operationalising Quality of Legislation through the Effectiveness Test* (n 7) p. 200.

〔36〕 See A Flückiger, *L'évaluation législative ou comment mesurer lefficacité des lois*, Revue européenne des sciences sociales 83(2007).

〔37〕 See W. Bradnee Chambers, *Towards an Improved Understanding of Legal Effectiveness of International Environmental Treaties*, 16 Georgetown International Environmental Law Review 501, 531 (2003 – 2004).

〔38〕 基于"立法是改变行为的一种工具"这一理论,参见 H. Kelsen, *Law as a Specific Social Technique*, 9 University of Chicago Law Review 75, 79 – 80 (1941)。

〔39〕 See I. Jenkins, *Social Order and the Limits of Law: A Theoretical Essay*, Princeton University Press, 1980, p. 180.

〔40〕 See T. M. Franck, *Legitimacy in the International System*, 82 American Journal of International Law 705(1988).

〔41〕 See O. K. Young and M. A. Levy, *The Effectiveness of International Environmental Regimes*, in O. R. Young et al. eds., The Effectiveness of International Environmental Regimes, Massachusetts, MIT Press, 1999, p. 1, 4 – 5; OECD, Regulatory Policies in OECD Countries; from Interventionism to Regulatory Governance (n 17); Background Note to the OECD Reference Checklist for Regulatory Decision Making' of OECD, Recommendation of the Council on Improving the Quality of Government Regulation (n 4).

〔42〕 See A. E. Black, *From Inspiration to Legislation: How an Idea Becomes a Bill*, Pearson Education Ltd, 2007, p. 123.

〔43〕 See N. Gunningham and D. Sinclair, *Designing Smart Regulation*, 18 www.oecd.org/dataoecd/18/39/33947759.pdf; R. Baldwin, *Is Better Regulation Smarter Regulation?*, Public Law 485, 511 (2005).

〔44〕 See J. P. Chamberlain, *Legislative Drafting and Law Enforcement*, 21 American Labor Legislative Review 235, 243(1931).

〔45〕 See D. Hull, *Drafters' Devils*, (2000) Loopholewww.opc.gov.au/calc/docs/calc-june/audience.htm.

〔46〕 See U. Karpen, *The Norm Enforcement Process*, in U. Karpen and P. Delnoy eds., Contributions to the Methodology of the Creation of Written Law, Nomos, 1996, p. 51; L. Mader, *Legislative Procedure and the Quality of Legislation*, in Karpen and Delnoy eds., Contributions to the Methodology of the Creation of Written Law 62, 68.

〔47〕 See G. Teubner, *Regulatory Law: Chronicle of a Death Foretold*, 1 Social Legal Studies 451 (1992).

〔48〕 See C. Timmermans, *How Can One Improve the Quality of Community Legislation?*, 34 Common Market Law Review 1229, 1236 – 1237(1997).

〔49〕 See European Commission, *European Governance: Better Lawmaking*, (Communication) COM(2002) 275 final; High Level Group on the Operation of Internal Market, *The Internal Market After* 1992: *Meeting the Challenge—Report to the EEC Commission by the High Level Group on the Operation of Internal Market*, SEC (92) 2044.

〔50〕 See Office of Parliamentary Counsel, *Working with OPC*, 6 December 2011; Office of Parliamentary Counsel, *Drafting Guidance*, 16 December 2011.

〔51〕 See L. Mader, *Evaluating the Effect: A Contribution to the Quality of Legislation*, 22 Statute Law Review 119, 126 (2001).

〔52〕 See F. Snyder, *The Effectiveness of European Community Law: Institutions, Processes, Tools and Techniques*, 56 Modern Law Review 19 (1993); F. Snyder, *New Directions in European Community Law*, Weidenfeld and Nicolson, 1990, p. 3.

〔53〕 See G. Teubner, *Regulatory Law: Chronicle of a Death Foretold*, in L. Lenoble ed., Einfuhrung in der Rectssoziologie, Wissenschaftliche Buchgesellschaft, 1987, p. 54.

〔54〕 See G. Müller and F. Uhlmann, *Elemente einer Rechtssetzungslehre*, Asculthess, 2013, p. 51 – 52.

〔55〕 See I. Jenkins, *Social Order and the Limits of the Law: A Theoretical Essay*, Princeton University Press, 1981, p. 180; R. Cranston, *Reform through Legislation: The Dimension of Legislative Technique*, 73 Northwestern University Law Review 873, 875 (1978 – 1979).

〔56〕 See Voermans, *Concern about the Quality of EU Legislation*, (n 7) p. 230.

〔57〕 See Mousmouti (n 7) 200.

〔58〕 See Xanthaki, *On Transferability of Legal Solutions*, in Stefanou and Xanthaki (n 27) 6.

〔59〕 See Office of the Leader of the House of Commons, *Post-legislative Scrutiny-The Government's Approach*, March 2008, para. 2.4.

〔60〕 This is Mousmouti's effectiveness test: Mousmouti (n 7) 202.

〔61〕 See R. Posner, *Cost Benefit Analysis: Definition, Justification, and Comments on Conference Papers*, 29 The Journal of Legal Studies 1153(2000).

〔62〕 See Lord H Thring, *Practical Legislation: The Composition and Language of Acts of Parliament and Business Documents*, John Murray, 1902, p. 61.

〔63〕 See*Compact Oxford English Dictionary of Current English*, Oxford University Press, 2005.

〔64〕 See*Compact Oxford English Dictionary of Current English*, Oxford University Press, 2005.

〔65〕 See Compact Oxford English Dictionary of CurrentEnglish, Oxford University Press, 2005.

〔66〕 J. MacKaye, A. W. Levi and W. Pepperell Montague, *The Logic of Language*, Dartmouth College Publications, 1939, ch 5.

〔67〕 关于语义歧义性与句法歧义性的区分, see R. Dickerson, *The Fundamentals of Legal Drafting*, Little-Brown, 1986, p. 101, 104;应用逻辑规则来解决句法歧义性, see L. E. Allen, *Symbolic Logic: A Razor-edged Tool for Drafting and Interpreting Legal Documents*, 66 Yale Law Journal 833, 855 (1956 – 1957)。

〔68〕 See A. Seidman, R. Seidman and N. Abeyesekere, *Legislative Drafting for Democratic Social Change*, Kluwer Law International, 2001, p. 255.

〔69〕 See Sir S. Laws, *Giving Effect to Policy in Legislation: How to Avoid Missing the Point*, CALC Conference Hong Kong, 2009.

〔70〕 See R. Sullivan, *Some Implications of Plain Language Drafting*, 22 Statute Law Review 145, 149(2001).

〔71〕 See R. D. Eagleson, *Writing in Plain English*, Commonwealth of Australia, 1990, p. 4.

〔72〕 See J. C. Redish, *The Plain English Movement*, in S. Greenbaum ed., The English Language Today, Pergamon Press, 1985, p. 125, 126.

〔73〕 See B. A. Garner, *Legal Writing in Plain English*, The University of Chicago Press, 2001, p. 10 – 13.

〔74〕 See R. Wydick, *Plain English for Lawyer*, NC, Carolina Academic Press, 1998, p. 9.

〔75〕 See R. Wydick, *Plain English for Lawyer*, NC, Carolina Academic Press, 1998, p. 121 – 34.

〔76〕 See *Maine Manual on Legislative Drafting*, ch 1, s 7http://www. maine. gov/legis/ros/ Publications. htm.

〔77〕 See Legislation Advisory Committee, *Guidelines on Process and Content of Legislation* 2001 (including the 2003 Supplement, Ministry of Justice, May 2001, updated September 2003).

〔78〕 See Commentary, *Avoidance of Sexist Language in Legislation*, 11 Commonwealth Law Bulletin 590, 590(1985).

〔79〕 See W. B. Hill Jr, *A Need for the Use of Nonsexist Language in the Courts*, 49 Washington and Lee Law Review 275 (1992).

〔80〕 See S. Petersson, *Gender-neutral Drafting: Recent Commonwealth Developments*, 20 Statute Law Review 35, 57 (1999).

〔81〕 See D. Revell, *Authoring Bilingual Laws: The Importance of Process*, 29 Brooklyn Journal of International Law 1085 (2004).

〔82〕 See R. C. Dick, *Legal Drafting*, Carswell Publishers, 1972, p. 1.

〔83〕 See R. Dickerson, *Fundamentals of Legal Drafting*, 2nd edn, Little Brown, 1986, p. 3.

〔84〕 See P. Salembier, *Legal and Legislative Drafting*, LexisNexis, 2009, p. 23.

〔85〕 See Sir G. Bowman, *The Art of Legislative Drafting*, European Journal of Law Reform 3 (2005); K. Gilberg, *De l'Art de Mieux Légiférer*, Le Monde, 2010, p. 1.

〔86〕 See B. G. Scharffs, *Law as Craft*, 45 Vanderbilt Law Review 2245, 2339 (2001).

〔87〕 有些人可能称之为“直觉的”而非主观的。See O. Korhonen, *New International Law: Science, Defense or Deliverance*, 7 European Journal of International Law 1, 13 (1996).

〔88〕 See Scharffs, *Law as Craft*, (n 86) 15.

〔89〕 See C. Nutting, *Legislative Drafting: A Review*, 41 American Bar Association Journal 76 (1955).

〔90〕 See F. Ost and M. van de Kerchove, *Jalons pour une theorie critique du droit*, Publications des Facultes universitaires Saint-Louis, 1987, p. 52.

〔91〕 See Shi-J Lavir, *The Modern Art of Dying: A History of Euthanasia in the US*, 2005, p. 1 – 14.

〔92〕 See J-C Piris, *The Legal Orders of the European Union and of the Member States: Peculiarities and Influences in Drafting*, European Journal of Law Reform 1(2006).

〔93〕 See Editorial Review, 22 Can Law Times 428, 437 (1903).

〔94〕 See C. Langdell, *A Selection of Cases on the Law of Contracts* (1871) viii.

〔95〕 See M. Hoyt, Education, *Training and Retention of Legislative Draftsmen in Canada*, 5 Commonwealth Law Bulletin 260, 261(1979); M. Mulkey, *Judges and Other Lawmakers: Critical Contributions to Environmental Law Enforcement*, 4 Sustainable Development Law & Policy 2, 9 (2004).

〔96〕 See R. Dickerson, *Professionalizing Legislative Drafting: A Realistic Goal*, 60 American Bar Association Journal 562, 563(1974).

〔97〕 See M. Griffiths and G. MacLeod, *Personal Narratives and Policy: Never the Twain?*, 42 Journal of Political Economy 121, 126(2008).

〔98〕 Episteme 被定义为科学知识,参见 D. W. Hamlyn, *Aristotelian Epagoge*, 21 Phronesis 167 (1976)。

〔99〕 See Aristotle, *Nichomachean Ethics*, bk VI, chs 5 – 11, trans. by D. Ross, 1980.

〔100〕 See S-U von Kirchmann, *Die Werlosigkeit der Jursprudenz als Wissenschaft*, Verlage von Julius Springer, 1848.

〔101〕 See J. Noel, *On the Varieties of Phronesis*, 31 Educational Philosophy and Theory 273 (1999).

〔102〕 See Aristotle, *Nicomachean Ethics* (n 99) 1140a24 – b12, 1144b33 – 1145a11.

〔103〕 See G. Vickers, *The Art of Judgement: A Study of Policy Making*, Sage, 1995.

〔104〕 See Aristotle, *Nicomachean Ethics* (n 99) 1140a32 ff.

〔105〕 See E. Voegelin, *Phronesis as Deliberation*, http://voegelinview.com/from-The-CollectedWorks/natural-law-and-aristotle-what-is-right-by-nature pt-3/Phronesis-as-Deliberation-Phronesis-as-Knowledge-of-What-is-Good.html; Aristotle, *Nicomachean Ethics* (n 99) 1141b8 ff.

〔106〕 一个具有实践智慧的人不会做出错误的行为,同时,一个能够做出正确行为的人一定具有实践智慧。See D. Brosnan, *Virtue Ethics in a Perfectionist Theory of Law and Justice*, 11 Cardozo Law Review, 335, 344(1989).

〔107〕 See Voegelin, *Phronesis as Deliberation* (n 105); Aristotle, *Nicomachean Ethics* (n 99) 6.6 – 7.

〔108〕 See Voegelin, *Phronesis as Deliberation*(n 105); Aristotle, *Nicomachean Ethics* (n 99) 6.4.

〔109〕 See S. Heyman, *Aristotle on Political Justice*, Iowa Law Review 851, 862 – 863 (1992).

〔110〕 See B. Flyvbjerg and T. Landman, *Real Social Science: Applied Phronesis*, Cambridge University Press, 2012, p. 2.

〔111〕 See B. Flyvbjerg, *Phronetic Planning Research: Theoretical and Methodological Reflections*, 5 Planning Theory & Practice 283, 285 (2004); M. Weber, *Economy and Society*, University of California Press, 1978, p. 85.

〔112〕 See Aristotle, *Nicomachean Ethics* (n 99) 1139b18 – 36.

〔113〕 See B. Flyvbjerg, *Making Social Science Matter: Why Social Inquiry Fails and How it Can Succeed Again*, Cambridge University Press, 2001, chs 3 – 4.

〔114〕 引自弗利夫伯格，其将计划定义为认识(episteme)，参见 Flyvbjerg, *Phronetic Planning Research*, (n 111) 283。

〔115〕 Nicomachean Ethics (n 99) 1140a1 – 23.

〔116〕 M. Foucault, *Space, Knowledge, and Power. Interview with Paul Rabinow*, in P Rabinow ed., The Foucault Reader, Pantheon, 1984, p. 239, 255.

〔117〕 J. Dunne, *Back to the Rough Ground: Practical Judgement and the Lure of Technique*, University of Notre Dame Press, 1993, p. 9.

〔118〕 引自弗利夫伯格，其将计划定义为技艺。Flyvbjerg, *Phronetic Planning Research*, (n 111) 287.

〔119〕 See Aristotle, *Nicomachean Ethics* (n 99) 1140a24 – b12.

〔120〕 See C. Taylor, *Sources of the Self: The Making of the Modern Identity*, Harvard University Press, 1989, p. 125, 148.

〔121〕 引自弗莱维杰格，其将规划定义为实践智慧。Flyvbjerg, *Phronetic Planning Research*, (n 111) 287.

〔122〕 See Griffiths and MacLeod, *Personal Narratives and Policy*, (n 97) 126.

〔123〕 但它同样可以是一种工艺：esp Scharffs, *Law as Craft*, (n 86) 2245；或者它可以是一门艺术：S. G. Pollock, *The Art of Judging*, 71 New York University Law Review 591 (1996)；或者它可以是一门科学：P. Schlag, *Law and Phrenology*, 110 Harvard Law Review 877, 897(1997)。

〔124〕 See S. J. Burton, *Law as Practical Reason*, 62 California Law Review 747 (1989); W. N. Eskridge Jr and PP Frickley, *Statutory Interpretation as Practical Reasoning*, 42 Stanford Law Review 321, 353(1990); D. A. Farber, *The Inevitability of Practical Reason: Statutes, Formalism, and the Rule of Law*, 45 Vanderbilt Law Review 533(1992); B. Leiter, *Heidegger and the Theory of Adjudication*, 106 Yale Law Journal 253 (1996); R. Mohr and D. Manderson, *From Oxymoron to Intersection: An Epidemiology of Legal Research*, 6 Law Text Culture 159, 174 (2002).

〔125〕 See M. Deschamps, *L'acces a la justice, l'affaire de chacun*, 50 Cahiers de Droit 248, 253(2009).

〔126〕 See E. Engle, Aristotle, *Law and Justice: The Tragic Hero*, 35 Northern Kentucky Law Review 1, 4 (2008).

〔127〕 See C. Rideout, *Storytelling, Narrative Rationality, and Legal Persuasion*, 14 Legal Writing: Journal of the Legal Writing Institute 53, 75(2008).

〔128〕 See J. Moss, *Virtue Makes the Goal Right: Virtue and Phronesis in Aristotle's Ethics*, 56

Phronesis: A Journal for Ancient Philosophy 204(2011).

〔129〕 See P. Cserne, *Introduction: Legislation, Legal Episteme, and Empirical Knowledge*, 1 The Theory and Practice of Legislation 387, 391(2013).

〔130〕 See R. R. Formoy, *Special Drafting*, 21 Bell Yard: Journal of the Law Society's School of Law 3(1938); but see contra C. Langdell, *Harvard Celebration Speeches*, 3 Law Quarterly Review 118, 123-124(1887).

〔131〕 关于法律作为一种科学之相反论题的分析：M. Speziale, *Langdell's Concept of Law as Science: The Beginning of Anti-Formalism in American Legal Theory*, 5 Vermont Law Review 1(1980)。

〔132〕 See S. Schwarze, *Performing Phronesis: The Case of Isocrates Helen*, 32 Philosophy & Rhetoric 78(1999).

〔133〕 See *Griffiths and MacLeod* (n 97) 129.

〔134〕 See H. Arendt, *The Human Condition*, University of Chicago Press, 1958, p. 129.

〔135〕 See S. Schram, *Phronetic Social Science: An Idea whose Time has Come*, in B. Flyvberg, T. Landman and S. Schram eds., Real Social Science: Applied Phronesis, Cambridge University Press, 2012, p. 15, 19.

〔136〕 See W. Eskridge Jr, *Gadamer/Statutory Interpretation*, 90 Columbia Law Review 609, 635 (1990).

〔137〕 See M. Curtis, *A Better Theory of Legal Interpretation*, 3 Vanderbilt Law Review 407, 423-424 (1950).

〔138〕 See I. Zajtey, *Immutability of Rules and Principles of Legal Development: The Permanence of Roman Law Concepts*, in V Gessner, A. Hoeland and C. Varga eds., European Legal Cultures, Aldershot-Brookfield USA-Singapore-Sydney, Dartmouth, 1996, p. 67.

〔139〕 See L. M. Friedman, *The Concept of Legal Culture: A Reply*, in D. Nelken ed., Comparing Legal Cultures, Ashgate, 1997, p. 33; L. M. Friedman, *On the Emerging Sociology of Transnational Law*, 32 Stanford Journal of International Law 65(1996); L. M. Friedman, *The Horizontal Society*, Yale University Press, 1999; C. Schmid, *The Emergence of a Transnational Legal Science in Europe*, 19 Oxford Journal of Legal Studies 673 (2000); R. Sacco, *Legal Formants: A Dynamic Approach to Comparative Law (I)*, 39 American Journal of Comparative Law 1, 4, 26-30, 32(1991); R. Zimmermann, *Savigny's Legacy: Legal History, Comparative Law, and the Emergence of a European Legal Science*, 112 Law Quarterly Review 576(1996).

〔140〕 有关该主题的初步详细分析，参见 H. Xanthaki, *The Problem of Quality in EU Legislation: What on Earth is Really Wrong?*, 38 Common Market Law Review 651, 664 (2001)。

〔141〕 对于欧洲立法起草规则的不当过时表述，R. Pagano, *Le Direttive di Tecnica Legislative in Europa vols 1 and 2*, Camera dei Deputati, 1997。

〔142〕 See P. Eijlander and W. Voermans, *Outlooks for Legislation: Introduction*, 3 Regel Maat 120, 122 (1999); *Dutch Minister of Justice Legislation in Perspective*, Ministry of Justice, 1991.

〔143〕 See Austrian Legistische Rechtlinien (1990) art 7; *Belgian Circulaire de Premier Ministre* (23 April 1982) art 1; *German Gemeinsame Geschäftsordnung der Bundesministerien* (15 Oct 1976) as modified, art 35; *German Manual of Judicial Formalities* (1991) paras 33 - 39; *Italian Regole e suggerimenti per la redazione dei testi nomativi* (1991) art 2; *Dutch Aanwijzingen Voor de Regelgeving* (1992) art 218; Portuguese Deliberation of the Council of Ministers of 8 Feb 1989 on the Approval of the General Principles for the Elaboration of Projects of Normative Acts, art 7c; *Spanish Guidelines on the Form and Structure of Projects of Laws* (1991), approved by the Decision of the Council of Ministers of 18 Oct. 1991 [1991] OJ 276, disposition 27774, 37235 - 37, 37235; Office of the Parliamentary Counsel, *Drafting Guidance*, (16 Dec 2011) 1 - 12.

〔144〕 See *Belgian Circulaire de Premier Ministre* (23 April 1982) art 1; *German Gemeinsame Geschäftsordnung der Bundesministerien* (15 Oct 1976) as modified, art 35; *German Manual of Judicial Formalities* (1991) para. 37; *Italian Regole e suggerimenti per la redazione dei testi nomativi* (1991) art 2; Portuguese Deliberation of the Council of Ministers of 8 Feb 1989 on the Approval of the General Principles for the Elaboration of Projects of Normative Acts, art 7c; *Spanish Guidelines on the Form and Structure of Projects of Laws* (1991), approved by the Decision of the Council of Ministers of 18 Oct 1991 [1991] OJ 276, disposition 27774, 37235 - 37237; for an analysis of ambiguity under British law, see M Black, *The Labyrinth of Language*, Pelican Press, 1972, p. 107.

〔145〕 See *Austrian Legistische Rechtlinien* (1990) art 1; *Belgian Circulaire de Premier Ministre* (23 April 1982) art 1; *German Gemeinsame Geschäftsordnung der Bundesministerien* (15 Oct 1976) as modified, art 35; *German Manual of Judicial Formalities* (1991) para. 33; Portuguese Deliberation of the Council of Ministers of 8 Feb 1989 on the Approval of the General Principles for the Elaboration of Projects of Normative Acts, art 7c; Spanish Guidelines on the Form and Structure of Projects of Laws (1991), approved by the Decision of the Council of Ministers of 18 Oct 1991 [1991] OJ 276, disposition 27774, 37235 - 37.

〔146〕 See *The Preparation of Legislation: Report of a Committee Appointed by the Lord President of the Council Chairman Sir David Renton* (Cmnd 6053, 1975) ch XI, art 14.

〔147〕 See T. Millet, *A Comparison of French and British Legislative Drafting (with Particular Reference to their Nationality Laws)*, 7 Statute Law Review 130, 153 (1986).

〔148〕 See V. Gessner, *The Transformation of European Legal Cultures*, in V. Gessner, A. Hoeland and C. Varga eds., European Legal Cultures, Aldershot-Brookfield USA-SingaporeSydney, Dartmouth, 1996, p. 513, 516.

〔149〕 *The Dutch Aanwijzingen Voor de Regelgeving* (1992) arts 54 and 218; Portuguese Deliberation of the Council of Ministers of 8 Feb 1989 on the Approval of the General Principles for the Elaboration of Projects of Normative Acts, art 7a; for the UK, see M. Faulk and I. M. Mehler, *The Elements of Legal Writing*, Macmillan Press, 1994.

〔150〕 See H. Xanthaki, *Drafting Manuals and Quality in Legislation*: *Positive Contribution towards Certainty in the Law or Impediment to the Necessity for Dynamism of Rules?*, Legisprudence 111, 122 – 126 (2010) 4.

〔151〕 See M. Goodale, *From the Trenches and Towers*: *Current Illusions and Delusions about Conflict Management-In Africa and Elsewhere*, 27 Law & Social Inquiry 595, 598 (2002).

〔152〕 See M. J. Rizzo, *Which Kind of Legal Order? Logical Coherence and Praxeological Coherence*, 9 Journal des Economistes et des Etudes Humaines 1, 2(1999).

〔153〕 See D. Greenberg, *Craies on Legislation-A Practitioner's Guide to the Nature*, *Process*, *Effect and Interpretation of Legislation*, Sweet and Maxwell, 2004, p. 303.

第二章

起草指引

格兰特·桑顿是立法起草学科的领军专家和创新者之一，其将立法起草过程[1]系统化为五个阶段： 21

— 理解提案。

— 分析提案。

— 设计法律。

— 撰写与研拟草案。

— 核证草案。[2]

在第一阶段，起草者阅读和理解指引官(instructing officers)呈送给他们的起草立法的请求。在第二阶段，起草者继续对起草请求进行分析，该分析采取的是立法计划的形式。在第三阶段，起草者开始确定立法的结构。在第四阶段，只有到那时，起草者才开始撰写和起草被请求的立法。第五阶段则涉及在起草团队内外对立法草案的最初版本进行内部和外部核证。[3]

本章的目的是分析起草过程的启动阶段，即对起草指引的理解。虽然这些是由政策官员和法律官员起草的，因而不属于严格意义上的起草范围，但它们确实构成起草立法过程的一部分，对于起草工作的顺利完成至关重要。[4]对政策和法律官员来说，起草指引被认为是晦涩难懂的。就整个立法程序而言，起草指引构成了政策官员和法律官员不感兴趣的黑匣子，更多地涉及政策而不是法律科学。[5]由于不了解起草惯例(其不在他们的培训和职责范围之内)，政策和法律官员不可能知道起草指引的 22
目的是什么、如何使用它们，以及最终应当包括或者不包括哪些内容。从起草者的角度来看，将它们视为提高立法质量有效性的手段，起草指引回应了对法律和政策官员而言常见却很少回答的问题。[6]这开启了起草过程，正如它应当继续下去的那样：[7]在起草过程的参与者(政策、法律和起草专家)、该过程涉及的学科(政策、实体法、立法起草)和这些专家在其学科中使用的语言(政策、法律和起草)之间的持续对话。毕竟，立法是“众人的产物”。[8]

需要澄清的一点是：尽管使用了政策、法律和起草官员这几个术语，但这并不必然表示三个不同的人。虽然在英国并非如此,但在英联邦国家则很可能是同一人担任多个角色,[9]尤其是因为这些角色并不总是能够被准确区分。[10]正是在这种情况下,承担所有三项职能的人更加需要了解每项职能的作用是什么,以及何时和为何在每顶职能下发挥作用。尽管这可能有点精神分裂,但无论实际参与辩论的物理意义上的人有多少,起草过程中的对话(或者三方对话[11])都会发生。起草者关心的是确保起草过程得到虔诚地遵循。[12]

什么是起草指引?

起草指引,是指政策和法律官员要求起草官员在设定的参数内处理起草
23 立法的请求。[13]这个术语是“请求”的行话。[14]在有效性的范围内,起草者需要准确理解被干预的领域以及其功能和逻辑,并利用证据来对问题进行明确诊断,不仅是其所追求目的(aim)的证据,还包括其具体目标(objectives)的证据:[15]最终目标是精心设计一项经过立法前审查和立法后审查的有效立法策略。[16]通常起草指引是政策和法律官员向立法起草者提供的数据集合,作为协助起草者在政府决策者详述的参数范围内起草有效立法的手段。[17]因此,根据定义,起草指引通常包括请求、引导指引官员已经作出政策和法律选择的背景材料,以及对于理解开展立法的政治决定的所有方面和对选择实现政府政策的拟议法律手段而言所需的背景信息。

但是,在大陆法系[18]甚至在英联邦国家,起草指引通常都是简洁的,[19]甚至是口头的,[20]并往往采取如下形式:就一个宽泛描述的主题,[21]向立法起草者发出部长级“命令”。[22]毫无疑问,起草过程的这一阶段被通常与起草
24 有关的立法性权宜之计所损害。[23]为了明确起草指引(其能够提高作为最终产品之立法的有效性)的质量要素,有必要先明确起草指引的目的。这可以引导我们采用恰当的内容及格式。

起草指引的目的

毫无疑问,起草指引的主要目的是确定和限定法案草案的内容。政策和法律官员此时有机会告知起草者政府打算实施的政策。[24]这是规制与立法之间取得关联之处。起草者越是了解规制的目标,则规制目标与立法工具之间的关联就越紧密。[25]回到立法作为规则手段这一教义,起草者越了解真正的规制/政策目标,就越有能力追求立法选择,以最好地推动指引官作出政策和

法律选择。因此，现阶段指引官向起草者提供的信息，可以确保作为最终产品的立法文本及其可能结果符合预期的政策目标。[26]换言之，这里提供的信息对于立法文本的有效性和提升拟议规制的实效至关重要。[27]如果起草选择是随意的，当然这可能发生在起草指引是一个简单立法命令的情形，那么立法的有效性[28]便只能是偶然的。[29]除非指引对提案的理念和目标给予清晰说明，[30]否则“着手起草一部立法绝对是在浪费时间”。[31]如图 2－1 所示，德利（J.－D. Delley）和弗吕金格（A. Flückinger）雄辩地描绘了起草过程的阶段顺序：指引官界定问题，确定被请求法律的目标，明确替代性方案，并在“前 25
评估”（立法前审查）的基础上选择正确的解决方案：起草指引为了描述上述所有内容，从而允许起草者将所选择的解决方案付诸实施，并准备对已经通过的立法进行“后评估”（立法后审查）。[32]

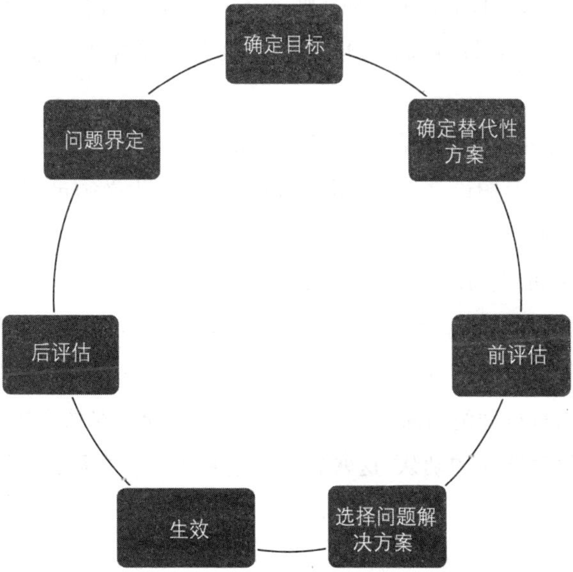

图 2－1　起草过程中的阶段顺序

起草指引除了确定目的之外，这些工作还具有一些相关作用。[33]第一，以备忘录的形式向内阁或者立法委员会提交，以确定立法提案的优先顺序或者批准该项立法提案，通过让部长们更细致地了解他们正在批准的政策将如何被反映在立法之中，为内阁控制立法过程发挥着关键机制的作用。例如，在欧洲的某个法域，当部长们被呈送了一份有关阉割恋童癖累犯的立法计划，

26 以直接回应该国一起导致很多未成年受害者惨死的特别可怕的恋童癖案件时,内阁或者委员会要求“缓和”这一措施,以尊重被定罪者的人权。结果是立法为那些住在监狱外的罪犯提供了化学阉割和可逆阉割的选择。

第二,还是以备忘录的形式向内阁或者立法委员会提交,起草指引为其他政府部门提供了一个机会,让它们了解这些提案将如何影响它们(如果有影响的话)。这对于起草是由各个政府部门分散起草而不是由议会法律顾问办公室集中起草的法域而言,尤其有用。例如,在某个南欧法域,交通运输部要求起草立法,允许包机在一个特别依赖旅游业的岛屿上提早降落。目前要求航班不应在凌晨降落的规定被视为当地居民的一个无关紧要的小胜利,我们认为,它们只是设法保证一个好睡眠。只有当环境部开始阅读已经提交议会的法律草案时,才能真正了解现有的凌晨航班禁令:在夏日凌晨,被称为赤蠵龟(careta-careta)的受保护物种在那个岛上产卵。因此,禁止凌晨航班降落不是为了保证当地居民的睡眠不受打扰,而是为了保护濒临灭绝物种的繁殖。

第三,起草指引为提案部门提供了充分考虑其提案的机会。[34]通常立法是对强烈引发公众舆论之事件的本能反应,政府认为必须迅速积极地给予回应。尽管一个回应型政府因其与选举它掌权的人民的相关性而受称赞,但如果要经得起时间和普遍性的检验(这是其宪制命令的一部分),立法就需要更加冷静。因此,动笔起草内阁备忘录或者对起草者的详细请求,为指引官提供了一个了解请求细节的机会,并提供了一个从宪法、伦理和国际法的角度对请求的参数进行详细书面评估的机会。这可能导致对请求的微调,或者对政治或者法律敏感性的确认,这将有助于起草者了解危险点,或者需要避免或进一步思考的点。

第四,最终形式的起草指引可以与内阁对该政策的授权并列,以便评估
27 拟议立法是否实际上符合内阁的授权,或者是否必须为法案的特定条款寻求额外的授权。

起草指引的四项原则

为了充分满足目的,起草指引必须遵循四项原则。

第一,它们必须包含足够的背景信息,以使起草者能够从视角和语境中看到立法提案将要服务的事实和问题。这是对其主要目的的回应:起草者必

须被允许分享政府所追求的真正政策目标，以确保其立法选择与所欲求的规制目标之间实现预期匹配。文莱司法部提出的下面这个表格，逐字明确、非常雄辩地解释了需要哪些信息以及它所服务的目的是什么（见表2－1）。[35]

表2－1 为什么需要立法？

背景信息	这使司法部长能够理解问题，并恰当地看待立法方案
问题之性质	解释为什么现行法律需要修改。描述立法方案正在解决或者将要处理之问题的性质（无论是经济的、政治的还是社会的）
历史或者情境	产生立法方案的历史或者情境，包括什么地方是恰当的，现行法律运行中的缺陷、影响其解释的法院判决（特别是最近的判决）、根据现有事态对问题所作的解释
立法目的或其主要目标	这有助于起草者起草法律，以实现该部门想要的结果

第二，立法的主要目标应当明确而充分地加以陈述，[36]以便起草者对拟 28
议立法的精神和意图毫无疑问。[37]为了完全实现其主要目标，起草指引必须分享政策的真实意图，而不是呈现给选民的美化且往往是民粹主义的目标。人们可以从医学专业发现一个相似之处：如果糖尿病是潜在的疾病，那么去看医生开一张治疗头晕的处方便没有意义。类似地，当真正的政策是为政府募集额外基金时，那么为据称在轮椅停车区过度停车寻求有效的立法解决方案就没有什么意义。最终会导致起草者缺乏评判政府政策的正当性：受欢迎与否、合理与否、“正确”与否，这是当选者决定推行的政策。而且，归根结底，正是那些当选者将在任期结束时承担选举的赞扬或者失败。起草者的职责只是以合宪、合法和尽可能合理的方式来提出被请求的政策。

第三，实现主要目标的手段应当被阐明：该立法在实践中如何发挥作用？设想的机构是什么？哪些权力和职责被认为是必要的？在提出立法请求之前，指引官通常会考虑这些政策选择。这非常有助于起草者了解哪些政策和法律选择已经被考虑、指引官如何评估这些选项，以及为什么引入首选方案。这也可以帮助起草者充分了解被追求的规制目的。

第四，指引应当涉及所有已知的法律后果和困难。但是，就像政策问题需要与起草者分享一样，法律问题也需要与他们分享。起草者通常不是被请求文本所属法律领域的专家，且他们需要实体法专家的协助，以确认该请求可能产生的任何法律后果。在起草阶段就面对和处理所有法律困难，而不是在议会审议中或者更糟糕的是在实施阶段对它们感到惊讶，这有助于最终产品的有效性。最坏的情况是，起草者的弹药包括分阶段的立法，这些立法可以使政府有机会也许在以后但必定会实现预期的规制结果。

29 起草指引的内容是什么？

起草指引的目的和原则是通过包含大量的可能要素来支撑的。需要注意的是：并非所有的起草指引都有必要对下面的每一个要素进行冗长的分析。但如果了解所有的可能要素，那么起草者就会得到很好的服务，从而确保在每种情况下所遗漏的东西实际上是不需要的，而不是被错误地遗忘。[38]原则上，起草指引必须包括预期的结果，无论是否有关于如何通过立法实现这一结果的具体想法；或者要求进行立法变化的详细清单，无论是否有明确表达的预期结果；或者这些选项的任意组合。[39]有效的起草指引必须完整、[40]准确和全面地回答如下问题，即需要完成的工作是什么、如何完成以及什么时间完成。[41]更具体地说，包括以下几点：[42]

— 起草指引可以从新立法旨在解决的社会问题的现行立法解决方案的一般事实背景信息开始，以及从指引官将现有法律框架刻画为无效率的推理开始。媒体报道、政治观察、法院判决、学术观点和外国资料，都能对此有所帮助。向起草者提供一个对现行法律框架的洞察，或者缺少对法律框架的洞察但使其能够理解他们被要求纠正的危害。毕竟，起草指引都是关于可欲结果的，即危害及其可欲后果。[43]理解什么不起作用，或者以不被期望的方式起作用，使其能够(1)确保立法确实是必要的；(2)确定最恰当的起草工具：新立法抑或是修正案？

— 拟议立法的规制目标详细说明了立法有效性的主要标准：在立法前
30 和立法后审查（作为更新不断增加的法令全书的工具）变得至关重要的时代，对所追求之规制目标的详细说明，让起草者理解他们必须实现什么，并允许他们在立法中将其表述为在立法前和立法后监督周期中的具体质量标准。对实现规制目标的可能情形的任何评论，都会使起草者有机会了解立法提案背后的基本原理，有机会质疑并希望确认指引官所选取的政策，并且有机会在起草目的条款、目标条款和监督条款时，将现有影响分析或者成本/风险分析纳入考量。在上述要素中，提醒起草者注意其他法域的立法解决方案、其影响以及其对于目标法域之可移植性的可能评论，总是有益的。尽管在指引官和起草者中借鉴域外资源越来越流行，但如果这两个法域在立法解决方案的需求和有用性方面缺少充分的共性，那么这种做法确实会带来无效性的危险。

— 必须在起草指引中指出危险点，从而确保起草者不会遗漏它们，进而确保最终结果不会随意地引发这些危险点。

— 必须提出政治上或者道德上敏感的问题，进而邀请起草者在最终结果中充分处理这些问题。

— 必须清晰地指出偏离规范的治外法权。

— 同样，尤其是根据生效日期，在早期阶段便可以讨论施行问题，特别 31
是当发起部门设想在指定日期或者基于特定事件的日期生效（如另一部法案的生效）、在授权立法确定的日期生效、逐步或者稳步的生效、回溯性或者溯及既往的生效，或者进行过渡性安排的时候。

— 继上述要点之后，起草指引必须提出所有行政审查或者司法审查的考虑因素、可审查的行政性决定由谁审查，以及与司法部长进行的磋商。

— 发起部门或者其他法律官员的法律意见必须被附上，从而防止重复工作，并将专家的评估和解释告知起草者。[44]

— 同样，与其他部门进行磋商也是有益的，特别是当立法提案影响到其他部门的权限时，或者立法提案涉及其他部门单独或者共同负责的政策考量时。

— 必须在起草的第一阶段提出受到影响的条款和相应的修改；[45]当然，在此阶段，清单不可能是最终的或者详尽无遗的。但是，确定相应的修改和受影响条款的基本清单，可以提高起草者对危害的意识，并在他们选择最恰当的起草工具时告诉他们：冗长的修正案可能被要求废除和重新制定，而一份简短的修正案清单则可能指示起草者进行简单修改。

— 起草说明还必须包括关于政策权威和立法优先权的程序性信息，进而告知起草办公室，该请求必须立即被列入其日程安排。

— 最后，实用的细节（如指引者的姓名、联系方式，休假计划等）提供了

> 一种个人风格,有助于指引官和起草者之间进行必要的对话。

值得注意的是,英国议会法律顾问办公室要求起草指引包括以下内容,[46]这与海顿案(Heydon's Case)中的除弊规则(mischief rule)相对应:[47]

简要介绍以下信息:

— 立法被提议的事实和政治背景。
— 拟议变化的一般目的。
— 立法的主要原因。
— 描述现行相关法律及其在实践中的应用。
— 描述现行法律在哪些方面以及在多大程度上妨碍了部门政策的实施("除弊规则")。
— 完整描述法案将要使其生效的法律变化,以便为弊端提供补救措施("补救规则")。
— 描述支持补救措施所需的附带和补充条款。
32 — 讨论与起草有关的议会事务或者其他管理事务。
— 内务管理事项。

起草指引的质量

但是,让我们回到本章最初的问题:什么构成起草指引的质量?来自两份截然不同文本的两段摘录阐明了立法指引的质量问题。第一个起源于1966年,由尼日利亚的一个军政府起草;第二个则起源于立法起草方面最具创新性和社会意识的教科书之一。尽管存在差异,但两份文本都确认,作为最终产品的立法,其质量与起草指引的质量直接相关,而起草指引不能以法律草案的形式提供。

> 起草指引应当用通俗易懂的语言来提出要求。它们应尽可能充分地说明该法令的目的和背景,并应当说明哪些现有立法对该主题有影响。它们不能采取外行法令草案的形式。如果提案是以现有的一部立法为基础的,无论是在尼日利亚、英国或者任何其他国家,这一事实应当被说明,并且起草指引应当将起草者引向这一立法。[48]

并且

> 除非立法起草指引以及支撑它们的理论和方法指导起草者对其本国相关的社会现实进行充分的经验研究,否则他们的法案对改

变问题行为的影响将纯粹是碰运气。[49]

在英联邦国家(但不在英国[50]),向起草者提供粗糙的或者不专业的草案的做法非常普遍,尽管没有法域鼓励不专业的草案。[51]指引官似乎更偏爱不专业的草案,而不是起草指引,主要是因为他们错误地认为这将加快起草进程,并可能将起草者引到指引官希望实现的结果。事实远非如此。[52]一份糟糕的不专业的草案只能在指引官和起草者之间引发逐渐令人沮丧的摩擦,催生办公室之间的权力博弈,并产生危险的产品。[53]因此,即使是所谓的权宜之计的辩护也不能站在非专业草案的一边:[54]起草者必须撤销未经训练的官员所做的糟糕工作。[55] 33

或许更重要的是,非专业草案的做法无视和破坏了立法起草作为一种实践智慧式学科的性质,其语境主义和个人特质的原则只能被训练有素的起草者意识到并加以揭示。就像一个人不会要求世界上最好的妇科医生进行脑部手术一样,人们也不能指望世界上最好的律师或者政策官员起草一部好的法律。起草者在他们的学科中受过训练且经验丰富,不能也不应该被贬低为仅仅是编辑其他人所起草文本的语言。立法起草的阶段对最终结果的质量而言至关重要:起草指引亦是如此。必须允许起草者以清醒的头脑来执行他们的任务,即使是最基本的问题也不受他人的影响,例如,为实现政策目标进行立法的必要性、所选立法形式的适当性、立法文本的结构及其组成。[56]任何试图部分篡夺该项任务,以及篡夺起草者不受阻碍地执行这一任务的部分自由的做法,都只会损害起草团队(政策指引官、法律指引官和起草者)的共同目标,进而危及立法文本的有效性。

没有叙述性的起草指引,最终立法文本的架构便由未经训练的官员预先决定和设定了,而其产品只能具有令人质疑的质量。[57]因此,全世界的起草者应该追随英国的引领,并直接忽视不专业草案。[58]一种可能性是直接将它们撕成碎片并退还给指引官,这种做法被伦敦上一任议会首席法律顾问虔诚地遵循。但这当然需要代表首席起草者的隐身,也需要公务员富于创造力的心智,并赞赏起草者的专家技能和完成的任务。另一种也许更现实的方法是,起草者只是将不专业的草案视为起草指引。换言之,起草者可以阅读不专业的草案,并以与律师对待客户提供的对事件的主观看法的华丽描述完全相同的方式对待它们:他们记录下描述,选取与案件相关的内容,并完全抛弃无关或者有害的内容。 34

这就足够了吗？当不专业的草案是起草过程的一部分,一定程度的损害便不可避免。起草者只能试图抛弃不专业草案的一部分:他们不可避免地受到所读内容的影响;而且,在时间总是稀缺的工作中,[59]对他们来说,只有人类才能将不专业的草案作为起点。但是,理想情况下,起草者应该将非专业草案用作起草指引,并通过立法计划来填补缺失要素的空白。这是本书下一章的主题。

我所呼吁的可能吗？当然可能。在起草本国实施性措施的过程中,起草者一直在批判地使用国际协定和条约作为起草指引。技术就在那里:其应用于不专业草案只是一个实践问题。

起草指引的风格

起草指引必须始终采用叙述形式。[60]不专业的草案是危险的,而且往往是无用的和误导性的。[61]

应当避免使用技术性的语言。起草指引被呈送给起草者,后者的专业知
35 识仅在于将政策表述为有效的立法。起草者并不了解所有的法律领域,也不了解来自其他学科的术语。因此,指引官清楚、准确地向起草者传达他们的信息非常重要。如果是由于所需法案的主题或者内容而无法避免使用技术性语言,则必须提供解释。反之,起草者也可以在立法文本提出的定义中,使用这些技术性语言。

起草指引必须系统化。他们必须以逻辑顺序呈现起草指引,并由本章介绍的元素序列进行提升。

并且,必须使用一致的语言。

对现行立法进行修改和废除的建议必须被清楚地引入,或许以表格形式,并可以复制到立法文本中。

最重要的是,起草指引不得采用立法草案的形式!

结论:高质量起草指引的检验清单

起草指引构成起草过程第一阶段的第一部分。对立法的有效性而言,起草指引与草案研拟阶段同样重要。高质量的起草指引可以作为立法这座建筑的地基。它们为指引官协助起草者完成任务打下坚实开端,并为其有效地参与起草过程提供了一个独特机会。毕竟,立法是“法案团队”内部共同努力

的产物。

为了制定有效的立法，起草指引必须从表明该法案旨在实现的主要目标开始，这使起草者从一开始就处于有利地位。起草指引必须包含与将被纳入法案的提案有关的所有相关背景材料，包括所有已知的法律影响和困难。它们必须详细解释提案是如何实现各种目标的，但不是以条款草案的形式。[62]起草指引必须指明想法的来源，如果这些想法是基于现有的条款，那就提及法令全书中任何已知的先例，以确定想要的那类条款。如果尚未确定任何事项，则必须说明它们是什么以及何时可能提供与它们有关的补充指引。为了 36
落实提议，它们必须指出将要或者可能需要修改的现行法律。它们必须说明为使提案生效而需要或可能需要修订的现行立法。它们必须确定过渡性或者保留性条款。如果该法案将在未来某个日期生效，它们必须说明何时生效，或者说明如何指定日期。最后，如果法案影响另一个部门的活动，它们必须说明该部门被咨询的范围和程度。

起草指引没有也不应该尝试起草！这种做法对于实现起草指引的目的（向起草者传达信息）方面，具有误导性且不怎么有效。

总结：立法指引的检验清单

1. 确切的问题是什么？
   a. 我们想要阻止什么损害或者其他不受欢迎的后果？
   b. 谁或者什么受到了损害？
2. 损害风险的性质和规模是什么？
   a. 问题发生的频率或者可能性有多大？
   b. 有多少人或者情况受到影响？严重程度如何？以及问题什么时候出现？
3. 处理该问题有哪些选项？
   a. 替代性行动方案有哪些，例如，从无为到完全禁止特定活动？
   b. 有没有不涉及政府机构的替代性方案？
   c. 该问题可以在不进行任何规制的情况下被解决吗？
4. 每种选项可能产生的影响是什么？
   a. 每种选项可能带来的好处是什么？即它能在多大程度上降低估计的风险？

b. 该选项应当在多大程度上被打折扣,人们是否会为回应那一选项会改变他们的行为,进而导致风险降低的程度有所减少?

c. 由于间接的副作用或者其他可能源自该选项的危害,这又应当在多大程度上被打折扣?

5. 需要哪些行政管理机制?

a. 实施每种选项的机制是否最切合实际且有效?

b. 在机制涉及公共服务的情况下,鉴于其他主张,这种选项可以有效利用公共资源吗?

37 6. 预期收益的货币价值是多少?

a. 从货币角度来看,从每种选项中预期产生的收益的价值是多少?

b. 这个价值在多大程度上可能会被货币价值无法完全计算的其他收益所增加(因为它们没有被市场化)?

7. 每种选项的估计成本是多少?

a. 总体而言,实施每一选项的政府预算成本(经常性和非经常性)是多少?

b. 为每种选项提供必要的行政机制(人事和非人事支出)的成本是多少?

c. 私营部门在遵守每种选项时,可能的直接成本(经常性和非经常性)是多少?

d. 私营部门在遵守每种选项时可能产生的间接成本是多少,如就竞争力下降而言?

8. 每种选项的成本效益如何?

a. 与预期收益相比,每种选项的成本如何? 它们是否成比例?

b. 与可能降低的风险成本相比,每种选项所需的行政管理机制的效率如何?

c. 哪种选项最划算?

9. 哪些分配公平和公众感知方面的问题是相关的?

a. 成本和收益是否在社会不同群体之间被公平分配?

b. 对风险程度和消除风险的必要性而言,公众有何感知?

注 释

〔1〕 关于立法过程与起草过程的区分,see C. Stefanou, *Drafters, Drafting and the Policy Process*, in C Stefanou and H Xanthaki eds., Drafting Legislation: A Modem Approach, Ashgate Publishing, 2008, p. 323。

〔2〕 See H. Xanthaki, *Thornton's Legislative Drafting*, 5th edn, Bloomsbury Professional, 2013, p. 145.

〔3〕 See J. Stark, *The Art of the Statute*, F Rothman, 1996, p. 52 - 53.

〔4〕 See R. Fox and M. Korris, *Making Better Law: Reform of the Legislative Process from Policy to Act*, Hansard Society, 2010, p. 86.

〔5〕 See C-A Morand, *Légistique formelle et matérielle*, Aix-en-Provence, 1999, p. 25.

〔6〕 See A. Seidman, RB Seidman and N. Abeyesekere, *Legislative Drafting for Democratic Social Change - A Manual for Drafters*, Kluwer, 2001, p. 280.

〔7〕 就目前的情况而言,起草过程存有缺陷,参见 Fox and Korris, *Making Better Law*, (n 4) 13。

〔8〕 See G. Tanner, *Confronting the Process of Statute-Making*, in R Bigwood ed., The Statute: Making and Meaning, LexisNexis, 2004, p. 54.

〔9〕 See TW Cain QC, *The Legislative Draftsman in a Small Jurisdiction*, 19 Commonwealth Law Bulletin 1237, 1238 (1993).

〔10〕 但有人呼吁,即使在起草指引阶段,也要让起草者参与进来,以确保指引的质量,参见 MV Petelo Fa'asau, *Challenges Faced by Legislative Drafters in Samoa and Other USP Member Countries*, 14 European Journal of Law Reform 191, 205 (2012)。

〔11〕 See P. Regan, *Enacting Legislation - a Civil Servant's Perspective*, 34 Statute Law Review 32, 33(2012).

〔12〕 See V. Vanterpool, *A Critical Look at Achieving Quality in Legislation*, 9 European Journal of Law Reform 167, 170(2007).

〔13〕 戈德史密斯勋爵(Lord Goldsmith)将起草者的角色描述为将政策转化为法律文本: Lord Goldsmith QC, *Parliament for Lawyers: An Overview of the Legislative Process*, 4 European Journal of Law Reform 511, 513(2002)。

〔14〕 See B. Simamba, *How to Make Effective Legislative Proposals*, AuthorHouse, 2012, p. 8.

〔15〕 See Office of Parliamentary Counsel UK, *Working with Parliamentary Counsel*, 6 Dec 2011, para. 132 www. gov. uk/government/uploads/system/uploads/attachment _ data/file/62668/WWPC_6_Dec_2011. pdf.

〔16〕 See A. Flückiger and J-D Delley, *L'élaboration rationnelle du droit privé: de la codification à la légistique*, in C Chappuis et al eds., Le législateur et le droit privé, Mélanges en l'honneur de Gilles Petitpierre, Geneva and Zurich, Bale, 2006, p. 125 - 26.

〔17〕 政府"需要立法使其政策具有法律效力,使其具有法律力量",参见 DR Miers and AC Page, *Legislation*, *2nd edn*, Sweet and Maxwell, 1990, p. 11。

〔18〕 See U Karpen, *Instructions for Law Drafting*, 10 European Journal of Law Reform 163 (2008).

〔19〕 关于起草指引的不足,参见 N. Nand, Legislative Drafting, *Distance Education and Its Contribution to Good Governance in the Pacific* (2008), www. wikieducator. org/images/3/37/PID 309. pdf; A Songa Gashabizi, *The Challenges of Rwandan Drafters in the Drafting Process for Good Quality Legislation*, 14 European Journal of Law Reform 280, 281 (2012)。

〔20〕 See J-D Delley, MT Christin Jochum and S. Ledermann, *La conception des lois*: *la démarche légistique entre théorie et pratique*, CETEL, 2009, p. 23 – 24.

〔21〕 See Petelo Fa'asau, *Challenges Faced by Legislative Drafters in Samoa and Other USP Member Countries*, (n 10) 204.

〔22〕 See R. Ikiriza, *Instructions to Draft Legislation-A Study on Legislative Drafting Process in Rwanda*, 14 European Journal of Law Reform 225, 226 (2012).

〔23〕 See R. Nawaqakuta, *Challenges and Problems of Legislative Drafting in the Fiji Islands*, The Legal Lali 13, 13 – 14(2003).

〔24〕 See RJ Martineau and MB Salerno, *Legal*, *Legislative and Rule Drafting in Plain English*, St Paul, MN, Thomson West, 2005, p. 93.

〔25〕 See VF Nourse and JS Schacter, *The Politics of Legislative Drafting*: *A Congressional Case Study*, 77 New York University Law Review 575, 595 (2002).

〔26〕 See D. Elliot, *Preparing Drafting Instructions for Legislation*, www. davidelliott. ca/papers/preparingdrafting. doc.

〔27〕 NA Hashim, *Consultation*: *A Contribution to Efficiency of Drafting Process in Malaysia*, 14 European Journal of Law Reform 142, 148(2012).

〔28〕 这并非起草者的错,参见 A. Ashworth, *A Crystal Mark for Lawmakers*, Maryland Criminal Law Review 149 (1996)。

〔29〕 See M. Mayer, *The Lawyers*, Harper and Rowe, 1967, p. 50.

〔30〕 清晰的起草指引最终服务于公民,参见 P. Salembier, *Legal and Legislative Drafting*, Lexis Nexis, 2009, p. 1。

〔31〕 See VCRAC Crabbe, *Legislative Drafting*, Cavendish Publishing, 1993, p. 14.

〔32〕 See J-D Delley and A. Flückinger, *La légistique*: *une élaboration méthodique de la legislation' in Confection de la loi*, Presses Universitaire de France, 2005, p. 83, 84.

〔33〕 See Privy Council Office, Government of Canada, *Guide to Making Federal Acts and Regulations Preparing Bill-drafting Instructions for a Memorandum to Cabinet*(12 Feb 2003).

〔34〕 See Stark, *The Art of the Statute* (n 3) 13.

〔35〕 See Attorney-General's Department, *Guidelines on Drafting Procedure and Instructions for Ministries and Departments* (Brunei, Dar-es-Salam) para. 4. 2. 1.

〔36〕 J Kobba, *Criticisms of the Legislative Drafting Process and Suggested Reforms in Sierra*

Leone, 10 European Journal of Law Reform 219, 228(2008).

〔37〕 VCRAC Crabbe, *The Role of Parliamentary Counsel in Legislative Drafting*, (UNITAR Sub-Regional Workshop on Legislative Drafting for African Lawyers, Kampala, Uganda, 20 – 31 March 2000) 8; SL Trusty, *The Value of Clear Instructions*, 15 University of Kansas Law Review 9(1946 – 1947).

〔38〕 See BH Simnamba, *The Legislative Process: A Handbook for Public Officials*, Author House, 2009, p. 13.

〔39〕 See Office of Parliamentary Counsel, Australian Government, *Working with the Office of Parliamentary Counsel-A Guide for Clients*, (March 2008) para. 53.

〔40〕 但不能太过宽泛，参见 Lord Renton QC, *Current Drafting Practices and Problems in the United Kingdom*, 11 Statute Law Review 11, 13(1990)。

〔41〕 See Office of the Queensland Parliamentary Counsel, *A Guide for Effective Legislative Drafting Instructions*, para. 36.

〔42〕 关于完整的清单，参见 Office of Parliamentary Counsel UK, *Checklist for Drafting Instructions*, (26 Jan 2011); Legislation Advisory Committee, *Guidelines on Process and Content of Legislation*, Ministry of Justice, 2001, annex 1; Delley, *Christin Jochum and Ledermann*, La conception des lois' (n 20)。

〔43〕 See Office of Parliamentary Counsel UK, *Checklist for Drafting Instructions*, (26 Jan. 2011) 1.

〔44〕 See Office of Parliamentary Counsel UK, *Working with Parliamentary Counsel*, (n 15) para. 139.

〔45〕 See Office of Parliamentary Counsel, Australian Government, *Working with the Office of Parliamentary Counsel – A Guide for Clients*, (n 39) paras 87 – 88.

〔46〕 See Office of Parliamentary Counsel UK, *Working with Parliamentary Counsel*, (n 15) para. 165.

〔47〕 (1584) 3 Co. Rep 7a20.

〔48〕 See Cabinet Office, *Procedure for the Preparation of Federal Legislation under the Federal Military Government*, (Lagos, May 1966) para. 5(5).

〔49〕 See A Seidman and R Seidman, *Legislative Drafting for Democratic Social Change: A Manual for Drafters*, Kluwer Law International, 2001, p. 39.

〔50〕 一些法域拒绝不专业的草案：for the UK, see Office of Parliamentary Counsel, https://www. gov. uk/government/publications/guide-to-making-legislation; for Australia, see *Legislation Handbook*, http://www. dpmc. gov. au/guidelines/docs/legislation_handbook. pdf; for Canada, see *Guide to Making Federal Acts and Regulations*, http://www. pco-bcp. gc. ca/index. asp? lang = eng&page = information&sub = publications&doc = legislation/cabdir-dircab-eng. htm; for Australia also see "Giving Written Instructions" www. opc. gov. au/about/docs/ draftingminstructionsv05. pdf; for New Zealand, see *Cabinet Manual* 2008, www. cabinetmanual. cabinetoffice. govt. nz/7. 19。

〔51〕 See Sir W. Dale, *Canadian Draftsmanship, and the French Connection*, 10 Commonwealth

Law Bulletin 1865, 1866 (1984).

〔52〕 See D. Elliot, *Getting Better Instructions for Legislative Drafting*, (the Pre-Conference Clinic on Writing Laws of the Just Language Conference, Victoria, British Columbia, 21 Oct 1992) www. davidelliott. ca/papers/getting. htm#8; JF Wilson, *The Preparation of Drafting Instructions*, www. lawdrafting. co. uk.

〔53〕 See J. Hertin et al. , *Rationalising the Policy Mess? Ex Ante Policy Assessment and the Utilisations of Knowledge in the Policy Process*, 41 Environment and Planning 1185 (2009); for an interesting example of the tension between evidence-based policy-making and political considerations in the drafting of legislation, see RW Hahn and PM Dudley, *The Disconnect between Law and Policy Analysis: A Case Study of Drivers and Cell Phones*, 55 Administrative Law Review 127, 181 (2003).

〔54〕 See R. Muhamad, *Instructions to Draft Legislation: A Study on the Legislative Drafting Process in Malaysia*, European Journal of Law Reform 236, 256(2011).

〔55〕 See EA Driedger, *The Composition of Legislation*, *2nd edn*, Department of Justice, 1957, p. xix-xx.

〔56〕 See DL Revell, *Enhancing the Legislative Process: The Value of the Legislative Drafter*, 32 Statute Law Review 149, 154(2011).

〔57〕 See Office of the Queensland Parliamentary Counsel, *A Guide for Effective Legislative Drafting Instructions*, (n 41) para. 37.

〔58〕 See I. McLeod, *Principles of Legislative and Regulatory Drafting*, Hart Publishing, 2009, p. 39.

〔59〕 对起草者和官员而言均是如此,参见 W. Iles CMG, *Legislative Drafting Practices in New Zealand*, 12 Statute Law Review, 16 (1991)。

〔60〕 See Office of Parliamentary Counsel UK, *Working with Parliamentary Counsel*, (n 15) paras 157 – 58.

〔61〕 See G. Eorsi, *Unifying the Law* (A Play In One Act, With A Song), 25 American Journal of Comparative Law 658(1977).

〔62〕 起草者需要确切地知道他们需要达到什么样的结果,而不能从其他人的起草尝试中发现这一点。另外,说明必要条款如何被架构往往是有帮助的,因为部门律师对现行法律的形式和布局有一定的了解。

第三章

立法计划：设计立法解决方案

起草指引表示立法起草过程的开始,因为在起草过程中起 38
草者收到起草指引后的第一个任务是了解它们。桑顿将其作为起草过程的第一阶段,表明其对作为最终产品的立法的有效性极端重要,强调起草者需要详细阅读它们并理解所追求的政策目标、为了追求政策目标而提议的机制、与政策目标相关的基本法律概念,以及作为追求政策目标之手段的法律改革。[1]

然而,桑顿所言的第二阶段才标志着起草者真正工作的开始。第二阶段是对提案的分析。它发生在起草者设计法律、研拟和形成草案之前,当然也在草案核证之前。虽然其仍然属于法律被实际起草之前的准备工作,但对于立法有效性而言,却与起草指引同等重要。[2]事实上,鉴于经常使用简单的命令或者不专业的草稿,而不是适当的起草指引,[3]这个阶段对于最终结果尤为重要,因为它允许起草者通过填补指引官所提供指引中的空白来修补第一阶段的无效率之处。[4]在此,起草者的目的是分
析立法提案,并设计一个在研究报告中标注了相关要点的立法 39
解决方案。[5]立法计划的编制标志着第二阶段的结束。

设计立法解决方案:是什么?

收到起草指引并理解了其政策和法律要素后,起草者现在转向详细阐述起草指引的任务,这为立法大厦奠定了第一块基石。这里的任务是双重的:第一,思考指引官所做的选择,以此作为内部质量控制的手段;[6]第二,提出自己对该提案中政策和法律改革要素的看法,并特别指出是否以及如何将其转化到草案中。[7]在这一过程中,需要详尽的探究和创造力,因为起草者不仅仅是一个抄写员。[8]因此,草案需要经历完整的与起草指引相同的问题清单,并试图为起草者和起草团队提供一份简短的清单,列出对所有问题可接受的回答,这些问题本应在第一阶段得到充分的和可接受的回答。与此同时,起草者借此机会开始考虑随之而来的立法的研拟,进一步提出法律和政策问题,解决实用性和可行性问题,并创造出立法将要奠基其上且为所有人接受的基础。这是起草团队内部三方对话的开始:这一阶段达

成共识可以随后节省大量的时间、资源、精力和善意。[9]帕金森(Parkinson)非常准确地描述了起草中所涉智识任务的要素:了解拟规制的状况,并确定需要规制的确切弊端;确定所需规制的性质,以及将影响此类规制的具体原则或者规则;用恰当和准确的语言表达的新原则或者规则以及必要行政性条款的措辞,使其符合宪法和制定法的现有原则,并使其对于执行它们的行政和司法官员而言相当清晰:[10]换言之,政策/法律/立法表达。

40 斯特法努非常专业地刻画了起草团队成员与起草者之间在起草过程的第二阶段以及之后的沟通,详见图3-1:[11]

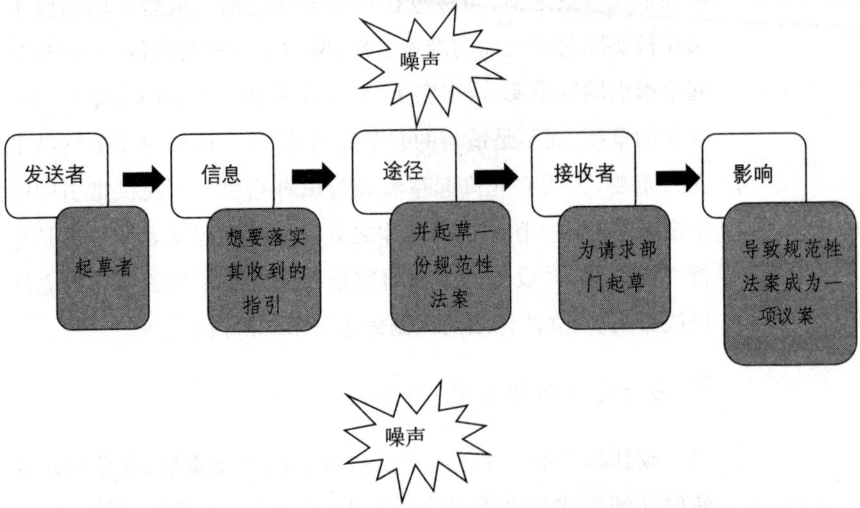

图3-1 起草团队内部的沟通

将彼此认可的想法和共识要点的汇编,记录在立法计划中,后者也被称为立法方案、[12]研究报告[13]或者评论。[14]无论使用何种术语,计划都包括一份或短或长的报告,后者载明了起草者对起草指引进行回应的基本要素。

立法计划可以是完整的并在起草团队成员中共享。或者它可以只是作为起草者思想中的书面草图,对他们来说是私人性的,并且仅用于协助他们研拟立法的目的。与实践智慧式立法起草的大多数方面一样,这里没有规则。立法计划的目的仅仅是通过编制形式实现的:这是人类大脑开始处理复杂智识任务的方式。该计划允许起草者的想法以合乎逻辑的顺序出现,至少这些想法的相互关系被初步探讨,从而允许其读者(起草者或者整个起草团
41 队)遵循起草者的思想模式。但是,就起草团队成员之间共享的完整计划的

编纂而言,还有很多话要说:这允许政策和法律官员评论、纠正或者确认起草者的初步想法,确保该项目被引向所有人都可以接受的地方。话虽如此,立法计划最后需要转向起草过程中更加官僚的一个层面,即"审计追踪"(audit trail),[15]其仅仅是起草备忘录的义务,只需勾选第二阶段的方框即可。因此,在理想情况下,立法计划仍然属于起草者,后者可以非正式地通过团队来发表评论。

编制立法计划的优点

很少有人会认为立法计划是个坏主意。毕竟,它不会造成太大的伤害。但是,在起草者完成任务的时间越来越少的情况下,立法计划是否是一项值得花费宝贵时间的活动?首先,立法计划具有五个优点。

第一,立法计划确保立法的最终结果是其政策制定者所期望的。虽然至少在理论上,指引官所追求的政策目标在起草指引中得到了清晰地介绍和澄清,但是从政策到实体法再到起草的转换则可能导致意义的丧失。[16]无须等到对初稿进行核证的阶段才发现出现如此令人不快的意外,立法计划的编制允许指引官在浪费时间和资源之前确认起草选择是否符合他们的意愿。例如,所要求法律的政策目标可能是消除贫困,这可以转化成为长期失业者提供住房福利的实体法,继而立法可以在长标题中提及住房福利,并在目标条款中将首都街头无家可归者减少的数量设定为有效性的衡量标准。鉴于立法计划将证明政策转化为法律,进而转化为立法解决方案,指引官便可以确定:目标确实是减少街头无家可归者的人数,而不是(例如)增加那些先前无 42
家可归而现在经过培训重新进入就业市场的人数。由此可见,立法计划是法案早期质量的控制机制。

第二,一份完整的立法计划确认了拟议立法的所有要素,从而防止起草工作的混乱。[17]甚至在尝试起草之前,立法计划便赋予拟议立法的核心要素以突出地位,从而确保核心概念不被遗漏,起草团队所有成员对赋予它们的意义达成一致意见,并且被请求的议案和法令全书中的法案之间的关系正是指引官设想和预期的。例如,针对一项要求将人体器官贸易定为域外犯罪的立法请求,立法计划将揭示:已经有规制人体器官移植的立法,也有已经签署并在该法域得以批准和实施的联合国人体器官交易公约,唯一留给起草者处理的法律改革点是宣布现有罪行的域外适用。因此,政策目标很可能始于消除本法域公民对外国穷人的剥削,实体法可能要求将域外所犯罪行刑事化,起草者可能提议对现行法案进行修改,通过在现有罪行的定义中增加"无政府或者国外"这一条款来推行政策和法律改革。回到第一点,对起草者而言,这是整个过程中的完美阶段,起草者可以确认提出的立法解决方案不但技术上正确,而且对于实现政策目标而言也是有效的。指引官可能(实际上必定)争辩说,仅仅修改现行法案并不能很好地为他们服务,因为立法的使用者很可能会错过起草者对法律所作的关键性修改。对于防止域外犯罪以及新罪行的调查而言,将其置于单独一节,并用标题来提醒使用者其域外效力,可能更有效。无论在起草过程结束时哪种观点占上风,在第二阶段而不是在第五阶段对此进行讨论都更有意义,这将不可避免地意味着在第二、三、四和五阶段之后重新开始新的起草工作。[18]

第三,完整的立法计划鼓励起草者确认被请求立法的所有要素,并允许他们分别和依次分析每一个要素,鼓励他们使用逻辑的结构和完整的解决方
43 案。通过尽早确认立法的主要要素,起草者可以提醒指引官注意那些可能被忽视或者可能在起草指引中被错误添加的立法。例如,关于规制海上货物运输的立法请求需要被评估,以确认指引官的目的严格限定在海上运输,而不是可能的海上和陆地内部水道运输。同时,要确认所请求立法的所有可能要素,就需要它们在法案结构中处于优先地位。例如,抢劫还可能包括持械抢劫;在设计阶段的早期,指引官需要确认他们是否设想该立法将同时处理抢劫和持械抢劫问题,是否设想一部单独的法案来处理这两个问题,以及他们是否同意(如他们所应当的那样)将持械抢劫的一节放在抢劫一节之后。事实上,起草团队此时可能决定只处理立法的一个要素,或者可能决定以合理的顺序将立法划分为不同部分。因此,立法计划有助于将冗长的文件划分为不同的部分;有助于在部分和整体之间引入逻辑关系;有助于确定规范性条款的合理顺序,只关注问题(problem)范围内的提问(questions)。[19]这里有一个警告:由于立法计划只是起草者处理请求的第一次尝试,因而其内容绝对没有任何约束力。没有什么可以保证计划不会随着概念的进一步阐述而改变。例如,根据起草者的建议,抢劫和持械抢劫可能都被包括在所请求的立法中,但指引官对统计数据的进一步分析很可能引导他们决定为持械抢劫提供一个单独的立法解决方案,后者的具体政策目标是由对所用武器类型的循证分析或者指引部门的累犯政策所驱动。

第四，通过确认立法解决方案的要素，立法设计确保起草者调查所有相关证据和事实，并确保这些事实的分类符合逻辑。[20]在起草指引采用叙述形式并带有政策研究、政策和法律意见书等多个附件的法域中，起草者有可能遗漏某个文件或者证据。立法计划可以简要说明每份文件的使用方式，或者可以简单地列出收到的文件，这可以确保起草者使用了指引官发送的所有文件。在起草指引简短且无文件汇编的法域，起草者可以确定所需的文件或者 44
数据，并向指引官索取。

第五，编制立法计划有助于起草办公室的管理和团队内部的授权。一方面，立法计划允许起草者为完成材料汇编设定一个切实可行的时间表，从而促进起草办公室更好地管理。另一方面，立法计划允许团队就任务和时间计划达成一致意见，从而促进今后任务的良好组织。[21]

立法计划中的分析要素

立法计划的要素与起草指引的内容相对应，尽管此处的关注点更多地是起草的语言和概念，而不是政策和实体法的概念。[22]其包括：

— 现行法律之分析。
— 立法必要性之分析。
— 潜在危险领域之分析。[23]
— 政策选择和首选立法解决方案之分析。
— 立法提案之实际影响的分析，包括预期的制定法解释问题，并分析实施法律草案可能需要次级立法的事项。

让我们分别关注每个元素。

现行法律之分析

起草者的首要考虑因素是确保他们清楚和充分地理解当前关于所请求立法主题的法律立场。在这一点上，起草者依赖于法律指引官，其实体法专业知识可以保证向起草者提供的法律数据的准确性和可理解性。为了获得全貌，起草者不仅需要收到相关法律的清单，还需要详细说明在所请求立法的确切要点及相关问题上存在哪些被普通法适用的制定法。起草者究竟需要知道什么？简单地说，就是法律立场的整个框架：所有由法院判决和学术 45
意见解释、实施和补充的相关现行法律。[24]此时比较研究也可以包括在内，特别是在协助指引官请求进行法律改革方面。[25]当然，为了确保由政策官员选定的法域、制度、法律或者条款（作为起草者的可能模版）对接收法域是有用的，起草者还必须证实所选外国法域和本国法域借助立法所解决的需求是共同的，并且示范法域的立法解决方案在本国法域同样有用。[26]一个典型的例子是，将英国住房福利法移植到希腊的无效性：尽管两个法域都有为经济和社会弱势群体提供住房的需要，但住房福利在希腊并不同样有效。由于家庭结构紧密并且住房价格便宜，在大多数情况下，住房并非希腊经济和社会弱势群体面临的主要问题。

就立法计划而言，在分析立法请求时，所有被请求的法律都必须被视为正在修改。现在很少有立法是在一个密封的真空中引入的：无论是否知道、是否意识到、是否明显，新的立法都会触及现行立法。因此，需要确保以尽可能无痛的方式将新立法顺利地植入现有法律体系，有必要考虑相关的法律、相应的修改，以及废除该规则而非寻求例外规定。这一被普遍接受的规则主要由桑顿支持，用以确保起草者对现行法律的分析保持高度警惕，并关注拟议立法的法律后果。

这一分析必须回答下列问题：

— 什么必须被修改？

— 什么必须被废除？以及如何被废除：明示废除还是默示废除？

46 — 什么必须被保留？

— 什么必须被增加？

这正是起草过程中的要点之一，以不专业草案形式提供的起草指引未能提供必要的背景信息，以便使起草者一开始就了解法律立场。

为什么在理论和实践中关于法律的良好理解对起草过程如此重要？原因主要有两个：第一，只有对所适用立法进行全面解读，才能为起草者提供查明危害的机会，即现行法律对使用者不利的具体点。查明危害使起草者能够专门关注这一点，从而推动对法律体系进行外科手术式的准确干预，尽可能地维护作为法治表达的法律确定性。第二，全面呈现当前的法律立场，使起草者能够在现阶段有效地进入下一个考虑点，即评估立法的必要性。

□ 立法必要性之分析

立法必须被视为最后的解决方案。根据定义，规制是对人类自由的侵犯。无论正当与否,每当政府规制一项新活动时,都会剥夺公民按照自身意愿行事的自由。即使在温特根斯(Wintgens)那对公民行动毫无限制的相对自由概念中,[27]立法也无疑增加了对公民活动的限制。因此,立法作为一种严格的规制工具,其后果包括课予罚款甚至监禁,构成了对公民自由的正当剥夺。因此,不应当轻易进行立法。“所以,远非由于生产力而得到回报,起草者应当由于非生产力而得到回报。”[28]尤其是在要求承认立法疏忽的情况下,包括制定有缺陷的立法以及未能撤销或者修改过时的立法,更不能轻易立法。[29]欧盟规制机构已经认识到,在所有新立法中,必要性至关重要,进而要 47
求新的立法都要通过必要性测试。[30]

因此,起草者有必要评估所确认的社会需求是否可以通过替代性规制手段[31]加以解决,[32]如合同和自愿协议、自我规制、经济激励和更广泛的信息传播。[33]忠于自身事业的起草者必须从本能地否定进一步立法的请求开始,即使在立法过程已经开始且已经做出继续立法的初步决定。[34]每个起草者的反应必须是“我如何才能避免起草这部法案?”[35]确实,拒绝起草立法,而不是起草另一部注定要被添加到现在复杂且冗长的法令全书中的立法,更有利于制定法:除了反对剥夺公民权利之立法外,新立法增加了法令全书难以忍受的篇幅,其后果包括因日益增加的复杂性而导致的不可理解性和最终意义上的无效性,以及当被用作一种现成的简单规制工具时,立法价值和重要性的日益丧失。[36]

学术界和规制机构已经用了大量笔墨来讨论法令全书的复杂性以及“去 48
规制”和“去立法”的(de-legislate)必要性。[37]英国政府的“二换一”的倡议,要求撤销现行的两部立法,以换取一项新的立法提案,这无疑正朝着正确的方向发展。但起草者不能将立法必要性的决定留给指引官。尽管减少立法数量这一目标对于所有公务员来说都很常见,但只有起草者拥有专业知识来决定立法解决方案是否需要立法干预,而不是政策目标何时需要进一步立法。当然,这是起草团队的共同决定,其考量因素往往不止是起草技术。例如,20 世纪 90 年代末到 21 世纪初笔者在乌克兰工作时,惊讶地听到字母“i”是通过一部法律被引入乌克兰语的。从纯粹起草的角度来看,这似乎是过度立法的典型案例。当然,政府官员与教育当局的宣传可以同样有效。但是,当司法部的起草者告诉笔者,正是字母“i”区分了乌克兰语和俄罗斯语,进而将“把一个字母引入字母表”升级为对当时刚刚脱离苏联而新成立的乌克兰国家加强自决努力的重要贡献时,立法决定背后的政策考虑才被揭示。顺便插一句,这是一个表明起草工作不是在真空中进行的好例子:政策和法律方面的考量潜入起草的纯洁性中,总是在追求最终立法文本的有效性。这也是说明在起草问题上国际特设咨询机构是多么具有误导性的好例子:有效性承载着国家意义,其殊异性和要求与政治、法律、社会、金融、宗教地位和母国风俗习惯如此内在地交织在一起,以致任何没有地方性组成部分的起草尝试注定只能偶尔成功。

□ 潜在危险领域之分析

在确信立法对于消除危害的必要性之后,起草者现在把注意力转向潜在的危险领域。立法工作中可能出现的危险领域的性质或者范围没有限制。
49 合宪性、合法性、遵守区域法和国际法以及有效性现在是起草者最关心的问题。常见的危险领域如下:

1. 与合宪性相关的问题[38]包括:
   a. 指引部门的权限问题,或者新立法中请求或规定的机构或者机关的权限问题。
   b. 影响个人权利的提案(如影响社会福利、养老金、公民参与制定法所规制的活动、诉诸司法、选举权、自由或不歧视的提案)。
   c. 影响私人财产权利的提案(授予私人财产使用权、搜查、查封、扣押或者没收私人财产的提案)。
   d. 在没有议会授权的情况下赋予政府权力的提案(如在没有明确议会授权的情况下推行税收立法的提案)。
   e. 影响其他政府部门或者公共机构利益的提案。
   f. 无视或者违反判例法的提案,特别是最高法院的判例。
   g. 为了授权立法而请求模糊的制颁条款的提案(如一个笼统条款,其授权政府部门实施法案的相应和过渡性规定)。
2. 与合法性相关的问题包括:
   a. 溯及既往立法的提案。[39]
   b. 治外法权立法的提案。[40]
3. 与遵守区域和国际法相关的问题包括:
   a. 无偿没收外国个人财产的提案。

b. 属地效力或者宪法效力存疑的提案。

c. 与本法域已加入之国际条约相冲突的提案。

d. 直接或者间接与具有法律约束力的区域性立法相冲突的提案。[41]

4. 与有效性的最佳实践相关的问题,包括不必要的官僚化提案(如引入 50 复杂的批准或者许可证制度的提案)。

5. 与伦理或者政治敏感性相关的问题包括:宗教国家中堕胎的非刑事化提案、在大部分非洲国家同性恋的非刑事化和同性恋婚姻合法化的提案、在严格的天主教国家引入无过错离婚,或者与少数民族和少数群体的权利相关的立法。

在此必须强调的是,在立法提案中所确认的这些危险领域并不意味着自动放弃规制计划甚至放弃该领域的立法。虽然这些问题需要极其警惕和谨慎地处理,最好是根据司法部长的意见,但继续按计划进行立法的最终正当性在于被选举出来执行政府命令的人。这些人不是起草者,绝对不是。当然,起草者是法律官员,因而他们有责任与起草团队的其他成员一起在最广泛的意义上提出任何合宪性或者合法性的异议。对于那些发现自己陷入四类不幸困境的起草者来说,有很多选择:

— 起草者可以说服政策制定者,这些提案由于违宪或者违法而必须被放弃:这是理想世界中发生的事情。通常是起草者可以启发指引官,进而使其实际上赞同起草者对违宪性或者违法性的看法。

— 起草者可以继续提出这些面临法律挑战的提案:起草者可以口头和书面提出问题,并可以坚持征求司法部部长或者同等机构的意见。但起草者是一名对事务有主观理解和后续看法的法律人,如果其与独立政府顾问对此类问题的理解、解释和后续观点不一致,则视为撤回反对意见,并寻求立法解决方案。此时,出于个人原因,起草者可能会被要求从资料汇编中抽身,但辞退他们的决定权在于办公室主任,后者可能会选择将起草者保留在岗位上。

— 起草者可以寻求修改宪法以适应提案。这与宪法政体尤为相关,在此出于宪法修正案的目的,增加了多数决要求。在这种情况下,只 51 有在问题很小或者只是程序性问题时才是可行的,或者在政府认同起草者的意见并准备完成繁琐的宪法程序时才是可行的。在没有法典化宪法的国家,如英国,这一选项要求修改与立法提案相冲突的法案,无论其是否是宪法性的。[42]这可以在拟议立法中以废除或者修改现有法案的形式进行。但是法案的宪法性质使该选项只有在需要对现有法案进行微小修改或者微调时才是可行的。

— 起草者可以找到一种实施提案的替代性手段。这是起草者展示他们技术性技能的地方。微调拟议的立法解决方案并非总是可能的,但却很可能使用有意识的模糊性作为可接受的政治妥协手段。

— 最后,起草者可以辞职,彻底摆脱这一困境。

□ 政策选择与首选立法解决方案之分析

在被说服所请求的立法确实是必要的(因为存在真正的立法危害),并且分析了所有基本的危险领域后,起草者现在把注意力转向指引官所考虑的政策选择、首选政策解决方案,以及其转化后的立法解决方案。在此,起草者分析的目的是确认在所请求的立法中提出的政策选项的适当性,[43]并通过准确的转化和恰当的立法表达来确保在此阶段形成的立法解决方案符合政策目标。

在政策官员、法律官员和起草者的角色被清晰区分的法域,起草者在此阶段的主要任务是保证政策语言转化成法律语言并最终转化成准确表达的立法。在这三个角色被模糊界定,甚至可能集中在少于三个人身上的法域,
52 起草者的任务便踏入了政策和实体法,因为在将其转化为立法表达之前,他们还要试图对可能的政策选择进行评估。

顺便插一句,这是因为起草指引以不专业的草案为形式而让起草者不幸失望的另一个表现。不专业的草案无法对政策选择进行反思,也不能使起草者确认指引官的选择。在不专业的草案中已经将政策转化为实体法律概念,然后再转化为立法表达,而这是在起草过程中缺少一位有资格承担这项任务的行动者的情况下进行的。再加上缺少全面的起草指引,不专业的草案未能将危害与有效的政策/法律/立法解决方案联系起来。因此,它们远远不能保证有效性,而是只能导致偶然的立法成功。

回到起草者的任务上来,大多数起草者根本没有能力充分处理检验的任务,甚至更糟的是,也没有能力选择最有效的政策方案来作为最适当的立法解决方案。起草者往往是律师,他们没有受过社会科学方法论的培训。[44]声称可以填补这一空白是不切实际的,但值得一提的是,起草者有四种方法来

选择最恰当的立法解决方案：实践智慧、目的—手段分析法、渐进主义和依据经验的推理。[45]

□ 选择最恰当的立法解决方案的方法

实践智慧是一种完全契合亚里士多德式智慧的方法。[46]当应用在解决立法起草中的问题时，[47]实践智慧需要应用依据经验的理论知识来选择最恰当的立法解决方案。实践理性是选择最恰当解决方案的绝佳方法，但它需要团队有“明智的”成员，即了解立法起草之实践智慧性质的官员。此外，实践智慧不可避免地包含主观性，进而可能产生最能代表多数人道德观的解决方 53
案。[48]

在目的—手段分析中，起草者试图使用必要的手段来达到可欲的、预先决定的[49]最终结果。实践中，起草者创造出尽可能多的途径来达到拟议立法文本的目标，并选择最具社会成本效益[50]的解决方案。这是问题的核心，也是目的—手段分析可能带给研究者/起草者危险路径的实质所在：社会成本效益性意味着对正在补救的社会需求的回应，但仅限于符合当权者价值观的解决方案。[51]因此，目的—手段分析可能导致在伦理或者道德立场上可疑的立法解决方案。[52]然而，在一个尊重法治和人权的现代政体中，目的—手段分析对于起草团队来说是一个不错的选择。它邀请团队成员提出每一个可以想到的立法解决方案，对其有效性进行评估，并在相同的基础上确定优先顺序。

渐进主义是一种选择立法解决方案的方法，主张极为谨慎和渐进的立法行动，并给予先例和历史以信任。[53]由于起草者不能保证了解所有可能的情况、解决方案和影响，[54]渐进主义鼓励实验性立法或者分阶段立法，并通过定期的立法后审查来保证对几乎不可避免的损害的限制。渐进主义是一种选择立法提案的低调方法，但在当前危害与立法解决方案的最后阶段之间存在鸿沟，进而使该解决方案难以被公民接受或者在其实施存疑的时候，渐进主义方法被证明非常有用。[55]正是在渐进主义的基础上，起草者能够弥合禁止完全离婚的立法与允许无过错离婚的立法之间的巨大鸿沟。这可以通过逐 54
步合法化的方式来加以尝试：先是在特定情况下将离婚合法化（如通奸、严重的家庭暴力等），之后将离婚作为过错方的代价而合法化，最后引入真正的无过错、无罪过离婚。渐进主义并没有规定立法解决方案的阶段，是否需要与可变的生效和失效日期包括在同一部立法中;政府的长期承诺[56]是否会将最终结果付诸实施的一系列单独立法。但是,归根结底,这两种选择都是可行的。

依据经验的推理是在起草作为实践智慧的意义上,选择恰当立法解决方案的方法。在这里,起草者被要求对域内和域外立法都进行研究,以此作为通过对经验所呈现的事实进行反思来发展新的做事方式的手段。[57]此处被问及的问题是:(1)社会问题是什么,以及谁的行为造成了这一问题;(2)对这种行为的解释是什么;(3)拟议的解决方案是什么;(4)这些解决方案如何加以实施和监督。[58]换言之,起草者利用了指引部门基于证据所做的政策分析。[59]该政策分析评估了每个政策选择的有效性和成本,从而通过实践推理得出解决当前社会问题的最恰当选择。[60]依据经验的推理方法承认在选择立法解决方案的过程中的主观性程度,[61]因而邀请所有学科和专家为共同目标做贡献,该目标当然就是确定最有可能实现潜在规制实效的解决方案。

在立法起草中,很难规定一种万能的选择立法解决方案的方法。它们中的每一个都具有优势和风险。目的—手段分析可能会导致令人怀疑的社会公平结果,而渐进主义似乎是一种相当胆怯和短期的规制方式。但它们每一种都有自己的领地:在以财政为导向的立法解决方案的背景下,目标—手段
55 分析方法似乎是理想的,因为其可以提高效率;在规制出现巨大跨越的时候,渐进主义可以贡献很多。实践智慧因其可能偏向于保守主义而受到批评,但这不一定是一个不好的属性,使纯粹的实践智慧难以支撑的是其固有的主观性。这是在依据经验推理的情形下被衡量的,其提倡客观的基于证据的分析。但最终这两种理论都源于方法论上的实践智慧式进路,并反映了立法起草的实践智慧式性质。[62]因此,毫无疑问,实践智慧式进路对大多数草案而言更适合,依据经验的推理则是首选的方法论版本,因为它将一定程度的客观性与共同善的概念结合在一起。

□ 最佳立法解决方案之选择

但是,在选择最恰当的立法解决方案时,起草团队进行的分析过程到底是什么?

在根据经验进行推理的背景下,起草团队首先确定问题行为背后的原因,这反映拟议立法文本旨在解决的社会需求。[63]一旦社会现象与其根源之

间的联系得到证实，起草团队便继续设计立法解决方案，以解决社会需求背后的问题行为，而这是通过拟议立法来解决的。最后，工作完成于对监督和实施机制[64]的确认，这确保拟议的立法解决方案在颁布后将得到有效控制，并在必要时进行调整。[65]

☐ 立法解决方案设计的内容

立法解决方案在立法计划中被表达，但其要素并不一定与计划的内容一致。立法解决方案的语义范围较窄，仅限于分析立法中表达的政策选项。立 56
法的必要性、计划的立法形式的适宜性和可操作性在这里并不发挥作用。但是，合宪性和合法性问题仍然是起草者关注的焦点，尽管只是作为每个政策—法律—立法选项进行评估的要素之一。

立法解决方案包括下列要素：

1. 查明问题行为的原因，这些行为导致了所审查的社会需求。

2. 初步的方法论选择。

   a. 划定立法解决方案的范围：查明要解决的具体行为，并将其与其他相互交织的行为区别开来。

   b. 该社会问题的历史，以此作为理解其规制要素的手段。

   c. 比较性的经验做法，以此作为查明其他地方提供的解决方案的手段。

3. 利用外国经验、[66]学术观点以及包含在起草指引中的部门分析来解决问题的潜在方案，仍然处于“依据经验推理”分析方法之中。

4. 遵守诱导措施[67]（惩罚、民事损害赔偿或者罚款、奖励、间接性措施）和管理方法（建立一个实施该规则的机构，并为该机构的运作创造良好环境[68]）。

5. 拟议解决方案的描述。

6. 对拟议解决方案的事前评估，定义为“遵循结构化和形式化的程序，对潜在新立法的预期效果和副作用进行未来导向的研究，形成书面报告；此类研究包括探究替代性选项可能产生的影响和副作用”，[69]并且包括以下内容：

（1）对拟议立法解决方案之有效性的分析，即将所要解决的社会需求与所选方案的可能实际结果并列比对。

（2）对拟议解决方案之预计成本和收益的分析：[70]尽管有效性与立法质 57

量同义,但成本—效率对于潜在规制的实效[71]往往同等重要。[72]

7. 以立法后审查标准的形式,确定拟议立法的监督和反馈系统,并且,在现代起草中,越来越多地以一个日落条款的形式激励当时的政府采取行动以延长该法案的寿命,[73]如果立法后审查已经证明这仍然有用的话。[74]

□ 立法提案之实际影响的分析

在立法计划中,起草者的最后考虑是对新条款的预期制定法解释进行分析。对立法选择的解释性影响的分析以及提出具体解决方案的理由,可以很好地被包括在起草指引中。毕竟,当被选择的法律概念或者术语被置入法律体系中时,法律官员应当具备必要的实体法专业知识来了解其可能产生什么影响。但是,起草者必须重复这一分析,以便补充不完整的起草指引,并核证完整的指引。[75]

58 在此类分析的过程中,起草者会将母国法域中的解释法案(Interpretation Act)、制定法解释的推定(presumptions)和格言(maxims)以及与被审查术语或者概念相关的法院判例,纳入考量范围。

现在,在一个目的解释时代,草案不止于关注术语或者概念。由于法院可能会查阅各种材料以确定立法的目的并作为其解释的辅助,因而起草者必须了解将来可能用于目的解释的非政府材料、政府材料和议会材料。

当然,在一个理想的世界里,制定法解释不应该成为起草者关注的问题;毕竟,所有好的起草工作都会最小化解释的需要。但现实中,即便是关于完美的草案,制定法解释也经常发挥作用。例如,特意的模糊性可能要求法院对一个术语或者概念作进一步说明,或者新的情况可能要求将一个条款适用于法律通过后出现的新对象,以及法院可能必须在围绕案件的一系列情况中,解决有关立法适用的争议。

在我们当前所处的法律全球化时代,预期的制定法解释还有一个额外的参数:法院可以参考国际条约或者区域性立法(如欧盟立法),以确定直接或者间接实施它们的国内立法的目的或者解释。

除了制定法解释外,起草者还会根据实施被请求立法可能需要的授权立法,来评估被请求立法的可实践性。这种关注最好在起草过程的早期阶段产生,尽管它当然可能在纯粹的研拟甚至核证阶段出现。但在立法计划中,当起草者确定了拟议立法解决方案的所有要素时,起草团队便需要就如下内容达成共识,即为了特定目的,是否需要授权立法,以及哪些要素可以放在一边,以便在授权立法中而不是在被请求的立法中进行处理。没有什么可以指导起草团队决定什么必须被保留在初级立法,以及什么可以留给授权立法。原则上,下列内容通常需要在初级立法中予以保留:

1. 拨款。

2. 重大的政策问题,包括重大的新政策或者对现有政策的根本性改变。

3. 对个人权利和自由产生重大影响的规则。

4. 规定公民或者组织有义务从事某些活动的条款(如提供信息或者提交文件,其中所需信息或者文件的细节应包括在从属性立法中)或者停止活动 59
的义务(如禁止参与活动,并对参与该活动施加处罚或者制裁)。

5. 赋予公民或者组织可强制执行的权利的条款。

6. 创设需要进行重大刑事处罚的犯罪的条款(监禁或者对个人处以超过50个罚款单位,对公司处以超过250个罚款单位)。

7. 对行政违法行为课予行政处罚的条款(行政处罚使行政机关能够在未经法院对问题进行确认的情况下收取款项)。

8. 征税条款。

9. 强制收取巨大费用的条款(相当于超过上述第6点所规定的罚款单位)。

10. 批准资金借用的条款。

11. 程序问题,这是立法计划的本质。

12. 建立法定机关的条款(法定机关运行的某些细节将在从属性立法中得到适当处理)。

13. 议会法案的修正案(在需要修正案时,应当根据这些标准审查是否继续将某项措施纳入法案)。[76]

对结构的初步考虑:思林的五项"黄金规则"

法案的结构将在第五章详细讨论。虽然要避免重复劳动,但我们不能忘记提出起草者对所请求立法的设计和结构的看法。因此,为了便于理解,我们必须参考由思林勋爵(Lord Thring)提出的五项"黄金法则":

1. 颁布法律的条款应当与有关法律行政性条款分开,并予以优先考虑。

2. 较简单的命题应当放在更复杂的命题之前,并且按照命题规模(scale)

作升序排列,较小的命题应当放在较大命题之前。

3. 主要条款应当与从属性条款分开。

60 4. 例外条款、暂行条款和与废除立法有关的条款,应当与其他条款分开,并单独置于独立的标题之下。

5. 程序和细节问题应当自行分开,除非在非常特殊的情况下,否则不应当在初级立法的主体部分出现。

结　论

立法起草过程的第二阶段是“理解提案”。它指的是起草者对起草指引的详细阐释,这是一个启动政策、法律和起草官员三方对话的智识过程。这是起草者提出问题、填补空白、提出初步想法、确认以及接收反馈的机会。[77]这是起草者确保他们完全理解起草指引的机会,或者很遗憾,在使用简单指引或者不专业草案的糟糕开局后,让起草过程重归正道。

起草者考虑的核心当然是立法解决方案。这是指政策官员提出的政策选项,并由法律官员将其转化成实体法。起草者在此的任务是确认这一转化的准确性,并将法律概念进一步转化为立法表达。这远远不是一项技术性任务:这里的转化包含了创造性,进而可以且经常可以微调或者改变潜在的政策。[78]

在这一分析过程中,起草者还要考虑被审查法律领域的当前法律立场,以此作为确认危害的手段,需要考虑作为最后解决方案之立法的必要性,并且也需要考虑起草团队必须在其中行动的宪法的、法律的和实践的约束。

所有这些要素都被记录在一份称为立法计划、立法方案或者研究报告的备忘录中。无论其名称如何,立法计划旨在协助起草者以一种可以在起草团队内部分享的方式(如果他们愿意的话)来组织思想、概念和解决方案。

在起草者开始起草之前,被请求立法的建筑地基便在这一早期阶段打下了。当然,没有什么内容一成不变,所有这些思想、概念和理念都需要不断地进行内部核证,并且需要在起草过程的第五阶段进行正式的内部和外部核证。

注 释

〔1〕 有关法律和政策之间关系的详细分析,参见 M. Zambone, *The Policy of Law-A Legal Theoretical Framework*, Hart Publishing, 2007。

〔2〕 Law Drafting Division, *Department of Justice*, *Legislative Drafting in Hong Kong-Crystallization in Definitive Form* (2001), www. doj. gov. hk/eng/public/pdf/ldhkv2e. pdf; E. Page, *Their Word is Law*: *Parliamentary Counsel and Creative Policy Analysis*, Public Law 790, 797 (2009).

〔3〕 关于在某些法域不专业草案之无法避免性的分析,参见 P. Perry Biribonowoha, *Efficiency of the Legislative Process in Uganda*,7 European Journal of Law Reform 135, 146 – 147 (2005)。

〔4〕 关于因不专业草案引发混乱的详细见解,参见 P. Perry Biribonowoha, *The Role of Legislative Drafting in the Law Reform Process*,32 Commonwealth Law Bulletin 601 (2006)。

〔5〕 See BR Atre, *Legislative Drafting*, Universal Law Publishing Co. , 2006,p. 88 – 89.

〔6〕 德瑞格尔提倡非政治的起草,参见 EA Drieger, *The Preparation of Legislation*,31 Canadian Bar Review 33, 36 (1953)。

〔7〕 但目前流行的观点是,起草者在政策指引方面的工作是政治性的,参见 DA Marcello, *The Ethics and Politics of Legislative Drafting*,70 Tulane Law Review 2437, 2441 (1995 – 1996)。

〔8〕 See RJ Martineau and MB Salerno, *Legal*, *Legislative and Rule Drafting in Plain English* Thomson West, 2005,p. 95.

〔9〕 See Office of Parliamentary Counsel, *Working with the Office of Parliamentary Counsel*: *A Guide for Clients*, *2nd edn* OPC, 2002,p. 24: para. 87.

〔10〕 See T. Parkinson, *Legislative Drafting*, 3 Proceedings of the Academy of Political Science in the City of New York 142, 191 (1913),www. jstor. org/stable/1193363.

〔11〕 See C. Stefanou, *Is Legislative Drafting a Form of Communication*?,37 Commonwealth Law Bulletin 407, 414 (2011).

〔12〕 See R. Muhamad, *Instructions to Draft Legislation*: *A Study on the Legislative Process in Malaysia*, 13 European Journal of Law Reform 236, 241 (2011); L. Levert, *Bilingual and Bijural Legislative Drafting to be or not to be*, 25 Statute Law Review 151 (2004); EA Driedger, *The Composition of Legislation—Legislative Forms and Precedents*, Ministry of Justice, 1976,p. 1.

〔13〕 See A. Seidman and RB Seidman, *ILTAM*: *Drafting Evidence Based Legislation for Democratic Social Change*, 89 Boston University Law Review 435, 479 (2009).

〔14〕 Office of Parliamentary Counsel UK, *Working with Parliamentary Counsel*, (6 Dec 2011) para. 260, www. gov. uk/government/uploads/system/uploads/attachment_data/file/62668/

WWPC_6_Dec_2011. pdf. ff.

〔15〕 Office of Parliamentary Counsel UK, *Working with Parliamentary Counsel*, (6 Dec 2011) para. 263, www. gov. uk/government/uploads/system/uploads/attachment_data/file/62668/WWPC_6_Dec_2011. pdf. ff.

〔16〕 斯蒂芬·劳斯爵士主张:"这种转换存在导致迟钝的风险:(1)必要的立法不完整性;(2)从失败的非立法解决方案中推断出立法解决方案的风险;(3)先例陷阱,以及(4)从移动的平台击中移动目标的困难。"See S Laws, *Giving Effect to Policy in Legislation: How to Avoid Missing the Point*, 32 Statute Law Review 1, 6 (2011).

〔17〕 See G. Engle, "*Bills are Made to Pass as Razors are Made to Sell*": *Practical Constraints in the Preparation of Legislation*, 4 Statute Law Review 7, 14 ff. (1983).

〔18〕 See R. van Gestel and J Vranken, *Kwaliteit van beleidsanalytische wetgevingsadviezen van de Raad van State*, Boom Juridische Uitgevers, 2008, ch 2.

〔19〕 See JC Dernbach et al., *Legal Writing and Legal Method*, Wolters Kluwer, 2007, p. 62.

〔20〕 See A. Seidman, RB Seidman and N. Abeyesekere, *Legislative Drafting for Democratic Social Change – A Manual for Drafters*, Kluwer, 2001, p. 88.

〔21〕 Office of Parliamentary Counsel UK, *Working with Parliamentary Counsel*, (n 14) para. 252 ff.

〔22〕 See HW Jones, *Notes for a Legislative Research Checklist*, 36 American Bar Association Journal 685 (1950).

〔23〕 See H. Xanthaki, *Thornton's Legislative Drafting*, Bloomsbury, 2013, p. 15.

〔24〕 对于在法律改革之前理解法律的过程中的失误的雄辩分析,参见 N. Des Rosiers, *President Law Commission of Canada*, *A Just Law for All – Equality and Law Reform*, (Canadian Congress on Criminal Justice, Halifax, Nova Scotia, 21 June 2001) www. restoringdignity. org/speech_desrosiersjune21. html。

〔25〕 关于纯粹的外国法本国化和外国法的接受之间区别,参见 RM Lastra, *Financial Law Reform in Emerging Economies*, Journal of International Banking Law and Regulation 413, 419 – 420 (2008)。

〔26〕 See H. Xanthaki, *Foreword*, 37 Commonwealth Law Bulletin 391, 393 ff (2011); H. Xanthaki, *Legal Transplants in Legislation: Defusing the Trap*, 57 International and Comparative Law Quarterly 659 (2008); L. Mistelis, *Regulatory Aspects: Globalization, Harmonization, Legal Transplants, and Law Reform – Some Fundamental Observations*, 34 International Lawyer 1055 (2000); O. Kahn-Freund, On Use and Misuse of Comparative Law, 37 Modern Law Review 1, 18 and 12 (1974).

〔27〕 See LJ Wintgens, *Legitimacy and Legitimisation from the Legisprudential Perspective*, in LJ Wintgens, Legislation in Context: Essays in Legisprudence, Ashgate, 2007, p. 3, 20.

〔28〕 See D. Greenberg, *Laying Down the Law*, Sweet and Maxwell, 2011, p. 155.

〔29〕 See L. Blake, J. Pointing and T. Sinnamon, *Over-Regulation and Suing the State for Negligent Legislation*, 28 Statute Law Review 218 (2007).

〔30〕 See esp The Internal Market After 1992: Meeting the Challenge. Report presented to the

Commission by the High Level Group on the Functioning of the Internal Market (The Sutherland Report) EC COM (1992); Commission, *The Brussels Programme COM* (93) 545; *The Report of the Group of Independent Experts on Legislative and Administrative Simplification* (*The Molitor Report*) COM SEC (95) 1379; Simpler Legislation for the Internal Market, http://www. europa. eu. int/comm/internal_market/simplification/index_en. htm; Better Regulation—Simplification Initiative, http://europa. eu. int/comm/enterprise/regulation/better_ regulation/simplifi cation. htm; and Commission, "Smart Regulation in the European Union" (Communication) COM (2010) 543 final.

〔31〕 起草者必须致力于减少"立法目的与社会结果之间的不平衡对应",参见 HW Jones, *The Efficacy of the Law*, Northwestern University Press, 1969, p. 48。

〔32〕 与法律以外的社会控制手段相比,立法往往是一种微不足道的控制手段,参见 SF Moore, *Law and Social Change*: *The Semi-autonomous Social Field as an Appropriate Subject of Study*, 7 Law and Society Review 719(1973); RD Schwarz, *Social Factors in the Development of Legal Control*: *A Case Study of the Two Israeli Settlements*, 63 Yale Law Journal 471 (1954); P. Selznick, *Legal Institutions and Social Controls*, 17 Vanderbilt Law Review 79 (1963)。

〔33〕 See OECD, *Law Drafting and Regulatory Management in Central and Eastern Europe*, OCDE/GD(97)176, SIGMA PAPERS: No. 18, 1997, p. 14.

〔34〕 See A. Nicola, *Schoonheid en Effectiviteit*: *Enkele Observaties Bij de Kwaliteit van Wetgeving*, RegelMaat 39 (2002).

〔35〕 See Marcello, *The Ethics and Politics of Legislative Drafting*, (n 7) 2444.

〔36〕 See Department for Business, Innovation and Skills, Delivering Regulatory Reform, Report by the Comptroller and Auditor General (HC 2010 – 2011, 758) 31, para. 3.5 ff.

〔37〕 See E. Donelan, *European Approaches to Improving Access to and Managing the Stock of Legislation*, 30 Statute Law Review 147, 153 and 161 (2009); A. Flückinger, *Régulation*, *dérégulation*, *autorégulation* : *l'émergence des actes étatiques non obligatoires*, 123 Revue de droit suisse 159(2004).

〔38〕 关于宪法约束与起草者基本立法设计的相关性分析,参见 J. Zurcher, *Basic Rules of Legislative Drafting*, 7 Manchester Law Journal 131, 132 (1976 – 1977)。

〔39〕 溯及既往的刑事立法必须慎之又慎;溯及既往的民事立法可以被接受,只要法律是确定的和稳定的,是普遍性的,并且不受不受特定个人变化的影响,参见 AL Goodhard, *I think doctrine of precedent*: *the invitors and licensors*, 66 Law Quarterly Review 374 (1950)。

〔40〕 原则上,域外立法是对法律体系的冲击;但在跨国性社会需要的情况下,例如,为了规范跨国立法,也可以实施域外立法。

〔41〕 关于欧盟法和英国法"联姻"之特殊困难的例子,参见 J. Steele, *Remedies and Remediation*: *Foundational Issues in Environmental Liability*, 58 Modern Law Review 615 (1995); B. Pontin, *Tort Law and Victorian Government Growth*: *The Historiographical Significance of Tort in the Shadow of Chemical Pollution and Factory Safety Regulation*, 18 Oxford Journal of Legal Studies 661 (1998); R. Malcolm and J. Pointing, *Statutory Nuisance: The Sanitary Paradigm and Judicial Conservatism*, 18 Journal of Environmental Law 37(2006)。

〔42〕 对于宪法意义的雄辩分析,参见 D. Greenberg, Editorial: Constitutional statutes, 28 Statute Law Review iii (2007)。

〔43〕 政策制定者原则上根据效率和公平作出决定,参见 RO Zerbe Jr, An Integration of Equity and Efficiency, 73 Washington Law Review 349, 350 (1998)。

〔44〕 See RF Cranston, Reform through Legislation: the Dimension of Legislative Technique, 73 Northwestern University Law Review 873, 874(1978 – 1979); W. Bussmann, *Evaluation of Legislation: Skating on Thin Ice*, 16 Evaluation 279 (2010); DL Faigman, *To Have and Have not: Assessing the Value of Social Science to the Law as Science and Policy*, (1989) 38 Emory Law Journal 1006, 1052 ff and 1079 ff.

〔45〕 A. Seidman and RB Seidman, *Law in Aid of Development: "Hasty Legal Transplants" and the Fatal Race*, 1 Journal of Comparative Law 282, 307 (2006).

〔46〕 See A. Seidman, RB Seidman and T. Uate, *Assessing Legislation to Serve the Public Interest: Experiences from Mozambique*, 20 Statute Law Review 1 (1999).

〔47〕 See C. Sunstein, *Interest Groups in American Public Law*, 38 Stanford Law Review 29, 35 – 38 (1985).

〔48〕 See N. Levit, *Listening to Tribal Legends: An Essay on Law and the Scientific Method*, 58 Fordham Law Review 263, 294(1989).

〔49〕 See B. Comly French, *Council of the District of Columbia, Legislative Drafting Manual Revised Edition*, 25 Howard Law Journal 735 (1982).

〔50〕 See EL Rubin, *Legislative Methodology: Some Lessons from the Truth-in-Lending Act*, 80 Georgetown Law Journal 233(1991).

〔51〕 See RB Seidman, *The Memorandum of Law*, 15 Seton Hall Legislative Journal 334 (1991); E. Rubin, *Legislative Methodology: Some Lessons from the Truth-in-Lending Act*, in A Seidman, RB Seidman and T. Wilde eds., Making Development Work: Legislative Reform for Institutional Transformation and Good Governance, Kluwer Law International, 1999, p. 157.

〔52〕 See AE Anton, *Legislation and Its Limits*, 5 Dalhousie Law Journal 233 (1979).

〔53〕 S. Levmore, *Interest Groups and the Problem with Incrementalism*, 158 University of Pennsylvania Law Review 815(2010).

〔54〕 See R. Cox, *Social Forces, States and World Order beyond International Relations Theory*, in R Keohane ed., Neorealism and its Critics, Columbia University Press, 1986, p. 208.

〔55〕 See Y. Listokin, *Learning Through Policy Variation*, 118 Yale Law Journal 480, 519 – 522 (2008).

〔56〕 政府很难"预先承诺"未来法律,对冲未来法律风险的市场也不发达,参见 S. Levmore, *Precommitment Politics*, 82 Virginia Law Review 567, 618 – 622(1996)。

〔57〕 See Seidman, Seidman and Abeyesekere, *Legislative Drafting for Democratic Social Change: A Manual for Drafters*, (n 20) 90.

〔58〕 RB Seidman, *A. Seidman and N. Makgetla, Big Bangs and Decision-making: What Went Wrong?*, Boston University. International Law Journal13, 1995, p. 435, 458 – 460.

〔59〕 RB Seidman, *Justifying Legislation: A Pragmatic Introduction to the Memorandum and Law, Legislative Theory, and Practical Reason*, Harvard Journal on Legislation 29, 1992, p. 1.

〔60〕 法律成功地影响了社会变革,参见 Y. Dror, *Law and Social Change*, 33 Tulane Law Review 787, 796 – 801 (1959); M. Evan, *Law as an Instrument of Social Change*, 2 Estudios Sociologicus 167 (1962)。

〔61〕 See R. Munday, *In the Wake of "Good Governance": Impact Assessments and the Politicisation of Statutory Interpretation*, 71 Modern Law Review 386 (2008).

〔62〕 它们通常被归为"解决问题",参见 A. Seidman and RB Seidman, *Drafting Legislation for Development: Lessons from a Chinese Project*, 44 American Journal of Comparative Law 1, 22 (1996)。

〔63〕 所有法律都涉及行为,并规定重复的行为:A. Seidman and RB Seidman, *Drafting Legislation for Development: Lessons from a Chinese Project*, 44 American Journal of Comparative Law 6 (1996)。

〔64〕 关于欧盟立法后审查、监测和评估机制的模式,参见 European Commission DG Markt, *Guide to Evaluating Legislation*, Brussels, March 2008。

〔65〕 See E. House, *Professional Evaluation: Social Impact and Political Consequences* SAGE Publications, 1993; A. Shinkfield, *Systematic Evaluation: A Self-Instructional Guide to Theory and Practice*, Kluwer-Nijhoff Publishing, 1985, p. 167 – 168; W. Clune II, *A Political Model of Implementation and Implications of the Model for Public Policy, Research and the Changing Roles of Law and Lawyers*, 47 Iowa Law Review 78 – 98 (1983).

〔66〕 关于纯粹移植的危险,参见 F. Dahan and J. Dine, *Transplantation for Transition – Discussion on a Concept around Russian Reform of the Law on Reorganisation*, 23 Legal Studies 284, 310 (2003)。

〔67〕 See A. Rose, *Sociological Factors in the Effectiveness of Proposed Legislative Remedies*, 11 Journal of Legal Education 470(1959).

〔68〕 See JP Chamberlain, *Legislative Drafting and Law Enforcement*, 21 American Labor Legislation Review 235(1931).

〔69〕 See J. Verschuuren, *The Impact of Legislation: A Critical Analysis of Ex Ante Evaluation*, Martinus Nijhoff/Brill, 2009, p. 5.

〔70〕 关于欧盟行政负担的测量模型, 参见 Commission, *Communication from the Commission on an EU Common Methodology for Assessing Administrative Costs Imposed by Legislation*, COM (2005) 518 final; U. Karpen, *Implementation of Legislative Evaluations in Europe: Current Models and Trends*, 6 European Journal of Law Reform 57(2004)。

〔71〕 具体参考优先选择立法解决方案之合比例性对立法质量所进行的解释,参见 Case C –

58/08 Vodafone Ltd et al ECR [2010] I－49991. ;Joined Cases C－96/03 and C－97/03 Tempelman and van Schaijk ECR [2005] I－1895; Case C－86/03 Greece v Commission ECR [2005] I－10979; and Case C－504/04 Agrarproduktion Staebelow [2006] ECR I－679。

〔72〕 但并不总是相同，参见 L. Heinzerling and F. Ackerman, *Pricing the Priceless: Cost-Benefit Analysis of Environmental Protection*, Georgetown Environmental Law and Policy Institute, 2002; 关于效率，参见 LA Kornhouse, A Guide to the Perplexed Claims of Efficiency in the Law, 8 Hofstra Law Review 591 (1979－1980)。

〔73〕 See Department for Business, Innovation and Skills, *Delivering Regulatory Reform*, (n 36) 30, para. 3.4; H. Scheffer, *Evaluation and Assessment of Legal Effects Procedures: Towards a More Rational and Responsible Law Making Process*, 22 Statute Law Review 132, 133 (2001).

〔74〕 See R. van Gestel and M-C Menting, *Ex Ante Evaluation and Alternatives to Legislation: Going Dutch?*, 32 Statute Law Review 209 (2011).

〔75〕 See WN Eskridge Jr, *Dynamic Statutory Interpretation*, 135 University of Pennsylvania Law Review 1479 (1987); JR Macey, *Promoting Public-Regarding Legislation through Statutory Interpretation: an Interest Group Model*, 86 Columbia Law Review 223 (1986); WD Popkin, *The Collaborative Model of Statutory Interpretation*, 61 Southern California Law Review 543 (1988).

〔76〕 See S Argument, *Legislative Scrutiny in Australia: Wisdom to Export*, 32 Statute Law Review 116, 135－136 (2011).

〔77〕 Office of Parliamentary Counsel, *Working with the Office of Parliamentary Counsel: A Guide for Clients*, 2nd edn (n 9) 42, para. D3.

〔78〕 D. Hull, *Drafters' Devils*, (2000) Loophole, http://www.opc.gov.au/calc/docs/Loophole/Loophole_Jun00.pdf.

第四章

法案的结构

在理解了起草指引，并通过编制立法计划对提案进行分析之后，起草者继续进行桑顿起草过程的第三阶段，即设计法律。这就要求尽早[1]详细地确认整个法案的恰当立法结构，甚至包括每个特定条款或者附表的内部构造。正如乔治·恩格尔爵士(Sir George Engle)所言，“在这一意义上，好的设计是一份起草良善法案的精髓，这么说并不过分”。[2] 61

在这一点上，有必要指出，为了进行学术考察和研究，起草过程的各个阶段要进行巧妙地区分和分类。但是，它们在实践中却不是同样巧妙地被区分：理解和分析是贯穿整个起草过程的持续过程，甚至在核证阶段之后都会继续；设计问题是在第三阶段被构思的，但它们会继续扩展到研拟[3]和核证阶段。在与立法文本进行智识接触的流动性领域内，结构主要是在第三阶段(设计)中加以考虑：但它不能从其作为一个组成部分的第四阶段(研拟)中截去。

结构不仅仅是一个技术性问题。确定立法文本中条款的优先顺序，可以保证正在起草的主要沟通信息可以放在文本的开头。在这里，读者的注意力也最为集中。这不是一个新奇的问题。起草有很多需要从广告中学习的技术，用来确保无论观众的能力如何，它们都能发出一个明确的信息。同样，在起草中，起草者需要确保，无论使用者的能力如何，作为表达规制选择的立法文本，其主要信息都能被清晰明确地表达出来。如果信息是禁止，那么这正是使用者需要从立法文本中拿走的内容；如果信息是声明，那么这就是使用者应该“听到”的内容。这一目标 62
可以通过结构的选择得到极大的促进。[4]相对于对通俗易懂结构(plain structure)的优先考虑，词语的选择、表达方式的选择、性别—中立的语言等都是次要的。[5]

但是，起草者使用通俗易懂的结构实现了什么？起草者的目标是要有效(to be effective)，换言之，在立法和政策进程中其他行动者的协同作用下，起草一份能够达到预期规制结果的立法文本。[6]当通过立法来追求规制结果时，要求公民遵守被规定的行为。但是，为了遵守新规则，作为立法文本使用者的公民必须能够理解他们必须做什么或者不做什么。这是立法文本的主要信息。问题是如何升级这个主要信息,以便用户可以立即确认它,当然还要理解它。结构对第一部分起作用:主要信息的确认。将其放在重要的位置可以使它穿透立法结构和文本的内在复杂性而发光。毕竟,包括法院在内的使用者倾向于依赖语言和结构作为立法文本中意义的主要载体。[7]因此,本章的目的是提供一种确认立法文本主要信息的起草技术,以促进有效性的实现,进而实现实效这一最终规制目标。[8]有一个告诫:正如杰弗里·鲍曼爵士(Sir Geoffrey Bowman)曾经说过的,有时候真的没有什么正确的结构。[9]

理论:重访思林的五项起草规则[10]

为了方便使用者,文本中条款位置的问题得到诸多著名学者的讨论。参
63 考相关文献,不能忽略思林勋爵的重要言辞。思林勋爵将在立法文本中排列条款优先顺序的最佳做法以逻辑顺序[11]概括在五条规则中。根据第一条规则,宣布法律的条款应当与有关法律执行的条款分开,并予以优先考虑。换言之,起草者必须在规制信息与其执行之间做出区分。然后,允许规制信息在立法文本开篇处占据首要位置,放在包含创建行政管理结构的立法条款之前,并与之分离。在这种行政管理结构中,新的法律可以作为促进其生效的手段。因此,思林勋爵的建议是:

— 陈述法律,然后
— 陈述实施该法律的权限,然后
— 陈述实施法律的方式

毋庸置疑,该规则是合乎逻辑的,有助于使用者汲取信息。问题以及适用这项规则的困难是去确认什么是主要信息,而不是法律的实施。让我们以验尸法和设立验尸官办公室为例。哪一个是首要信息?是验尸规则吗?在这种情况下,办公室的设立是验尸法得以实施的行政管理结构吗?还是说,设立该办公室是首要信息,其实施的是作为一系列职能的验尸法,根据这些职能,该办公室可以实施新的任务吗?不用说,这里没有唯一的答案。在许多法域中,设立一个机构(如办公室)被提升为首要信息,人们往往先是看到设立验尸官办公室,然后才是对验尸法的陈述。在这种情况下,在某种程度上法律实际上是从权威当局中产生的,而不是相反。但事实并非总是如此。归根结底,起草者需要与政策和法律指引官讨论政策的目的是什么:如果政

策的目的是规范迄今为止未受规制的对犯罪的法医检查,以此作为实现正义的手段,那么验尸法便具有首要的重要性。如果政策目标是确保在刑事调查过程中,一群被任命的且经过培训的个人能够遵守验尸法,那么该办公室的设立将升级为首要信息,并应优先于验尸法。困难在于,在实践中,这两种信息在起草指引中相互竞争。由起草团队决定什么占据优先地位。库德 64
(Coode)也表达了这一规则,尽管略有不同,他支持“由属到种的顺序”,即按照“从权利到义务到侵害行为再到补救措施”的顺序适用。[12]

思林勋爵的第二条规则是,较为简单的命题应当先于比较复杂的命题,并且按照命题等级做升序排列,较低的命题应该置于较高的命题之前。因此,原则条款应该在加重条款之前进行规定。

思林勋爵的第三条规则是,主要条款应当与从属条款分开。从属条款应当放在法案末尾,而主要条款应当在其所指事件的叙述中占据适当的位置。主要条款是那些宣布法案实质性目标的条款。从属条款是指使主要条款生效所需的条款。它们可以处理细节,从而完成主要条款的实施。第三条规则经常与第一条规则混淆。尽管这两条规则都将条款分为两类,并赋予首要类别以优先性,但它们并没有提供相同的分类。规则一区分实质性条款和行政性条款,而规则三区分主要的条款和从属的条款。没有任何迹象表明,实质性条款始终是主要条款,而从属条款在性质上则始终是行政性的。并非如下情况:如果文本内容是行政性的,则主要的条款和从属的条款在性质上便都是行政性的。规则一的要旨是,如果存在实体法,实体法便应当优先于其行政管理。如果没有实体法,或者如果整个法案的内容是实质性的或者行政性的,那么优先性必须被赋予主要信息。两条规则之间的共同点是:逻辑上,起草者确认主要信息并赋予其优先性。在主要信息的选择中,规则一和规则三可以提供帮助,尽管是在实践智慧式立法起草的相对性范围内。

规则四同样有用。思林勋爵第四条规则是例外条款、暂时性条款以及与法案废除有关的条款,应当与其他条款分开,列在单独的标题下。这一规则得到了考特尼·伊尔伯特爵士(Sir Courtney Ilbert)的确认。[13]起草者的任务是将由实质性和行政性、主要和从属条款构成的文本正文与可能对主要信息具有次要重要性但对充分理解立法文本具有重要意义的条款进行区分。相对于主要规制信息,在文本中引入例外情形的条款(如保留条款)、与时间有关的条款(如生效、期限、过渡性规定)和与废除有关的条款(如废除、修改、相

65 应的废除与修改)是次要的,并且在适用规则三时,必须放在立法文本的后半部分。然而,它们对于读者来说是非常重要的,读者可以通过将它们单独放置在带有相关标题的条款中来留心它们的存在。结合作为路线图的编排表,这一技术可以确保它们在主要文本中的非优先性不会导致使用者忽视这类条款。

思林勋爵的第五条规则是程序和细节问题应当自行分开,除非在非常特殊的情况下,这些不应当出现在法案主体部分的任何位置。起草者的任务是删除文本中不必要地吸引使用者注意力的任何内容。因此,向读者提供一个带有简洁表达的规制信息列表的纯文本,可以方便使用者接收主要消息。当然,立法通常涉及更多。相关细节问题必须被预见。剔除文本中相对不必要的内容与被迫搁置关键的细节问题之间的两难选择,正是在规则五中进行处理,并且通过向起草者提供使用附件的机会或者为此目的提供次级立法而得到解决。这两项中哪一个最有效,主要取决于所涉条款的预期寿命:如果起草者设想该条款将在可预见的未来继续有效,那么将其放在附表中便是理想的组合,即将其降级为从属条款的同时,赋予其议会审查的正当性;如果起草者设想该条款的有效期很短,则通过次级立法中的赋权性条款来提供,将使其在修改时具有灵活性,但会带来次级立法中固有的审查较少的缺点。

多一些教义:伯格伦的规则[14]

伯格伦(Bergeron)将结构选择置于立法文本中条款逻辑顺序[15]的框架之下。伯格伦着眼于对条款进行合理安排的需求,以此作为一种手段来帮助使用者理解什么是起草者的优先事项。从这个角度,伯格伦强调制定法中的永久性条款优先于那些预期寿命有限的条款。据推测,这背后的理由是,当修正案涉及文本开头的条款时,会过分地影响到文本;但人们会怀疑,这是否
66 可以作为法案中安置条款的标准。这当然是选择将实质性和行政性条款置于正文的一个促成因素。但是,这一规则不能被延伸到支持文本开头的传统导言条款的优先顺序:修改前几个条款的不便,不能与使目标受众遗漏主要规制信息的可能性放在同一关切层面之上。事实上,将主要的规制信息放在开头似乎适用了伯格伦规则,因为这将是法案后期最不可能修改的条款类型。

有趣的是,伯格伦提到了用于显示标题和章节名称的条款表格。条款表格不是制定法的组成部分,将其列入其中是为了便于查阅。对于起草者而

言，这是引入方便非专业使用者的结构的一个主要工具。目录或者安排表正变得越来越流行，其既可以作为向读者提供路线图的手段，也是在起草的核证阶段保证结构质量的手段。

伯格伦提醒起草者注意文本过度分割的危险。与大多数起草工作一样，在需要对较长的文本进行划分以使读者更容易阅读和需要确保保持沟通的统一性之间保持平衡，并非易事。只有在章节的数量以及按照构成适当概念单位的类别进行排列的可能性得到证成的情况下，制定法才会被划分为若干部分。只有法典和其他主要的制定法才会分章。

实践：桑顿的进路

桑顿对思林勋爵的规则进行了评估，但他有意识地为立法条款的优先顺序添加了一个额外的维度，即传统实践的维度。毫无疑问，法域内的实践一致性有助于普通使用者使用制定法。[16]“但是，这不应剥夺起草者尝试不同新兴技术的机会，这些技术的好处可能超过在旧技术与开始生效的新技术之间过渡期的短期不平衡。”[17]

这又给起草者带来了一个难题。使用者面对创新的，在智识上和学术上都是非常令人满意的。但惊讶意味着怀疑。怀疑则是不确定性。当这适用于法律时，无论是在积极意义上还是在消极意义上，后果都可能是戏剧性的。 67
这一难题与现代起草者息息相关。越来越响亮的学术声音（包括我在内）要求以一系列子弹式命令的形式呈现一个纯文本，这与在英联邦大部分地区仍占主导地位的传统结构风格之间发生了相当激烈的冲突。因此，越来越多的人要求起草者至少剔除无用的（对读者而言）且与保持一种特有风格的需要相冲突的导言条款。

在与立法的有效性发生冲突的时候，如果特有风格占据上风，那将是一个耻辱。特有风格是为了滋养立法的有效性，而不是把它束缚在无效性的基础上。英国、澳大利亚、新西兰、加拿大和诸多其他法域，都是偏离传统院会风格的现代立法结构的典范。但当然，引入这一戏剧性变化的方式不能突兀，也不能令立法使用者猝不及防。在立法结构中，尊重传统与令人激动的创新之间的平衡，实际上是剧烈变革与平稳过渡之间的平衡。

结构简介：传统风格[18]

在当前过渡阶段，将条款位置从传统法案开头的导言部分转移到最后部分,我们只能采取稳健的步骤,先引述传统的华丽风格,然后再推荐一个创新性的纯风格。

英联邦许多法域的传统风格是在导言、主要的和最后的部分包括以下类型的条款。[19] 每个部分包括的所有可能条款如下:

导言条款

— 长标题

— 序言

— 制颁条款/说明法案制定过程的条款(enacting clause)

— 短标题

— 生效日期

— 期限/失效日期

— 适用

— 目的条款

68 — 定义

— 解释

主要条款

— 实体性条款

— 行政性条款

其他条款

— 罪行及附属于罪行的条款,如检控时限、连续犯、法人犯罪和替代责任

— 杂项和补充性条款,如证据条款、制定次级立法的权力、送达通知书、进入和搜查的权力、拘押和逮捕

最后条款

— 保留和过渡性条款(如果它们很长,也可以放在附表中)

— 废除性条款

— 相应的修改(这些修改可以放在附件中,特别是如果废除和相应修改的数量很多时,可以便捷地以表格形式提出)

— 附表(Schedules)

结构简介:创新

在立法有效性以及将结构作为其促进器的背景下,起草者必须探寻每类

条款在文本中的位置。在应用思林勋爵的规则时,起草者必须确认哪些条款提供了主要信息,可以归类为主要条款,因而可以保留或者转化成导言条款。所有其他类型的条款都必须在文本底部的最后部分。这个决定并不容易:尽管风格的一致性是作为可预见性的一种手段,因而对于使用者来说是可预测性和确定性,但在实践智慧式立法起草中引入一个刚性和快速的规则本身就是一个矛盾。但原则上,我们可以确认这些条款必须保留在导言部分。让我们简单地检视一下以上列表中的每一个。

导言条款必须简短和绝对必要。毕竟,它们是与实体性条款争夺使用者首要关注的条款。长标题,即对该法案所实施的法律改革之主要机制的描述,必须保留在文本的开头。在技术正确的情况下,其作为该法的独特介绍(事实上,“介绍性文本”这一术语可以在英国立法的电子出版物中找到),允 69
许使用者快速评估该法是否与他们相关。同样,制颁条款是绝对必要的,因为它证实了该法案符合合宪性和合法性的程序要求;而且,作为对弱点的承认,制颁条款也为我们这些习惯于阅读立法的人提了一个醒,提醒我们留意长期以来丰富的立法实践传统。作为指涉立法主题及其与其他相关法案之区别的声明,短标题同等重要。适用条款往往在文本中居于重要地位,仅仅是因为它们关涉到使用者决定这是否是一项值得阅读的法案,或者决定这是否与他们完全无关。

但序言往往被视为不太重要,至少在非礼仪性的法案中。世界上较新的和较不幸运的法域的经验表明,序言在过渡期间和过渡后都能很好地为其服务:在这种情况下,通过载明该立法需要的宪法步骤和该立法赖以通过的法律依据,序言发挥着确认合宪性的工具作用。毫无疑问,在合宪性和合法性受到或者继续受到挑战的情况下,而不是在长期建立的政治和平与连续性的情况下,这是一个具有首要意义的信息。在立法经常被使用,进而很少考虑其作为最后解决方案的语境下,序言也可以用来确认立法的必要性。这一必要性的确认很可能在起草过程的第一和第二阶段得到充分处理,并在立法所附的解释性材料而不是在文本中得到证实。[20]

同样,目的条款已经在导言条款中失去了位置。事实上,由于将政治言论或者博人眼球之立法意图的模糊表达堆砌其中的可怕做法,目的条款已经到了灭绝的地步。它们以作为该法有效性的可衡量的有形标准清单方式卷土重来,从这个意义上讲,它们可能仍然保留在导言条款中,至少在试用期内是这样。

除了序言和目的条款(反对使用这些条款的论据往往很普遍)之外,还有一些类型的条款在文本的导言和最后部分之间起作用。生效日期条款传统上可以放在文本的开头,但它们似乎与期限或者失效条款一起被挪到结尾。定义和解释条款往往出现在最后条款中,或者可能出现在开头部分的一个简
70 短条款的附表中。[21]不可否认,实质性定义和辅助性定义之间仍然存在区别:实质性定义,即界定一项措施的范围和主题的定义,[22]经常放在文本的开头,而辅助性定义[23]往往放在文本的末尾。在生效日期、定义和解释条款方面,人们往往建议,这些可以而且必须放在文本的末尾。有一种观点支持将它们置于开头,即在它们将一个例外引入一般规则或者做法中的时候:这将引起读者对偏离惯例的注意。但即便如此,条款之前的清晰标题也能提醒读者其对规则的偏离,无论该条款被置于何处。如果被安置在最后条款中,这种做法的好处是,它们不会出现在已经过度拥挤的导言条款的主要区域。

文本的主体部分包括按顺序排列的实体性和行政性的主要条款,以及杂项条款。

最后条款包含了未被包括在导言部分中的内容,以及保留条款,过渡性、废除性条款和相应的修改以及任何附表。事实上,附表正变得越来越受欢迎,因为它们为起草者提供了机会,将次要的立法文本纳入初级立法。

因此,建议的结构如下:

导言条款

— 长标题
— 制颁条款
— 短标题
— 具有切实可衡量之有效性标准的目的条款
— 悬挂的定义条款
— 适用条款(不同于保留条款)

实体性和行政性条款

— 主要条款
— 次级条款

最后条款

— 保留条款
— 过渡性条款

— 废除与相应修改
— 目的条款或者目标
— 开始/结束条款 71
— 短标题
— 附表
— 定义/解释
— 其他附表

第七章将继续分析导言或者最后条款的位置,其中创新的(有些人会说激进的)结构进路引出如下结构:

导言条款

— 介绍性文本
— 悬挂一个附表条款的开始/失效日期
— 在附表悬挂定义条款
— 适用条款(不同于保留条款)

实体性和行政性条款

— 主要条款
— 从属条款

最后条款

— 保留条款
— 不在导言条款或者附表中的存续期间/失效条款
— 过渡性条款
— 废除
— 相应的修改
— 具有切实可衡量之有效性标准的目的条款
— 短标题
— 附表
— 采取签署声明形式的制颁条款

诸部分的编排

当然,结构并不仅仅是指将法案分为导言的、实质性/行政性和最后条款。结构还指将该法案分为含义统一的较小的条款组合,以便让使用者能够更好、更容易地获取立法文本的规制信息。

可理解性(accessibility)与法案划分为部分有何关联?答案是通过提高清晰性:外观的清晰性、结构的清晰性和表达的清晰性。将法案分成几部分可以提高外观的清晰性,因为各部分和标题创造了视觉辅助,使起草者能够证明法案背后的逻辑,保持立法文本的一致性,并强调文本中条款之间的相互关系。将法案分成若干部分促进了结构的清晰性,因为部分让使用者更容
72 易理解立法文本内容的结构和顺序:一个部分表明其内部条款的衔接关系,并与其他部分中的条款相分离。将法案分成若干部分促进了表达的清晰性;从技术上讲,统一提及某些条款组合是有用的。

这种情况在立法中经常发生,特别是当法律的各个方面在生效时间、生效方式、适用地域、适用范围等方面存在适用差别时,或者仅仅是一个概念在标签定义中具有不同含义时。让我们逐一看以下的示例:

— 不同的生效日期:本法第一部分于2013年12月31日后生效,第二部分于2014年12月31日后生效
— 使其生效的不同权力机构:该法案的第一部分根据交通运输部长下达的命令开始实施,第二部分根据劳工部长下达的命令开始实施
— 不同的适用地域:本法第一部分适用于北爱尔兰,第二部分适用于苏格兰
— 不同的适用范围:第一部分仅适用于国内航空服务的许可,第四部分仅适用于国际航空服务的许可
— 标签定义中的不同概念:第二、三、四部分中的“部长”是指劳工部长,第五部分是指财政部长

当然,在某些情况下,部分划分只是为了清晰性:《铸币厂雇员法1964》(澳大利亚)第二部分已被合并,并应当与《公共服务法》一起阅读。因此,起草者对诸部分编排的标准,不在于之前的法案是否可以归入上述任何一类,而在于起草者在设计阶段是否认为诸部分的编排将使读者更容易理解该法案。

这正是起草者的困境所在:过分热心地致力于可理解性带来了过度划分和错误划分的危险,前者会阻止而不是促进可理解性,后者则由于将条款置于错误的部分而让读者困惑。首先,如果起草者能够将所有导言条款集中在被命名为“导言”的第一部分,并将所有最后的部分集中到被命名为“最后”的

部分,那么错误的划分便可以被避免:剩下的部分可以根据应用思林、桑顿和伯格伦勋爵提出的规则获得的主要规制信息来进行划分。如果起草者及其团队评估其发挥的作用,在整个起草过程(在设计、研拟和核证阶段)甚至修改之后继续发挥的作用,[24]过度划分的危险也可以得到避免。对于还使用子 73
部分(subparts)的法域,任务更加艰巨。子部分也提供了有用的参照点,并适用于更大和更复杂的法案。它们以字母或者数字标识,并且可能包含共同的定义或者目的条款。子部分用描述性标题进行编号。

标 题

标题旨在通过帮助使用者找到立法来节省其时间。[25]有经验证据表明,它们可以很好地服务于其目的。[26]它们应当是准确的、[27]描述性的,并且应当简洁;但不是如此简短以致牺牲清晰性。它们的语言必须与其所涉及的法规保持一致。推荐的形式是罗马大写字母,带有斜体的副标题(也称为交叉标题),最后没有完整的句号(其服务于什么目的),并且在语法上与紧随其后的条款分开。它们在页面上的位置似乎与使用者对文本的理解无关。[28]在澳大利亚,标题是法案的一部分。[29]在新西兰,标题仅供参考。[30]在英国,这个问题仍然存在争议,尽管普遍的立场是:只有在文本本身不充分时,标题才会发挥作用。[31]加拿大的传统是,即使在修改文本之后,也不会修改标题,尽管这一点现在正在发生变化。[32]准确地起草描述性标题这一准则,可以揭示部分、子部分、节和附表之间缺乏必要的统一性。[33]在起草过程后期审查标题,
可以确保标题与草案中的变化保持一致。 74

霍恩(Horn)在他对标题的详细分析中指出,标题起着纵向和横向的作用:基于斯图尔特(Stewart)的学说,霍恩将标题的纵向作用确认为各节目录的标志;将横向作用确认为法案内容的集体标志。[34]

节

一部法案被划分为有编号的节。一节必须有一个统一的目的。[35]然而,带有许多小节(subsection)的非常长的节,即便具有统一的目的,也难以阅读。因此,部分必须保持在容易处理的长度。每个小节必须与该节的统一主题相关。作为一般规则,如果一节中包含一个以上的句子,那么起草者必须在单独编号的小节中呈现每个句子。但如果可以使沟通更加有效,则两个在不同

句子中非常密切相关的想法可以在单个节或者小节中一起呈现。例如:

3. 申请人必须在收到通知后两周内提出申请。但是经部长同意,申请人可以在收到通知后随时提出申请。

注意用"但是"将两个句子连接起来,并指出对比的内容。

起草者必须在一节的第一小节中突出地显示主要条款。接着是辅助性事项。节的设计应当假定该节将被解释为一个单元。小节之间的关系通常是互补的和明确的。限定条件和内部交叉参引必须维持在绝对最低限度,如"除第(1)小节外"和"根据第(1)小节"。

旁　注[36]

除了划分成部分之外,附加的视觉辅助工具可以帮助起草者为使用者提
75 供清晰的信息。传统上,在英国,旁注不能用于制定法解释,[37]但在佩珀诉哈特(Pepper v. Hart)案[38]之后,有人呼吁扩大其价值。旁注被用作对某一节内容作出简略指示的一种手段。推荐的形式是简洁准确且不一定是一个完整的语法句子。旁注通常不是法案的一部分,[39]也不被议会所考虑,[40]尽管有人雄辩地呼吁改变这一做法。[41]它们指涉某一节,通常可以在该部分第一行正对的空白处找到:

拒绝宣誓	27.《委托人法案》的第七十六节被废除,并插入以下章节代替: "76. 任何人如须应征加入民兵武装力量服役,则在治安法官或者官员向其提出要求时,不得拒绝或者忽略按照本法附表 2 所列适当形式进行宣誓。 刑罚:监禁六个月。"[42]

旁注相当于标题,但被置于其所依附的节的旁边,而不是上面。只要被观察到简洁性和准确性,它们对读者便很有帮助。假定在标题和旁注之间进行选择,前者对于使用者似乎更容易理解,因为标题是在立法之外的书面文本中标记小的文本集合的一种常见形式。[43]

76
旁　引

在文本中引入旁引,以向使用者提供在法案中提到的对另一部立法的引用,或者用以指明在该页中找到的是哪一部分。旁引具有让使用者困惑的固有风险,因为它们在非立法文本中无法找到。因此,对于非专业使用者来说,

它们的价值值得怀疑,应当以最简单的方式被提出:

27 of 1968 或者 1968 c. 27	而不是	Cap. 27 of 1968 或者 1968 Chapter 27

表或者节的编排

将旁注或者标题作为目录来安置,是一些法域中所遵循的做法。强烈建议采用这种做法,因为它以路线图的形式为立法提供了清晰的指引。它能否通过清晰性来为有效性服务,在很大程度上取决于表格构成要素的标题或者旁注的准确性。

真正的创新:分层方法[44]

但所有这些技术似乎都是通过结构来解决立法的可通达性(approachability)问题,该结构则受当前条款内容和性质的影响。因此,事实上,立法文本的结构是根据"初级 vs 次级规制信息""实体性条款 vs 行政性条款"或者"实体 vs 程序"来决定的。选择这种进路的根据是什么?没有经验证据证明其理论基础,人们可能会将其视为偶然的。不可否认,这是一种基于逻辑的进路,并且是语言和思维结构的哲学和语言学进路。但它是通达结构的唯一或者最佳方式吗?

2013 年,英国议会法律顾问办公室与国家档案馆合作推出的良法倡议 77
(Good Law Initiative)对立法受众的情况提供了经验上和方法论上合理的洞察。最终,在很大程度上,立法的使用者的特征被揭示出来。立法主要被三类使用者阅读:寻求权利和义务信息的非专业人士(lay persons);为履行其专业职责而寻求指导的非法律人士;解释和适用法律的律师和法官。这项研究能够而且必须革新立法的起草方式。结构现在可以被必须与之产生关联的人所掌握。因此,条款的内容必须遵从使用者的特征。

这将我们引向分层立法起草的概念。迄今为止,起草者一直被困在固有的立法复杂性和日益强烈的表达简单性要求之间。如果不受单一和标准立法语言的要求限制,那么一种替代性、不那么死板的立法文本起草进路便可以被提供:这将使起草者能够模仿口头沟通,并根据立法文本每一条款的准确受众的特定能力和要求来调整立法文本。分层方法(进路)将立法划分为三个部分,分别对应良法倡议所确认的三类立法使用者。立法的第一部分可以与非专业人士对话:内容仅限于主要的规制信息,从而传达了立法试图进行的法律改革的精髓,重心放在非专业人士为了解新法规、遵守新义务或者享受新权利所需要的信息。立法的第二部分可以与在工作中适用立法的非法律人士以及其他专业人士对话。在这里,我们可以在引入的规制信息中看到更多细节的空间,以及平衡的语言(技术性的,但对相关专业人士来说亦是可通达的)。立法的第三部分可以用一种复杂但不那么法律行话的语言来处理立法解释、程序和适用问题,因为没有什么可以阻止所有群体阅读所有部分。

分层方法是革命性的,因为它将立法结构的标准从条款的内容和性质转移到每个条款使用者的特征。因此,在起草时,起草者必须决定他们在每种情况下与谁对话,然后将该条款放在相关部分。分层方法在起草过程中提供了人性化的氛围,使结构以使用者为中心,从而促进了政策与使其生效的立法文本之间的联系,同时也增强了起草者和使用者之间的沟通,并使之个性
78 化。该方法反映了现代语言学的教义,尤其是语境性语言。

但它不能被视为完全背离了传统,因为它继续适用思林勋爵关于结构的五项规则。通过要求第一部分包含主要的规制信息,其提升了思林勋爵关于给予更简单的命题以优先性的规则。通过将立法结构化为三个部分,分层方法符合思林勋爵的其他规则,即要求将宣布法律(第一部分或者第二部分)的条款与实施法律的条款(相应地,在第二部分或者第三部分)分开;主要条款应当与从属条款分开(在第一部分和第二部分);除外条款、暂时性条款和与法案废除有关的条款应当与其他制颁条款分开,分别列在不同的标题下(在第三部分);程序以及细节问题应该单独设置(要么在分层方法的第三部分中,要么在附表中)。

无论是真正的创新性方法,还是对现有起草学说的创新性解读,无论是从结构角度还是从语言角度看,分层方法似乎都是立法起草领域一项有希望的举措。当然,我们可以看到分层方法的固有弱点。

第一,人们想知道,将立法文本分成若干部分,其中第一部分是针对非专业人士的,并包括了纯粹的核心规制信息,这是否会导致一种屈尊俯就性的进路,致使非专业人士收到部分的、支离破碎的和不完整的信息,但乐观主义者可能会反驳说,与当前的情况相比,在第一部分中放置数据对非专业使用

者来说是额外的好处:至少主要信息很容易在一个明显的位置被识别,并且使用一种对他们来说是可以理解的语言。与目前所有数据都是用分层方法中第二部分或者第三部分的语言提供的情况相比,这无疑是一种进步。当然,没有什么可以阻止第一部分的使用者阅读文本的其余部分。

第二,虽然第一部分与第二、三部分有着明显的不同,而且人们可以相对容易地确认法律改革的主要精髓,但人们不禁要问,第二部分数据和第三部分数据究竟有什么区别。当然,知道文本仍然必须作为一个整体来阅读且没有什么可以阻止第二部分的使用者阅读整个法案,这是一种安慰。但是,我们需要在对第二部分使用者的能力有信心与确保第三部分不会成为定义、废除和相应修改的外壳之间取得平衡:至少,这将剥夺读者对分层方法的部分收益。

第三,分层方法加剧了数据固有的碎片化。结果,它使得用解释性说明来恢复部分之间信息的流动性和相互作用,成为一项非常关键的要求。 79

第四,一个涉及第二部分中直接修改之表述的技术问题。直接修改似乎不适合第二部分,因而可能需要基林类型(Keeling-type)的结构,尽管是在第二部分本身中。那么,人们不禁要问,指引性的直接修改是否应该保留在第三部分。其逻辑是,第二部分的人需要在不参考其他法案的情况下知道现在的法律是什么,但第三部分将受益于直接指引性修改及其外科手术式的准确性,进而使它们非常适合第三部分的人。但是,这不是一项汇编做法吗?英国实践中放弃基林附表(Keeling Schedules)的原因在这里也不适用吗?

分层方法的一个实例:英国《王位继承法 2013》

该法最初通过的文本载于本章末尾。采用分层办法需要增加一个针对非专业人士的新的第一部分,并载明主要的规制信息。同时,在第二部分中,针对公务员和王室工作人员重新编排其余各节,第三部分则主要针对宪法律师和法官。在不尝试处理新文本布局的情况下,为了保持对结构和语言的关注,建议的分层文本可能看起来如下:

王位继承法 2013

编排表

第一部分

重新起草新的各节

第二部分

现有第 3(1)、3(2)、3 (3)、3 (5)节

第三部分

现有第 1、2(2)、3 (4)、4、5 (3)、5 节

现在应用其生成一个文本:

王位继承法 2013

第一部分

1 联合王国王位的继承顺序仅由某人的出生日期决定。

2 某人之性别无关紧要。

3 某人与罗马天主教徒结婚无关紧要。

4 本法自[确切日期]起为联合王国法律。

80 **第二部分**

5 如果某人在结婚时将成为排序继承王位的 6 人之一,则必须获得女王陛下对其婚姻的同意。

(1)女王陛下的同意:

(a)通过盖上联合王国大印来表示,

(b)在枢密院宣布,以及

(c)记录在枢密院的簿册中。

(2)如果女王陛下不同意该婚姻,则该婚姻无效,该婚姻中的当事人及其后代将丧失继承王位的资格。

(3)但符合下列条件之一的,婚姻正当,且该婚姻中的当事人及其后代可以继续继承王位——

(a)结婚时,婚姻的任何一方都不是下一个继承王位的6个人之一,

(b)就该婚姻而言,无同意可寻或者没有被给予通知,

(c)当事人在结婚时不知道本法适用于他们是合乎情理的,以及

(d)在本节生效之前,没有人基于婚姻是无效的而采取行动。

第三部分

6

(1) 本法适用于2011 年10 月28 日之后出生的排序继承王位之人。

(2) 本法并未赋予那些人或其继承人相对于任何其他人(无论何时出生)的优先权。

7 本法适用于在其生效之前发生的婚姻,只要当事人当时还活着

(以及在那之后发生的婚姻)。

8 1772 年皇家婚姻法案废除(该法规定,除某些例外情况外,乔治二世国王的后裔只有在君主同意的情况下才能结婚)。

9

(1) 附表包含相应的修改。

(2)在任何法律中,凡参引(无论是如何被表达的)权利法案或者子嗣法案(Act of Settlement)中有关王位继承或者占有条文的,均须被解读为包括参引本法之条文。

(3)下列法律(与王位的继承和占有有关)受本法规定之约束——

《与苏格兰联合法案 1706》第 2 条;

《与英格兰联合法案 1707》第 2 条;

《与爱尔兰联合法案 1880》第 2 条;

《联合法案(爱尔兰)1800》第 2 条。

10

(1)第 5 节在[法案通过之日]生效。

(2)其他各节,一并或者分别,由枢密院议长凭借行政立法性文件制定之命令所设定的日期及时间生效。

11 本法是《王位继承法 2013》。

归根结底,分层方法是保持可行性的肥沃土壤,特别是在涉及冗长立法 81
文本的情况下。人们想知道,在复杂文本中,当前各部分是否可以引入子部分,从而分解复杂的法案,并对其现有部分进行分层。分层方法以及实际上的任何立法工具都不是没有问题、缺点和危害的。有待观察的是,作为起草者和公民,我们如何致力于制定更好的立法。还有就是,分层方法是否可以成为一个有助于实现这一目标的可行工具。

Succession to the Crown Act 2013

2013 CHAPTER 20

An Act to make succession to the Crown not depend on gender; to make provision about Royal Marriages; and for connected purposes.

[25th April 2013]

BE IT ENACTED by the Queen's most Excellent Majesty, by and with the advice and consent of the Lords Spiritual and Temporal, and Commons, in this present Parliament assembled, and by the authority of the same, as follows:—

1 Succession to the Crown not to depend on gender

In determining the succession to the Crown, the gender of a person born after 28 October 2011 does not give that person, or that person's descendants, precedence over any other person (whenever born).

2 Removal of disqualification arising from marriage to a Roman Catholic

(1) A person is not disqualified from succeeding to the Crown or from possessing it as a result of marrying a person of the Roman Catholic faith.

(2) Subsection (1) applies in relation to marriages occurring before the time of the coming into force of this section where the person concerned is alive at that time (as well as in relation to marriages occurring after that time).

3 Consent of Sovereign required to certain Royal Marriages

(1) A person who (when the person marries) is one of the 6 persons next in the line of succession to the Crown must obtain the consent of Her Majesty before marrying.

(2) Where any such consent has been obtained, it must be—

(a) signified under the Great Seal of the United Kingdom,

(b) declared in Council, and

(c) recorded in the books of the Privy Council.

(3) The effect of a person's failure to comply with subsection (1) is that the person and the person's descendants from the marriage are disqualified from succeeding to the Crown.

(4) The Royal Marriages Act 1772 (which provides that, subject to certain exceptions, a descendant of King George II may marry only with the consent of the Sovereign) is repealed.

(5) A void marriage under that Act is to be treated as never having been void if—
  (a) neither party to the marriage was one of the 6 persons next in the line of succession to the Crown at the time of the marriage,
  (b) no consent was sought under section 1 of that Act, or notice given under section 2 of that Act, in respect of the marriage,
  (c) in all the circumstances it was reasonable for the person concerned not to have been aware at the time of the marriage that the Act applied to it, and
  (d) no person acted, before the coming into force of this section, on the basis that the marriage was void.

(6) Subsection (5) applies for all purposes except those relating to the succession to the Crown.

4 Consequential amendments etc

(1) The Schedule contains consequential amendments.

(2) References (however expressed) in any enactment to the provisions of the Bill of Rights or the Act of Settlement relating to the succession to, or possession of, the Crown are to be read as including references to the provisions of this Act.

(3) The following enactments (which relate to the succession to, and possession of, the Crown) are subject to the provision made by this Act—
  Article II of the Union with Scotland Act 1706;
  Article II of the Union with England Act 1707;
  Article Second of the Union with Ireland Act 1800;
  Article Second of the Act of Union (Ireland) 1800.

5 Commencement and short title

(1) This section comes into force on the day on which this Act is passed.

(2) The other provisions of this Act come into force on such day and at such time as the Lord President of the Council may by order made by statutory instrument appoint.

(3) Different days and times may be appointed for different purposes.

(4) This Act may be cited as the Succession to the Crown Act 2013.

SCHEDULE

Section 4

CONSEQUENTIAL AMENDMENTS

Treason Act 1351

1 The Treason Act 1351 (declaration of offences to be adjudged treason) has effect as if—
  (a) the first reference to eldest son and heir were a reference to eldest child and heir;
  (b) the second reference to eldest son and heir were a reference to eldest son if the heir.

Bill of Rights

2 In section 1 of the Bill of Rights, omit—
  (a) "or by any King or Queene marrying a papist";
  (b) "or shall marry a papist";
  (c) "or marrying".

Act of Settlement

3 In the Act of Settlement—
  (a) in the preamble, omit "or marry a papist" and "or marrying";
  (b) in section 2, omit "or shall marry a papist".

Regency Act 1937

4 In section 3(2) of the Regency Act 1937 (persons disqualified from becoming or being Regent), after "Crown" insert ", or is a person disqualified from succeeding to the Crown by virtue of section 3(3) of the Succession to the Crown Act 2013".

Supplementary

5 The amendments made by paragraphs 2 and 3 apply in relation to marriages occurring before the time of the coming into force of section 2 where the person concerned is alive at that time (as well as in relation to marriages occurring after that time).

Printed in the UK by The Stationery Office Limited under the authority and superintendence of Carol Tullo, Controller of Her Majesty's Stationery Office and Queen's Printer of Acts of Parliament

04/2013 29278 19585

Figure 4.1: Succession to the Crown Act 2013

注 释

〔1〕 See AG Mackay, *Some General Rules of the Art of Legal Composition*, 32 Journal of Jurisprudence (TT Clark) 169, 178 – 179(1888).

〔2〕 See Sir G. Engle, "*Bills are Made to Pass as Razors are Made to Sell*": *Practical Constraints in the Preparation of Legislation*,20 Statute Law Review 7, 14 – 15 (1983).

〔3〕 See A. Seidman, RB Seidman and N. Abeyesekere, *Legislative Drafting for Democratic Social Change-A Manual for Drafters*, Kluwer, 2001,p. 210.

〔4〕 See Institute of Advanced Legal Studies, London University, *The Template-A Guide for the Analysis of Complex Legislation*, Research Working Paper Series (1994).

〔5〕 See B. Bekink and Ch. Botha, *Aspects of Legislative Drafting*: *Some South African Realities* (*or Plain Language Is Not Always Plain Sailing*), http://repository. up. ac. za/xmlui/bitstream/handle/2263/3430/Bekink_Aspects(2007). pdf? sequence = 1.

〔6〕 事实上,无须诉诸法庭。Law Reform Commission of Victoria, *Plain English and the Law*, Victorian Government Printer, Melbourne, 1987,p. 9.

〔7〕 See E. Garrett, *Legal Scholarship in the Age of Legislation*, 34 Tulsa Law Journal 679, 688 (1999).

〔8〕 科顿汉姆勋爵所证实的结构和功效之间的联系,参见 G. Wharton Pepper, *Transitional Years in the University of Pennsylvania Law School*, 101 University of Pennsylvania Law Review 169, 175(1952 – 19 53)。

〔9〕 See Sir G. Bowman, *The Art of Legislative Drafting*, 7 European Journal of Law Reform 3, 9 (2005).

〔10〕 See Lord Thring, *Practical Legislation*, *The Composition and Language of Acts of Parliament and Business Documents*, London, 1902, p. 38; VCRAC Crabbe, *Legislative Drafting*, Cavendish Publishing, 1998, p. 148 – 150.

〔11〕 See S. Yueng, Ch. Fung and A. Watson-Brown, *Traditional Drafting in Common Law Jurisdictions*, 16 Statute Law Review 167, 173 (1995).

〔12〕 See F. Bowers, *Victorian Reforms in Legislative Drafting*, 48 Tijdschrift voor Rechtsgeschiedenis 329, 345 (1980).

〔13〕 See Sir C. Ilbert, *Legislative Methods and Forms*, Clarendon Press, 1901.

〔14〕 See R. Bergeron, *Rules of Legislative Drafting-Letters to Ukrainian Drafters*, Department of Justice Canada and Ministry of Justice of Ukraine, 1999.

〔15〕 On the concept of logical sequence of provisions, see NK Nanpoothiri, *The Role of Parliamentary Counsel in Legislative Drafting*, 36 Commonwealth Law Bulletin 57(2010).

〔16〕 关于结构的传统进路,参见 BJ Ard, *Interpreting by the Book*: *Legislative Drafting Manuals and Statutory Interpretation*,120 Yale Law Review 185, 191 (2010 – 2011)。

〔17〕 See H. Xanthaki, *Thornton's Legislative Drafting*, *5th edn*, Bloomsbury Professional, 2013,p. 223.

〔18〕 See New Zealand Law Commission, *Legislative Manual*: *Structure and Style*, (Report No. 35, 1996; also Parliament of Canada, 16. *The Legislative Process-Structure of Bills*, www. parl. gc. ca/marleaumontpetit/DocumentViewer. aspx? Sec = Ch16&Seq = 5&Language = E;A. Watson-Brown, *The Classification and Arrangement of the Elements of Legislation*, 18 Statute Law Review 32, 45(1997).

〔19〕 See TK Viswanathan, *Legislative Drafting-Shaping the Law for the New Millennium*, The Indian Law Institute, 2007,p. 173.

〔20〕 关于序言的双重目的,参见 *Interpretation Act* (Canada) RSC 1985, c I-21, s 4。

〔21〕 关于定义位置在法域之间的差异,参见 Seidman, Seidman and Abeyesekere, Legislative Drafting for Democratic Social Change (n 3) 315。

〔22〕 库德在 100 多年前就说过:"定义应当放在它们所涉及事项之前,而不是之后(更常见的做法),以此来挑战人们的注意力。" G. Coode, *On Legislative Expression*, in EA Driedger ed., The Composition of Legislation, Edmont Clutier, 1957,p. 167, 225.

〔23〕 See Ilbert, *Legislative Methods and Forms* (n 13).

〔24〕 See MS Rafford, *The Private Securities Litigation Reform Act of* 1995: *Retroactive Application of the RICO Amendment*, 23 Journal of Legislation 283, 304(1997); WM Graham-Harrison, *An Examination of the Main Criticisms of the Statute Book and of the Possibility of an Improvement*,9 Journal of the Society of Public Teachers of Law 9, 30 (1935).

〔25〕 See BR Atre, *Legislative Drafting*, Universal Law Publishing Co., 26, 56.

〔26〕 See R. Sullivan, *Some Implications of Plain Language Drafting*,22 Statute Law Review 145, 149 (2001); M. Kools et al., *The Effects of Headings in Information Mapping on Search Speed and Evaluation of a Brief Health Education Text*,34 Journal of Information Science 833, 842-843 (2008); S. Wilhite, *Headings as Memory Facilitators*: *The Importance of Prior Knowledge*, 81 Journal of Educational Psychology, 115, 116-117 (1989).

〔27〕 See R. Carter, *Statutory Interpretation in New Zealand's Court of Appeal*: *When "May" Means "Must"*, *Section Headings Affect Interpretation*, *and Latent Acts have Effect*, 22 Statute Law Review 20, 29 (2001).

〔28〕 See BH Simimba. *Should Marginal Notes be Used in the Interpretation of Legislation*?,26 Statute Law Review 125, 125-126(2005).

〔29〕 See *Interpretation Act* 1901-1966, s 13(1); *Interpretation of Legislation Act* 1984, s 36.

〔30〕 See *Interpretation Act* 1924 (New Zealand), s 5(f).

〔31〕 See Qualter, Hal and Co. Ltd. v. Board of Trade [1962] Ch 273 (CA), 11; Fisher v. Raven [1964] AC 210; Fletcher v. Birkenhead Corporation [1907] 1 KB 205; but see contra R (Westminster City Council) v. National Asylum Support Service [2002] 1 WLR 2956, [36].

〔32〕 See Standing Committee on Environment and Sustainable Development, Minutes of Proceedings (14 May 2008) Meeting No. 32.

〔33〕 See New Zealand Law Commission, *Legislation Manual Structure and Style*(n 18).

〔34〕 See N. Horn, *Legislative Section Headings: Drafting Techniques, Plain Language, and Redundancy*, 32 Statute Law Review 186, 192(2011).

〔35〕 虽然没有关于法案内容的具体规则,但法案中涉及的各种问题之间仍必须有一个相关的主题。*Speaker Lamoureux's ruling* (*Canada*) *Journals* (6 May 1971) 531.

〔36〕 See G. Stewart, *Legislative Drafting and the Marginal Note*, 16 Statute Law Review 21 (1995).

〔37〕 See Chandler v. DPP [1964] AC 763; P. St J Langan, Maxwell on the Interpretation of Statutes (Bombay, NM Tripathi Private Ltd, 1976) 10; but see contra New Zealand Interpretation Act 1999, s 5.

〔38〕 See B. Simamaba, *Should marginal notes be used in the interpretation of legislation?*,26 Statute Law Review 125(2005).

〔39〕 See House of Commons, *House of Commons Procedure and Practice* (*Canada*, 2009), www. parl. gc. ca/procedure-book-livre/document. aspx? sbdid = da2ac62f-bb39-4e5f-9f7d-90ba3496d0a6&sbpidx = 5. For the UK, see *Phillimore LJ in In re Woking Urban District Council* (*Basingstoke Canal*) *Act* 1911 [1914] 1 Ch 300, 322, 他说道:"我知道关于旁注的一般法律规则,至少在议会的一般公共法案中是这样的;但是,根据案例可以看出,该规则是建立在这样一个原则上的,即这些旁注不是由议会插入的,也不是在议会的授权下插入的,而是由不负责任的人插入的。"But see contra judgments: R. v. Montila and others (Appellants) [2004] All ER (D) 386 (Nov.).

〔40〕 But see contra J. Quick and RR Gharan, *Annotated Constitution of the Australian*, Commonwealth, 1901, p. 282.

〔41〕 See S. Bilika, *Regina v. Montila: Coming Full Circle on Marginal Notes*,16 Caribbean Law Review 260, 267 (2006).

〔42〕 See *Defence Act* 1964 (*Australia*), s 27.

〔43〕 But see contra, J. Hartley and M. Trueman, *A Research Strategy for Text Designers: The Role of Headings*, 14 Instructional Science 99, 149 – 151(1985).

〔44〕 这个术语,在一定程度上,这个概念是由税务简化办公室的税务主管约翰・维廷提出的。我非常感谢约翰给我的灵感以及慷慨。

第五章

清晰性、准确性、无歧义性和立法表达

基础知识 85

在快速理解的意义上,[1]适当的结构可以提供清晰性。同样,语言选择也可以影响清晰性、准确性和无歧义性。[2]继而,这些措施促进了立法起草者的最终目标——有效性。它们以四种主要方式做到这一点。

第一,它们使法律具有可预见性,[3]从而促进非专业使用者对特定立法的可理解性。[4]通过可预测性,确定性增强了清晰性,[5]因为每个人都从共同的前提出发。[6]为那些倾向于遵守法律的使用者提供了理解他们被要求做什么的工具,[7]从而遵守法律。[8]这提高了实施的有效性。[9]没有清晰性,就没有法律,[10]模糊性教义也便无效。[11]第二,法律体系的清晰性、准确 86
性和无歧义性为民主政府[12]提供了通过立法来实现转型所需的工具:[13]通过在法律范围内提供清晰的规制信息,政府可以实现每个立法部件的零散规制目标,从而形成反映转型法律改革之规制目标的拼贴画。[14]这将导致政策的有效性和可能的转型。不清晰的法律是最坏的暴政形式。[15]第三,清晰性、准确性和无歧义性为法律官员提供了一个正确、全面理解法律的机会,从而恰当地适用法律。这直接促进了法治。[16]值得注意的是,对新西兰法律委员会而言,可获得性(availability)、可导航性(navigability)和清晰性构成了可理解性(accessibility)的三个要素,[17]这与富勒对法治的解释直接相关。[18]这里值得注意的是,有些法域规定,使法律清晰易懂是一项法定义务。[19]在英国,情
况并非如此,但可理解性是合法性(lawfulness)的一个条件。[20] 87
第四,模糊性是有代价的。[21]清晰性和准确性并不总是对起草者有用。尽管它们确实是引致有效性的工具,但它们的误用有时也有助于提高有效性。本尼恩报道了一个国会议员要求使用复杂语言的轶事例子,他用"尽力"(tried his best)一词来清楚地表达"尽他最大的努力"(used his best endeavours)这个技术性术语:本尼恩报告说,在下议院,戈登·奥克斯(Gordon Oaks)把这个通俗易懂的术语描述为"外行的",丹尼斯·豪厄尔(Dennis

Howell)则要求比上议院所建议的“校长用语”“更好的措辞”。[22]

暂且不谈关于通俗易懂的替代方案的辩论,作为促进清晰性的一种手段,当起草者试图在立法术语中表达可能危及立法实际存在的政治分歧时,模糊性可能是有用的。如果在没有立法[23]和立法不充分之间作出选择,规制的有效性会站在立法不充分这边,作为一种至少引入了一定程度规制的手段。[24]

另一种导致模糊性的情形,可能发生在政策官员和起草者之间存在分歧时。[25]通常,一部不及物的法案(intransitive Bill)会给进一步的部门规制留有后路,因而可能会疏通这一过程。这将决策推迟到颁布以后,从而允许在适用时将立法进一步个别化。[26]

此外,通常模糊性可以通过参考语境[27]来达到精确性。[28]通过缩小术语
88 重叠区域的预期含义,可以实现合理的准确性:使用几个重叠的模糊术语可以允许使用者在概念的语义场域中获得准确性和清晰性,而该概念是纯粹根据模糊术语的重叠语义范围的具体区域传递而来的。空间标示的准确性可以通过将圆进行重叠,并将注意力集中在几个交叉圆的共同区域来实现。[29]

最后,模糊性适用于极少数有正当理由的情况,即起草者可能希望在立法中为法官或者执法者偷偷置入一定程度的裁量权。法官通常被要求根据具体情况对在立法过程中无法清晰起草的问题进行裁决。[30]这里的危险是法官可能最终被要求去立法而不是去适用法律:但总是存在通过适用来具体化的空间,即在司法机关的权限范围内合法行事。当涉及允许政府官员和执法者自由裁量的模糊性时,引发腐败的危险便增强了:但这通常不可避免,例如,赋予部长更大的自由裁量权来决定是否接受外国公民入籍。无论立法中模糊性背后的原因是什么,当立法者和法院彼此不相对抗的时候,效果会更好。[31]

值得注意的是,在所有这些情况下,看上去合理甚至可取的是模糊性,[32]而不是歧义性(ambiguity)。[33]为了解释为什么如此,有必要界定一下这两个术语。

歧义性和模糊性[34]

尽管人们普遍认为应当追求清晰性、准确性和无歧义性,但它们在当前

起草困境中的含义、适用和等级次序(如果有的话)并不同样清晰。清晰性被定义为“感知或者理解的清晰或者透明;免于模糊或者模棱两可”。[35]维多利亚州法律改革委员会认为,准确性和清晰性不是相互竞争的目标:从真正意 89
义上讲,准确性与缺乏清晰性是不相容的。[36]对热拉尔·科西尼亚克(Gérard Caussignac)来说,“清晰性”意味着易于理解、易懂、毫不含糊或者无歧义。[37]因此,马贾贝尔(Majambere)是正确的,其主张“在起草时,不可能将清晰性、准确性和无歧义性分开”。[38]卡巴(Kabba)进一步澄清了这一点:在将清晰性和准确性的定义并列时,人们发现后者是清晰性的一部分,因为它们具有相似的特征。[39]如果我们回到描绘起草品质之等级层次的金字塔,就会清楚地看到,清晰性、准确性和无歧义性都是用来提高有效性的技术,它们具有同等的地位。因此,在进退两难的情况下,起草者将根据正在起草的立法类型和起草的目标受众,实施这些品质中最能提高有效性的那个(些)。

完美的语词表达一个语义范围,即一个定义明确、描述清楚的含义。它们可以被描绘成完美的圆,具有清晰的边界和通常被称为指示对象的约定语义元素。具有清晰的边界和约定的指示对象赋予完美的语词作为完美沟通工具的奢侈功能:说这些话的人所传达的信息与接收者所接收的信息是相同的。如果将这一点适用于作为一种沟通形式的起草,起草者使用的完美语词可以确保立法的读者和使用者将起草者所意图的确切含义归属于立法语词。因此,“树”这个词的使用传达了一种有叶子的高大植物的信息,其将自己与灌木或者动物的概念区分开来。一经确认,这种完美的沟通就会减少起草者对定义的需要,因为定义是多余的,法官也无须解释。但不幸的是,完美的语词事实上并不存在:不是语词界定了含义,而是人界定了含义。[40]而在立法中,完美的沟通更是凤毛麟角:[41]立法是一门专门技能;[42]接收者的数量之多及其多样性导致了误解的固有可能性;并且,作为一种书面沟通形式,立法无法奢求在面对面的口头沟通中常有的手势和详尽的阐释。

那么,语词会出什么问题呢?它们可能要么会因为使用者就归属于它们 90
的指示对象发生分歧而受损,在这种情况下,它们是有歧义的;要么是因为不连续的薄弱边界而受损,在这种情况下,它们是模糊的。这两种弊病都很常见,而且都是毁灭性的。

当一个词可以用一种以上的方式来解释,[43]或者承认两种或者两种以上的含义,或者被多种方式理解,或者同时指代两种或者两种以上的事物时,[44]

便存在歧义性,所以歧义性的语词可以被描绘成两个重叠的圆。这是它们弊病的一个症状:使用者接收的指示对象可能与接收者提供的指示对象有很大的不同。歧义性的语词不需要无知的或者错误的解释:由于语义性质的不同,它们会引起语义多样性。一个歧义性词语的例子是“light”:一辆“light truck”是重量轻还是颜色淡?又如,“shall”一词:是“必须”还是“将要”?如你所见,这个词可以正当地用来表达这两个信息中的任何一个。因此,接收者拥有正当选择权,去选取他们所选择的。使用者有责任彻底避免使用它,因为他们知道传递错误信息的风险很高。如果使用该术语,则提供定义是有意义的,从而确保使用者对该词正当信息的选择被引导到正确的方向。当然,预防总比治疗好,因此,起草者应当不惜一切代价避免使用歧义性的术语。尽管如此,许多作者认为所有的词都是歧义性的,“一个语词,一个概念”的观念是一种谬论。[45]“部分原因是英语缺乏准确性,因而通常不止一种解释是可能的。”[46]

当对一个词的边界有疑问时,就存在模糊性。模糊的单词可以被描绘成一个边界中断的圆,允许每个使用者向其插入不同的指示对象。此处的问题不在于重叠的语义场域,后者提供了不言自明的正当含义选择。这里的弊病是沟通不充分:使用者被提供了一个如此概括性的术语,以至于他们对指称对象之正当的单方面插入,可能导致很多语义场域和众多的含义。如果歧义性是两种含义的选择,那么模糊性就是一项对任何含义的选择。模糊性是混乱。例如,术语“盲的”(blind)要求多大程度的视觉损伤?又如,术语“交通
91 工具”(vehicle),是指机械交通工具,还是用于运输的动物也包括在这一语义范围内?但模糊性是一种良性的混乱:与歧义性不同,模糊性并不假装传达一种特定的信息,这只会将接收者困在一条信息中;相反,它邀请接收者切身思考想要传达的内容,从而允许有意识地选择指示对象。

模糊性是由于某些词具有概括性特征而产生的,如“交通工具”。但其他原因还包括一些词已经准备好从其周围语境中提取颜色:例如,“线”(line)这个词根据电话员、掌纹师、教师或者渔夫的用法而有所不同。其他的词之所以是模糊的,仅仅是因为它们具有唤起情绪反应的内在能力。例如,在一般条款中,“如果谋杀的情节特别恶劣,则刑罚可能会更高”,其中的“恶劣”一词是主观的,其唤起了情绪反应,并且对它的感知也因人而异。除此之外,时间和地理因素在模糊性中也有一定的作用(见图5-1)。

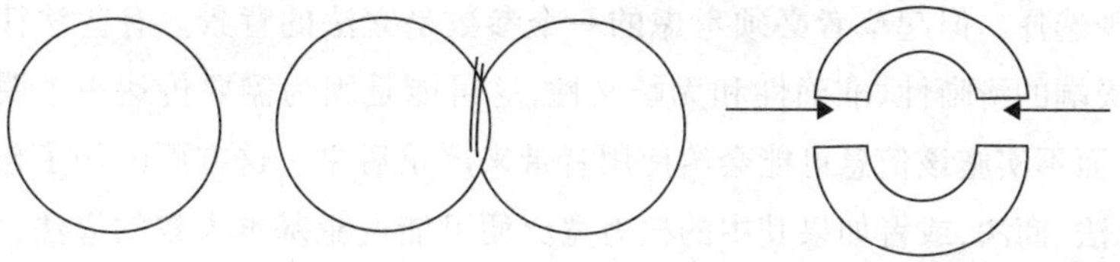

图 5－1　文字及其弊病的描述

正是其良性的本质，使模糊性对起草者和立法者是一种有益的弊病。立法机关有时选择模糊性，以便允许政治妥协或者让行政机构来提供具体细节。但他们很少选择歧义性。无论是良性还是癌变，歧义性和模糊性仍然是起草者必须避免的弊病。不用说，说起来容易做起来难。最重要的是，努力摆脱它们也会导致同样棘手的问题。

为了确保每一个术语都有明确的、单一的语义场域，起草者可能会陷入过度穷尽的陷阱：鉴于立法中选择完美词汇的固有困难，起草者可能会求助于每个所使用术语的指示对象的详尽清单。这可能会提高含义的准确性。但在极端情况下，它可能会导致无意中排除起草者打算包含在语义范围中的概念类别。这被称为过于准确、过于穷尽，或者——用爱尔兰政府前首席议会法律顾问的话说——过度起草：

> 起草中的准确性是一个有价值的目标，但也可能走得太远。通常没有必要说出你所禁止或者要求的每一件事。对准确性过分热心的追求，可能导致冗余和赘述。过分准确地起草可能会产生意想不到的漏洞。[47]

因此，他继续说，我们需要的是在过度的准确性[48]和模糊性之间达到良 92
好的平衡：

> 正如过度起草会以不可预见的方式影响条款一样，起草不足也同样危险。尽管通常必要的或者可取的做法是制定一项普遍或者广泛的立法标准或者指南，但要当心那些如此的不确定以至于毫无意义或者以模糊性为由在法庭上招致无效质询的语言。一般而言，法院不愿意以此为由宣布法律无效，但谨慎的起草可以消除司法审查的必要性。

当然，设置黄金媒介是相当武断的。毕竟，起草是实践智慧式的，并且要求主观选择。但起草者必须考虑的一个参数是立法的背景。有些法律领域要求极端的清晰性、准确性和无歧义性,这可能是因为需要传达一个明确的信息,而不实施该信息可能会给使用者带来严重后果。这方面的例子包括刑法、税法、商法,或者如果其中的权力宽泛便可能侵犯基本人权的立法,例如,进入私人处所的权力。另外,在只是标示出方向并让法院基于个案进行具体适用是可取的情况下,概括性和一定程度的模糊性是可接受的,如在合同法中。[49]

语义歧义性[50]

语义歧义性是指一个词语具有一个以上的含义。[51]它被定义为一个词语固有的含义多样性现象,这些含义源于词典的用法且独立于语境而存在。[52]

小词的常见问题:可能、应该、和/或

歧义性经常出现在非常常见和非常小的词上,那些我们从未想过要定义的词。"may"和"may not"以及"shall"加上"be"的形式,可能会导致许多问题。

93 "may"和"shall"在语言中经常互换使用。[53]虚假命令的问题,即使用"may"来课予义务,困扰着法律语言。[54]错误使用"may"而造成的歧义性在立法中被强化,因此起草者有义务确保"may"仅在为了引入自由裁量行动时才使用。[55]

"shall"是最危险的歧义性词语之一,因为它既能表达将来时态,又能表达义务的施加。在立法中混淆这一点可能是有害的。在任何情况下,"shall"作为一种义务的强加,只能由在培训中必须学习这一技术性含义的法律人所使用。[56]这使法律人与普通共同体的语言格格不入,因为非法律人不理解法律人在文件和法律中使用"shall"的特殊方式。[57]这正是"shall"不建议被使用,[58]并且必须被完全清除的原因。[59]英格兰和威尔士议会法律顾问办公室建议一个支持"shall"的替代方案的推定,无论在新法案和旧法案的修正案中,除非(1)涉及在相同意义上使用"shall"的现有条款附近插入文本,或者(2)使用替代性方案会引起一种真实的疑惑,即在现有条款中意指不同的含义。[60]毫无疑问,当表达一项义务时,"shall"可以被"must""it is the duty of"或者"is to"所替换。[61]但是,使用现在时态作为替代方案可能总是具有特别

的意义,[62]因为立法无论如何都带有义务或者责任的语境。但是,在修改法案时,有一种观点认为应保留可怕的“shall”:使用两个同义术语产生歧义的可能性会危及正在被修改的法案的有效性,足以使天平向清晰性的方向倾 94
斜,而不是通俗易懂语言的方向。

如果不清楚其表达的是连词还是析词,那么“和”与“或者”便是经常引起混淆的词语。[63]因此,它们本质上是歧义性的。[64]“和”通常[65]是连接性的。例如,“该法适用于医生和护士”表明,这两个群体都属于该立法的适用范围。“或者”通常是析取性的。例如,“合同交换可以在付款之前或者之后进行”意思是,这两种选项都是可以接受的。但是,“或者”有两种可能的含义:它可以是“要么……要么”的意思。再或者,它可能是“或者/和”,从而引起歧义性。[66]

当提到“和”或“或者”时,问题的产生往往仅仅是因为起草者错误地使用了这些术语,或者是因为作为立法句子之表达方式的“和”或“或者”的位置是有歧义的,[67]或者是因为法院没有考虑到一般规则。[68]因此,建议起草者在使用“和”或“或者”的时候要格外准确:通常将可能性分为三个独立的选项;此外,预见这两个明显选项的组合,有助于读者理解。尽管冗长和多余,但是如下表达会更清晰:“医生、护士或者护士与(with)医生一起,可以在征得或者未经受试者同意的情况下,在产房进行艾滋病毒检测。”此外,应当避免使用“和/或者”。[69]

□ 除非——除……外

这些是条件性术语,它们有一个共同点:否定的条件性。它们就可能发生的情况作出规定,但如果其没有出现,则不作任何规定。例如,“除非 X,A 有权得到 B”,或者“除了 X 产生外,A 有权得到 B”。但问题仍然是:如果 X 发生了,或者 X 情形出现了,A 有权得到什么?而这正是起草者必须清晰而有效地加以解决的歧义点。

有些条件可能无法同时履行,在这种情况下,最好按时间顺序列出这些条件。由于在条件得到履行或者遵守之前,法律行动不能对法律主体起作 95
用,因此条件条款必须紧接在法律主体之前。[70]

□ 量度指示词

量度指示词在量度中引入了起点、终点,或者起点和终点。量度指示词的例子包括如下术语:“少于”“多于”“不超过”“超过”“以上”“以下”“多于”“少于(under)”“在……之前”“在……之后”。量度指示词的危险在于它们不能自动提供基准本身。

例如,“小于 X,则 A;大于 X,则 B”规定了小于 X 和大于 X 的情形,但不规定落在 X 上的情形。所以,问题在于如果是 X 本身会发生什么。起草者也需要对这些情形作出规定。因此,如果该条款规定“小于或者等于 X”抑或“大于或者等于 X”,会更加清楚。有一种趋势是通过规定“－X”来缓和这种情况,即“－X”作为确保 X 根本不发挥作用的一种方式。这最好在日期范围中进行表达。

□ 表示数字、天数、日期和年龄范围的术语

其他一些引起麻烦的小词是我们用来具体说明数字、年龄和日期范围的词:至(to)、一直到(through)、在……之间(between)和从……(from)。这些词的问题在于,它们不能充分表达范围的起点和终点到底是什么。[71]但是,对于起草者来说,准确地传达这些信息,并确实以非常清晰的方式传达这些信息,至关重要。惯例在这里有帮助,但并非总是如此。

对于法案、制定法或者规则中的章节范围,使用“第 1 节至第 20 节”这样的形式是可以接受的,这也是传统的形式,因为关于法定解释的法律明确了该范围的含义。它们具体规定,在节的范围方面,“第 x 节至第 z 节”这一形式包括第一个和最后一个数字以及它们之间的所有节。但是,同样值得思考的是,立法的非专业使用者是否会意识到这一惯例。因此,最好把这个词留给精通法律的使用者:表达方式的突然改变只会引起问题和疑惑。但同时,
96 起草者必须记住“至”是有歧义的,也许可以添加“首末项包括在内”(inclusive)一词,以确保清晰性,即便要付出冗赘的代价。

但是,使用“至”(to)一词表达一段时间并不恰当。取而代之的是,术语“一直到”(through)正在逐渐流行,因为它非常清楚地表达了将端点包含到所传达的范围中。因此,“从星期一一直到星期五”这个短语显然包括了整个星期五,而“星期一到星期五”这个短语对于是否包括星期五则存在歧义。为了确保包括了星期五,起草者可以说“从星期一一直到星期五”,或者更清楚地说,“星期一直到星期五,首末项包括在内”。为了排除星期五,起草者可以表达为“星期一到星期四,首末项包括在内”。

关于日期和日期范围,里德·迪克森(Reed Dickerson)提供了创新性建议(见表5-1):

表5-1 关于日期的迪克森规则

不是说	而是说
从2002年7月1日开始至……	在2002年6月30日以后,并且在……以前
在2002年7月1日与……之间	在2002年6月30日以后,并且在……以前
至(或者一直到或者截至)2002年6月30日……	在2002年7月1日以前……
在17岁到45岁……谁是	……已满17岁或者更大,且低于46岁
超过17岁……	……已过17岁生日(或者已满17岁或者以上) 除非你意指 已满18岁或者以上

表达日期的风格可以适应欧洲风格(如1日/7月/2002年),但立法表达的选择相当新颖,而且相当清晰。[72]归根结底,这里的冲突是在清晰性和简洁性之间。而且,在应用第一章提出的起草价值金字塔时,普遍的建议只能支持清晰性。特别是涉及日期,其在立法中的重要性相当重要。也许迪克森的表达方式太过冗余以至于无法被遵循,但将多余的术语"首末项包括在内"囊括在内,无疑值得尝试。

□ that 和 which

另一个可能产生歧义的原因是"which"这个词使用时没有逗号。一般规则是:"that"用于引入限制性条款。"that"限制并定义它所修饰的单词。限制性词语、从句或者短语对于句子含义是必要的,并且不用逗号隔开。限制性 97
从句的一个例子是"The court retains the weapon that was used in the alleged offense until the conclusion of the trial"。在这里,起草者定义了法院必须保留的武器:它不是其他武器,而是在被指控的罪行中使用的特定武器。该从句成功地定义了武器,并排除了任何其他武器。

带逗号的"which"用于引入非限制性从句。它们并不限制被修饰的单词:它们只是提供关于被修饰单词的附加或者描述性信息。一个非限制性的词、从句或者短语对句子含义来说并不是本质性的,因此用逗号隔开。非限制性从句的一个例子是“The Commission establishes the hearing date, which may be changed upon the request of either party”。在此,起草者不试图界定委员会确定的听证日期是哪一天,也不禁止委员会确定其他日期。起草者在这里提出了两个单独的条款:委员会确定听证日期;该听证日期可以根据任何一方的请求而改变。尽管在理想情况下,人们希望通过标点符号或者甚至通过单独的小节将这两个从句分开,但起草者仍然忠实于通过第二个句子将这两个条款分开。虽然这不是推荐的形式,但它似乎并没有让读者感到困惑,主要是因为逗号隔开了这两个概念。

如果起草者在没有逗号的情况下使用“which”,问题会变得相当明显。问题不在于语法上的不一致,而是向使用者发送了混杂和遗漏的信息,以致其仍然无法判断该句子是否定义了所指称的术语。但是,该文本无法提供任何引导,使其成为歧义性的经典例证。如果可能的话,例如,在起草的核证阶段,起草者将不得不决定是否将“which”更改为“that”,或者添加逗号。但通常最好的解决方案是完全重新编写这个句子,并通过新的立法表达来摆脱歧义性。

例如,下面这个句子:[73]

> A report which is required to be available for inspection must be in a form convenient for photocopying.

该句子给使用者留下了两种可能的信息:

> 要么是:一份报告,其要求可供查阅,必须采用便于复印的形式。

换言之,所有报告都必须可供查阅,而且都必须采用某种形式。为了达
98 到清晰性的目的,起草者可以将此表述为“办公室提供报告供检查;并以便于复印的形式来保存”。

> 要么是:被要求可供检查的报告必须采用方便复印的形式。

换言之,在所有报告中,要求可供检查的报告必须以可供复印的形式保存。而且,言下之意,所有其他报告都不必采用这种形式。为了达到清晰性的目的,起草者可以这样表述:“办公室制作下列报告以供检查。这些报告以便于复印的形式保存。”

□ 连续逗号与歧义性

语义歧义性的最后一种形式是在一系列连接词前加逗号:“所有的动物,

老虎和狮子。”问题是逗号是否引入了三个独立的概念（动物、老虎和狮子），或者它是否将两个类从原始的通用概念中分离出来（动物，即老虎和狮子）。

立法上的一个例子是：

> 专员为案件指派两名经理，一名项目专家和一名家庭访客。

这里的问题是，起草者是否想表达：专员为案件指派四名人员，即两名经理加上一名项目专家加上一名家庭访客，或者委员会是否指派两名人员，即一名项目专家经理加上一名家庭访客经理。这两种解释都同样可以获得所选立法表述的正当支持。

因此，这里的答案要么是在每个被指派的人后面加上“加”（plus）或者“和”，要么是用一个被指派的人员的清晰名单完全重写。

句法歧义性[74]或者在句子层面的歧义性[75]

这种歧义性源于句子含义受到句子中单个单词和短语之间预期关系影响的方式，这与句子的含义受到单个的单词和短语的含义影响的方式不 99
同。[76]当一项陈述的语法结构使其指称对象不确定性时，该陈述在句法上便是有歧义的。句法歧义性是产生模凌两可谬误的主要原因。[77]

句法歧义性不同于语境歧义性，后者发生在文本之中，尽管有关条款的含义和语法没有歧义。但是，句法歧义性是指，同一文本或者不同文本的规定之间的相互关系出现歧义。这是一个与制定法解释有关的问题，而不是追求清晰性、准确性和无歧义性的问题，因此将在制定法解释一章中进行讨论。

安置问题[78]

歧义性通常是句子结构不清晰或者短语、分句安置不当的结果。这里的歧义性产生于单词的松散组合，以至于不清楚单词或者短语指的是短语的哪个单词或短语。[79]在立法起草过程中，这种现象也被称为句法不连续性，它与立法条款中经常使用所谓的限定条件有关：旨在确定立法性法规之适用范围的副词构造太多，而且所有这些被放在一个句子中。[80]这些构造旨在提高清晰性和准确性；但全部附加到它们所确认的各种单词上则是歧义性的原因。毫无疑问，在某种程度上，句法的不连续性导致文本更加复杂，并对解释者提出了更高要求。其原因在于，由于句法上的不连续性，整个立法条款中各分句要素之间的关系不那么透明和明确。这样一来，解释便需要大量分析性思维和经验。[81]

例如,当地一家五金店的退款标志上写着“Store credit only after 90 days”。这是否意味着:90 天后,顾客只能以店铺抵用金的形式获得退款?还
100 是说关注点是,作为一种退款形式的店铺抵用金,只有 90 天过去后才可以获得?“only”的位置让读者不确定。[82][83]

规定时间的短语也需要小心安置。有这样一个例子:

The public school district shall inform the non-public school of the type, level and location of health services that are to be made available to the non-public school students before 15 August.

服务是在 8 月 15 日之前提供,还是学区在 8 月 15 日之前通知学校?将“8 月 15 日之前”放在句子的头部或者“告知非公立学校”之后,将更清楚地表明:日期是提供信息的截止日期。

另一个例子来自适用《1351 年叛国法案》对罗杰·凯斯门特(Roger Casement)进行叛国罪审判这一臭名昭著的案件。罗杰·凯斯门特在第一次世界大战期间与德国人结盟,其最终目的是为反抗英国的爱尔兰革命服务,而彼时英国正与德国交战。该条款规定,“if a man do levy war against our Lord the King in his realm, or be adherent to the King's enemies in his realm, giving to them aid and comfort in the realm, or elsewhere”,那么,他将被判处叛国罪。问题是“...or elsewhere”指的是哪里:它是附属于国王的敌人的地方,还是附属于提供帮助和援助的地方?换言之,如果他们与当时在王国内的或者在其他地方的国王的敌人结盟,那么他们是否犯了叛国罪?或者如果他们在王国内与国王的敌人结盟,并在王国内或者在其他地方给予这些敌人帮助和安慰,那么他们是否犯了叛国罪?最后,根据“……或者其他地方”中的逗号,法院判决凯斯门特有罪,他“被绞死在一个逗号上”。

□ 名词的修饰语

名词及其修饰语的组合常常会引起麻烦。修饰语是一个词或者一组词,通过限制、约束或者描述其他词,以使其含义更加准确。修饰语允许沟通的发送者限定句子“主语—谓语—宾语”的主干结构,从而成功地提供复杂的含义。作为一个集合标签,“修饰语”这一术语用于表示实施可比较功能的单词和单词组。修饰语是一个词或者一组词,它能更多地说明另一个词的含义,

例如,逃脱的罪犯、郡县的行政官员、一个已经由总督签署的命令、一个由总督签署的命令、一份说明被告姓名的文件。基本规则是尽可能让修饰语接近 101
它所修饰的内容,以便读者能够轻松地将其附加到适当的单词上。但是,同一句中大量的修饰语会导致句子的复杂性,因为句子本身会变长,[84]同时也因为读者越来越难以在不被修饰语分心的情况下记住主—谓—宾结构。

但除此之外,修饰语由于其在句子中的位置不确定和对结构词的依附,也会引起句法歧义性。例如,形容词"已婚的"在语义上是清楚的,但在"A married woman or man may"这一从句中,具有句法上的歧义性。问题在于起草者意指的是"已婚的男人"还是"任何男人"。分词作为修饰语也会引起歧义性。"Immigration officers may deny entry to the country to persons who come from countries with swine flu."但是,"猪流感"附属于谁:人还是国家?副词可能引起类似的问题,"只有"(only)是一个常见的祸害。"A professor of law of this University only may offer references to alumni.""只有"修饰的是"这所大学的法学教授"还是"可以提供推荐信"。短语和从句作为修饰语同样容易受到歧义性的影响。"No body corporate or company that is incorporated abroad"会让人产生疑惑,"在国外注册"是修饰"法人团体""公司"还是两者?

因此,当名词多于修饰语,或者修饰语多于名词,或者修饰语没有出现在所修饰名词旁边时,常常会产生疑问。有以下三个例子,它们都取自布赖恩·加纳的(Bryan Garner)高级法律起草:

solid wall or fence

坚固的只修饰墙壁,还是墙壁和栅栏?换言之,这个短语是指坚固的墙还是坚固的栅栏,还是说,起草者将坚固的墙与围栏进行了区分,围栏通常不是坚固的/实心的(在"没有洞"的意义上)?

charitable and educational institutions

这是指慈善机构和教育机构,还是指兼具慈善性和教育性的机构?使意思更清晰的一种方法是用单数形式起草,以便写作"一个慈善和教育机构"或者"一个慈善或者一个教育机构"。

to prevent piracy of original works by Americans

这句话的意思是美国人的原创作品,还是说美国人的盗版行为?"By Americans"可能并不修饰最近的名词。

修饰语位置的一个特殊问题是最后先行词规则(rule of last antecedent) 102

所涵盖的情形。在短语“forms, reports, and other submissions that must be filed for review”中,必须提交审查的词语适用于表格和报告,还是说仅适用于其他提交文件?

最后先行词规则指出,诸如此类的歧义性可以通过把问题短语当作只适用于系列中的最后一项来解决。[85]先行词是句子中的名词或者短语,之后被不定代词(它、他们等)或者指示代词(那,这)所代替,或者在句子中被形容词、副词或者短语所修饰。该规则建议,短语中的限制性从句通常应当被理解为只修饰紧跟其后的名词或者短语。[86]但是,法院可能使用这一规则,法院也可能会忽略该规则。[87]

标点符号:桑顿关于标点符号的四条规则

标点符号可能导致歧义性,即使句子在单词层面没有语义歧义性。桑顿对此的建议至关重要。他的四条规则是:节约而有目的地去加标点;为了结构而不是为了印象(sound)去加标点符号;符合惯例;保持一致。[88]

实际上,在立法起草过程中,遵循公认的标点符号规则有助于使用者将标点符号和含义置于上下文之中。尽管可能很小,但标点符号构成了文本的一部分,因而就制定法解释而言,它们与文字[89]同等[90]重要。

标点符号在引号内或者引号外安置是清晰性的另一个工具。引号内的句号和逗号表示标点符号是被引用内容的一部分。这对起草法案修正案至
103 关重要。例如,“这项法案是‘空气污染控制法’。”表明这个句号不属于法案名称的一部分。这里引用的例子以句号结尾,这个句号实际上是在这里作为一个例子引用的立法句子的一部分。

在基于原始法案的议案中,标点符号构成其语言的一部分,并且通常不应当被更改,当然除非起草者的意图是改变所传达的含义或者概念。这里的危险在于,虽然仅仅通过改变标点符号进行的外科手术式修改在技术上非常值得称赞,但是使用者可能会错过所进行的法律改革。因此,通过更明显的修正可以最好地实现沟通的有效性,诚然,这在技术上显得笨拙。

在句子层面,逗号可能引发最危险的歧义性。一定要在连词前使用逗号(如果一个系列的从句中有标点符号,则使用分号)。例如,“No city, town, county, or city and county”可能给人造成如下印象:“city and county”是这个句子的主语之一,而“city, and county”则明确表示其中任何一个都属于本规

定的适用范围。这类标点符号在语法上是不正确的,但它确实促进了立法的清晰性,并在沟通中为起草者和使用者服务。[91]虽然这种形式与桑顿的符合惯例规则相冲突,但它得到了如下概念的支持,即起草者加标点符号是为了结构而不是印象。

作为一种标点符号,逗号的目的是分隔或者附上(enclose)。逗号可以分隔由“和”“但是”“为了”“也不”“或者”“还”连接的长的独立从句。可以用一个逗号将介绍性的修饰从句或者短语与后面内容分开:“在财政年度结束时,讲师必须呈递……”或者它可以将一系列的项目分开:“本节适用于银行、保险企业、信托企业和公司制咨询企业。”逗号还可以包含非限制性的修饰词或者从句:“调查员,根据第 403 节指定,可以”;或者添加插入语来中断句子中沟通的主干道:“X 或者 Y,视情况而定,附上。”

性别—中立的起草

有助于清晰性、准确性和无歧义性,并最终提高立法有效性的两个工具之一是性别—中立起草(gnd)。[92]性别—中立语言(gnl)是指,同时含括诸性别和平等对待男女的语言。传统上,在我们的社会中,男性一直是主导力量, 104
我们的语言也以反映男性主导地位的方式发展,有时甚至完全排斥女性。性别—中立—语言,也被称为非—性别歧视的、非性别特指的或者包容性语言,试图恢复平衡。[93]

不可否认,仅仅提到性别—中立起草,好像就会给英联邦各地的许多起草者带来隐蔽的娱乐。[94]在立法起草过程中,它经常被嘲笑为又一次的女权主义入侵,而且经常根据许多解释法案中的常见规定来加以证成,这些规定预见到“他”包括“她”。

虽然如下提问很有诱惑力,即我们物种中的男性是否会接受“她”包括“他”的转换,但性别特指语言的主要关注点是清晰性和无歧义性。[95]关于清晰性,如果制定法是以男性形式书写,则女性有权认为该制定法对她们不适用:虽然解释法案可能另有说法,[96]但又有多少非法律人知道或者详细阅读过呢?而且,毕竟女性清楚地知道哪些制定法对她们适用和哪些不适用,是法治的一项推论。关于歧义性,[97]“他”在许多制定法中可以同时是“他”和“她”。但同样,在性别—特指的语言实际上是恰当的时候,“他”也只能是“他”。[98]例如,在军人完全是男性的法域,人们会想,通过解释法案对男性代词的宽泛解释,是否可以将“她”包括在对“他”的适用中,从而准许妇女参军,特别是在没有明确相反规定的情况下。因此,在现代起草者努力实现清晰性和尽量减少歧义性的过程中,性别中立的语言是一项非常明显的需求。加拿大法律学者玛丽·简·莫斯曼(Mary Jane Mossman)解释了法律中非歧视性语言的理由,认为其对于提高法律言语和写作的准确性,对于遵守职业责任的要求,以及对于满足法律和宪法中的平等保障,均具有重要意义。[99]

105 但是,有可能用性别中立语言来起草吗?性别中立语言于 1983 年被新南威尔士州议会法律顾问办公室采用,1985 年被新西兰采用,1988 年被澳大利亚议会法律顾问办公室采用,大约 1989 年被联合国和国际劳工组织采用,1991 年被加拿大采用, 1995 年被南非采用,以及 2001 年被美国国会(尽管没有一直)采用。在英国,自 2007 年以来,性别中立语言已经适用于所有的政府议案和法案。[100]因此,性别中立语言是可能的。如果“为了达到简洁性或者可理解性,其付出的代价不超过合理程度”,[101]这也是切实可行的。[102]事实上,没有技术性理由来解释为什么立法不应当避免以性别—特指的代词方式起草。[103]

但是,切换到性别—中立语言到底需要什么呢?根据英国议会法律顾问办公室的指南,它要求放弃性别—特指的代词,以指代可能是男性或女性或中性的人;并且避免使用一种似乎假定男人而不是女人的形式会拥有特定职位,从事特定工作或履行特定角色的名词。[104]

从术语选择的角度来看,应该避免使用术语“man”。最初,它意指“人类”或“人”,但多年来它只是指男性的人类。对于许多人来说,“人”的泛化使用会导致歧义性,其传达的是两个概念中的哪一个:“人”还是“男性的人”?同样,“主席”(Chairman)一词也会引起反感。“Chairperson”“召集人”“协调人”“主持人”或者“总统/会长”是可能的替代选项,但“chair”这一术语已成为政府、大学和企业中最受欢迎的替代选择。如果指涉的是主持会议的人,“the Chair”是一个不错的选择。“主席女士”(Madam Chair)或“主席先生”(Mr Chair’)挫败了性别中立的目标,最好避免使用。因此,这类性别—特指的术语可以通过一些相互竞争的起草技术来加以避免。起草者可以使用诸如“人”或者“个人”之类的中性词,并且可以采用中性替代方案来表示基于男性的名词,[105]如“起草者”“消防员”“主席”。[106]

106 代词承载着语言的艰难选择。“主语他”(He)、“他的”“宾语他”(him)

或者“他自己”是性别—特指的术语，仅在指称男性时使用。解释法案甚至是文本中关于名词和代词都指男性和女性的具体声明，不足以为使用性别—特指的语言辩护。作为同时反映男性和女性的选择，女性代词同样具有性别特指性。在美国〔107〕流行的“he and she”“he/she”“s/he”表示两种性别都包括在陈述中，〔108〕可能是明确的，但却是累赘的、性别特指的和不优美的。〔109〕其他的技术包括：重复名词；省略代词〔110〕；将名词转换成动词形式；或者使用被动语态；使用关系从句；使用复数名词后接“they”；〔111〕用一个字母替换名词；〔112〕使用单数名词后接复数“they”，而不是单数代名词“他”或者“她”。

后一种技术受到19世纪之前作者的青睐，〔113〕并且在当代英语中仍然很常见。〔114〕虽然它最近在2014年版的《议会法律顾问指南》中失去了支持，〔115〕但它得到了作者的支持，因为它与英语口语最为兼容。〔116〕其中一个例子可以在《2008年反恐法》中找到：“References in this Part to a person being dealt with for or in respect of an offence are to their being sentenced ... in respect of the offence.”另一个例子来自《地方民主、经济发展和建设议案》的附表1，第2(3)段：“The chair of the Boundary Committee for England holds office as chair ... in accordance with the terms of their appointment.”该技术相当具有创新性，因为它用语法错误来吸引读者对性别中立性的注意。但与此同时，它也很正确地证明了起草者必须使用语法，而不是做语法的奴隶。不优美总比不确定要 107
好。〔117〕

考虑到这一点，起草者可以选择最符合有效性总体目标的性别—中立起草工具。〔118〕但是，在性别—中立起草的语境下，有效性意味着什么？由于性别—中立起草的规制目标是恢复社会中性别不平等的平衡，〔119〕因而性别—中立起草工具似乎要根据两个标准来选择：一是明确纳入女性；二是对公众进行关于已改变政策的教育。这就需要一种工具，能够快速确认新的定位，同时还能反映性别中立性或者性别平等性。在此基础上，单数的复数技术(singular plural technique)是理想的：它打破了固有的性别特指语言的障碍，并用语法上非惯例性的形式提醒使用者从性别特指出发前往性别中立。本书便是用单数的复数写成的。

注 释

〔1〕 See J. Stark, *Should the Main Goal of Statutory Drafting be Accuracy or Clarity*?,15 Statute Law Review 207, 208(1994).

〔2〕 清晰性动因是立法的数量、质量和对立法的感知,参见 Cabinet Office, *Office of Parliamentary Counsel*, *When Laws Become Too Complex* (16 April 2013) para. 3, www. gov. uk/government/publications/when-laws-become-too-complex/when-laws-become- too-complex。

〔3〕 See E. Majambere, *Clarity*, *Precision and Unambiguity*: *Aspects for Effective Legislative Drafting*, 37 Commonwealth Law Bulletin 417(2011).

〔4〕 See B. Bekink and C. Botha, *Aspects of Legislative Drafting*: *Some South African Realities* (*or Plain Language Is Not Always Plain Sailing*), 28 Statute Law Review 34, 65(2011).

〔5〕 通过对连续性和变化进行平衡来提高清晰性,参见 Sir S. Laws, *Plus ça change*? *Continuity and Change in UK Legislative Drafting Practice*, 11 European Journal of Law Reform 139 (2009)。

〔6〕 See Sir S. Laws, *Consistency v. Innovation*, CALC conference, Hong Kong, 2009.

〔7〕 See JP Martin, *Development and Rights Revisited*: *Lessons from Africa*, 3 SUR: International Journal on Human Rights 97(2006).

〔8〕 在 R. v. Royal(1993)10 CRNZ 4(HC)案中,Penlington J. 指出,如果被告有机会接触律师,他们在没有法律培训的情况下就不能进行合理辩护,这并不是被告有权获得法律援助的海滩;问题是,如果无法接触律师,这一论点是否可以被推翻。

〔9〕 See MJ Rizzo, *Which Kind of Legal Order*? *Logical Coherence and Praxeological Coherence*,9 Journal des Economistes et des Etudes Humaines 1, 2 (1999); R. Craswell and JE Calfee, *Deterrence and Uncertain Legal Standards*, 2 Journal of Law of Economics and Organization 279, 281(1986).

〔10〕 See T. Hobbes, *Leviathan*, Andrew Crooke, 1651,ch XXXI Of the Kingdome of God by Nature, available via Project Gutenberg (Vancouver, 2002) www. gutenberg. org/ wiki/ Main_Page; T. Arnold-Moore, *Public Access to Legislation and the Democratic Process*, paper for the Australian Electronic Governance Conference, Centre for Public Policy, University of Melbourne, 2004.

〔11〕 See C. Lockwood, *Defining Indefiniteness*: *Suggested Revisions to the Void for Vagueness Doctrine*,8 Cardozo Public Law Policy and Ethics Journal 255(2009 –2010).

〔12〕 See S. Krongold, *Writing Laws*: *Making them Easier to Understand*,24 Ottawa Law Review 495, 501 (1992); for a direct link between democracy, the rule of law and clear laws, see Merkur Island Shipping Co. v. Laughton [1983] 2 AC 570 (HL).

〔13〕 在南非的背景下, 参见 K. Klare, *Legal Culture and Transformative Constitutionalism*, 14

South African Journal of Human Rights 147, 178 - 179(1998)。

〔14〕 法律的明确性意味着其证成基础的整体一致性及其基于正义的理由的可理解性。T Inoue, *The Rule of Law as Legislation*, in LJ Wintgens ed., Legislation in Context: Essays in Legisprudence, Ashgate, 2007, p. 55, 71.

〔15〕 See A. Seidman, R. Seidman and N. Abeyesekere, *Legislative Drafting for Democratic Social Change*, Kluwer Law International, 2001, p. 255; for specific reference to human rights related legislation, see M Arden, *Modernising Legislation*, Public Law 65, 75 (1998).

〔16〕 See Lord Oliver of Aylmerton, *A Judicial View of Modern Legislation*, 14 Statute Law Review 1, 2 (1993); Parliamentary Counsel Office, *Public Access to Legislation*, *A Discussion Paper for Public Comment*, New Zealand, 1998, p. 6 - 8.

〔17〕 New Zealand Law Commission, *Presentation of New Zealand Statute Law*, NZLC IP2, 2007, p. 8.

〔18〕 See L. Fuller, *The Morality of Law*, Yale University Press, 1969, p. 39.

〔19〕 印第安纳州宪法第4条第20条规定:"每一项法案……措辞应当明确,尽可能避免使用技术性术语";同样,《1992年昆士兰立法标准法》要求,在确定立法是否符合基本立法原则时要评估立法是否明确,是否以足够清晰和准确的方式起草。

〔20〕 See D. Greenberg, *The Challenges of Understanding Legislation*, Westlaw UK Annotated Statutes, 其中他引用了大法官如下确认,即政府有责任确保为出版制定法全书作出令人满意的安排,以便公民知道自己受什么法律约束,参见 HC Deb 13 June 1991, WA 613 - 14; Toulson LJ, *on the Problem of Substantial Constitutional Importance Relating to Access to Legislation*, in R. v. William Chambers [2008] EWCA Crim 2467。

〔21〕 See GK Hadfieldt, *Weighing the Value of Vagueness: An Economic Perspective on Precision in the Law*, 82 California Law Review 541, 546(1994).

〔22〕 See FAR Bennion, *Bennion on Statute Law*, Longman, 1990, p. 38.

〔23〕 关于将严格的立法解释作为阻止法律改革之手段的分析,参见 J. Willis, *Statute Interpretation in a Nutshell*, 16 Canadian Bar Review 20 (1988); R. Pound, *Common Law and Legislation*, (1908) 21 Harvard Law Review 383。

〔24〕 毕竟,起草者的主要目的是使政府政策生效,参见 E. Sutherland, *Clearer Drafting and the Timeshare Act* 1992: *A Response from Parliamentary Counsel to Mr. Cutts*, 14 Statute Law Review 163, 163 (1993)。

〔25〕 See R. Dickerson, *Fundamentals of Legal Drafting*, Little Brown and Company, 1986, p. 11.

〔26〕 See G. Christie, Vagueness and Legal Language, 48 Minnesota Law Review 885, 889 (1963 - 1964).

〔27〕 See JA Corry, *The Interpretation of Statutes' in E Driedger*, *The Construction of Statutes*, Butterworths, 1974, p. 203, 219 - 220.

〔28〕 See JA Corry, *The Interpretation of Statutes' in E Driedger*, *The Construction of Statutes*, Butterworths, 1974, p. 895 - 96.

〔29〕 See I. Richards, *The Philosophy of Rhetoric*, Oxford University Press, 1965, p. 69 - 78.

〔30〕 See A. Miller, *Statutory Language and the Purposive Use of Ambiguity*, 42 Virginia Law Review 23 (1956).

〔31〕 See Note, *The Void-for-Vagueness Doctrine in the Supreme Court*, 9 University Pennsylvania Law Review 67 (1960).

〔32〕 See R. Dickerson, *Some Jurisprudential Implications of Electronic Data Processing*, 28 Law and Contemporary Problems 53, 62 (1963).

〔33〕 But see contra A. Miller, *Statutory Language and the Purposive Use of Ambiguity*, 42 Virginia Law Review 23 (1956); G. Fraser, *In Praise of Ambiguity*, Policy Options 21, 25 (2000); P. Thomas, *Legal Skills and the Use of Ambiguity*, 42 Northern Ireland Legal Quarterly 14, 22 - 23 (1991).

〔34〕 相关详细分析,参见 R. Dickerson, *The Diseases of Legislative Language*, 1 Harvard Journal on Legislation 5 (1964)。

〔35〕 See C. Soanes, *Compact Oxford English Dictionary*, Oxford University Press, 2003, p. 193.

〔36〕 See Law Reform Commission of Victoria, Report No. 9, Plain English and the Law (1987) para. 65.

〔37〕 See G. Caussignac, *Clear Legislation*, The International Cooperation Group, Department of Justice of Canada, 2005, 1 www. justice. gc. ca/eng/abt-apd/icg-gci/cl-lc/cl-lc. pdf.

〔38〕 See Majambere, *Clarity*, *Precision and Unambiguity* (n 3) 419.

〔39〕 See K. Kabba, *Gender-neutral Language: an Essential Language Tool to Serve Precision, Clarity and Unambiguity*, Commonwealth Law Bulletin 427, 431 (2011).

〔40〕 See J. Waldront, *Vagueness in Law and Language: Some Philosophical Issues*, 82 California Law Review 509, 510 (1994).

〔41〕 See L. Del Duca, *Introduction Symposium on the UCC, SEC, ALI, Federal Rules and Federal Government Simplification Experiences - Is It Time for a Model Set of Drafting Principles?*, 105 Dickinson Law Review 205, 211 (2001); J. McBaine, *The Rule Against Disturbing Plain Meaning of Writings*, 31 California Law Review 145, 147 (1942 - 1943).

〔42〕 See F. Bennion, *The Readership of Legal Texts*, www. francisbennion. com.

〔43〕 See J. Evans, *Statutory Interpretation: Problems of Communication*, Oxford University Press, 1988, p. 73; FAR Bennion, *Bennion on Statutory Interpretation: A Code*, LexisNexis, 2008, p. 444 - 456.

〔44〕 See *Webster's Third New International Dictionary*, Encyclopedia Britannica, 1976, Vol. Ⅰ, 66.

〔45〕 See J. Frank, *Words and Music: Some Remarks on Statutory Interpretation*, (1947) 47 Columbia Law Review 1259, 1263.

〔46〕 See Lord Dilhorne in Black-Clawson International Ltd. v. Papierwerke Waldhof-Aschaffenburg AG [1975] AC 591, 622.

〔47〕 See *Legislative Drafting Manual*, unpublished, Dublin, 2001, para. 4. 4.

〔48〕 See KE Tian, *The Drafting of Statutes*,16 Malaya Law Review 196.

〔49〕 See J. Burrows, *Statute Law in New Zealand* Butterworths, 1992,p. 63.

〔50〕 关于对语义歧义性概念的分析,参见 J. MacKaye, *The Logic of Language*, Russell and Russell(1965) ch 5。

〔51〕 例如,Frigaliment Importing Co. V. International Sales Corp(190 F. Supp. 116,S. D. N. Y. 1960)的各方对“鸡”的含义存在分歧。合同中的“鸡”一词是否只包括肉鸡和仔鸡,还是也包括炖鸡?

〔52〕 See S. Kloepfer, *Ambiguity and Vagueness in the Criminal Law: an Analysis of Types*, (1984 - 1985) 27 Criminal Law Quarterly 94, 98.

〔53〕 关于将“may”与“must”混淆的例子,参见 R. Carter, *Statutory Interpretation in New Zealand's Court of Appeal: when "May" Means "Must", Section Headings Affect Interpretation, and Latent Acts Have Effect*, 22 Statute Law Review 20 (2001)。

〔54〕 See J. Payne, *The False Imperative*,2010,The Legislative Lawyer, www. ncsl. org/ legislators-staff/legislative-staff/legal-services/volume-xxvi-issue-2-the-false-imperative. aspx.

〔55〕 See RJ Martineau, *Drafting Legislation and Rules in Plain English*,St Paul, MN, West, 1991,p. 81.

〔56〕 See R. Eagleson and M. Asprey, *Must we Continue with "Shall"?*, 63 Australian Law Journal 75(1989).

〔57〕 See MM Asprey, Shall Must Go, 3 Scribes Journal of Legal Writing 79 (1992).

〔58〕 See A. Watson-Brown, *Do We Still Need "Shall"?*, 28 Hong Kong Law Journal 29, 44 (1998).

〔59〕 See P. Butt, *Modern Legal Drafting: A Guide to Using Clearer Language*, Cambridge University Press, 2013,p. 269; J. Kimble, *Lifting the Fog of Legalese*, Carolina Academic Press, 2005,p. 159 - 160; B. Garner, *Dictionary of Legal Usage* Oxford University Press, 2011,p. 954; M. Asprey, *Plain Language for Lawyers*, Federation Press, 2010, p. 218.

〔60〕 See Office of the Parliamentary Counsel, Shall, (March 2008) Drafting Techniques Group Paper 19 (final), paras 6 and 8.

〔61〕 See R. Redux, *"Shall" in Legislative Drafting*,104 South African Law Journal 186, 194 (1987).

〔62〕 关于不提及“shall”的立法命令,参见 D. Greenberg, *Nothing will Come of Nothing*,30 New Law Journal 1084(2010)。

〔63〕 See L. Allen, *Symbolic Logic: A Razor-Edged Tool for Drafting and Interpreting Legal Documents*,66 Yale Law Journal 833, 858(1956 - 1957).

〔64〕 See MB Kirk, *Legal Drafting: The Ambiguity of And/Or*, 2 Texas Tech Law Review 235 (1970).

〔65〕 See TJ Richards and RA Girlie, *"Or" and "And/or": A Discussion*,10 History and Philosophy of Logic 29(1989).

〔66〕 See L Goddard, *The Exclusive "Or"*, 20 Analysis 97(1960).

〔67〕 See S. Wisotsky, *How to Interpret Statutes – or not: Plain Meaning and other Phantoms*, 10 Journal of Appellate Practice and Process 321, 327(2009).

〔68〕 在 Re H (a minor) [1994] 1 All ER 812 (CA) 一案中,"承认和实施"中的"和"被认为是析取的。

〔69〕 See BA Garner, *Legal Writing in Plain English*, University of Chicago Press, 2001, p. 112.

〔70〕 See J. Zurcher, *Basic Rules of Legislative Drafting*, 7 Manitoba Law Journal 131, 144 (1976 – 1977).

〔71〕 See B. Simamba, *How Laws are Written and Applied*, AuthorHouse, 2010, p. 32 – 33.

〔72〕 See VCRAC Crabbe, *Legislative Precedents-Volume II*, Cavendish Publishing Ltd., 1998, p. 14.

〔73〕 Example from the Minnesota Legislative Drafting Manual, para. 10. 11.

〔74〕 See JL Montrose, *Syntactic (Formerly Amphibolous) Ambiguity*, Modern Uses of Logic in Law 65, 69, 70(1962); PJ Fitzgerald, *Law and Logic*, 39 Notre Dame Lawyer 570(1963 – 1964).

〔75〕 Martineau 和 Salerno 还讨论了语境歧义性,即不清楚两种或者两种以上可用替代方案中哪一种是被意图的情形:参见 RJ Martineau and MB Salerno, *Legal, Legislative and Rule Drafting in Plain English*, Thomson West, 2005;但这似乎包括在句子层面的歧义性。

〔76〕 See R. Engholm, *Logic and Laws: Relief from Statutory Obfuscation*, 9 University of Michigan Journal of Law Reform 322, 324(1975 – 1976).

〔77〕 See Kloepfer, *Ambiguity and Vagueness in the Criminal Law*, (n 52) 102.

〔78〕 也被称为"指称的歧义性"或者"模凌两可",参见 I. Copi, *Introduction to Logic*, Collier Mack, 1953, p. 70。

〔79〕 See Allen, *Symbolic Logic*, (n 63) 860.

〔80〕 See VK Bhatia, *Cognitive Structuring in Legislative Provisions*, in J Gibbons ed., Language and the Law, Longman Group UK Ltd, 1994, p. 136, 147 – 148.

〔81〕 See J. Mackinlay, *Syntactic Discontinuity in the Language of UK and EU Legislation*, 3 English for Specific Purposes World http://esp-world.info(2004).

〔82〕 See R. v. Casement (1917) 1 KB 98.

〔83〕 See DR Woodworth, *Musings on Precision in Legal Writing*, 41 Journal of the State Bar of California 910 – 912(1966).

〔84〕 See Sir W Dale, *A London Particular*, 6 Statute Law Review 11, 20(1985).

〔85〕 See T. Myers, *Clearing up Ambiguity from a Series Modifier*, 90 Michigan Bar Journal 52 (2011).

〔86〕 See M. Phelan D'Isa, *Grammar Control: What Is a "Misdemeanor Crime of Domestic Violence" Under the Federal Gun Possession Statute?*, 36 Preview US Supreme Court Cases 103, 105(2008 – 2009); T. Clercq, *Doctrine of the Last Antecedent: The Mystifying Morass of Ambiguous Modifiers*, 2 Legal Writing: Journal of the Legal Writing Institute 81(1996).

〔87〕 See State v. Turchick, 436 NW 2d 108 (Minn App 1989),在本案中,法院解释“headphones and earphones which are worn on both ears”这一短语时,并没有参考这一规则。

〔88〕 See H. Xanthaki, *Thornton's Legislative Drafting*, Bloomsbury Professional, 2013, p. 37 – 39; R. Wydick, *Should Lawyers Punctuate?*, 1 Scribes Journal of Legal Writing 7, 23 (1990).

〔89〕 虽然一些法院认为标点符号不是法规的一部分,但科罗拉多州最高法院已经根据标点符号解释了拟议的宪法修正案[In re Senate Concurrent Resolution No. 10, 137 Colo. 491, 328 P. 2d 103 (1958)].

〔90〕 但有一种观点认为,尽管标点符号是文本的一部分,但只是含义的“弱”符号:参见 The Hon Mr Justice VCRAC Crabbe, *Punctuation in Legislation*, Statute Law Review 87, 90 and 92(1988)。

〔91〕 See SJ Hankin, *Statutory Interpretation in the Age of Grammatical Permissiveness: An Object Lesson for Teaching why Grammar Matters*, 18 Perspectives University of Maryland Legal Studies Research Paper No. 2009 – 52 (2010).

〔92〕 See D. Greenberg, *The Techniques of Gender-Neutral Drafting*, in C. Stefanou and H. Xanthaki eds., Drafting Legislation: A Modern Approach, Ashgate, 2008, p. 63.

〔93〕 See UNESCO, *Guidelines on Gender-Neutral Language* (1999), http://unesdoc.unesco.org/images/0011/001149/114950mo.pdf.

〔94〕 See WB Hill Jr, *A Need for the Use of Non-sexist Language in the Courts*, 49 Washington & Lee Law Review 275 (1992).

〔95〕 See DT Kobil, *Do the Paperwork or Die: Clemency, Ohio Style?*, 52 Ohio State Law Journal 655(1991); KW Graham Jr and CA Wright, *Commenting on Gender Neutral Amendments to a Federal Rule of Evidence*' (Federal Practice and Procedure, para. 5231.1) (Suppl 1998).

〔96〕 See eg UK Interpretation Act 1978, s 6.

〔97〕 See WP Statsky, *Legislative Analysis and Drafting*, West Publishing Company, 1984, p. 183.

〔98〕 See GG Corbet, *Gender*, Cambridge University Press, 1999, p. 21.

〔99〕 See MJ Mossman, *Use of Non-Discriminatory Language in Law*, 20 International Legal Practice 8(1995).

〔100〕 See Statement by Leader of House of Commons, HC Deb 8 March 2007 col 146 WS.

〔101〕 See Office of the Parliamentary Counsel, “Gender-Neutral Drafting Techniques” (Dec 2008) Drafting Techniques Group Paper 23 (final).

〔102〕 See S. Petersson, *Gender Neutral Drafting: Recent Commonwealth Developments*, 20 Statute Law Review 35, 57(1999).

〔103〕 See D. Greenberg, *Craies on Legislation*, Sweet and Maxwell, 2008.

〔104〕 See Sir S. Laws, *The Implementation of a Policy of Gender-neutral Drafting*, (19 June 2007) RRDrafting note. fm.

〔105〕 See UNESCO, *Guidelines on Gender-Neutral Language*, (n 92) 9.

〔106〕 See eg the Pensions Act 2008, sch 1, and the Child Maintenance and Other Payments Act 2008, sch 1. But the use of "chair" remains controversial: the New Zealand Law Commission Legislation Manual Structure and Style (1999), 48 (NZLC IP2, 2007),建议使用"chairperson",避免使用"chair"。2007 年,保守派议员 Ann Widdecombe 宣称:"椅子是一件家具。它不是一个人。我不是一把椅子,因为没有人坐在我身上。"参见 T. Branigan, *Straw: Future Laws to be Gender Neutral*, Guardian, 9 March 2007, www.guardian.co.uk/gender/story/0,,2030075,00.html。

〔107〕 See C. Williams, *The End of the "Masculine Rule"? Gender-Neutral Legislative Drafting in the United Kingdom and Ireland*, 29 Statute Law Review 139, 139 (2008).

〔108〕 但是,这已经受到了边沁的批评,他用这个确切的术语来定义烦琐,参见 J. Bentham, *Nomography or the Art of Inditing Laws*, in J Bowring ed., The Works of Jeremy Bentham (Edinburgh, William Tait, 1843) Ⅲ: 231, 265。

〔109〕 See R. Wydick, *Plain English for Lawyers*, Carolina Academic Press 1994, p. 72.

〔110〕 这是澳大利亚流行的技术,参见 *Avoidance of "Sexist" Language in Legislation*, 11 Commonwealth Law Bulletin 593(1985)。

〔111〕 例如,"The regulations may provide that participants may only carry on activities... if they hold a permit" Climate Change Act 2008, sch 2 para. 10。

〔112〕 例如,"If a person (S) who is registered under this Chapter as a service provider in respect of a regulated activity carries on that activity while S's registration is suspended, S is guilty of an offence" [Health and Social Care Act 2008, s 34(1)]。

〔113〕 See A. Bodin, *Androcentrism in Prescriptive Grammar: Singular "they", Sex Indefinite "he", and "he or she"*, 4 Language in Society 129, 131 – 133 (1974); S. Petersson, *Gender Neutral Drafting: Historical Perspective*, 19 Statute Law Review 93 (1998).

〔114〕 See C. Miller and K. Swift, *The Handbook of Non Sexist Writing*, Lippincott and Crowell, 1980, p. 38 – 40.

〔115〕 See Office of the Parliamentary Counsel, Drafting Guidance (20 March 2014) 29 – 30.

〔116〕 See D. Schweikart, *Gender Neutral Pronoun Redefined*, (1990 – 1991) 20 Women's Rights Law Reporter 1, 8.

〔117〕 See JK Aitken and EL Piesse, *The Elements of Drafting*, The Law Book Company Limited, 1995, p. 57.

〔118〕 See H. Xanthaki, *On Transferability of Legislative Solutions: The Functionality Test'*, in C Stefanou and H Xanthaki eds., Drafting Legislation: A Modem Approach, Ashgate, 2008, p. 1, 17; M. Wilson, *Sir William Dale Annual Memorial Lecture – Gender-Neutral Law Drafting: The Challenge of Translating Policy into Legislation*, 13 European Journal of Law Reform 199, 207(2011).

〔119〕 See United Nations Development Programme, *Drafting Gender-Aware Legislation: how to Promote and Protect Gender Equality in Central and Eastern Europe and in the Commonwealth of Independent States*, (2003) 21.

第六章

通俗易懂的语言

什么是通俗易懂的语言？ 108

在追求清晰性、准确性和无歧义性时——作为实现立法文本有效性的一种手段——起草者有两种工具：性别—中立的语言和通俗易懂的语言。两者都主要有助于提高清晰性，也有助于提高准确性和无歧义性。[1]

布特(Butt)将通俗易懂的语言定义为，对其受众而言清晰且有效。[2]通俗易懂的语言旨在促进起草者与立法文本的使用者之间不受约束的沟通。其中，起草者主要是那些受过起草培训且具有经验的律师；立法文本的使用者则可以是从高级法官到文盲公民之间的任何人。[3]对普通术语（无论它们可能是什么）和法律术语理解的不平等是显而易见的。[4]通俗易懂的语言正是旨在解决这种不平等。[5]这种沟通形式的困难是双重的：首先，训练有素的律师和起草者组成的符号学团体[6]与作为使用者的文盲公民这两个端点之间的巨大差距，使确认一种共同的沟通路径成为一项毫无希望的任务；其次，由于立法使用者的极端多样性，确定每个立法文本受众的准确理解水平变得更加困 109
难。

因此，使用通俗易懂的语言要求起草者解决两个独立但却相互交织的关切点。首先，他们必须去除培训的痕迹（untrain），返回在法学院开始使用法律术语（主要是通过先例[7]）之前最开始的那几个星期，并且牢记如何作为一个非法律人来说话和写作。这并非一件容易的事。特别是在法律职业中，律师为通过仪式而努力奋斗，非法律术语被认为是低劣的、未受教育的、某种程度上是粗俗的和不精确的。[8]

其次，起草者必须估计其立法文本使用者的确切情况，以此作为确定其沟通基调必须是什么的一种手段。这涉及确认“谁将潜在地阅读这一立法或者该立法将控制谁的行为”。[9]回归到所谓的“普通使用者”的同质共同体当然是一个谬论。[10]在口头沟通中这更简单：人们可以看到口头信息的接收者可以调整沟通的强度，并且实际上人们本能地会这样去做。语词的选择、沟通深度的选择以及关于相关信息源的选择,是在所选沟通强度的基础上进行的。通常情况下,人们会根据需要为受众群体提供不同层次的沟通强度。书面语言则不提供这种奢侈品:只有一种文本为所有受众承载沟通负担,无论受众博学与否。这一困难在立法中更为突出,立法中的单一书面文本必须面向不同的受众。法律文本所特有的内在简洁性、缺乏题外话和例子,“严重限制了将话语中的语言精确地转化成法律文本语言的可能性”。[11]即使在由良法倡议(Good Law Initiative)所确认的三类主要使用者之档案确定无疑的帮助下,[12]立法文本必须能够与普通公民、在其职业活动中使用立法的非法律人以及律师和法官进行对话。所有这些都是在同一个时间,且在单独的一个文本中实现的。这项任务是几乎不可能完成的,对起草者的要求也相当不公
110 平。但这仍是可以做到的。[13]因此,需要创新的立法方法,如结构一章中所分析的分层方法。但是,在我们研究根本的解决方案之前,通俗易懂的语言似乎是让起草者努力表达并被立法的使用者理解的主要手段。

通俗易懂的语言变革很可能演变为对法律语言的生僻性和复杂性的单一回应。但它不能被表达为标准化的技术手册或者具体的规则清单,以制定出所有使用者都能轻易理解的立法。[14]这是因为通俗易懂的语言本身是一个极难定义的概念:其对不同的人而言意味着许多不同的东西,是一个相对的概念。[15]通俗易懂的语言包含所有增进起草者和使用者之间沟通的概念,无论使用者是谁。最好以代表性描述作为出发点。伊格尔森(Eagleson)将通俗易懂的语言描述为:

> 通俗易懂的英语是清晰、直截了当的表达,只使用必要多的单词。它是避免晦涩、词汇量膨胀和复杂句子结构的语言。这并非牙牙学语,也不是英语的简化版本。[16]

雷迪斯(Redish)给出了一种替代性的定义:

> 通俗易懂的英语是直截了当的写作,阅读起来像是被说出来一样。它意味着未经古体的、多音节单词和雄辩短语转换的修饰,否则即使受过教育的读者也无法理解。通俗易懂的英语是清晰的、直接的、简单的;但良好的通俗易懂的英语兼具清晰性和优美性。[17]

对于主张简单沟通的人来说,这两个定义都存在模糊性。但这不是技术问题,而更多的是多样性中的统一性问题。通俗易懂的语言是使信息被预期

的受众理解并据此行动的手段。一些通俗易懂语言的倡导者甚至要求在第一次阅读后便要求成功的沟通。但这似乎并不是通俗易懂的语言运动的固有要求:第一轮便理解消息是鼓励使用者进一步阅读的一个好方法,因此,它 111
是一个使文本具有吸引力的好工具。但是,一个文本在第二次或者第三次阅读中被理解同样值得称道,对于立法文本而言更是如此。因此,我不会苛求在第一次阅读之后便可理解;或者确实充分地、完全地理解了立法。对我来说,主要的规制信息,即政府希望传递的作为实现法律改革之手段的主旨,被立法的每一位读者所理解就已经足够了。到目前为止是这样。[18]

但是,对通俗易懂语言的分析而言重要的是,要消除术语选择所带来的谬论:通俗易懂的语言不仅与文字有关,语词、句法甚至标点符号也是其非常重要的元素。结构、布局甚至整个法令全书的整体外观——纸质或者在线格式——都是通俗易懂语言运动的组成部分。亨特(Hunt)将通俗易懂语言的关注点区分为三类:语言、结构和风格。[19]人们甚至可以增加立法的可理解性,例如,新西兰政府最近以电子形式提供免费正式立法版本的决定,无疑大大加强了与公民的法律沟通。[20]最终,通俗易懂的语言包括任何工具,包括语言、图片、图像,以及任何有助于使用者理解由政府表达并由起草者传递的信息。[21]

因此,通俗易懂的语言始于读者对桑顿起草阶段的第二阶段需要接收的信息进行选择并确定优先顺序,即在立法提案的分析和立法计划的编制过程中:它要求阅读指引所提供的所有数据,清除不必要的内容,并选取需要保留的内容,以便维持信息的完整性,但要在有关立法文本的使用者所需的水平 112
上进行传递。其在第三阶段继续进行与结构相关的选择,即立法解决方案的设计:这里需要简化政策,[22]实现政策所涉及的法律概念,以及立法表达最初的通俗易懂语言的选择[例如,结合基林附表(Keeling Schedule)对文本进行直接修改的决定,或者在可能的情况下废除和重新制定]。通俗易懂的语言进入第四阶段文本研拟的议程之中。通俗易懂的语言文件惜字如金,并且在受众理解的水平上使用文字。其句子结构紧凑,语气令人感到舒适而直接。其也仍然在第五阶段的卡片上,即核证阶段。起草团队在此对上述所有内容进行核证,确保文本的设计具有视觉吸引力,文档易于阅读,并且看起来就好像其是为了被阅读一样。因此,通俗易懂的语言的范围从政策扩展到法律,再扩展到起草。

或许通俗易懂语言最精确的定义来自沃特森·布朗(Watson-Brown):

> 在撰写法律文件时,通俗易懂的英语是英语写作的文体,其向读者最好地传达谁将要做(或不做)什么以及何时创造权利、特权和权力以及法律按照作者的要求而课予的相应义务。"谁,什么和何时"的概念可以用"哪里"和"如何"来补充。其中,"哪里"表示位置或者法域,"如何"则提供实现预期结果所必需的机制。[23]

在最初的定义中,沃特森·布朗认为,由于立法基础的合理化不应构成文本的一部分,因此文本中没有必要解释"为什么"要撰写立法。但他最近修订了这一定义,以表明在补充和强化长标题的目的条款中,解释"为什么"确实是恰当的。这一更新的定义反映了将概念置于语境中的需要,以此作为更好地传递信息的手段。[24]

至于通俗易懂语言的目标,它们是融贯性、全面性、一致性、清晰性和关怀。[25]

113 通俗易懂语言的第一个方面:了解你的受众

通俗易懂的语言需要易于与受众沟通。例如,为了确定税收立法的使用者,英国税法重写项目进行了很长时间,以此作为起草的一种手段,起草则是一项"共同"的投资。[26]但是,哪些受众呢?在末端接收政府规制信息的是哪些人?作为实现预期政策的手段,政府将对准哪些人的社会行为?为了实现规制实效,政府需要哪些人的合作和积极行动?这些人中谁的行为,或者(上帝禁止的)不作为或者错误行为,使政府政策成功或者失败?作为规制工具的立法,必须向哪些人清楚地说明和解释要做什么,如何以及何时做?起草者通过立法文本与谁交谈?

对于起草者来说,这不是一个深奥的存在论问题。确定立法的受众对于起草团队来说是极其必要的,目的是在正确的水平上将规制信息传递给普通使用者和精通法律的使用者。[27]那些从不打算倾听和适用法律的人无论如何都会迷失方向:信息的可理解性与他们对法律的遵守无关。但是,那些希望倾听和遵守法律的人仍然意识到,他们被命令以某种方式行事,却绝对无法知道他们被要求做什么,通过什么方式以及什么时候做。除非我将命令翻译成英语等同项,"立即坐下",否则我的观众根本无法执行这一任务。并且,这是有问题的,原因有以下三个:第一,遵守立法命令是不可能的,也不会发生,因此立法文本无效,并且潜在的规制改革不会发生。使用者测试实验证实了这一点,如奈特(Knight)和金布尔(Kimble)团队在20世纪90年代后期进行的实验,[28]或者施莫尔卡(Schmolka)从事的加拿大研究,或者英国最近开展的优化法律倡议。第二,政府和立法机构故意通过一项不可理解的立法来诱导公民,要求公民执行一项不可能完成的任务(他们不理解它,又怎么可能完成它呢?),并且最重要的是,他们对公民不遵守那个不可能完成的任务施以 114
惩罚。第三,故意提出不可理解的立法的政府,为选民创造了一种欺骗性的印象,即承认立法文本背后存在问题,并通过立法对此有所行动:当然,事实是政府提出了一部无法实现规制实效的无效立法。

因此,了解立法受众是一个与民主、法治、公民权利,以及规制和立法质量密切相关的问题。但是,是否只有一个立法受众?起草者能否依靠"非专业人士""街头普通人"[29]"使用者"这些共同概念?关于这一点的理论辩论现在已经得到了优化法律倡议调查的回答:至少有三类人构成了立法受众,他们是阅读立法以使其为他们工作的非专业人士,[30]在专业活动中使用法律的内行非法律人士、律师和法官。认定的类别可能很简单,但最终这些组别中的每一组的多样性只能允许无所不包的简化形象。因此,与"一个"或者"唯一的"受众交谈的谬论现在已经消失了。但我们离确定受众是谁还差得很远,至少在没有考虑额外因素的情况下。

鉴于受众的多样性阻止了起草者对其附加足够的特征以确定立法语言的基调,转向更客观和更确定的因素可能会奏效。在意识到受众的大致情况后,起草者可以将立法文本本身的主题看作转向正确的使用者特征的一种手段。立法文本并非都针对同一类读者,他们的主要受众不同。

例如,在起草证据规则时,起草者必须意识到法官和律师是文本的主要受众的可能性。[31]所以,使用的语言和术语可以是复杂的。事实上,其也必须是复杂的:如果起草者选择用诸如"meaning to"这样通俗易懂的语言来解释 115
"意图"或者"犯罪意图"(mens rea)这一术语,那么律师和法官的主要受众就会做出相当正当的假设,即起草者所意指的不是"意图",并且不容易将关于"意图"的解释性判例适用到"meaning to"。

另一个极端是,在刑法中使用"犯罪意图"一词,将确保大多数行为受制定法约束的大多数非专业人士的主要受众完全忽略颁布后被禁止内容的要点。展示受众多样性以及随之而来的起草风格的一个很好的例子源于税法:

个人税收立法主要针对非专业人士,必须使用通俗易懂的语言起草。相反,公司税法主要针对非法律的专业人士或者律师/法官,因而可以使用公认的术语起草。最终,在设定年度培根补贴的价格和提出起诉准则的时候,起草者不能使用相同的起草风格。

因此,起草者必须在主题允许的范围内尽可能明确和准确地确认立法的主要受众。为此目的,政策官员的帮助便十分宝贵,因为他们在政策设计阶段就已经与主要的利益相关者进行了接触。但是,一个大体有修养的受众可以"自由使用"(carte blanche)法律术语吗? 人们必须抵制这种诱惑。虽然主要是律师和法官可能使用上述新的证据规则,但非法律人也可能需要而且无论如何也必须获取立法。毕竟,没有什么可以阻止非专业使用者阅读证据规则,特别是在当今时代,我们都习惯于在互联网和其他地方研究与我们有关的问题。同样,一个被暂时诊断患有轻微或者重大疾病的人,现在会在互联网上寻找更多的信息,这些信息可以发送给临床医生或者公众。立法的使用者必须研究与他们的案例相关的任何信息,以此作为获得所有人都预期的信息的一种手段。随着受众在技术领域变得更加专业化以及受教育程度的提高,他们希望文本能够满足他们的特殊需求。[32]此外,由于立法的可理解性与宾汉姆(Bingham)的法治直接相关,[33]以其受众拥有法律专业知识作为微弱借口而通过不可理解的立法,是难以被接受的。因此,即使诸如证据规则等专业立法的情形,也不能得以推广。但在这种情况下,存在如下争论:要么继
116 续使用法律术语,要么为迄今为止使用的法律术语提供新的通俗易懂语言等同物的定义。

其他极端情形呢? 立法得多么通俗易懂? 即使在阅读立法文本以解决个人问题的非专业人士的群体特征中,也存在诸多差异性。私人不会是受过训练的律师,也不会是在工作过程中使用该法律的另一名受过训练的专业人士。但是,他们的复杂性、一般性和法律性可以非常多样化,从一个非常聪明和老练的使用者到一个相当天真的文盲和智力障碍的个体。起草者与谁对话? 人们会发现很难衡量以前称为"街头普通人"的复杂程度。即使起草者能够识别出这样一类人并赋予其特征,他们是否会忽略我们中那些"低于平均水平"的人呢?[34]回到立法起草的目的,即制作一份有效的文本来实现规制的实效,为这个问题提供了一个相当清晰的答案。起草者正在与每个必须遵守新立法的使用者交谈,包括高于平均水平的、平均水平的和低于平均水平

的。只要他们仍然具有法律能力,起草者便实际上与每一个公民或者主体交谈。因此,所用的通俗易懂的水平现在被低估了:目前使用的标准是平均水平的人,而真正的标准必须是最不老练的低于平均水平的公民或者主体。“在没有相反指示的情况下,起草者不仅有权为这些受众写作,而且甚至可能有这样做的职业义务。”[35]

通俗易懂语言的第二个方面:简单的沟通

在确认了特定立法的受众,并设定了该受众所期望的最低复杂水平之后,起草者开始创造一个通俗易懂的语言文本。有许多工具可以帮助他们实现目标,其中大多数是常识,或者是起草者所服务的法域内对使用者偏好的实证研究结果。重要的是,在此回到起草的实践智慧性质并强调两件事。第一,即使语言相同,在一个法域内有效也不一定在另一个法域有效。例如,根据国内刑事诉讼法,描述对涉嫌犯罪进行刑事调查的第一阶段的“调查”一词,可能具有不同的含义。第二,在有效性和通俗易懂的语言之间的比赛中, 117
有效性总是胜出,或者至少应该始终得到提升。例如,在“shall”这一术语被用作实践的法域内,在单一立法中单方面地偏离这一术语会产生一种正当印象,即起草者可能不需要用所引入的义务来约束使用者:否则,他们便会使用“shall”,对吧?

立法本文的常见问题

长句子

传统的法律语言是冗长的。蒂尔斯马(Tlersma)提供了出色的经验证据:

> 法律文体的一个突出特点是很长的句子。边沁指出,法律人倾向于“长篇大论”,并建议“句子越短越好”。他的建议主要在违约行为中被遵循。在对 1971 年英国法院法案的分析中,玛丽塔·古斯塔夫森(Marita Gustafsson)发现最短的句子有 10 个单词,最长的句子则有 179 个单词。该法案中句子的平均长度为 48 个单词。这与科学散文和戏剧文本形成鲜明对比。根据一项研究,科学散文的平均长度为 27.6 个单词。在戏剧文本的一个资料库中,平均每个句子只有 7 个单词。里斯托·希尔图恩(Risto Hiltunen)在对 1972 年《英国道路交通法》前两部分的分析中发现了更长的句子。希尔图恩计算

出句子的平均长度为79.25个单词;最短的句子有7个单词,最长的句子有740个单词。类似地,在一套陪审团指引中,平均句子长度达到了102个单词。[36]

将这与每个句子不得超过30个单词的美国进路比较一下。[37]

长句并非总是有问题的。在文学作品中,它们创造了一种节奏,从而增强了独立单词的含义。[38]但法律并非如此。法律中的长句会妨碍对文本的理解。这里有几个原因:法律信息本身是技术性的,已经被嵌入先例和专门含义中;起草风格是逐字逐句地研究、评价和挑选出来的;而且法律方面的影响取决于准确性、可信度,取决于读者对细微元素的清晰理解。[39]

118 长句在法律中的作用是成问题的。第一,通过在句子结构中引入第二个句子和其他指称,长句不可避免地会偏离"主—谓—宾"的公理,[40]甚至偏离规范化的"如果—那么—否则"。[41]因此,它们最终会变得冗长,进而阻止读者追随起草者所发出的沟通语义流。第二,由于这一点,它们便会导致句法歧义,这一现象与句子中存在大量的指称直接相关。第三,关于立法文本的起草,它们偏离了"每个立法句子只有一个意思"的起草惯例。[42]

问题是,"长"句有多长。一个明确的答案当然是不可能的。对蒂尔斯马来说,句子的长度甚至不是界定复杂性的一个好的标准:真正重要的是,根据信息结构,句子在句法上是如何被理解的。[43]但人们普遍认为,英语中比较容易理解的句子长度在20个单词至27个单词。[44]如果再长,对读者而言就太长了,以致无法完全记住和理解。

起草者的真正技巧是在"主—谓—宾"结构之后引入单义短句的需要与为使用者提供意义和句子之间相互关系的指引这一同等关键的关联之间实现平衡。[45]在该方面,语法不正确但非常有效的". And..."或者". But..."非常有用。长句的替代方法包括,重复一个关键术语,如代词的最佳先行词;解释或者总结"which"的先行词;将从属从句改为自由修饰语;删除"which"及其动词,并将从句转换成一个同位语。[46]

119 **被动语态**

被动语态通常被用来作为一种手段,以委婉而非直接的因而没有指责意思的方式来介绍信息。例如,与"账单尚未支付"相比,"你还没付账单"更具攻击性。但是,立法不应该是委婉、仁慈或者礼貌的:立法是为了传达权威性命令。因此,被动语态在立法的道德观(ethos)中几乎没有地位。

但这不仅仅是一种道德观的问题。被动语态是一种相当不宽容的手段,因为它促使起草者忽略了“谁”这个问题。[47]是谁采取了预期行动?这加剧了立法总是针对“一个人”(a person)或者“任何人”的错误观念。[48]事实远非如此。并且,由于未能指明属于文本应用领域的主题范围,这种普遍做法会导致过度规制。这也可能强加超出预期政策的义务。例如,“一个人”可能适用于一般刑事犯罪,但在实施医疗干预以挽救生命的义务中却绝对不恰当:在这种情况下,“医生”或者“医疗专业人员”或者“医生或者护士”将是确切的适当术语。正是这种关切使得使用被动语态作为一种性别—中立起草技术,变成一种相当不受欢迎的选择:在性别—中立语言和清晰性之间,清晰性占上风。

冗长、含糊和单调,这些都是被动语态的陷阱。[49]此外,被动语态导致制定法解释中的能动主义:法院通常使用主动语态来提供细节,进而自行使立法规定完整。[50]然而,被动语态有时可能也有优势。它可以让起草者在一个句子的结尾处放置一长串名词,这样读者就不会为这个句子的动词等太久。例如:

> 申请由罪犯所在县的检察官提交,或由假释委员会,或由假释机构的首席执行官或者该人逃离的县的治安官提交。

当然,在这种情况下,起草者必须记住在被动句或者附近的一句话中明确分配许可义务的必要性。如果被动语态不能解决这些具体问题,则其不应 120
该被使用。[51]此外,当客体而不是主体具有实质意义时,被动语态是有用的。或者当起草者倾向于避免分配职责时。[52]但这将构成一种有意含糊其辞的情形,以此作为一种政治妥协的形式,而不是一种纯粹的起草决定。

弱动词和名词化

“弱动词”这一术语是指,不表示动作且与一个间接传达动作的名词一起放在一个句子中的动词。[53]例如,“hold a discussion”或者更糟糕的是“a discussion is held”,而不是“discuss”。

除了多余之外,弱动词的问题还在于它们未能清楚地传达行动以及该动作的主体。[54]“在做出决定之前,专员举行了一个讨论”,远不及“在专员决定之前,他们必须讨论这个问题”那么明确或者直接。第二个选项明确解释谁决定,谁开始讨论,并让起草者去思考和预见进一步的细节,例如,专员讨论了什么内容、与谁讨论。当与被动语态结合时,弱动词可能相当危险。“在做出决定之前必须进行讨论”未能说明谁决定和谁讨论,讨论什么和如何讨论。

名词化是抽象名词的一个类别。换言之,它不是物理对象的名称,而是过程、技术或者情感的名称。名词化是由动词形成的,如完成(completion)、引入(introduction)、失败(failure)、安排(arrangement)。[55]名词化伴随着弱动词,因此,它们构成了"弱动词"现象的一部分,并且具有一样的通病。所以,名词化经常被用来代替它们原生的动词。因为它们只是事物的名称,所以听起来好像在句子中实际上没有发生任何事情。而且,使用名词化代替基本动词会让多余的词"像蚊虫一样蜂拥而至"。[56]

121 **赘 词**

由于读者的注意力在不超过15个到20个单词的短句中是最佳的,因此必须极其谨慎地选择其中所使用的单词。清除对于句子含义不必要的单词是这样一项任务,即它允许起草者充分地且不受干扰地传递信息。[57]

这是赘词带来的良性疾病。赘词带来的癌性疾病是过度精确、过度起草、过度规制和画蛇添足。起草者说得越多,立法预见的就越多:如果不是有意的,这便是成问题的。但同样,过度精确也会带来规制不足和起草不足的内在风险:为了预见所有可能属于该术语或者句子范围内的情形,起草者可能由于忘记或者忽视而无意中排除了一种情形,这或者是由于错误,或者是由于没有能力预见在起草时或者在未来的所有可能情形,后一种原因完全可以接受。

法律或者其他专业的行话

这里的问题是,在专业圈内使用的具有专业意义的词语。但书(provisos)是法律术语的一个例子。[58]如果立法专门或者主要针对那个封闭圈子的成员,那么行话的使用不但是被期待的,而且可以很好地提升清晰性,而通俗易懂语言的等同物则可能会让文本的使用者感到困惑。例如,试图用"为购买住房而贷款"取代"按揭贷款"(mortgage)这一术语,将对为银行业和信贷机构设定利率的英格兰银行文本产生反作用:使用者期望英格兰银行使用"按揭贷款"这一术语,而通俗易懂语言的等同物却将通俗易懂语言的术语解释成"按揭贷款"以外的其他术语。

但这种简化方法的问题在于,即使不是直接针对非专业使用者,后者也可以阅读专业立法。因此,保持通俗易懂却又专业的语言平衡,对于起草者来说是一项沉重的负担。在这里,在引入一个通俗易懂语言等同词的同时,可以同时引入一个定义来关联这两个术语,从而符合各方利益:不专业的使

用者能够找到通俗易懂的术语,专业人士可以使用这一关联,律师和法官现 122
在可以将对先前术语的解释交给新的通俗易懂的语言选项。

具有很多定义的术语

正如过度起草不但带来过分精确的风险,而且带来将拟列入条款的情形加以排除的危险一样,过度定义也会带来规制过度或者规制不足的风险。[59]

但与此同时,通过参考先前通过的立法来定义共同的术语或者很清楚的术语,会在法令全书中造成冲突的风险:同一术语在多个法规中被界定,而这些定义可能不一致。这导致无意的和无意识地暗示废除先前存在的定义。这便是法院和使用者试图合理避免的,通过以允许它们保留在法令全书中的方式来解释这两个概念:这是法官而不是立法机关的立法,并且被解释的立法不是为了准确地实施所欲求的政策,而是为了调和两项相互竞争的条款。这可能导致文本的无效性,或者至少是通过纯粹的运气来获得偶然的有效性。

抽象的语词

抽象的语词会引起模糊性、歧义性或者二者的结合。结果是缺乏清晰性、准确性和无歧义性。这是文本无效性的一个因素,导致没有能力充分传达政策/规制信息。

难以卒读的设计和布局

人们不能忽视设计和布局对通俗易懂语言文本的贡献,无论是立法文本还是其他的文本。[60]设计允许使用者遵循思想的主线,即起草者传达的“故事”。这允许使用者获得基础政策、立法以及文本背后的基本原理。这使他们能够在语境中阅读和解释文本,从而使可理解性更容易、更安全。

在恰当的地方使用列表可以增强逻辑结构。[61]它们非常适合分割信息。 123
列表有两种主要类型:一种是连续句,在开头、中间或结尾挑出几个列出的点,这被称为“三明治”;另一种是分离的点的列表。

布局同样重要,因为它为使用者提供了关注主要信息、理解关键词和感觉被邀请阅读文本的机会。

□ 简单沟通的最佳实践:通俗易懂语言的创新

许多起草惯例都源于一种对清晰性的关切和使用通俗易懂语言的道德观。但是,在这里,作为促进通俗语言的一种手段,对既定惯例的偏离是非常值得注意的。

现在时态优于“will”和“shall”

在立法中使用现在时态是通俗易懂语言的一项要求。它的选择与起草者对立法文本何时与使用者对话的回应有关。虽然在实际起草时，该条款是指将来法律通过的时间，读者将阅读该文本，或许会建立一个机构，但这与起草者选择的时态无关。文本必须与现在的使用者对话，无论那个“现在”会在将来什么时候出现。换言之，有两个相关的时刻，第一个是文本起草的时刻，第二个是文本在将来被阅读和使用的时刻。但是，第二个时刻是唯一一个与时态选择相关的时刻，其发生在使用者的现在（尽管在起草者的未来）。这种精神分裂式的时间扭曲是立法中常常错误使用未来时态的一个原因。这是成问题的，因为它会产生明显的歧义性：如果文本是以未来时态起草的，那么它是否会约束正在阅读它的使用者？

所以，起草者必须使用现在时态，当然除非他们有理由选择另一种时态。如果需要，可以使用过去时态。这表明先决事实与该规定之间存在时间关系。例如，“外国人已经被判犯有重罪，如果发现其在第 402 条规定的时间内无法被驱逐出境，则该外国人可以”。但是，通常可以通过使用诸如“之
124 前……”或“之后……”之类的术语来表达含义。例如，“继承发生在继承人的十八岁生日之后”。因此，虽然未来时态在起草立法时很少是恰当的，但有时却是必要的：但参照的时间点是法律适用的时间，而不是起草和生效的时间。无论如何，“shall”不表示将来时态。

这是一项既定的起草惯例，至少在原则上是这样。通俗易懂语言运动带来的创新涉及立法中现在时态越来越多地被用作传达义务的手段，即过去的“shall”。[62]例如，起草者可以简单地说“委员会咨询”，而不是说“专员应该咨询……”这不是一个在起草世界里得到广泛接受的表达。反对意见主要是，起草者需要在条款中陈述义务。但这真的有必要吗？立法是强制性的，其推行无论如何都必须被遵守的命令。

因此，“shall”不是作为具体义务的表达（在这种情形下其必须被“必须”代替），是多余的。[63]不仅如此，它产生了一种合理的印象，即“shall”不被使用的地方，该条款便不具约束力。只有当制定法的约束性成为讨论、质疑或者辩论的焦点时，人们才会害怕。此外，“shall”的内在歧义性将导致思想开明的起草者得出如下结论，即现在时态作为其通俗易懂语言的等同物是一个更好

的选择。有一点需要注意：与任何单方面背离起草惯例的情况一样，从可怕的“shall”到可取的、创新的和通俗易懂语言的现在时态，这种转移必须有意识地进行，并且要以提供文本的可预期性的方式进行，例如，使用一份清晰的、已经公布的起草办公室的备忘录。这种转移工作在一开始可能是繁重的，并且不可避免地会招致传统起草者和法律共同体的批评，但其无疑是一个值得开展的项目。非专业人士无法意识到术语的法律含义，而律师和法官则非常清楚立法的强制性。多余的字词会分散读者对信息本质的注意力，而有歧义的词语会导致信息缺乏清晰性。为什么要冒险用一个可以被归类为多余的和有歧义的词语呢？

肯定的文体

一种在非洲大部分地区仍然流行，但谢天谢地在欧洲越来越少见的起草实践，涉及使用否定的表达方式。例如，“如果一名会员在本月底前没有支付
他们的款项，董事会就不会延长他们在该计划中的会员资格”，或者“除主要 125
受益人以外的其他人，不得获得这些股息”。

这里的问题是否定的表达方式不必要地使句子复杂化。这样说会更清楚，“在每个日历月结束前支付会员费的，会员资格延长”，或者“只有主要受益人才能获得这些股息”。双重否定并不一定意味着肯定。引用杰弗里·鲍曼爵士（Sir Geoffrey Bowman）的话，“只有在仲裁庭没有证明上诉不是有效提出的情况下，上诉才能进行”与“只有在仲裁庭已经证明上诉是有效提出的情况下，上诉才能进行”是不同的。[64]

争论：对通俗易懂语言的担忧

担忧1：通俗易懂语言降低了良好写作的标准

这种担忧源于这样一种观点，即通俗易懂的语言包括单音节词、非常短的句子以及完全拒绝复杂的单词或者句子构造。如果这种说法属实，则批评可能是有效的。用过于简单的单音节词来起草制定法和法律文件，肯定是没有益处的。[65]但是，正如其他评论家已经指出的那样，这是对通俗易懂语言的误解。维多利亚州法律改革委员会指出：

> 通俗易懂的英语包括，使用通俗、直白的语言，该语言避免缺陷，并且尽可能清晰、简单地表达其意义，没有不必要的矫饰或者修饰。其与复杂、重复和冗长的语言形成对比。采用通俗易懂的英语文体

只是要求，用一种易于向读者传达信息的文体来书写一份文件。[66]

但是，如果通俗易懂的语言确实降低了良好写作的标准，这真的有害吗？以优雅和语法正确的方式起草立法是否至关重要？归根结底，语言只是一种服务于清晰性和有效性的工具。通常，语法的正确性提高了文本的可预测性，从而促进了对所传达和接收的概念的共同理解。从这个意义上说，语法是起草者的同盟。然而，如果要在语法正确性或者优雅的风格与清晰性之间
126 作出选择，那么清晰性是显而易见的选择。正如通俗易懂的语言和性别—中立的语言仅仅是表达清晰性的工具一样，因此，当它们冲突时，清晰性胜出，语法和清晰性之间的冲突只能以清晰性作为明确的胜利者来解决。例如，单数复数（the singular plural）表示性别中立。

□ 担忧2：可理解性

实际上，通俗易懂的语言试图偏离法律术语和法律行话，从而用等同物来伏击受过痛苦训练的律师或者法官。法律术语冗长、含混不清、浮夸乏味；[67]它言过其实，却又胆怯、同质和晦涩难懂。[68]大多数律师和法官都会期望合同中的“终止”（terminate）一词，并且会反感作为通俗易懂语言等同物的“结束”（end）。毫无疑问，通俗易懂的语言要求律师和法官，甚至是起草者，从封闭的法律圈子中使用的排外性语言中解脱出来，[69]并回到法学院之前的纯真年代。除非他们设法这样做，否则律师和法官可能会发现通俗易懂的语言文本确实不可理解。但是，立法文本应该同谁交谈呢？同律师和法官？同不专业人士？或者两者兼而有之？

回答这个问题并不简单。本尼恩（Bennion）认为，将法律传达给法律人至关重要。“除非他们清楚立法文本的性质和特点，否则任何其他人都不会有太多机会知道。”

> 鼓励非法律人士认为他们无须专家建议的帮助便可理解法律文本，可能是非常危险的……律师需要知道，在应该是一份技术性的文本中，简单的语词是否真的具有表面的简单含义。[70]

毫无疑问，律师和法官是立法的重要使用者，文本必须被他们清晰地理解：毕竟，他们不但是法律的重量级使用者，而且他们被要求在最复杂的情形下去解释和适用立法。但是，他们的需求必须通过良法倡议所揭示的另外两组使用者的需求来加以平衡：非专业人士和非法律人的专业人员。立法必须

同样大声地和清晰地与他们对话，就像同律师和法官对话时一样。“只有当人们相信这样做会有一些好处，以及只有当他们无法以更简单的方式获得相同的信息时”，[71]人们才会选择阅读并继续阅读。 127

对于具有如此极端不同法律熟练度的不同类别的人来说，平衡文本的基调确实非常困难。如果不得不用一个单一的文本来进行折中，那么平衡就会倾向于非专业使用者，因为非法律专业人员拥有了解更大范围立法表达的技能和培训，律师和法官更是如此：相对于让非专业人士去理解法律术语，律师或者法官更容易理解一个通俗易懂的语言文本。问题当然是我们是否真的必须在一个唯一的文本中以单一的方式进行折中，或者分层方法是否能够为起草者提供如下令人难以置信的可能性，即用让他们更舒服的语言风格，向每个群体传达对他们有用的信息类型。

当然，分层方法以及通俗易懂的语言预先假定了一项共识，即法律必须与非法律人士对话。换句话说，通俗易懂语言的基础是法律不能为法律人独占，起草者必须鼓励非法律人自己阅读立法文本，并希望他们不必诉诸律师或者法官就能够理解和适用法律文本。将立法保留给法律职业人士否定了非专业人士获得立法文本所表达的规制信息的权利；结果，其违反了法治。因此，问题的解决方案不是为法律专业的技术人员保留立法，而是用通俗易懂的语言表达立法，从而让立法对尽可能多的使用者而言是可理解的。[72]

□ 担忧3：只有牺牲确定性，才能实现通俗易懂的语言

通俗易懂的语言常因其与确定性的冲突而遭到蔑视。采纳通俗易懂语言政策的一个主要担忧便是，以这种方式起草法律文件，特别是立法，可能会导致失去准确性和确定性。[73]高尔斯（Gowers）表达了如下担忧：

> 因此，法律起草必须是无歧义的、准确的、全面的并且基本上是传统的。如果它易于理解，那就更好了；但更重要的是，它应该准确地产生意义，而不是在第一次阅读时便应当产生意义。[74] 128

很难令人信服地去反驳高尔斯的论点。立法的有效性需要理解，无论人们多少次阅读立法文本，这都是可以实现的。但通俗易懂的语言并不是关于第一次阅读的内容：这被用作表达沟通便捷性的方式。通俗易懂的语言并不与作为清晰性之一部分的准确性相冲突，通俗易懂的语言是提升清晰性和精确性的工具。

但确实,立法的目的最有可能是由一位殷切关注可理解性的起草者来加以实现。可理解性促进了简单的沟通,因而与通俗易懂的语言运动直接相关。通俗易懂的语言远远没有导致可理解性,而是将自身作为可理解性的主要优点之一。[75]但这会产生相反作用吗?

> 最好通过简洁和精确的写作来履行使之易懂和传达意图的义务,以使其可理解并且被受影响各方简单地理解……以准确而非简单的术语起草的法律可能由于其不可理解性,而无法实现预期的结果。盲目追求准确性将不可避免地导致复杂性;而且复杂性是通向晦涩性的一个确定步骤。[76]

因此,具有讽刺意味的是,以所有其他目标为代价来追求准确性,特别是以清晰性为代价,准确性反而丢失了。这一讽刺让阿洛维的坎贝尔勋爵(Lord Campbell of Alloway)甚至指出:“我们应该放弃在制定法中徒劳地寻求确定性,不可理解的和复杂的起草本身是导致不确定性的原因。”[77]这是一个相当戏剧性的声明,但它反映了清晰性之于准确性的优先地位,这构成可理解性的一部分,当然也高于可理解性。这引出了如下结论:当与清晰性发生冲突时,可理解性和通俗易懂语言必须屈服。这符合起草品质的金字塔:通俗易懂的语言和性别—中立的语言位于清晰性、准确性和无歧义性之下。后者受前者的影响,前者支持后者。一般情况下,通俗易懂的语言与清晰性、准确性和无歧义性立场相同。在它们可能发生冲突的特殊情况下,毫无疑问,清晰性、准确性和无歧义性会胜出。这是唯一实现有效性的安全途径。如果我们将有效性作为立法文本的主要和普遍追求,那么所谓的冲突就不是
129 问题:有效性不惜一切代价地要求清晰性、准确性和无歧义性,甚至起草者必须牺牲通俗易懂的语言和性别—中立的语言来获得清晰性、准确性和无歧义性。虽然冲突不应该发生,但它们却趋向于发生,特别是关于具有既定意义的传统术语。

□ 担忧4:通俗易懂的语言导致几个世纪以来司法解释业已确立之语词意义的丧失

当起草者在一个通俗易懂语言的立法文件中面对一个业已确立的古老术语时,什么会胜出呢?基于先前起草问题的论证,答案非常明确。当与清晰性、准确性和无歧义性冲突时,通俗易懂的语言就会臣服。通俗易懂语言

倡导者接受某些短语实际上已达到这种状态。法律语言中存在一个相对准确的小区域,但他们指出这个区域的范围可能被严重高估了。[78]许多被视为艺术术语的,只不过是毫无意义的行话。[79]

问题是什么时候应该保留业已确立的术语,什么时候应该用一种通俗易懂语言的替代选项来替换它们?这是一个经典的起草困境——在实践智慧式立法起草领域内——并且也是起草者"特别"(*ad hoc*)("在独特的基础上")作出的决定。这一决定的标准是沟通的便捷性,并且起草者所确定的受众:"在独特的基础上"确实是一种更简单的表达方式,但我期望(希望和祈祷)阅读这本书的有学问的起草者和学者完全能够理解"*ad hoc*"一词。"*ad hoc*"似乎是一个更为恰当的术语,因为它带有一种在学术和专业写作中早已确立的含义。同样的逻辑也适用于立法起草。另一个令人担忧的问题是,立法将不可避免地被大量读者阅读,其中必然包括非专业人士。因此,对通俗易懂语言的需求更高,进而也更为显著。在证据规则中,"*ad hoc*"一词可以被接受,但在刑事或者个人税收的制定法中,必须优先使用通俗易懂语言的等同物。

修改包含古代术语之现有制定法的立法,还有一个复杂的问题。这里前进的方向是什么?是否通过取代所有古老的术语来追求有效性,无论它们出现在文本的哪个位置?还是仅在政策客户要求修改的有限范围内进行外科 130
手术式干预,才是通向有效性的更好途径?对于起草者来说,首选外科手术式的干预:[80]构成法律体系的有机体流血越少,向新法律地位的过渡就越顺畅,立法文本也越有效。这将导致起草者保持在与通过修改案文引入的法律改革点有关的非常严格的起草指引范围内行事,而不是扩展到对制定法中使用的术语进行现代化。[81]这是一种勇敢的进路。然而,当所使用的古代术语使制定法对读者具有陌生性并进而挑战其有效性时,则无论其在法律上业已确立的程度如何,这些术语都需要被改变。[82]一个典型的例子是,用"婚外出生的儿童"取代"私生子"(bastard children):古老的术语挑战了现代使用者的宽容程度,并疏远了使用者和法律适用其上的人;无论是否业已确立,这些术语在任何给定的机会下都需要用通俗易懂的语言术语来取代。1987 年澳大利亚解释法案在第 15 节 AC 中推动了用现代等同术语取代古老术语,其明确将以前的古代术语与修改立法中的现代术语等同起来,只要它们反映的是相同的概念。遵循澳大利亚的范例,借助修改的机会在现有立法中实际应用通俗易懂的语言,还有很长一段路要走。

出　路

通过将起草者的注意力转向更广泛的立法受众,而不是限制性的法律受众,通俗易懂的语言使立法起草发生了革命性的变化。关于立法是否可以而且必须被非专业人士使用的问题已经变得相当深奥:在践行法治时,立法是而且必须保持是可理解的。立法的公布[83]不足以保证其在适用法治方面的可理解性:制定法必须尽可能地接近使用者。隐藏在古老的观念背后,即立法只能通过立法外的解释材料[84]来获取,这同样不可接受:法治不是指非立
131 法文本的可理解性,而是指立法文本本身的可理解性。如果不是这样,为什么立法文本本身可以在网上免费获取?尽管有帮助,但解释性材料不能也不应当被用来全权处理立法的晦涩和复杂性。

通俗易懂的语言要求沟通的便捷性,并要求辨认立法文本使用者的特定圈子。沟通的便捷性是一个更广泛的术语,而不仅仅是单词的选择。它要求语词、句子、整个文本、设计、布局和整个法令全书的可理解性。因此,通俗易懂的语言在立法起草的各个方面都可以发挥作用,甚至远不止这些,因为其作用可以扩展到政策制定以及首选政策和立法解决方案的确定上。

无论多么有力,通俗易懂的语言仅仅是清晰性、准确性和无歧义性的一种工具。其存在是为这三个立法起草的优越价值服务的,当与其中任何一个相冲突时,它都会臣服。原则上,有效性是通过简单的语言来实现的,但当存在矛盾时,有效性才是最终目标。

因此,现在让我们从导言条款开始,探讨如何在起草过程中使用通俗易懂的语言。

注　释

〔1〕 See United Nations Development Programme, *Drafting Gender-Aware Legislation: How to Promote and Protect Gender Equality in Central and Eastern Europe and in the Commonwealth of Independent States*, 2003, p. 21.

〔2〕 See P. Butt, *Modern Legal Drafting: A Guide to Using Clearer Language*, Cambridge University Press, 2013, p. 103.

〔3〕 See D. Greenberg, *Craies on Legislation-A Practitioner's Guide to the Nature*, Process,

Effect and Interpretation of Legislation, Sweet and Maxwell, 2004, p. 305.

〔4〕 See Current Topics, *The Problem of Drafting Styles*, 60 Australian Law Journal 369 (1986).

〔5〕 See R. Flesch, *The Art of Readable Writing*, Harper & Bros, 1949; S. Chase, *The Power of Words*, Harcourt Brace, 1954.

〔6〕 符号群体是一个群体,它以与其他群体足够不同的方式而具有意义(在此,是法律意义),使其含义对其他群体的成员不那么透明,而无须培训或者倡议。B. Jackson, *Legislation in the Semiotics of Law*, in H. van Schooten ed., Semiotics and Legislation: Jurisprudential, Institutional and Sociological Perspectives, Deborah Charles, 1999, p. 5, 6.

〔7〕 See IML Turnbull, *Clear Legislative Drafting: New Approaches in Australia*, 11 Statute Law Review 161, 166 (1990).

〔8〕 See LM Friedman, *Law and Its Language* (1964 - 1965) 33 Georgetown Washington Law Review 563, 567. Concerns of "oversimplification" were also expressed in the survey conducted relatively recently in Australia: see Office of Parliamentary Counsel, *Results of the* 2010 *Legislation Users Survey*, May 2010.

〔9〕 See D. Berry, *Audience Analysis in the Legislative Drafting Process*, The Loophole 61, 62 (2000), available at http://www.opc.gov.au/calc/docs/Loophole/Loophole_Jun00.pdf.

〔10〕 See D. Greenberg, *Laying Down the Law*, Sweet and Maxwell, 2011, p. 223.

〔11〕 See W. Cyrul, *Lawmaking: between Discourse and Legal Text*, in LJ Wintgens ed., Legislation in Context: Essays in Legisprudence, Ashgate, 2007, p. 52.

〔12〕 See www.gov.uk/good-law.

〔13〕 See contra K. Larsen, *The Miss Grammar Guidebook*, Oregon State Bar Association, 1994, p. 68 - 69; J. Stark, *Should the Main Goal of Statutory Drafting Be Accuracy or Clarity?*, 15 Statute Law Review 207 (1994); R. Sullivan, *Some Implications of Plain Language*, 22 Statute Law Review 145, 180 (2001).

〔14〕 See The Irish Law Reform Commission, *Consultation Paper on Statutory Drafting and Interpretation: Plain Language and the Law*, (LRC CP14 - 1999) 3.01; Law Reform Commission, *Statutory Drafting and Interpretation: Plain Language and the Law*, (LRC 61 - 2000).

〔15〕 See R. D. Eagleson, *Efficiency in Legal Drafting*, The Loophole www.opc.gov.au/calc/loophole.htm (1989).

〔16〕 See R. D. Eagleson, *Writing in Plain English*, Commonwealth of Australia, 1990, p. 4.

〔17〕 See J. C. Redish, *The Plain English Movement' in S Greenbaum, The English Language Today*, Pergamon Press, 1985, p. 126.

〔18〕 See B. Beking and C. Botha, *Aspects of Legislative Drafting: Some South African Realities (or Plain Language Is Not Always Plain Sailing)*, 28 Statute Law Review 34, 65 (2007).

〔19〕 See B. Hunt, *Plain Language in Legislative Drafting: Is it Really the Answer?*, 23 Statute Law Review 24, 24 (2002).

〔20〕 司法部长克里斯·芬莱森(Chris Finlayson)表示:"对于任何需要知道法律是什么的人

来说,在线访问官方立法都很重要,因为它可以确保法律的准确性""它也使他们免于依赖可能过时的印刷立法"。并非网站上的所有立法都是官方的:它仅适用于PDF格式的立法,并且仅适用于在首页上显示新西兰徽章的PDF。但它包括自1931年以来制定或制定的所有主要立法的最新版本(以及一些较早的法案),以及许多其他时间点版本。官方PDF的打印输出也是官方的。这些变化意味着议会法律顾问办公室在印刷2013年版法律之后停止出版年度立法汇编,而在当前计划完成后不再印刷传统的纸质版:官方的在线立法和按需印刷使它们过时。

〔21〕 See Office of the Parliamentary Counsel, *Clarity in Drafting: Principles and Techniques*, Drafting Techniques Group Paper 21 (final), July 2008, www. cabinetoffice. gov. uk/ parliamentarycounsel. aspx.

〔22〕 See I. C. Meiklem, *Legislative Expression and Transformational Generative Grammar*, 5 University of British Columbia Law Review 57, 64(1970); but plain language may not be useful where the policy is complex: B. Hunt, *Plain Language in Legislative Drafting: An Achievable Objective or a Laudable Ideal?*, 24 Statute Law Review 112, 121(2003).

〔23〕 See A. Watson-Brown, *Defining "Plain English" as an Aid to Legal Drafting*, 30 Statute Law Review 85, 96 (2009).

〔24〕 See A. Watson-Brown, *In Search of Plain English-The Holy Grail or Mythical Excalibur of Legislative Drafting*, 33 Statute Law Review 7, 22 -23 (2011).

〔25〕 See R. Macdonald, *Plain English in the Law-a New Model for the 21st Century*, 30 Commonwealth Law Bulletin 922, 926 -927(2004).

〔26〕 See D. Salter, *Towards a Parliamentary Procedure for the Tax Law Rewrite*, 19 Statute Law Review 65, 68 (1998); Inland Revenue, *The Tax Law Rewrite: The Way Forward*, http://webarchive. nationalarchives. gov. uk/ +/http://www. hmrc. gov. uk/rewrite/wayforward/menu. htm.

〔27〕 See D. Berry, *Audience Analysis in the Legislative Drafting Process*, Loophole, www. opc. gov. au/calc/docs/calc-june/audience. htm (2000).

〔28〕 See P. Knight, *Clearly Better Drafting* (n7) 39.

〔29〕 See D. Murphy, *Plain English-Principles and Practice*, Conference on Legislative Drafting, Canberra, Australia, 15 July 1992.

〔30〕 See J. J. E. Gracia, *A Theory of Textuality: The Logic and Epistemology*, State University of New York Press, 1995, p. 159 -63 and 164 -65; GLPi and V. Schmolka, *A Report on Results of Usability Testing Research on Plain Language Draft Sections of the Employment Insurance Act: A Report to Department of Justice Canada and Human Resources Development Canada*, unpublished, August 2000; V. Schmolka, *Consumer Fireivorks Regulations: Usability Testing*, TR1995 -2e, Department of Justice Canada, unpublished, 1995.

〔31〕 See B. A. Garner, *Guidelines for Drafting and Editing Court Rules*, 175 Federal Rules Decisions 169, 187 (1997).

〔32〕 See K. A. Schriver, *Plain Language through Protocol-Aided Revision*, in ER Steinberg ed., Plain Language: Principles and Practice, Wayne State University Press, 1991, p. 148,

152.

〔33〕 See Lord Simon of Glaisdale, *The Renton Report-Ten Years On*, 6 Statute Law Review 133 (1985).

〔34〕 See J. Kimble, *Answering the Critics of Plain Language*, 5 The Scribes Journal of Legal Writing 51, 59(1994 – 1995).

〔35〕 See R. Sullivan, *The Promise of Plain Language Drafting*, 47 McGill Law Journal 97, 114(2001).

〔36〕 See P. Tiersma, *Legal Language*, The University Chicago Press, 1999, p. 55 – 56.

〔37〕 See Garner, *Guidelines for Drafting and Editing Court Rules*, (n 31) 187.

〔38〕 See H. Darmstadter, *What's Wrong with Long Sentences?*, (2002 – 2003) 12 Business Law Today 36.

〔39〕 See T. LeClercq, *First Aid for Sentences, Part* Ⅰ: *The Long Sentence*, 51 Texas Bar Journal 814, 816 (1988).

〔40〕 See SE Rowe, "*Short and Sweet*" *Brings Clarity to Legal Writing*, 68 Oregon State Bar Bulletin 11, 13(2007).

〔41〕 See P. Ziegler, *The Status of Normalized Drafting: the Need for Theory Building and Empirical Verification*, 27 Osgoode Hall Law Journal 337, 341, fn 13(1989).

〔42〕 See F. Bennion, *Statute Law*, Oyez Longman, 1983, p. 48; Renton Committee, *The Preparation of Legislation*, HMSO, 1975, p. 150; GC Thornton, *Legislative Drafting*, Butterworths, 1987, p. 61.

〔43〕 "线性信息流被反复中断的句子,可能比那些通过选择其他句法安排来消除这种中断的句子更难处理。然而,由于句子在制定法文本中的独立地位,可能无法作出替代安排,其结果往往是理想的句法结构和理想的句子信息结构之间的折衷。" See P. Tiersma and L. Solan, *The Oxford Handbook of Language and Law*, Oxford University Press, 2012, p. 41 – 42.

〔44〕 See N. Lawler Dickhute, *From Love Letters To Contracts, Punctuation Matters*, The Nebraska Lawyer 32, 34(2002).

〔45〕 See G. A. Pennisi, *All-inclusiveness in Legal Language. Cross-cultural Perspectives in Specialized Discourse*, 14 Studi e Ricerche di Scienze Politiche della Università degli Studi di Palermo(2008).

〔46〕 See E. Grodzins Romm, *The Wicked Which of Long Sentences*, 71 American Bar Association Journal 144(1985).

〔47〕 See C. M. Kuzara, *Plain English in Legislative Drafting*, 62 Michigan Bar Journal 980, 981(1983).

〔48〕 See R. J. Martineau, *Drafting Legislation and Rules in Plain English*, West, 1991, p. 68, 75.

〔49〕 See K. J. Sneddon and D. Hricik, *Pondering Passive Voice*, 14 Georgia Bar Journal 72 (2008 – 2009).

〔50〕 See A. S. Krishnakumar, *Passive-Voice References in Statutory Interpretation*, 76 Brooklyn

Law Review 941, 950 (2010 – 2011).

〔51〕 *See Maine Manual on Legislative Drafting*, ch 1, s 7http://www.maine.gov/legis/ros/manual/Draftman2009.pdf.

〔52〕 See S. E. Rowe, *Subjects, Verbs, Complete Sentences and Active Voice: Back to Basics*, 71 Oregon State Bar Bulleting 13, 16(2010 – 2011).

〔53〕 See G. H. Hathaway, *Plain Language in Laws*, 78 Michigan Bar Journal 582, 584 (1999).

〔54〕 起草者必须使用"基本"动词而不是"弱"动词来表达强句,参见 F. Georgann Wing, *Where's the Verb?*, 68 Michigan Bar Journal 150 (1989)。

〔55〕 See J. M. Williams, *An Excerpt from Style: Toward Clarity and Grace (Part Two)*, 71 Michigan Bar Journal 196, 197 (1992).

〔56〕 See R. C. Wydick, *Plain English for Lawyers*, Carolina Academic Press, 2002, p. 25.

〔57〕 See R. J. Martineau and M. B. Salerno, *Legal, Legislative and Rule Drafting in Plain English*, Thomson West, 2005, p. 53.

〔58〕 See S. Yuen-Ching Fung, *The Rise and Fall of the Proviso*, 18 Statute Law Review 104 (1997).

〔59〕 See W. Schiess, *What Plain English Really Is*, 9 Scribes Journal of Legal Writing 43, 73 (2003 – 2004).

〔60〕 See D. C. Elliott, *A Model Plain-Language Act*, 3 Scribes Journal of Legal Writing 51 (1992).

〔61〕 See Legislation Advisory Committee, *Guidelines on Process and Content of Legislation* 2001 (*Including the* 2003 *Supplement*), Ministry of Justice, May 2001, updated Sept 2003.

〔62〕 See L. Dodova, *A Translator Looks at English Law*, 10 Statute Law Review 69, 77 (1989).

〔63〕 See M. M. Asprey, *Shall Must Go*, 3 Scribes Journal of Legal Writing 79, 82(1992).

〔64〕 See G. Bowman, *The Art of Legislative Drafting*, 7 European Journal of Law Reform 3, 12 (2005).

〔65〕 See Hon Mr Justice Nazareth, *Legislative Drafting: Could our Statutes be Simpler?*, 8 Statute Law Review 81, 92(1987).

〔66〕 See Law Reform Commission of Victoria, *Plain English and the Law* (1987) 39.

〔67〕 See D. Mellinkoff, *The Language of the Law*, Little, Brown & Co, 1963, p. 24.

〔68〕 See L. Friedman, *How I Write*, 4 Scribes Journal of Legal Writing 3, 5(1993).

〔69〕 See Lord Radcliffe, *Some Reflections on Law and Lawyers*, 10 Cambridge Law Journal 361, 368 (1950).

〔70〕 See F. Bennion, *Don't Put the Law into Public Hands*, The Times, 24 Jan 1995.

〔71〕 See K. A. Schriver, *Dynamics in Document Design: Creating Text for Readers*, John Wiley and Sons, 1997, p. 166.

〔72〕 See Sir W. Dale, *Legislative Drafting: A New Approach*, Butterworths, 1977, p. 331.

〔73〕 See M. L. Turnbull, *Problems of Legislative Drafting*, 7 Statute Law Review 67 (1986); and Comment, *Drafting Laws in Plain English*, *Can the Drafter Win*, New Zealand Law Journal 25, 26(1988).

〔74〕 See E. Gowers, *The Complete Plain Words*, HMSO, 1986, p. 7.

〔75〕 See D. Kelly, *Legislative Drafting and Plain Englis*, 10 Adelaide Law Review 409, 425 (1985 – 1986).

〔76〕 See Thornton, *Legislative Drafting* (n 42) 49.

〔77〕 See Lord Campbell of Alloway, *Law in Plain Language*, Law Society's Gazette 621 (1983).

〔78〕 See B. Barr et al., *Legalese and the Myth of Case Precedent*, 64 Michigan Bar Journal 1136, 1137 (1984); S. Johanson, *In Defence of Plain Language*, 3 Scribes Journal of Legal Writing 37, 39(1992).

〔79〕 See J. Kimble, *A Plain English Primer*, 33 The Practical Lawyer 83, 86(1987).

〔80〕 See Turnbull, *Problems of Legislative Drafting* (n 73).

〔81〕 See J. Erasmus, *Plain Language Drafting Meets Interpretative Principles and Rules: A Drafter's Perspective*, Conference of the Canadian Institute for the Administration of Justice, Ottawa, 9 – 10 Nov. 1988.

〔82〕 See P. Butt, *Modern Legal Drafting*, 23 Statute Law Review 12, 15(2002).

〔83〕 出版是时下提供可获得性的手段，参见 T. Scassa, *The Best Things in Law Are Free? Towards Quality Free Public Access to Primary Legal Materials in Canada*, 23 Dalhousie Law Journal 301(2000)。

〔84〕 See eg. Bennion, *Don't Put the Law into Public Hands*(n 70).

第七章

导言条款

现在是时候开始进一步详细探讨桑顿立法起草阶段的第四个阶段了，即草案的研拟和形成。对于起草者来说，结构是其首要的考虑因素。起草者在煞费苦心地完成了立法文本的分析、理解和设计阶段之后，现在终于[1]在手里拿起一支笔，或者也许按下电脑上的一个按键。 132

立法文本的结构不仅仅是立法文本的逻辑[2]划分或者概念划分问题。在更广泛的意义上，对通俗易懂语言的关切也起到了作用。结构是一个论坛，可以大大提高立法可通达性。在总体上讨论了结构并分析了分层办法的建议之后，现在是决定在文本开头列入哪类条文作为导言条款的时候了。目前，结构被留给了议会程序[3]和每个法域的起草传统。有一个非常充分的理由说明这一点：许多导言条款都包含古老的表述，以反映将文本归类为立法的宪法性要求。因此，对传统一定程度的虔诚或者怀旧不但是可以理解的，而且是非常可取的：它为文本提供了必要的形式性印章，以吸引使用者注意文本的严肃性，它提醒使用者本法域长期的政体传统。或许正因如此，目前关于立法条款在文本中位置的争论很少：起草者只是将传统的结构作为每一个新立法文本无可置疑的格式。

尽管一致性值得称赞，但即使对于非专业使用者而言，立法的可通达性也是如此，现在是起草者仔细考虑在法案的每一部分中需要列入哪些内容，以及哪些内容可以删除或者转移到文本末尾的时候了。必须给予能够最恰当地反映发送给使用者的 133
消息以优先顺序，来审视文本中条款的位置。需要利用使用者宝贵的短时间注意力来传递主要规制信息，被视为一个优先事项，或者至少是一个通过尊重起草传统来平衡一致性的因素。

法案的结构

条款被分为导言条款、实体性条款和最后条款，并具有多种次级分类可供选择。导言条款可以——但非总是——包括如下类型的条款：

1. 长标题
2. 序言(如果序言是必要的)
3. 制颁条款
4. 短标题(有些法域只使用短标题)
5. 生效日期
6. 有效期限/失效日期
7. 适用
8. 目的条款
9. 定义
10. 解释

此处需要注意的第一点是这个列表的长度。太多的导言条款，会无法让使用者注意到主要的信息可以提供给他们。因此，立法文本变得对使用者不友好，或许最重要的是变得无效，因为它们不太可能一直被通读到隐藏在实体性条款中的主要规制信息。因此，只有允许主要的规制信息尽可能在接近文本开头的位置让使用者意识到时，通过使用通俗易懂的语言使沟通便捷的任务才能完成。从广告中学到很多：主要的信息很快就会出现；然后细节便会随之而来。这可以通过分层方法来实现，但只能部分地实现：分层方法主要关涉实体性条款，而此处的基本问题是导言条款。让我们来检查一下每一种可能的导言条款，以评估它们是否可以保留在原来的位置，或者它们是否可以在文本中被终止或者进一步向后移动。继续保留的条款将在本章中加以分析，被移除的条款将在关于最后条款的章节中加以探讨。

导言条款：一个通俗易懂语言的进路

对导言条款采取通俗易懂语言的进路，将指引起草者在文本最开始处删掉不必要的细节，从而使他们能够将全部注意力集中在主要规制信息上。

134 当前，立法从一个长标题开始。如果起草得当，长标题反映了法律改革的主要机制。威廉姆·达尔爵士(Sir William Dale)将立法文本中长标题的作用界定为“对法案内容的描述”。[4]这样做的目的是“以向陌生人介绍文字为目的来为制定法服务”。[5]长标题的好处，也许还有它最初的任务，是为读者提供足够的细节，以评估是否需要进一步阅读它们。毫无疑问，这一目标非常有价值，而且这类信息对读者很有帮助，因此值得在通俗易懂语言的法案中占有一席之地。但同样毋庸置疑的是,实践中长标题最后变得模糊和冗长。为了避免对正文进行解释,在涵盖所有主要信息的同时,起草者陷入了一个不可能的任务中,即告诉读者法律正在发生的变化,却不揭示正文中的真正信息。针对这一固有问题,有三种可能的答案。目前起草的长标题已变得冗余。它为读者提供了古老的非数据表达。“法案总是通过短标题而非长标题被参阅,而长标题剩下的功能似乎是解释法案的一般目的。”[6]这使长标题对使用者来说是“不必要的负担”。[7]所以,采取当前形式的长标题可以消失了。[8]

但这是必须要消失的概念,还是对其目前的应用要消失?在一个关于法律所做的肯定和准确陈述的具体清单中,对法律改革的要点作一个简短的描述,并且没有可怕的模糊性和多余的“……及相关目的”,仍然是一个非常有吸引力的想法,非常契合通俗易懂语言的进路。因此,一个具体起草的长标题可以保留。因此,问题的第一个答案是恰当地起草长标题,并将其留在文本中。第二个答案是用介绍性文本来取代长标题,该文本以与第一个答案相同的方式详细说明立法的要点。因此,这个选项涉及重新命名长标题,因为这一术语由于根本不是一个标题而让使用者感到困惑,并且要恰当地起草新的“介绍性文本”。第三个答案考虑了分层方法,文本的开头是给第一组使用者即非专业使用者的主要规制信息。[9]如果在起草过程中应用分层方法,则无论其名称如何,长标题都将变得多余。这是分层方法的一个优点。为了本 135
书的目的,遵循第二个选项仅仅是因为分层方法目前仍然是一个学术概念。

序言部供起草者他们声明政策或者意图、[10]立法的必要性、立法的法律依据或者遵守在其中详述的宪法程序要求。序言的作用是证明制颁条款的正当性。[11]序言在很大程度上变得冗余:[12]政策或者政府意图的声明在非仪式性立法中不再被原谅。[13]正如德瑞格尔(Driedger)所言:“创制或者决定立法政策,并非起草者的职责。”[14]

让我们看看传统上为序言保留的条款类型:它们现在可以安置在其他地方。因此,在必要的情况下,政策问题可以在目的条款中加以探讨。[15]对立法必要性的证成是在前起草层次上被处理的,并且只在关涉辅助性的联邦制结构语境中才需要在法律中处理。在具有长期建立的政体的法域中,由于权限的摩擦基本上得到了解决,因而立法的法律基础的确定在文本中并无一席之地。同样,在长期确立的政体稳定性背景下,不需要确认一部正当法案是否符合程序要求。无论如何,这是制颁条款所涵盖的问题。因此,序言在欧洲和英联邦的大部分地区很少使用。[16]这是非常正确的:序言在现代立法文本中没有立足之地。它们不但是冗余的,而且会引起歧义:第一,序言的法律价值和约束力仍然是一个有争议的问题;[17]第二,通过模糊的序言部分对条款进行解释而导致的司法能动主义风险也大大增加了。贝利斯(Bellis)对被立
136 法者滥用的序言敲响了危险的钟声,这些立法者插入了理由陈述以外的其他元素,从而使序言几乎变成了"第三种法律创制"。[18]

但是,序言仍然在特殊立法中占有一席之地。在这类立法中,正当性确实是使用者和起草者都关心的问题。[19]这包括宪法和宪法性文件;[20]在区域性[21]或者国际性立法和各国的实施措施中;在具有历史性或者仪式性特征的立法中;在私人性的议会法案中;[22]在行政立法性文件中;[23]在军事政权的法令中。在为新建立的法域起草立法时,序言仍有一席之地。在这些法域中,政治稳定性仍处于平衡之中:在这种语境下,仍有必要向使用者保证,这一文本实际上是正当的(合宪的),因而具有约束力。

在需要序言的特殊情况下,清楚地起草序言便十分重要。序言条款内部以及序言与文本之间的简洁性和一致性,对于立法质量至关重要。[24]实施条款不得出现在序言中。[25]

> 一般而言,在序言中阐明法案的原则并不可取,因为该法案的反对者肯定会选择它作为战场,而不是根据该法案的实际规定进行划分。[26]

目前,序言以"鉴于"(Whereas)开头。这个术语对非法律人而言并不清晰,因为在普通语言中,"鉴于"引入了一个对立面。因此,简单的陈述,即尽
137 可能具体地起草,对使用者更加友好。如果序言澄清了其是否是文本的一部分,或者在解释正文规定时是否可以考虑它,这对使用者也会有所助益。

制颁条款是对立法机关同意该文本的声明。这是必要的,既因为它使立法成为现实,也因为它使文本具有必要的形式,以引起读者对信息的注意、尊重和遵守。法律所需要的只是制颁条款和签字,其他一切都可以去掉。[27]

短标题是法案的名称。它是"立法意图的指南"。[28]传统上,它的重要性使其成为立法文本的起点。但是,短标题无论如何都会出现在文本的顶部,因此以一节中的一个条款来提出它,是一种法律上的考虑,而不是使用者的考虑。它的重要性并没有因为将法律条款放在最后位置而丧失,因为使用者

可以在开头阅读标题。在此基础上，短标题更适合放在最后条款中。[29]

生效日期条款和期限或者期满条款表示立法文本的生命周期。对于使用者来说，它们是必要的数据，因为它们解释了使用者何时以及在什么时间段内被要求采取行动。因此，它们的位置是与导言条款在一起。需要注意的是，技术性的期限或者期满条款可以进入最后条款中。

适用条款表达了立法的适用范围。如果它们引入了必要数据，以便读者理解其情况是否受立法文本规制，那么便有理由将其纳入导言条款。[30]但这是相当例外的，因为起草者的任务是为适用范围确认通俗易懂的语言：这些促进了理解的清晰性，而又不会过分精确；因此，进一步定义并非总是必要。

目的条款之所以失宠，仅仅是因为一般政策意图的声明并不适合立法文本。因此，主张目的条款可以被排除在导言条款之外便颇有道理。但最近目的条款已经重获新生，[31]至少在概念上是这样：它们可以是列出具体和有形标准的最佳工具，根据这些标准，立法的有效性将在立法前和立法后阶段进行评估。起草者可以声明“本法旨在五年内将酒驾造成的车祸数量减少25%”，而不是笼统的且经常是情绪化的声明，例如，“本法旨在最终结束因酒 138
后驾车造成交通事故而在我们的街道上屠杀无辜的人”。前一个条款可以通过日落条款加以强化，该日落条款规定：只有对所产生的结果进行积极的立法后评估，才能延长该法的有效期。[32]这一结构的好处是，它强制对立法进行定期的立法后评估，最显著的是根据最初起草团队提出的标准。这种法定评估义务与日落条款相结合，使成功评估立法的有效性成为必要。否则，无效的立法文本就会消失，法令全书便会自动清除不必要的或者不成功的法律。毋庸赘言，这需要一个一般政府政策，并且不能由唯一的起草者单方面来实施。

传统上，定义和解释条款被置于导言条款中，尽管有一个明显的趋势是将其转到最后条款。有三种起草选择：将其置于导言条款中；[33]将其置于最后条文中；引入将读者引向一个定义附表的简短导言条款。关于哪些定义最适合作为导言条款，哪些又最适合作为最后条款，存在广泛的争论。伊尔伯特(Ilbert)将定义分为实质性定义和非实质性定义：前者定义了措施的范围和主题，出现在立法文本的开头。[34]但是，将一个定义归类为实质性或者非实质性是一种相当武断的做法。定义的划分对使用者来说可能是相当混乱的，[35]因为使用者对所寻求的定义进行了不同于起草者的分类，这使其无法在预期的位置发现所寻求的定义，进而错误地认为该定义根本没有被提供。但是，就连 2014 年版的《议会法律顾问办公室起草指南》似乎也将定义分为四类,并且其在法案结构中的位置各不相同:主要概念的定义以及为了起草便捷而采用的定义,应当被放在开头。其中,如果没有前者,读者就无法理解接下来的内容。但是,对于用一般术语可以理解但又需要一定程度的确定性,或者需要分类的词语及短语的定义,以及为了方便起见而对词语或者短语的含义进行细微调整(否则意指他物)的定义,通常可以留在最后条款中。[36]将读者
139 简单地引向一个定义附表似乎是有意义的,至少可以作为一个临时措施来解决使用者的期望与将定义置于文本最后的新趋势之间的差异。

因此,导言条款仅仅包括:

1. 介绍性文本(之前被称为长标题);
2. 制颁条款;
3. 开始日期(之前被称为生效日期);以及
4. 适用,但只有对使用者是必要的情况下。

让我们审视一下这些类型的条款中的每一个。

介绍性文本(之前被称为长标题)

长标题是一个简短的陈述,通过指出制定法所采用的核心法律机制,简要概述其影响法的主要方式。[37]换言之,长标题的任务是列出法律改革的要点。

这一原则目前在大多数英联邦法域中的适用相当广泛,长标题呈现了对立法文本要点的模糊描述。因此,长标题并不能告知使用者主要的规制信息;它们只是陈述立法文本。例如,其作出了修改,建立了新的机构,规制一个活动领域,禁止或者刑事化一种行为,实施一份国际条约[38]或者征税。这种进路的问题是,长标题不允许使用者评估这是否是一项与它们相关的立法。目前的一个长标题可能是"规制广播",但没有确切解释立法所引入的规制框架的主要内容。对于非专业使用者而言缺乏清晰的规制信息,[39]而长标题中不可避免地使用的技术性语言使它们成为一种相当深奥的沟通工具,主要是在起草律师和使用者律师或者法官之间进行。正是由于其信息的空洞和对使用者的不友好,长标题在现代立法起草中丧失了基础。并且,其误导性的名字对它们也没有多大帮助:它们不需要很长,而且在任何情况下它们都不是标题。

然而，它们现在可能重获生机。名称必须去掉，但工具本身可以保留，虽 140
然外观有所不同。在立法的开头就有一个介绍性文本的概念，可以很好地服务于通俗易懂语言的起草进路：在对使用者友好的立法文本中，最重要的信息应当放在文本的开头。[40]前提条件是介绍性文本的内容对使用者而言是有益的，并且被起草地通俗易懂。介绍性文本可以而且必须告诉读者立法文本背后的故事要点：正在介绍什么，适用于谁以及何时适用。这确实需要使用者弄清楚这是否与他们相关。要使用的语言必须引起进一步阅读：清晰、准确和无歧义。但这只是对未来的一瞥。

就目前而言，长标题需要改进。长标题是法案的一部分，并且可以用于解释法案的条款。[41]因此，必须借助清晰性、准确性和无歧义性谨慎地起草长标题。它们在立法文本中的作用是简要而准确地列出法律改革的要点。立法文本必须保持在长标题的范围内。[42]它们的长度不一定与制定法本身的长度有关。[43]所使用的形式通常涉及介绍性词语：

> 本法[规定][授权][确立][规制][禁止][向……征税][修改]。

对于通俗易懂的语言进路，长标题可能更具体。最好避免使用笼统术语，例如，“为了规制”或者“为了引入规制框架”，并删去表达附带目的的常见含糊词语，如“及相关事项”或者“及关联目的”，或者恼人不休的“以及与此相关的目的”。最近一部精心策划但标题含糊不清的法案例子是《英国金融法 2013》：

> 本法授予某些职责、改变其他职责、修改与国债和公共收入有关的法律，并在财政方面作出进一步规定。

与此相反，《供应与拨款（主要预算）法 2013》则更加精确： 141

> 本法授权使用截至 2014 年 3 月 31 日止的年度资源；批准从综合基金中发放的款项和该年度的收入申请；拨发本法和《供应与拨款（预期和调整）法 2013》授权的年度供应。

有必要在长标题中说明修改细节吗？这样做是非常有用的，可以让使用者注意到底是哪部法案正在被修改。但是，列出每一个被修改或者废除的法案并不是一个好主意，仅仅是因为长标题的任务需要与简洁性的需要相平衡。这种做法的一个很好的例子是《〈英国可持续社区法案 2007〉（修改）法案2010》的长标题,即“一部修改《可持续社区法案2007》的法案”。

没有理由害怕修改长标题。[44]有一个给予长标题绝对豁免权的不成文起草惯例。但是,实在没有理由解释为什么对原法案进行的实质性修改不能体现在长标题中:事实上,修改长标题是完全有理由的。然而,也许这是起草惯例的基础,对长标题的修改可能是良知的低吟:既然法案如此大量地被修正,以至于连长标题都需要修改,这是否意味着,修改在技术上不及起草,而废除和重新制定可能是更恰当的工具?所以,修改长标题总是一种可能性。在该法增加新的部分、废除现有部分、增加新的法律改革机制或者通过废除而取消现有机制的情况下,修改长标题是必要的。但是,通过长标题来修改引入的主要机制是一个确定的迹象,表明该修改在法案中的深度足以要求废除和重新颁布,因此,可以寻求立法机关的新授权,同时也可以作为一种手段,确保使用者充分了解新的立法,并理解与先前文本不同的细节。

制颁条款

制颁条款是一个很好的工具:它的任务是正式声明立法机关已经同意法
142 律所引入的措施。“制颁惯用语指的是,以议会法案解释被颁布的东西如何成为一部法案。”[45]

每个法域都有不同的惯用语,可以在宪法中加以介绍。这不可避免地是按照每个法域的传统起草风格起草的,并很可能是一种过时的形式。此时,起草者面临着一个两难境地:一方面,传统的格式可能冗长且不便于使用者;另一方面,改变制颁条款并用一个通俗易懂语言的等价物替换它,会剥夺文本的可预测性,并在文本是否确实是立法这一问题上造成歧义,很难去提供指导。再次强调,起草者的决定是主观的,为了使用者的利益而改变这些利益冲突的方式也是主观的。而该法案的使用者通常只需要一个过去时的声明,说明该法案已经颁布,并给出皇家批准的日期。[46]

但是,制颁条款起到什么作用呢?库尔松(Kurzon)主张,这个惯用语是一种言语行为:具体来说,它发挥着颁布之言语行为的作用。[47]但它对谁说话呢?没有这样的口头声明;事实上,在议会进程中,没有一个阶段实际提出了制颁的惯用语。[48]那么,谁是制颁条款的使用者,他们从中又会得到什么?杰克逊(Jackson)确定了四种不同的受众,他们有着不同的符号学需求:第一,公众(包括律师)。他们依赖某一特定印刷形式的自我证据来核证颁布的文字。

第二,法院。它们获取经过认证的"原件"(牛皮纸副本)。第三,监督归档工作的立法官员。该归档工作产生并批准牛皮纸副本,包括专利特许证。第四,议员。他们主要关注议会内部形成的口头言语行为,以及与之相应的肢体语言和手势。[49]因此,制颁条款所解决的需求是向使用者提供认证,即使这些使用者可能不会阅读文本。这就得出结论,制颁条款的语言与使用者无关,因而礼仪的形式性并不是沟通的障碍。无论对制颁惯用语的措辞作出何种决定,都不能由唯一的起草者单方面地背离传统。可预见性无疑要求对起草传统进行普遍化的变革,并且必须向公众公开宣布。

英国的制颁惯用语为1707年以前的英国议会所采用,其至少可以追溯到 143
16世纪20年代。《英国南极法2013》是英国制颁条款的标准样本:

> 经上议院神职贵族与世俗贵族和当前议会集结的下议院的建议和同意,并经其授权,由最杰出的女王殿下颁布如下:——

因此,女王或其副职代表(vice-regal representative)在给予一部法案皇家御准时,是在两院的建议和同意下来行事的。[50]

《英国金融法案2013》是具有礼仪性质的法案样本,其惯用语是可接受的:

> 最仁慈的主权者我们(WE),即陛下最恭敬和忠实的臣民,议会集结之处的联合王国下议院,为了筹集必要的给养以支付陛下的公共开支,并增加公共收入,已自由且自愿地决议给予和授予陛下如下提及的几项职责;最谦卑地恳请陛下予以颁布,经上议院神职贵族与世俗贵族和当前议会集结的下议院的建议和同意,并经其授权,由最杰出的女王殿下颁布如下:——

国际范例提供了更简单、更清晰的制颁条款惯用语。加拿大、新西兰、塞浦路斯和澳大利亚只是说"……的议会制定[如下]:"。但最简单的制颁条款见于马拉维的《小额信贷法2010》:"我同意。"

开始日期(之前被称为生效日期)

法案的生效日期对读者来说至关重要。然而,目前在英国和其他地方的趋势是将生效日期条款置于文本末尾。[51]例如,在《英国婚姻(同性伴侣)法案2013》中,生效日期条款与短标题一起在第21节中被找到。将生效日期条款从立法的开头转移到末尾的背后原因当然是善意的,并且是基于通俗易懂语言的教导：起草者在主要规制信息之前放置得越少，当主要规制信息最终出现时，使用者的注意力便越集中。但有人怀疑开始日期（生效日期）到底是否构成主要规制信息的一部分。在这种情况下，将其纳入导言条款是否为完全有道理的？

为了回应这一问题，有必要探讨“主要规制信息”这一概念。其可以被广义地描述为，作为一种沟通形式的立法文本所表达的政策优先事项的本
144 质，[52]或者说，在社会—法律的语境下，其可以被描述为，作为法律改革和最终意义上规制工具的立法所要求的使用者行为的变化。是什么促使使用者改变立法文本所规定的行为？赛德曼说，如果规则规定了行为的改变，或者他们有遵守法律的机会和能力，或者法律被传递给他们，或者他们的利益（包括制裁的威胁）鼓励服从，或者使用者在公共的参与性过程中作出他们是否将遵守的决定，或者他们的意识形态（信念、价值观、品味）与其行为兼容，那么使用者“将可能遵守法律”。[53]这些因素是确定哪些立法信息具有优先性的基础。

如果根据与主要规制信息的相关性来选取导言条款，那么生效日期作为对使用者何时需要开始行动这一问题的回答，无疑是主要规制信息的一个重要组成部分。[54]因此，生效日期在导言条款中具有当之无愧的地位。有一点需要注意：如果生效日期在具体的立法文本中是复杂的，那么如下做法便说得通，即在导言条款中包括主要的生效日期，并用一个交叉参引（cross reference）将进一步的生效日期放在附表中，且最好是以表格形式。这一做法平衡了导言条款对简洁性和简单性的需要与将所有生效日期条款整理在一个地方[55]的需要。

在《解释法案》中，通常可以找到有关制定法和从属性立法之生效日期的一般规则。在溯及既往性立法的情况下，立法可以在通过时、通过后甚至通过前生效。[56]通常，制定法在御准之日生效。[57]但是，生效日期可以取决于国家元首同意的日期；也可以推迟到以后，例如，当需要更多的时间来设定行政
145 安排的时候，当该法所赖以实施的从属性立法被制定的时候，或者当解释性材料准备好的时候。[58]关于以多种方式立法表达生效日期的可能性，一个特别的例子是《英国犯罪和法院法 2013》，该法第 61 节规定：

短标题、生效日期和范围

……

(2)在符合以下规定的情况下，本法于国务卿依命令指定的日期生效；在附表16第4部以及第44节中与该附表的该部分有关的内容，可以基于不同目的和不同地区而指定不同的日期。

(3)第17、20—30、32节和附表9—11、13、14，于大法官依命令指定的日期生效；并且，基于不同目的可以指定不同的日期。

(4)第(3)小节不适用于

(a)附表13的第5部分，或者第20节与该部分相关的内容；

(b)第26节第(2)小节。

(5)第19节在本法通过之日后的第二天生效。

(6)第26(2)、31、33节自本法通过之日起两个月期满时生效。

(7)第34—39节自皇家特许状设立一个机构之日起一年后生效，目的是开展与认定相关出版商的独立规制机构有关的活动(定义见第41节)。

(8)使监督条款仅在特定区域内生效的命令可以规定，它们在特定期限内对该区域有效；而在本小节及第(9)小节中，“监督条款”是指附表16第4部分，以及第44节与该附表的该部分有关的内容。

(9)载有第(8)小节所准许之规定的命令，可由其后根据第(2)款作出的命令修订，以使有关地区的监督条款在未来一段时间内继续有效。

(10)除非国务卿已与苏格兰部长们协商，否则不得下达包含使第49节或附表19的生效日期规定的命令。

(11)下列规定自本法通过之日起生效——

(a)附表13的第5部分，以及第20节与该部分有关的内容；

(b)第43节；

(c)第48节[除去第(6)(a)小节]；

(d)附表18的第2部分；

(e)第58—60节和本节；

(f)附表24、25。

无论需求是什么，起草者的任务是以简单、清晰的方式引入生效日期。 146
使用者必须清楚地理解他们的权利和义务什么时候开始，以及他们什么时候调整自己的行为以遵守新的法律。《英国犯罪和法院法2013》的惯用语则完全相反。在进一步讨论之前,必须在此指出,该法是一项主要针对律师和法官的技术性立法,因此起草者逐渐滑向了复杂性。这个例子虽然可能不公平,但对于准确说明在针对非专业使用者的立法中应避免哪些措辞,却很有价值。

即使是简单的生效日期条款也会让使用者感到困惑。起草者长期以来一直隐藏在立法过程背后。不可否认的是,起草者几乎不可能预见法案何时被批准或者该法律的行政安排何时完成。尽管正确,但这些论点却把责任推向起草者或者政府的便捷性,而不是倾斜向对清晰性、准确性和无歧义性的需要。立法的有效性不能再仅仅因为议会的投票不能在生效日期前改变而受到损害。归根结底,允许起草者增加具体的开始日期并不是对议会投票的补充;远非如此;它只是对议会意志的澄清。毕竟,在议案提出后一年内完成通过的情况下,公共法案办公室的书记员会更改对该年的引用。[59]因此,改变生效日期对于议会实践而言并不陌生。至于反映需要等待授权文书(用以表达部长确认行政安排已经出台或者授权立法已经完成)的生效日期条款,同样不能成为清晰性、准确性和无歧义性的障碍。政府可以选择向议会提供整套方案,从而有助于提升生效日期的准确性。"如果生效日期不确定或者不在一个合理时间内,则不应当提出任何法案。"[60]或者,也许更现实地说,起草者可以在部长给出确认之后,立即用准确的生效日期条款取代模糊的生效日期条款。生效日期条款的理想形式是:本法于 2013 年 12 月 31 日后生效。

无论使用何种形式,都必须确定法律是否生效。为了达到这个令人钦佩的目标,起草者必须重新考虑"commencement"这一术语是否为非专业使用者
147 所理解。良法调查清楚地表明,该术语并没有被使用者所理解。也许现在还不是用通俗易懂语言等的等价物"start date"替换它的时候。

适用条款

适用条款阐明了立法文本引入的新规制的范围:它们可以探讨立法对谁、什么、何时和何地进行规制。回答法律可能对"谁"适用:君主(the Crown),或者特定圈子的人,如外交官、居民、专业人员等。回答特定的规制领域是"什么",如服务而不是货物,或者内陆水道而不是海洋。通常,"什么"的问题要求起草者从立法中剔除它所适用之体裁的一部分。"何时"这个问题可能指立法文本规定的时间点,如过去、未来或者过渡时期。"哪里"这个问题指的是立法文本具有约束力的地理范围,如英国或者北爱尔兰。

一般规则是，立法文本通常适用于法域中的所有人，适用于规制领域的所有部分，适用于所有预期的时间段（现在和将来），适用于国家法域的整个区域。任何对它的偏离都必须清晰地进行介绍和标示，以便读者能够集中注意力，并将其铭记心中。问题是，在立法文本中重复一般规则是否还有余地。一个有说服力的论据支持这样的观点，即使是一般规则也值得重复，仅仅因为使用者不一定意识到它。令人疑惑的是，起草者是否需要说明该法适用于英国的所有人，适用于现在和将来，适用于整个英国。这将是多余的。但是，为使用者澄清任何可能的正当怀疑都是值得称赞的做法。在英国，权力下放后，声明法案适用于何处并无损害，仅仅因为权力下放的宪法结构的复杂性可能会让使用者怀疑法案是否适用于他们。同样，在与移民有关的立法中，指出该法同样适用于国民和居民是有价值的：这个话题本身就让人对这个相当简单的问题表示怀疑。起草者主观的、实践智慧式的决定再次被需要。但答案必须来自使用者的需求，而不是起草者的法律训练和专业知识。

未来的创新

导言条款的表述和编排，对于使用者的友好性和立法文本的可理解性至关重要。第一印象很重要，并且由于立法导言部分的篇幅和复杂性，读者往 148
往丧失了继续下去的信心。因此，使用者从未接收到主要的规制信息，从而危及立法的有效性，最终危及规制的实效。在此基础上，导言条款是现代化的沃土。问题是，对于大多数起草者、律师和法官来说，他们的神圣性使他们无法被触及。

不过，一种现代的通俗易懂语言进路会要求，将导言条款保持在最低限度，即介绍性文本、制颁条款、开始日期以及必要时的适用条款。

介绍性文本可以向使用者叙述立法故事，向他们提供立法文本的主要规制信息的摘要，即使用者遵守新立法所需信息的要点。

制颁条款可以采取“我同意”的形式，或者它可以在国家元首签字的文本结尾找到自己的位置。尽管使用者对其面前的文本是否具有约束力没有疑问很重要，但在立法文本顶部的国徽及其列入立法文本数据库可能就足够了。值得注意的是，英国立法的电子出版物不包括制颁条款，该条款可以在整个法案的文档格式文件中找到。

开始日期必须以如下形式出现，即明确声明使用者什么时候开始遵守的确切日期。复杂的生效日期条款可以在交叉参引的附表中整理在一起。

最后,适用条款可以澄清使用者对立法文本约束力之属人的、实体性的、时间的或地理的范围的任何疑问。

几乎没有理由不能将上述所有内容作为单独的章节列入介绍性文本,并且该章节带有以问题形式出现的标题,特别是如果制颁条款被转移到法案的签字部分。这种做法预先假定,介绍性文本是法案的一部分。以下是一个虚构的例子,将伦敦大学新生的评价模式从考试改为每个模块一门课程:

1. 介绍性文本

(a)伦敦大学的学生为其学位课程的每个模块提交一篇3500字的论文。

(b)这是他们在每个模块获得评价的唯一方法。

2. 什么时候开始?

新的评价方法适用于自2013年10月起首次注册学位课程的学生。

3. 现有的学生怎么办?

现有的学生继续通过考试获得评价。

注　释

〔1〕 关于在此之前的漫长过程,参见R. Dickerson, *How to Write a Law*, Notre Dame Journal of Legislation 3, 4 (1974)。

〔2〕 See A. Watson-Brown, *The Classification and Arrangement of the Elements of Legislation*, 18 Statute Law Review 32, 44 –45(1997).

〔3〕 See FAR Bennion, *Statute Law Obscurity and the Drafting Parameters*,5 British Journal of Law and Society 235, 238 (1978).

〔4〕 See Sir W. Dale, *Legislative Drafting: A New Approach-Reviewing the Reviewers*, Statute Law Review 69, 74 (1981).

〔5〕 See P. M. Bakshi, *An Introduction to Legislative Drafting*, Tripathi Private Ltd, 1972, p. 15.

〔6〕 See New Zealand Law Commission, *The Format of Legislation*,NZLC R27, 1993, p. 9.

〔7〕 See D. L. Kennedy, *Legislative Bill Drafting*, 31 Minnesota Law Review 103, 109(1946 –1947).

〔8〕 See contra F. Bennion, *If It's Not Broke Don't Fix It: A Review of the New Zealand Law Commission's Proposals on the Format of Legislation*, 15 Statute Law Review 163, 167

(1994).

〔9〕 See further chapter 4.

〔10〕 See J. O. Frosini, *Constitutional Preambles at the Crossroads between Policy and Law*, 11 International Journal of Constitutional Law 813(2013).

〔11〕 See J. C. Piris, *Sir William Dale Annual Memorial Lecture-The Legal Orders of the European Union and of the Member States: Peculiarities and Influences in Drafting*, 6 European Journal of Law Reform 1, 8 (2004).

〔12〕 See Uniform Law Conference of Canada, *Drafting Conventions*, (1989) Ⅲ; for an analysis of the Convention, see PE Johnson, *Legislative Drafting Practices and Other Factors Affecting the Clarity of Canada's Laws*,12 Statute Law Review 1, 3 (1991).

〔13〕 See *Report of the Renton Committee on the Preparation of Legislation* (Cmnd 1975, 6033) para. 11.7.

〔14〕 See E. A. Driedger, *The Preparation of Legislation*,31 Canadian Bar Review 33, 36 (1953).

〔15〕 See D. J. Owens, *A Handbook on Research and Drafting in Legislation*,1 Notre Dame Journal of Legislation 1, 21 (1974).

〔16〕 See R. C. Bergeron, *Règles de Rédaction Législative*, Ministry of Justice, 1999, p. 5.

〔17〕 See O. Duhamel, *Igniting the Spirits*,1 European Constitutional Law Review 12 (2005).

〔18〕 See R. Bellis, *Implementation of EU Legislation-An Independent Study for the Foreign and Commonwealth Office* FCO, 2003.

〔19〕 See Editorial, *Contextual Legislative Elements as Fomites*, 25 Statute Law Review xiii, xiii(2004).

〔20〕 See L. Orgad, *The Preamble in Constitutional Interpretation*, 8 International Journal of Constitutional Law 714 (2010).

〔21〕 关于欧盟法律序言和赘述的分析,参见 T. Klimas and J. Vaitiukaite, *The Law of Recitals in European Community Legislation*, 15 ILSA Journal of International and Comparative Law 61(2008 –2009)。

〔22〕 在此,序言列出了使其必要的的事实和情况。如果法案的目的可以通过立法以外的方式实现,序言部分必须说明为什么立法更为可取。序言中的指控必须得到被任命审议法案的委员会的满意证明。DAS Ward, *The Preparation of Acts of Parliament*, 1 Otago Law Review 294, 295 (1965 –1968).

〔23〕 See Editorial... and all of its Enabling Powers, 27 Statute Law Review iii(2006).

〔24〕 这是一个欧盟立法的问题,参见 H. Xanthaki, *The Problem of Quality in EU Legislation: What on Earth is Really Wrong?*,38 Common Market Law Review 651, 653 (2001)。

〔25〕 See A. A. Farnsworth, *The Interpretation of International Contacts and the Use of Preambles*,International Business Law Journal 271, 273(2002).

〔26〕 See Practical Legislation (1902) 93, quoted by F. Bennion in Statutory Interpretation: A Code, Butterworths, 2002,p. 624.

〔27〕 See *Editorial* (n 23) iv.

〔28〕 See Crabbe, *Legislative Precedents—Volume* Ⅱ, Cavendish Publishing Ltd, 1998, p. 5.

〔29〕 See T. Y. Chan, *Changes in Form of New Zealand Statute*, 8 Victoria University of Wellington Law Review 318, 337(1975 - 1978).

〔30〕 See J. Zurcher, *Basic Rules of Legislative Drafting*, 7 Manitoba Law Journal 131, 135 (1976 - 1977).

〔31〕 See D. Greenberg, *Laying Down the Law*, Sweet and Maxwell, 2011, p. 260.

〔32〕 See U. Karpen, *On the State of Legislation Studies in Europe*, 7 European Journal of Law Reform 59, 66 (2005).

〔33〕 See B. Simamba, *The Placing and Other Handling of Definitions*, 27 Statute Law Review 73, 82 (2006).

〔34〕 See Sir C. *Ilbert*, *Legislative Methods and Forms*, Clarendon Press, 1901, p. 281.

〔35〕 See IML Turnbull, *Clear Legislative Drafting: New Approaches in Australia*, 11 Statute Law Review 11(1990).

〔36〕 See Office of Parliamentary Counsel Drafting Guidance (20 March 2014) 39 - 40.

〔37〕 See H. Xanthaki, *Thornton's Legislative Drafting*, Bloomsbury Professional, 2013, p. 253.

〔38〕 See W. K. Hastings, *New Zealand Treaty Practice with Particular Reference to the Treaty of Waitangi*, 38 International and Comparative Law Quarterly 636, 668(1989).

〔39〕 See eg J. Hofman, *Comments on the South African Law Reform Commission's Draft Interpretation of Legislation Bill*, 124 South African Law Journal 479, 486 (2007).

〔40〕 See C. Hand, *Drafting with the User in Mind - a Look at Legislation in* 1982 - 83, Statute Law Review 166, 167 (1983).

〔41〕 See W. M. Graham-Harrison, *An Examination of the Main Criticisms of the Statute Book and of the Possibility of Improvement*, 4 Journal of the Society of Public Teachers of Law 9, 38(1935).

〔42〕 See S. Yen Ching Fung and A. Watson-Brown, *Traditional Drafting in Common Law Jurisdictions*, 16 Statute Law Review 167, 186 (1995).

〔43〕 See P. Mason, *Legislative Bill Drafting - Correct Drafting Important*, 14 California Law Review 298, 308 - 309 (1925 - 1926).

〔44〕 See Lord Simon of Glaisdale in Black-Clawson International Ltd. v. Papierwerk Waldhof-Aschaffenburg AG [1975] AC 591, 647.

〔45〕 See R. Ekins, *Acts of Parliament and the Parliament Acts*, Law Quarterly Review 91, 99 (2007).

〔46〕 See E. Clive, *Law-Making in Scotland: From APS to ASP*, 3 Edinburgh Law Review 131, 138 (1999).

〔47〕 See D. Kurzon, *It is Hereby Performed... Legal Speech Acts*, John Benjamin's Publishing Company, 1986, p. 10.

〔48〕 See Y. Maley, *The Language of the Law*, in J. Gibbons ed., Language and the Law, Longman, 1994, p. 11, 20.

〔49〕 See B. S. Jackson, *Who Enacts Statutes?*, 18 Statute Law Review 177, 203 - 204(1997).

〔50〕 See A. Twomey, *The Refusal or Deferral of Royal Assent*, Public Law 580, 581(2006).

〔51〕 See S. E. Young, *Shepardizing "English Law"*, 90 Law Library Journal 209, 215(1998).

〔52〕 See D. A. Marcello, *The Ethics and Politics of Legislative Drafting*, Tulane Law Review 2437, 2442(1995 - 1996).

〔53〕 See B. Seidman, *Drafting for the Rule of Law: Maintaining Legality in Developing Countries*, 12 Yale Journal of International Law 84, 97 (1987); B. Seidman, *Why Do People Obey the Law? The Case of Corruption in the Developing Countries*, 5 British Journal of Law and Society 45 (1978).

〔54〕 但生效日期条款对生效日期前的法律状况没有作出任何规定。它在生效日期之前既不批准、修改也不推翻法律:它只是沉默。See P. S. Atiya, *Common Law and Statute Law*,48 Modern Law Review 1 (1985).

〔55〕 See *Statute Law Society Working Party on Commencement of Acts of Parliament*,40 Statute Law Review 40, 53(1980).

〔56〕 See D. Greenberg, *Craies on Legislation-A Practitioner's Guide to the Nature, Process, Effect and Interpretation of Legislation*, Sweet and Maxwell, 2004,p. 359.

〔57〕 Publication is not Always Necessary to Make Law: See C Grant, *Promulgation and the Law*, (2006) 2 International Journal of Law in Context 321, 326.

〔58〕 关于生效日期条款的分类,See M. Gobbi, *When to Begin: A Study of New Zealand Commencement Clauses with Regard to those Used in the United Kingdom, Australia, and the United States*,31 Statute Law Review 153(2010)。

〔59〕 See F. Bennion, *Modern Royal Assent Procedure at Westminster*,2 Statute Law Review 133, 137 (1981).

〔60〕 See A. Samuels, *Is it in Force? Must it be Brought into Force?*,17 Statute Law Review 62, 65(1996).

第八章

主要条款：国家、欧盟和国际的维度

让我们继续讨论桑顿立法起草的第四阶段,即研拟和形成草案。在考虑了通常在最后才加以起草的导言条款后,起草者开始落笔纸上,或者把手按在电脑按键上,开始起草法案的主要条款,即实体性条款和行政性条款。仅为了完成的目的,我们的议案的拟议结构为: 149

— 导言条款

— 主要条款

· 实体性条款

· 行政性条款

— 最后条款

主要条款

主要条款构成了立法文本的主体。它们承载着政府所传达的规制信息,旨在推动法律改革,以此作为产生预期规制结果的一种手段。因此,主要条款对实现立法文本的有效性至关重要。

主要条款可以是实体性或者行政性的。区分的根据是它们的内容,不能自动将它们优先排序为初级的和次级的。换言之,实体性条款指的是实体性法律问题,而不是程序性问题。行政性条款,是指为使实体性条款生效所需要的程序安排。通常,实体性条款是最重要的。但是,在纯粹或者主要是行政管理内容的立法文本中,行政性条款可以同样自如地作为初级条款,也可以作为从属条款。不幸的是,"主要的"一词被斯林勋爵用来指
称除行政性条款之外的初级条款,而桑顿将其指称为实体性条 150
款和行政性条款。换句话说,斯林勋爵的初级条款不包括行政性条款,而桑顿的初级条款则包括行政性条款。这样一来便产生了混乱。这本书遵循桑顿的主要条款的概念,即实体性和行政性条款。这是有原因的。最后,本章讨论的是文本正文中的条款。由于这些政策承载着规制信息,至少在目前是这样,因而它们在本质上是初级的。有一点需要注意:由于预想到主要条款将出现在导言条款的介绍性文本中,在立法文本中引入介绍性文本可能需要更改术语。但是,即使是导言条款这一术语也

必须修改。

本书前几章对主要条款的起草进行了讨论。它们的有效性取决于清晰性、准确性和无歧义性。通俗易懂的语言和性别—中立语言是达到这一目的的绝佳工具。在通俗易懂的语言中，设计和编排起着重要的作用。但是，语言并不总是站在法律这一边。抽象地说，法律和语言有三个共同的特征：它们是受规则支配的符号系统；它们是人类特有的；它们对社会结构至关重要。[1]在这里，需要在价值观之间进行主观选择。关于哪一个在抽象意义上占上风[2]的争论，实际上是一个方法论上的缺陷：在具体的困境中，有效性说了算。

实体性条款告诉了使用者什么内容？从规制的角度来看，它们只是传达了规制信息。换言之，政府使用实体性条款向立法文本的使用者明确表示，从颁布之日起他们应当如何行动。政府的立法沟通势在必行：非立法性规制手段往往需要鼓励和推动使用者改变他们的方式并采纳政府的信息。因此，在一场提高交通安全意识的宣传活动中，酒后驾车导致死亡的生动画面促使司机在饮酒前三思而后行。但这一教育方向在立法中并不普遍，立法的作用是迫使和强制行为的改变。立法的命令性质决定了其被起草的方式。第一，在句子中使用命令句是多余的，重复“必须”亦没有必要。第二，在文本的研拟过程中，对立法文本中主体所强加的义务要求清晰性、准确性和无歧义性：
151 谁、什么、如何以及何时是关键的信息要素，必须被声明并且必须容易被使用者理解。这是通俗易懂的语言（与知晓受众和便利沟通一起）和性别—中立语言发挥作用的地方。第三，立法需要在传统与创新之间保持平衡，传统是作为可预测性的一种手段，创新则是直接性和长久性的一种手段。

所有这些平衡和冲突都是由起草者的主观选择进行处理的，起草者完全受其学术和职业培训，以及他们在继续应用培训获得的专门知识而得来的实际经验的引导。

实体性条款

实体性条款规定了受惠之人或者受规制之人的权利、权力、特权和豁免。这些条款被起草为规定、禁令、法规或以上的组合。

必须谨慎引入法定团体：其权力只能是通过制定法赋予它们的，以及为完成团体合并目的所必需的权力（不是通过制定法直接授予它们的权力）。

许可和登记条款必须包括许可机关的任命、其活动的目标、许可的申请方式、违反获得许可义务的制裁或者程序中的欺诈行为、申诉程序、检查事项、从属性立法和任何过渡性的管理体制。

权力和职责(duty)也需要注意。权力是表示允许的,因此使用“可以”(may)一词。例如,“部长可以制定法规”。但“可以”一词具有问责的内在必要性;起草者有责任确认行使权力的标准。因此,“可以”必须附有行使权力的标准。在没有自由裁量权的情况下,职责通过现在时态或者“必须”一词引入。例如,“部长任命”或者“部长必须任命”。在这里,起草者的任务是确保职责会被实际履行。这项职责的履行,无论直接还是间接的,必须同时在立法中引入:部长必须在何时任命?法规必须在什么时间段内制定?否则,会发生什么:最初的初级法案是否能够在无须法规的情况下独立存在,还是说其将要到期了?值得注意的是,权力和责任可以结合起来。例如,“部长向理事会咨询,并可以任命一名代表”,或者“部长可以咨询理事会,并任命一名代表”,在这些情况下,起草者的任务是确定行使权力的标准。

行政机关条款 152

行政机关的设立或者扩大,必须在宪法的框架内起草。

行政性条款的清单包括:

— 部门;
— 部门负责人;
— 任命和免职;
— 赔偿;
— 权力和职责;
— 职员分类;
— 规则;
— 公务员的身份;
— 报告;和
— 与地方政府的关系。

欧盟维度:成员国的实施措施[3]

另一类具有不同关切的主要条款的独立类别是实施欧盟立法的条款。

由于欧盟是一个“目标规制者”,[4]完全遵守是一个更广泛的概念,“包括国家机关的恰当政策,甚至包括向公民提供服务的街头官僚的恰当行为”。[5]实施(implementation)是一个包括强制执行(enforcement)的中等概念。而转置(transposition)则是规制的技术性任务,目的是实施,实施则要求遵守。从定量的角度看,转置的任务相当复杂:需要转置的约束性文件的数量之多足以证明任务的规模。[6]除了对接的定量难度外,从定性的角度看,转置是一个多
153 方面的问题。当进行转置工作时,起草者选择国内立法的主题和范围的自主性受到很大限制。[7]甚至对转置的评估也是一项复杂的任务,因为它需要对相关国家的法律体系和法律有详细的了解。对实际实施情况的评估是一项更加困难的任务,因为它涉及更广泛的政策问题、多种多样的行政行为和其他问题。[8]虽然对转置的分析很重要,但实施更重要,因为一项政策的成功最终是由其实实在在的影响来加以评判的。[9]

第一,欧盟法(acquis)的活力,特别是将软法纳入考量时,意味着随着时间的推移,转置的规则不可避免地将进一步改变。[10]每一份新的欧盟法律文件、欧洲法院的每一项新判决、欧盟签署的每一项国际协定都被添加到构成欧盟法一部分的权利义务体系中,并且成员国必须将其纳入本国法律秩序。因此,国家起草者和立法者需要不断更新其对欧盟法概念的定义和界定。[11]第二,欧盟文件不同于国家和国际法律措施的形式。这使得理解其法律价值、约束程度和强制实施要求的深度,成为一项相当复杂的任务。[12]第三,欧盟文件所使用的术语往往具有特殊含义,[13]即不同于成员国国内法中同一术语的含义。[14]对欧盟法中使用的概念要素的确认,以及与成员国的概念的细
154 微差别,给充分和完全的转置工作增加了一层额外的困难。第四,由于立法文本是相互交织的,欧盟法可能会进入欧盟所涵盖的规制领域以外的国内法的各个方面。为了在不过度扭曲国内法律制度的情况下实现充分的接受和遵守这一预期任务,转置工作必须将整个法律体系纳入考量,因此,需要对所有领域进行修改。[15]

□ 形式的选择

鉴于这些复杂性,如何在实践中实现转置呢?在回应这一任务时,完全从法律的角度来看,[16]成员国当局在选择国家的实施性立法措施的类型方面面临着困境,并且在实现国家实施性立法质量的手段方面也面临困境。关于

用来实现转置之手段的最后决定，则由国家当局根据自治原则作出。然而，自治原则被同等重要的辅助性、比例性、充分性、协同性和适应性原则所平衡。这些是欧盟法律的一般原则，构成了欧盟法的一部分，并触及欧盟法律和政策的所有方面。如此一来，这些原则便对欧盟机构和成员国都具有约束力。[17]因此，这些原则既规定了国内实施行动，也规定了国家和欧盟机构对国内实施措施的监督和评估。

辅助性原则规定，只有在较低的规制水平不能有效地实现目标时，最高级别的行动才是正当的。[18]当适用于转置时，辅助性具有双重含义。规制辅 155
助性可以被定义为一种方法的经济性。立法辅助性可以被定义为一种措施的经济性。也就是说，国家当局在选择国家性实施措施时，只能在其他层次和形式的规制不奏效的情况下才进行立法；[19]在选择国内实施性法律措施的形式时，国家当局要自下而上地通览规范性措施等级体系（hierarchy of normative measures）中国内法形式的清单：只有当个人的行政行为无效率时，国家当局才会选择一部法律；只有当一项法律无效率时，才会进行宪法改革。[20]

比例原则保证了国家当局选取的规制水平反映了要实现的效果或者目标。[21]换言之，转置过程中规制的比例性补充了辅助性，以确保国家当局选择立法与拟议法律文件致力于实现的目标之间的一致性。[22]立法比例性补充了立法辅助性，[23]并且要求国内实施措施的形式选择反映其目的。[24]

充分性原则平衡了辅助性并强调了比例性，尽管是以否定的形式表达 156
的。规制的充分性要求，所选择的规制手段能够达到所追求的效果。立法的充分性确保了所选择的立法形式能够实现所追求的效果。尽管充分性是立法过程中所追求的价值，但只有通过对拟议法律进行前瞻性（prospective）评估[25]（通过成本效益分析）和回顾性（retrospective）评估（采取对已通过之法律进行监督的形式），才能事后确保立法起草的真正充分性。

协同性原则促进了对法律体系的整体性进路。规制的协同作用促进了有抱负的成员国国内法体系内部不同法律领域的融贯性和相互关联的运作。立法的协同性促进了对某一具体社会现象的法律采取整体性进路，从而确保新文件一旦生效便顺利落实到位，并整合其力量以实现针对有关社会现象的立法的目标。

适应性原则实现了转置欧盟立法时所追求的一系列价值。立法实践往往要求在选择恰当的工具时具有灵活性：议会时间是宝贵的，并且形式的选择可能基于较轻的程序要求。[26]当与辅助性和比例性相结合时,适应性无须诉诸议会正当化,便可以达到规制不足或者授权不足的危险极限。然而,在充分性和协同性的界定下,适应性有助于各国政府正当地实现结果,但又不会浪费资源。适应性允许试验性立法或者分阶段立法。

那么,国家当局如何选择恰当的规范水平呢?在将这些原则应用于国家性实施措施的形式选择时,三个主要考量因素需要纳入考虑:完全转置所需的立法干预程度;要转置的欧盟文件的主要类型;国内实施措施的目标。

157 国内法接受欧盟文件所要求的立法干预程度,关系到立法性手段(而非替代性手段[27])的选择,并关系到立法层次的选择。[28]如果国内法没有对欧盟文件的主要客体进行规制,那么规制的必要性便毋庸置疑。[29]在这种情况下,当欧盟机构按照立法程序制定规制性法律文件时,在欧盟这一层面上便通过了立法的辅助性、比例性、充分性、协同性和适应性五项检验。因此,在这一领域进行立法规制的需要必须被视为理所当然的。成员国将极难[30]根据国家的复杂情况,提出一个正当和客观上合理的理由拒绝进行立法规制。[31]至于国内实施性立法工作的选择,这里的选择也仅限于具有法律约束力的国内立法文本形式。在国家层面缺乏在先规制的情况下,授权立法通常不能对法律规制的需要作出回应,因为根据定义,缺乏在先规制意味着缺乏引入必要的授权或者赋权性条款的初级文书。因此,为了进行合比例的和充分的规制,便需要制定初级立法。转置任务以通过一部法律而结束并不常见,因为转置仅仅是实施的一部分。出于协同性的原因,初级法律通常可以被次级立法文件加以补充,后者将处理因适用法律而产生的技术性细节。在这种情况下,授权立法将有助于实现法律的合比例性和适应性。出于充分性
158 的理由,尤其是关系到遵守马德里政府间会议的行政性标准,以次级立法来补充主要法律绝对有必要。但也必须考虑到转置的碎片化问题:缺乏清晰性和实施不完全。[32]

同样的原则也适用于先前的国家法规过时或者与欧盟法律发生根本和直接冲突的情况。在这些情况下,国内实施措施的选择仅限于通过一部核心法律,并辅之以处理技术性和行政性细节的授权立法。

如果在正在转置的领域中有先前的国内立法,国家当局往往有更广泛的选择。在规制层面,前述五项测试是可适用的,以确保进一步规制确实是必要的。当先前的国家规制与欧盟规制相比是完整的时候,必须根据国情重复

进行每一项测试。考虑到先前的国内法，是否需要进一步的规制呢？如果需要，那么进一步的规制是否与欧盟规制的目标是合比例的？当前的国家规制是否足以实现欧盟的目标？拟议的新规制措施能否顺利实施？是否有必要进一步规制，或者对现行规制措施作出更广泛的解释，或许只需简单地增加对欧盟文件的提及，便能产生预期的效果？这些问题的答案将取决于国家和欧盟规制之间比较分析的结果。

当且仅当五项测试没有在规制层面通过时，国家当局才会在立法层面进行相同的五项测试。国内法与转置中的欧盟立法文本之间不兼容性的程度决定了所选国内法文件在国家法渊源等级中的地位。存在先前的国内法并不能保证顺利的转置。[33]如果现行国家法是不完整的，则补充既有法律便是必要的。这可以通过废除和重新制定或者修改现有立法文本来进行。如果现有初级立法中的赋权性条款允许，那么授权立法可能是恰当的，前提是完全的转置要求进一步实现初级立法的目标；或者要求技术性或者细节性条款实施主要立法；或者要求设定行政性安排；或者要求初级立法已经生效；或者要求既有的初级立法被补充或者修改。[34]

此外，正在转置的欧盟文件的形式在很大程度上影响着国家当局的选 159
择。从规制的角度来看，至少在理论上，已经通过了辅助性、比例性、充分性、协同性和适应性的五大检验，并在欧盟层面作出了继续开展立法规制的决定。同样，欧盟所选立法形式的层级已经考虑到该文件的法律基础，也考虑到欧盟法律渊源层级中所选形式的顺序。因此，正在转置的欧盟文件至少在理论上已经通过了五项检验。欧盟机构在欧盟立法过程中所做的这些选择，直接决定了国家当局在国内立法过程中对实施性措施的选择。[35]

因此，构成条约的条款一般都适合纳入国家宪法或者宪法性原则中。这背后的逻辑在于条约规定的概括性质：它们是以国家宪法或者宪法性文件所适应的模糊风格而起草的基础性法律规则。大多数条约规定倾向于引入影响欧盟法律整体[36]解释和适用的欧盟法一般原则，并且可以被视为国家法一般原则的组成部分。但是，大多数条约规定只适用于欧盟公民，因此，有人反对在国内宪法中明确转置同等适用于欧盟和第三国国民的条约条款。因此，在制定条约的条款方面，国家当局的任务是双重的：消极的任务是将仅仅与欧盟运作相关的立法等式条款剔除；积极的任务是确认条约赋予欧盟公民的权利和义务，但随后欧盟法律已经将其扩展到第三国国民的那些条款。这些主要是与基本自由而不是与内部市场有关的自由条款。只有前者才需要明确纳入宪法或者宪法性原则中。所有其他的条约条款则需要通过适用于解释和接受欧盟法所有渊源,来进行无声的转置。

160 条例(Regulations)是直接可适用的。[37]由于它们是成员国国内法的一部分,因此通常并不需要转置。根据协同性原则,条例的起草方式应使其被国内法平稳地接受。但是,这并不能免除国家当局根据现有国内法对条例进行评估的任务。[38]一般而言,有四种国内规范性实施措施来转置条例:具体化和/或补充性实体性措施;机构性和/或者权限措施;程序性、控制性或者刑罚措施;调试性或者偏离性措施。[39]如果条例与先前国内立法完全相反,后者必须全部修改或者废除。通过制定法解释,默示修改可以被认为足以实现转置。但这妨碍了成员国国内法的清晰性,因而不能被容忍。此外,这可能会给违反欧盟法律的司法解释和适用留有余地,[40]进而反过来导致司法性国家责任索赔。如果条例部分地影响到现有国内法,国家当局的任务是评估接受该条例后国内法变化的程度和方式。在这种情况下,通过变更、替换或者合并进行的修改可以确保协同性,同时又尊重适应性。在条例完全符合先前国内法的罕见情况下,成员国可以保持不行动;或者在国内法律文件的目的条款或者解释性材料中增加对本条例的提及;或者引入一个国内立法文本,用一个唯一的制颁条款交叉参引先前的国内法,并将该条例作为附录。选择是主观的,并依赖于需要引起使用者注意到该条例与国内法之间关联的程度。

指令(Directives)[41]需要引起国家当局的注意,因为它们只是设定了需要实现的目标,允许国家当局在实施过程中行使其自主性。[42]当然,自主性并
161 不是无限的。实施一项指令需要"采取具有立法性质的一般措施"。[43]国家当局必须确保其得到充分适用,[44]不但在事实上,而且在法律上也是如此。[45]在适用这一原则时,为了转置指令,国家当局不能以如下方式找到庇护:仅仅通过行政当局可以随意修改的一份通函,[46]或者在参引欧盟法的国内立法的简单的概括性条款中,[47]或者在当前行政实践中,[48]或者在行政当局根据现行国内规则和行政规则所做的容忍中,而这些规则没有赋予个人在国内法庭上能够依赖的任何权利。[49]此外,所用术语的清晰性和准确性不能依赖于导言材料中的定义。[50]判例法不能满足指令条款的法律确定性要求。[51]当然,也不能依赖国内的制定法解释规则来间接地完成实施措施。[52]

对国家当局自主权的这些限制的理由在于如下事实,即在指令通过时这

五项测试得到了满足，因此，对立法规制的必要性已经得到证实。[53] 国家当局可通过集体协议将指令目标的实施留给社会伙伴；但国家当局仍有责任通过采取恰当的立法或者行政措施来确保指令得到充分实施。[54]

在缺少在先国内规制的情况下，或者当先前的国内规制与该指令的条款相冲突时，指令要求通过立法措施进行全面转置。[55] 在先前已有部分规制的情况下，鉴于大多数指令细节性的技术性质，它们通常通过授权立法进行转置。但是，为转置目的而使用授权立法的权力，必须包括在批准《加盟法案》(*Accession Act*)之中。如果国内法律体系已经确保了该指令所追求的目标，则实施措施便不再必要。在这种情况下，国内法中已经存在必要的立法，或者在宪法或行政法原则使特定国内立法成为多余的情况下，便可能会出现这种情况。[56] 这样做的前提是，由这些原则产生的法律立场足够准确和清晰，并且可以在国内法庭上被个人所依赖。[57] 成员国常用的一种转置工具是，通过一份单一的国内法律文书对若干指令进行转置，即“国内转置一揽子办法”。尽管这些措施有助于降低各部委内部的协调成本，[58] 但它们作为一种技术性起草工具的价值仍值得质疑，因为它们打破了指令与“其”国内实施措施之间的明确链接。但它们也可以作为一剂良药，治疗欧盟规制广泛的碎片化。 162

决定(Decisions)通过行政行为或者授权立法进行转置。决定的对象是实施措施的主体，而这必须体现在国内实施措施中。

建议和意见(Recommendations and Opinions)不需要转置，因为它们没有法律约束力。但是，它们确实可以用作对更强有力且具有法律约束力的立法文本的真正解释，[59] 并且需要在欧洲法院进行司法审查。[60]

最后不能不提及的是，欧洲法院的判决，特别是一贯的判例法，对成员国具有约束力，必须纳入国内的实施措施之中。

除了完全转置所需的立法干预程度以及需要接收的主要欧盟文书的类型之外，国家当局选择国内实施措施的依据是所处理领域的性质和目标。换言之，国家当局将法律和立法起草标准纳入考量，这些标准适用于传统国内立法起草中对法律形式的选择。毕竟，转置最终是一项立法起草工作。法律标准与实施措施所指的法律实体领域有关。立法起草标准则是指，将国内实施措施分为初级立法或者行政立法的技术要求。 163

在选择国内实施措施之形式的法律标准方面，国家当局确认了拟议措施的实体性法律领域。第一，国内法律习惯[61] 可能要求特定行为领域的规制必须保留给特定的法律形式。如果在国内法律秩序中引入新的犯罪,情况就会是这样:传统上,这是留给刑事立法的。第二,重要性很小的领域很少被认为值得通过初级立法进行立法干预。在这种情况下,规制采取授权立法、内部通知或者其他较低形式的规制。这个领域中的一个例子是给予农民的赔偿标准,当农作物因自然现象被毁坏时。第三,重要性更大的领域通常留给初级立法。这涉及宪法和宪法性规定专属权限、对公民权利的限制、税收、选举或者建立公共机构等方面的立法。但政治和经济似乎也起作用:政府在任期开始时倾向于选择初级立法来进行转置;较富裕的国家似乎更多地使用初级立法。[62]

在立法起草标准方面,国家当局需要考虑影响国内实施文件之形式选择的技术性起草问题。支持初级立法的主要因素是,在如下对民主正当性有特殊需要的情况下,需要对拟议措施进行议会的正当化:在基本权利受到严重损害时,或者在引入和赋予重要的权威或者权力时,或者在预期采取的措施
164 对政治、经济或者社会具有重大影响时,或者当拟议解决方案在政治上有争议时。支持初级立法的另一个因素关涉到拟议措施的特点:广泛的对象范围、普遍适用、[63]法律约束力。支持授权立法的主要因素是赋权性条款。宪法或者宪法性原则必须不能禁止授权。赋权性条款必须在初级立法中被引入。该条款必须准确地界定授权的范围。该条款必须决定根据授权所制定的文书的目的和方式。支持授权立法的另一个因素是拟议措施的特点,即对规制灵活性的需要、规范性问题的技术或者细节性质,或者对重复行为的需要。令人惊讶且因此值得注意的是,选择初级立法作为一种转置手段丝毫没有拖延其进程。[64]但是,无论选择什么样的国内措施形式,作为国家代理人的起草者都不能起草"任何可能掩盖共同体性质,以及对其适用对象隐藏任何法律规定效力"的措施。[65]因此,欧盟与国内立法文本之间的联系必须具有显著性。

□ 语言、句法和结构的选择

国家当局的任务并不是以选择国内实施措施的形式而结束。欧盟已将注意力转向欧盟和国内实施措施的质量,现在要求国内立法文本要遵守其立法质量的规则。[66]遗憾的是,没有实现立法质量的神奇公式。[67]每个国家都有自己的规则,这些规则受其法律体系的类型(大陆法系还是普通法系)、政

体类型（如联邦政府）和立法者的主要目的（促进经济发展，在这种情况下立法必须为公司服务，或者保护其公民，在这种情况下立法必须对所有人来说是简单易懂的和可理解的）的影响。[68] 165

然而，在以所有成员国都可以接受和接收的方式界定立法质量方面，欧盟已经走了很长一段路。[69]让—克劳德·皮里斯（Jean-Claude Piris）指出，关于质量问题有两个方面：法律实质上的质量和法律形式上的质量。法律实质上的质量主要指立法政策问题，包括辅助性和比例性检验、恰当工具的选择、预期文件的期限和强度、与之前措施的一致性、成本/效益分析和拟议文件对其他重要的政策领域的影响，如中小企业、环境、防止欺诈等。法律形式上的质量涉及可理解性，即决策过程中的透明性和法律的传播。[70]欧盟起草规则可分为三类：关于立法文本实质内容的规则、有关引导其通过之立法程序的规则以及与技术起草问题有关的规则。

至于立法文本的实质内容，欧盟立法必须是实现有关法律目标的必要和有效手段，因此，必须鼓励替代性规制手段（如贸易间协定），在不属于优先政策问题的领域，应当克制地规制。[71]欧盟立法必须与要实现的目标成比例，[72]并与现有立法保持一致。此外，它必须考虑到最后文本的使用者的特 166
殊需要：它必须以非专业人士容易理解的方式来决定引入新的权利和义务。此外，它必须考虑到转置问题以及将文本翻译成多种不同欧盟官方语言的需要。

至于立法程序，欧盟机构必须尊重辅助性原则，进而将在国家层面可以更有效地加以处理的事项留给成员国去规制（智慧规制的另一个方面）。[73]起草过程必须公开、[74]透明，[75]向所有有关各方提供立法档案的完整信息，[76]而且咨询必须尽可能广泛。立法进程也必须被仔细规划和协调。此外，必须对计划中的立法进行成本分析，并对已经颁布的法律进行监督和评估。

就起草的技术方面而言，欧盟立法必须是清晰的、[77]无歧义的和简单的；这对于将要翻译和转置到28种不同法律秩序的文本而言，格外重要。清晰性包括：使用通俗易懂的语言，避免过多的交叉参引和没有立法特征的政治声明。[78]无歧义性包括：在整个文本中使用同一术语、没有不必要的缩写和没有对现有规定毫无意义的重复。简单性包括：没有行话、长句和对其他法律文本的不精确引用。[79]立法文本的标题必须充分和明确地表明其主题。序言中

167 的叙述只能用作以简单、不重复的方式证成制颁条款之正当性的手段。引文(标题内的短标题)必须提供文本的法律依据,而序言内的叙述必须用作简要说明通过本部立法之原因的手段。另外,必须非常明确地提及生效日期,后者必须与实际文本的日期明确区分开来。此外,对于已经存在的立法,必须积极推行汇编、重铸和非正式汇编的做法。这些起草规则的纯粹性约束着欧盟及其机构。然而,早在 1998 年欧盟委员会《更好的立法报告:共同责任 1998》中,[80]成员国在提高欧盟立法质量过程中的作用便完全确立。欧盟委员会宣布,成员国在补充这些机构的努力方面也可以发挥作用,因为“毕竟,它们是立法的主要制定者,因此是[企业]负担的最直接原因”。事实上,欧盟指令的正确转置是报告提出的八项主要行动准则之一。[81]

在此基础上,毫无疑问,欧盟提出的起草高质量立法的规则适用于起草国内实施措施。毕竟,国内实施措施的质量将由欧盟委员会进行监督和评估,并由欧盟法院进行控制,这两个机构都是欧盟机构,它们对立法质量的认识源于欧盟立法起草规则。但是,国家立法机构确实有选择余地。例如,除非欧盟措施中另有明确规定,否则国内措施的适用范围不能偏离欧盟措施。[82]澄清欧盟文件中有歧义的或者模糊的术语可以弥补欧盟文本的缺陷。[83]此外,确认国内法中已经存在的条款并避免将其纳入实施措施,可以减少“双重保障”(double banking),即在两个立法渊源中对同一主题进行不必要的平行规制。[84]在国内立法文本中排除过度起草可以避免“镀金”,而这不
168 符合政府的意图。[85]“镀金”增加了欧盟立法带来的负担,并危及国家行动者的竞争力。[86]起草者必须确保:国内实施措施不扩大欧盟立法文本的范围、概念或者实质内容,并考虑到所有的偏离。一点一点地实施并非好的做法。但是,如果该制度的适用取决于在欧盟、国家和区域一级通过的若干规定的组合,则允许区域性法律纳入所涉欧盟条例的某些要素,以保持一致性,并使它们对所适用的对象而言易于理解:归根结底,当务之急是“条例的欧盟性质、其直接适用性以及其直接效果不会被掩饰或者以其他方式受损”。[87]

□ 总　结

尽管转置欧盟法的任务具有模糊性,并且欧盟避免提供指导,但对完全转置而言,仍然有可识别的原则。从定量和定性的角度来看,实践中的转置都是一项复杂的任务。问题往往源于构成欧盟法一部分之欧盟文件的庞大

数量、欧盟法的动态性、欧盟文件的独特性质和形式、欧盟术语的复杂性，以及对似乎不受欧盟立法影响的国内法的间接影响。

在选择国内实施措施的形式、内容和方式的混乱任务中，成员国似乎可以自行其是。这与事实相去甚远。在形式的选择上，国家当局可以利用规制的和立法的辅助性、比例性、充分性、协同性和适应性这五种检验。这些规定了基于完全转置所需的立法干预程度而作出的选择、有待接收的主要欧盟文件的类型以及国内实施措施的目标。

事实上，这五项检验的应用摧毁了欧盟特定立法形式与国内立法形式之间的简单关联：条例通常需要通过国内法进行转置，而指令可能并不总是需要进行转置。每一项欧盟法律文书都必须根据先前的国内立法予以特别考量。这种处理方法需要具备对欧盟法的精确知识、在国内法制度运作方面的广泛经验，以及使后者适应前者的技能。

但是，从实体法的角度来看，对欧盟法的完全实施并不足以实现成功的 169
转置。国内实施措施的质量（自 1997 年以来宣布）对于实现有效率的、有效果的和可强制执行的国内实施性法律同样重要，换言之，符合哥本哈根和马德里的准入标准。起草规则涉及立法文本的实质内容，导致他们通过的立法过程和技术起草中出现的问题。就立法文本的实质内容而言，立法必须是：实现被转置之欧盟文件目标的必要和有效手段；与要实现的目标合比例；与国内法令全书相一致。对于立法过程，国内实施措施必须尊重辅助性、公开性、透明度和成本效益的原则。在起草的技术方面，国内实施措施必须清晰、无歧义和准确。它们还必须能够实现国内规制的有效性，以及作为实施集体的成员，[88]实现欧盟规制的有效性。这排除了“复制”技术[89]的使用，这种技术现在甚至在英国也被当作标准。[90]起草者必须认识到：与复制相反，对于有效转置以不清晰或者不准确的方式引入权利或者义务的欧盟立法文件而言，详尽阐述是必要的；这要求创设一项刑事犯罪，或者通过行政当局之申请来转授权。最后，从英国权力下放后的角度来看，有必要将文本交由正确的立法机关处理。[91]

国际维度：实施国际协定

条约是国家间具有法律约束力的国际协定：它们可以包括在一个或者多个文件中，而且它们是事实上被构成的，无论其是否被指定为条约。[92]对起草 170

者而言,它们的固有困难是,在条约所涉及的所有法律秩序中,从模糊的政治声明中唤起约束力。条约必须区别于不可强制执行且不需要公布的谅解备忘录。条约要求同意受约束、签字表达、交换文书、批准或者加入。它们可以在某一特定日期生效,也可以根据《维也纳公约》第24(2)项,在所有成员签署后立即生效;根据《维也纳公约》第25条,也可以临时适用。《维也纳公约》第31条和第32条预见到对条约的解释,[93]并可根据《维也纳公约》第2(2)(d)项通过解释性声明或政治声明或保留[94]来提供解释,这基本上是对条约毫无偏离的修改。

根据管辖权的普遍理论,条约通过两个立法过程成为国内法的一部分。[95]一元论以《维也纳公约》第26条为基础,允许将其自动纳入国内法,从而使其在国内法院可强制执行。就起草而言,非常重要的是要注意到,包含犯罪的条约即使在一元论的情况下也需要在国内实施。二元论普遍存在于普通法法域中,通常被认为是最有效的实施方法。[96]为了实施,二元论要求在立法过程中采取第二步。[97]国内法和国际法之间的冲突是参照国内法来解决的。[98]奥利弗勋爵(Lord Oliver)写道,当条约法已经"通过立法被吸收进法
171 律"时,其只是英国法律的一部分。[99]但即使在二元论情况下,条约仍然具有约束力,并且无论国内实施情况如何,条约都是被善意地加以适用:《维也纳公约》第26条规定的"协议必须遵守"(pacta sunt servanta)。[100]

通过四种方法赋予国际条约效力:[101](1)国内实施性立法可以不提及国际协议,但最好澄清其目的是使协议生效;(2)国内实施性立法可以提及国际协议,并可通过单独的实质性规定使其生效;(3)国内立法可以只是将国际协议列入附表供参考;(4)国内立法可以在附表中列出协议,并授予它或它的一部分以法律效力。

从理论上讲,这很好。问题是,实践中会发生什么?为此目的,起草者将国际条约作为一套起草指引,这很重要。这将国家起草者置于桑顿立法起草的第一阶段。这是一个相当幸运之处,因为条约将包括政策意图、合理的结构以及起草者至少可以考虑的最初概念选择。但条约也会推断出非专业草案的危险。选择已经作出,对于起草者来说,简单地复制其中的内容很有诱惑力。一旦有效性进入等式,这种诱惑就会消失。[102]起草者需要意识到,通过该条约的目的是营造一个不同于起草者法域的、更广泛的环境,目的是消除源于国别殊异性而产生的任何困难。但这正是国家起草者必须服务和强

调的背景,一切都是为了国内有效性。

但是,在继续讨论之前,起草者到底在追求什么呢?在条约起草或者谅解备忘录的国内化过程中,可以确立什么样的效力标准呢?标准包括:条约的技术性质;条约的内容;英国普遍存在的更好规制的风气;最后但绝不是最不重要的,关于实施程度的政策决定,以及向国际社会证明已经实施的必要 172
程度。这是一个政策问题,起草者对此没有任何作用。根据这些标准,实施性立法的真正目的可以是充分遵守国际条约,或者在尊重某些国家复杂性的同时部分地遵守,甚至在实践中避免有效遵守。每一个政治目标都由不同的技术来实现。

避免遵守不是一个伦理目标。毕竟,履行国际义务是法治的一个方面。[103]在理想的世界里,各国签署国际条约是为了充分和及时地遵守这些条约。但这并非一个理想的世界,起草者可能会被要求起草一项具有偶然有效性的国内实施措施。实现这一点的最佳方式是借助复制粘贴技术。国际文本在性质上是模糊和不完整的,因此,它们在国内实施方面往往是无效的。所使用的概念和术语可能对国内法秩序具有模糊的意义、歧义的意义或者没有意义,维持那些没有国内定义的概念和术语会导致不准确性和歧义性,而这反过来又会使有效性成为偶然的。此外,国内措施在法令全书中的位置以及它与现有文本之间关系的确定,都留给法官进行制定法解释,而法官倾向于为国内法赋予重要性。[104]如果细微之处(subtlety)不是前进的最佳途径,那么阻却性措施的引入便总是有可能的:在不承认或者不促进相互的法律协助,或者不承认外国判决,或者不承认外国命令的情况下,一项国际条约便被剥夺了牙齿。

但这是一个特殊的由政治驱动的起草案例,它提出了起草者必须以某种方式同时应付的合宪性和合法性问题。国内实施措施的一个更现实的目标是确保部分地遵守国际条约。在这里,起草者的任务是确认国别的殊异性,决定到底需要保留什么,并据此起草。为此目的,起草者可以使用多种技术。第一,一份兼具遵守和创造性元素的新的国内实施立法文本:通过注重最符合国家利益的条约要点的有效性,可以平衡国内实施的需要。第二,通过一份国内立法文本简单地指出:通过重新起草需要进一步实施的条款,国家将国际文件纳入国内法,并通过编号来提及国际文本中可以保留的确切条款:这要求把重点放在国际条约上,将其作为解释和适用国家文本的手段,并且, 173

这对于证明国家已经非常有效地实施了条约,非常有用。第三,明确声明国内实施性法律的目的是实现对相关国际文件的遵守:这是一种将国际条约作为一个整体的更加微妙的方式,并将国际条约作为解释和适用国内文本的手段。第四,起草者可以选择将国际文件附在一个附表中:这里的重点是国内文件,但对国际文件的引用很方便。

如果起草者的指引是确保全面遵守国际条约,那么对桑顿立法起草阶段逐一进行复制都是细致而有目的的。起草者必须将国际文件作为一套起草指引。它们通过一项包含如下声明的立法计划来确认对这些指引的回应:现有的国内法是什么;哪些已经被国内法所涵盖;在国内法中有哪些不同之处;哪些在国内法中没有被规制;与国际法相抵触的每个条款都需要哪些规制机制;以及为了顺利纳入新的国内立法文本需要哪些修改和废除。在设计方面,起草者应确保所选取的规制机制是恰当的。这意味着并不总是需要立法:事实上,立法是最后的解决办法。如果需要立法,那么起草者就进入了研拟阶段。

国内实施文本的结构有助于有效性的实现。因此,国际文件的结构并不总是有用的。作为赋予文本可预见性的一种手段,要遵循国内风格和格式的复杂性。例如,序言不被保留;根据《维也纳公约》第 32 条对它们进行评估,该条赋予序言解释性价值;序言要么被视为与国内文本无关而被拒绝,要么被转为导言条款或者主要条款。国内文本遵循国内起草风格。最后,它在起草团队内部和政府外部进行核证。

因此,实践中有效的实施可以将起草者引向四种选择:

— 如果没有进一步立法的必要,那么什么都不做;[105]

— 通过一部完全吸收(如《英国外交特权法》吸收了《维也纳外交关系公约》)或者部分吸收该条约的议会法案(如 1998 年《人权法》);

174 — 通过一项议会法案,该法案包含履行条约义务的必要权力,而不必将条约本身纳入其中;

— 通过一部授权立法,将若干条约纳入其中。

英国的做法是,在实际批准条约之前,通过修改现有法律来实施条约。[106]但是,无论选择何种国内措施,其研拟都需要特别的注意和多样化的处理。为了完成履行,起草者可以声明,国家文本的目标是充分履行具体的国际文件。为了便于参考,起草者可以将国际文件附在国内法文本之后,以鼓励将其配套起来阅读。它们可以定义所有需要在国内法和国际法之间建立起联系的术语。它们可以创造性地构建国内法的体系,并以国内层面规制的有效性为唯一标准。在起草中,他们可以使用最佳做法制定国内法。领土适用常常是一个问题,起草者必须明确予以澄清。同样,应当在文本中澄清国内法的开始日期是什么时候,以及针对国际文本生效至国家措施开始日期之间的这段时间制定哪些条款。同样值得澄清的是,国际条约结构的争端解决方面,如仲裁、诉诸法院,或者通过类似国内法中违约补偿的补救办法。最后,修改国内立法可能需要特别规定:它可以保持在外交和联邦事务部的权力范围内,在这种情况下,一个带有赋权性条款的具体规定将是一个好主意。在完成研拟后,起草者可以利用国外组织来核证国家文本的质量。

最终,国内实施的愿景始于国际层面的谈判。因此,一个由谈判者、国家决策者、国家法律官员和国家起草者组成的起草团队,可以胜任。国际条约可以作为国家起草者之起草指引的渊源。

创　新

无论出于何种目的,起草主要条款都是起草者的核心任务。但他们在这项任务中的成功与桑顿起草过程前三个阶段所进行的背景工作密不可分。起草者的援助是实现有效性的价值金字塔,以及在这些价值之间不可避免的 175
冲突中的应用,正是这些冲突引发了起草的困境。实践智慧式立法起草的教义赞赏起草者任务的主观性,并认可他们工作的主观性。但这需要立法起草的原则加以平衡。在提升有效性时,这些原则可以援救立法起草者。

区域性和国际性立法文本的编号和卷数都在增加。它们需要特别的处理。目前,将它们作为起草指引而不是示范法的必要性被湮没在实用性的海洋中,导致越来越多地使用授权立法来实施它们。必须由实用性来引导这一辩论是值得怀疑的。归根结底,区域性和国际性立法文本与国内起草项目并无不同。为了产生预期的规制结果,它们需要以清晰性、准确性和无歧义性的方式,并借助使用通俗易懂的语言和性别—中立的语言来有效地起草这些文件。这需要由议会法律顾问办公室或者外交和联邦事务部起草。为了将区域性或国际性文件国内化而偏离初级立法可能在宪法上获得证成,但从立法质量的角度来看,这却完全不可原谅。

注 释

〔1〕 See B. Danet, *Language in the Judicial Process*, 14 Law and Society Review 3(1980).

〔2〕 See B. Coleman, *Are Clarity and Precision Compatible Aims in Legal Drafting*?, 8 Singapore Journal of Legal Studies 376, 400 (1998).

〔3〕 关于这一主题的完整分析,参见 H. Xanthaki, *Transposition of EC Law for EU Approximation and Accession: The Task of National Authorities*,8 European Journal of Law Reform 89(2006); H. Xanthaki, *Technical Considerations in Harmonisation and Approximation: Legislative Drafting Techniques for Full Transposition*, in M. Andenas and C. Baasch Andersen eds., The Theory and Practice of Harmonisation, Edward Elgar, 2011,p. 536。

〔4〕 See P. Westerman, *Breaking the Circle: Goal-legislation and the Need for Empirical Research*, 1 The Theory and Practice of Legislation 385, 397 –398 (2013).

〔5〕 See R. Thomson, R. Torenvlied and J. Arregui, *The Paradox of Compliance: Infringements and Delays in Transposing European Union Directives*, 37 British Journal of Political Science 685, 686 (2007); E. Versluis, *Even Rules, Uneven Practices: Opening the "Black Box" of EU Law in Action*,30 West European Politics 50 (2007).

〔6〕 See J. O. Reilly, *Coping with Community Legislation-A Practitioner's Reaction*, 17 Statute Law Review 15, 16(1996).

〔7〕 See G. Maneva, *Drafting for Accession: Bulgaria's Way to Success*, 7 European Journal of Law Reform 111, 120 (2005).

〔8〕 See R. Macrory, *The Enforcement of Community Environmental Laws: Some Critical Issues*,29 Common Market Law Review 347, 355 (1992).

〔9〕 See A. Jordan, *The Implementation of EU Environmental Policy: A Policy Problem without a Political Solution*?,in A. Jordan ed., Environmental Policy in the European Union: Actors, Institutions and Processes, Earthscan, 2002, p. 301;A. Jordan, *The Implementation of EU Environmental Policy: A Policy Problem without a Political Solution*?, Environment & Planning C: Government and Policy 69 (1999).

〔10〕 See R. Wainwright, *Techniques of Drafting European Community Legislation: Problems of Interpretation*, 17 Statute Law Review 7, 9(1996).

〔11〕 随着人们越来越重视使用其他规制手段,包括自我规制、共同规制、开放协调、基准设定、同行压力、网络、标准化和软法,这个问题变得越来越突出,参见 LAJ Senden, Soft Law and Its Implications For Institutional Balance in the EC,1 Utrecht Law Review 77 (2005)。

〔12〕 即使是欧盟指令附件中的清单,也必须在国内实施措施的准备工作中明确地进行转置,参见 Case C-478/99 Commission of the European Communities v. Kingdom of Sweden [2002] ECR I-4147。

〔13〕 See S. Chalton, *The Transposition Into UK Law of EU Directive 95/46/EC (The Data Protection Directive)*, 11 International Review of Law Computers and Technology 25, 27 (1997).

〔14〕 See Th. A. Finlay, *Community Legislation: How Big a Change for the National Judge?*, 17 Statute Law Review 79, 80(1996).

〔15〕 See W. H. Roth, *Transposing "Pointillist" EC Guidelines Into Systematic National Codes—Problems and Consequences*, 10 European Review of Private Law 761 (2002).

〔16〕 在国内层面上,国内立法工具的选择也是一种政治选择,个别部长的风格也会影响这种选择,参见 D. G. Dimitrakopoulos, The Transposition of EU Law: "*Post-Decisional Politics*" *and Institutional Autonomy*, 7 European Law Journal 442, 450 (2001)。

〔17〕 See J. A. Usher, The Reception of General Principles of Community Law in the United Kingdom, 16 European Business Law Review 489, 495 (2005). 欧共体法律秩序中承认的保护一般原则的要求,在成员国实施欧共体规则时也对其具有约束力。Case C-107/97 Criminal Proceedings against Max Rombi and Arkopharma SA, the party liable at civil law, and Union federale des consommateurs "Que Choisir?" and Organisation generale des consommateurs (Orgeco), Union departementale O6 [2000] ECR I-3367, [65]; Case 145/88 Torfaen Borough Council v. B. & Q plc [1989] ECR 3851; Shrewsbury and Atcham BC v. B. &Q. [1990] 3 CMLR 535; C-20/00 and C-64/00 Booker Aquaculture v. The Scottish Ministers [2003] ECR I-7411.

〔18〕 See European Commission, *Better Lawmaking* 2004, Pursuant to Article 9 of the Protocol on the Application of the Principles of Subsidiarity and Proportionality (12th Report) COM (2005) 98 final and SEC (2005) 364, 2; G. Davies, *Subsidiarity: The Wrong Idea, in the Wrong Place, at the Wrong Time*, 43 Common Market Law Review 63, 67 (2006); B. Rodger and S. Wylie, *Taking the Community Interest Line: Decentralisation and Subsidiarity in Competition Law Enforcement*, 18 European Competition Law Review 485 (1997); K. Lenaerts, *The Principle of Subsidiarity and the Environment in the European Union: Keeping the Balance of Federalism*, 17 Fordham International Law Journal 846 (1994); N. Farnsworth, *Subsidiarity-A Conventional Industry Defence: Is the Directive on Environmental Liability with Regard to Prevention and Remedying of Environmental Damage Justified under the Subsidiarity Principle?*, 13 European Environmental Law Review 176 (2004).

〔19〕 不过,英国倾向于过度实施欧盟法律,参见 J. O. Keeffe, Making a Silk Purse Out of a Sow's Ear, 103 Law Society Gazette 14(2006)。

〔20〕 值得注意的是,在《欧共体条约》第 3b 条第 2 款生效之前通过的任何措施都不得参引该条款进行审查,因为后者将具有追溯效力。Case T-29/92 Vereniging van Samenwerkende Prijsregelende Organisaties in de Bouwnijverheid and others v. Commission of the European Communities [1995] ECR II-289, [12], [330]-[331].

〔21〕 See Case 11/70 Internationale Handelsgesellschaft [1970] ECR 1125, 1148; The Law Society, *EU Better Law-Making Charter*, Better Law-Making Programme, 2005, p. 5.

〔22〕 当在若干适当措施之间作出选择时,必须求助于最不繁重的措施,所造成的不利因素不得与所追求的目标不成比例:See Case T-54/99 max. mobil Telekommunikation Service GmbH v. Commission of the European Communities [2002] ECR II-313, [81]; Joined Cases C-133/93, C-300/93 and C-362/93 Crispoltoni and Others [1994] ECR I-4863, [41]。

〔23〕 See J. Snell, *True Proportionality*, 11 European Business Law Review 50(2000).

〔24〕 See G. de Búrca, *The Principle of Proportionality and its Application in EC Law*, 13 Yearbook of European Law 105(1993); J. Jans, *Proportionality Revisited*, 27 Legal Issues of European Integration 239(2000).

〔25〕 如果立法机关有义务评估将要通过的规则的未来影响,且这些影响无法准确预见,那么,只有根据在通过有关规则时所掌握的信息,其评估似乎明显不正确时,才能受到批评。

〔26〕 因素包括:议会程序的混乱和议会时间的缺乏,参见 J. Usher, *The Legal Framework for Implementation in the United Kingdom*, in T. Daintith ed., Implementing EC Law in the United Kingdom: Structures for Indirect Rule, John Wiley and Sons, 1995, p. 101。

〔27〕 See HM Government, *Transposition Guidance: How to Implement European Directives Effectively*, April 2013, 2.5 – 2.6.

〔28〕 关于国家规范的兼容性和转置的社会学分析,参见 A. Dimitrova and M. Rhinard, *The Power of Norms in the Transposition of EU Directives*, 9 European Integration Online Papers No. 16 (2005), http://eiop.or.at/eiop/pdf/2005-016.pdf。

〔29〕 然而,转置不一定要求欧盟条款在具体的、明确的法律或法规中逐字转载;一般的法律背景可能就足够了,前提是它确实有效地确保以足够清晰和准确的方式来充分适用该指令。See C-49/00 Commission of the European Communities v. Italian Republic [2001] ECR I-8575. Nevertheless, faithful transposition is often required: see Case C-38/99 Commission of the European Communities v. French Republic [2000] ECR I-10941.

〔30〕 在 C-327/98 Commission of the European Communities v. French Republic [2000] ECR I-1851, [22] – [23] 一案中,欧洲法院认为,国家转置困难并不是不通过实施措施的合理借口。

〔31〕 即使欧盟文书规定的活动不在成员国进行,也需要国内立法,参见 Case C-441/00 Commission of the European Communities v. United Kingdom of Great Britain and Northern Ireland [2002] ECR I-4699; Case C-214/98 Commission v. Greece [2000] ECR I-9601, [22]。但当欧盟文书由于地理原因而毫无意义时,则可能不需要国内立法,参见 Case 420/85 Commission v. Italy [1987] ECR 2983, [5]。

〔32〕 See S. Bell and L. Etherington, "Out of Sight, out of Mind: a Study of the Transposition and Implementation of the Groundwater Directive in the United Kingdom Environmental Law Review" (2007) 17 Environmental Law Review 6, 11.

〔33〕 See M. Kaeding, *Determinants of Transposition Delay in the European Union* (2006) 26 Journal of Public Policy 229, 249.

〔34〕 然而,国家当局不能把充分性发挥到极端。这是法国和英国以前通过行政通告对指令

进行转置的情况，参见 R. Kovar, P. Lagarde and D. Tallon, *L'éxécution des directives de la CEE en France*, 6 Cahiers de Droit Européen 288(1970)。

〔35〕 See J. L. Sauron, *L'Application du Droit de L'Union Européene en France*, La documentation française, 2000, p. 40.

〔36〕 在具体的欧共体文本中，缺乏任何具有相同效力的明确规定并不意味着一般原则不适用，参见 Case T-18/97 Atlantic Container Line AB and Others v. Commission of the European Communities [2002] ECR Ⅱ-1125, [39]。

〔37〕 See Case 50-76 Amsterdam Bulb BV v. Produktschap voor Siergewassen [1977] ECR 137; Case 39-72 Commission of the European Communities v. Italian Republic [1973] ECR 101.

〔38〕 See C-177/95 Ebony Maritime SA v. Prefetto della Provincia di Brindisi [1997] ECR I-1111.

〔39〕 See R. Kral, *National Normative Implementation of EC Regulations. An Exceptional or rather Common Matter?*, 33 European Law Review 243, 245(2008).

〔40〕 See A. J. Gil Ibáez, *The Administrative Supervision and Enforcement of EC Law: Powers, Procedures and Limits*, Hart Publishing, 1999; on the political aspect of judicial interpretation, see F. Snyder, *The Effectiveness of European Community Law: Institutions, Processes, Tools and Techniques*, 56 Modern Law Review 27(1993).

〔41〕 关于指令转置全方位的透彻分析，参见 B. Steunberg and W. Voermans, *The Transposition of EC Directives*, Universiteit Leiden, 2006。

〔42〕 关于国内立法过程中自主性的分析，参见 J. H. Jans, *National Legislative Autonomy? The Procedural Constraints of European Law*, 25 Legal Issues of European Integration 25 (1998)。

〔43〕 See S. Prechal, *Directives in European Community Law: A Study of Directives and Their Enforcement in National Courts*, Oxford University Press, 1995, p. 5.

〔44〕 See Case C-365/93 Commission v. Greece [1995] ECR I-499, [9]; Case C-144/99 Commission v. Netherlands [2001] ECR I-3541, [17]: 成员国不得以其他成员国未履行义务来为违反欧盟法律的行为辩护；C-38/89 Ministere public v. Guy Blanguernon. Reference for a preliminary ruling: Tribunal de police d'Aix-les-Bains [1990] ECR I-83。

〔45〕 See Case C-339/87 Commission v. Netherlands [1990] ECR I-851.

〔46〕 See Case 239/85 Commission v. Belgium [1986] ECR 3645.

〔47〕 See Case C-96/95 Commission v. Germany [1997] ECR I-1653.

〔48〕 See Case C-152/00 Commission of the European Communities v. French Republic [2002] ECR I-6973. 成员国不得以其国内法律制度中存在的规定、做法或情况为理由，为其未能遵守欧共体指令规定的义务和时限辩解。See Case C-310/89 Commission of the European Communities v. Kingdom of the Netherlands [1991] ECR I-138.

〔49〕 See Case 102/79 Commission v. Belgium [1980] ECR 1473; Case 145/82 Commission v. Italy [1983] ECR 711.

〔50〕 See Case 143/83 Commission v. Denmark [1985] ECR 427.

〔51〕 See Case C-236/95 Commission v. Greece [1996] ECR I-4459.

〔52〕 See Case C-162/99 Commission v. Italy [2001] ECR I-0541.

〔53〕 即使成员国的既定判例法以被视为满足指令要求的方式解释了国内法规定,这也无法达到满足法律确定性要求所需的清晰性和准确性。See Commission v. Netherlands (n 44).

〔54〕 See Commission v. Denmark (n 50).

〔55〕 See Cabinet Office, Regulatory Impact Unit, *Transposition Guide: How to Implement European Directives Effectively*, (2005) 14.

〔56〕 但是,即使成员国既定判例法以被视为满足指令要求的方式解释了国内法规定,这也无法达到满足法律确定性要求所需的清晰性和准确性。See Commission v. Netherlands (n 44) [21].

〔57〕 See Case 29/84 Commission v. Germany [1985] ECR 1661.

〔58〕 See M. Kaeding, *Lost in Translation or Full Steam Ahead: The Transposition of EU Transport Directives across Member States*, 9 European Union Politics 115, 123 (2008).

〔59〕 See M. Gardeòes Santiago, *Las "Comunicaciones Interpretativas" de la Comisión: Concepto Yvalor Normativo*, 3 Revista de Instituciones Europeas 933(1992).

〔60〕 See Case C-322/88 Grimaldi v. Fonds des Maladies Professionnelles [1989] ECR 4407; see also Case C-325/91 France v. Commission [1993] ECR 3283.

〔61〕 关于一项证明国家在实施措施的选择上存在巨大差异的实证研究,参见 B. Steunenberg, *Turning Swift Policy-making into Deadlock and Delay National Policy Coordination and the Transposition of EU Directives*,7 European Union Politics 293, 295(2006)。

〔62〕 See D. Treutlein, *What Actually Happens to EU Directives in the Member States?: A Cross-country Cross-sector View on National Transposition Instruments*, CESifo working paper, No. 2098 (2007),http://hdl. handle. net/10419/26143.

〔63〕 广泛的对象范围以及措施的广泛适用是根据其真正特征而不是根据其标题来判断的。Case T-17/00 Willy Rothley and Others v. European Parliament [2002] ECR II-579, [61]. 仅仅可以确定一项措施所适用之人的人数甚至身份的事实,并不意味着这些人必须被视为该措施所涉及的个人,而如果该措施是由于有关措施所指明的法律或事实的客观情况而适用于这些人,参见 Case 6/68 Zuckerfabrik Watenstedt v. Council [1968] ECR 409, [415]; Case C-10/95 P Asocarne v. Council [1995] ECR I-4149, [30]。

〔64〕 See E. Borghetto, F. Franchino and D. Giannetti, *Complying with the Transposition Deadlines of EU Directives-Evidence from Italy*, 1 Rivista Italiana di Politiche Pubbliche 7 (2006).

〔65〕 See Amsterdam Bulb BV v. Produktschap voor Siergewassen (n 37).

〔66〕 See W. Robinson, *How the European Commission Drafts Legislation in 20 Languages*, 53 Clarity 4, 6(2004).

〔67〕 尽管如此,国家起草指南还是引入了类似的质量标准,参见 H. Xanthaki, *The Problem of Quality in EU Legislation: What on Earth is Really Wrong?*, 38 Common Market Law

Review 651 (2001)。

〔68〕 See Hon Lord Renton, *The Preparation and Enforcement of Legislation in the Enlarged Community*, 17 Statute Law Review 1, 3 (1996).

〔69〕 See Commission, *European Governance: Better Lawmaking*, (Communication) COM, 2002,275 final; H. Xanthaki, *The SLIM Initiative*, 22(2) Statute Law Review 108 – 118 (2001).

〔70〕 See J. C. Piris, *The Quality of Community Legislation: The Viewpoint of the Council Legal Service*, in A. Kellermann et al. eds., Improving the Quality of Legislation in Europe, Martinus Nijhoff Publishers, 1998, p. 28.

〔71〕 See *General Guidelines for Legislative Policy*: Communication of 9 January 1996 by the President of the Commission SEC (95) 2255; Commission, *Towards a Reinforced Culture of Consultation and Dialogue-General Principles and Minimum Standards for Consultation of Interested Parties by The Commission*, Communication, COM (2002) 704 final; Commission, *Updating and Simplifying the Community Acquis*, Communication, COM (2003) 71 final; Commission, *Impact Assessment Guidelines of the European Commission*, SEC (2005) 791; Interinstitutional Agreement of 16 December 2003 On Better Law-Making [2003] OJ C 321/1; Commission, *On the Outcome of the Screening of Legislative Proposals Pending before the Legislator*, Communication, COM (2005) 462 final; Commission, *Implementing the Community Lisbon Programme: A Strategy for the Simplification of the Regulatory Environment*, Communication, COM (2005) 535 final.

〔72〕 合比例性被定义为满足需求的适当性，参见 Case C-84/94 UK v. Council ECR [1996] I-5755, [47], [55], [57] and [58]。

〔73〕 See Commission, *The Principle of Subsidiarity*, Communication, SEC (92) 1990. *Interinstitutional Agreement of* 25 *October* 1993 *on the Procedures for Implementing the Principle of Subsidiarity*, 12 Bull EC (1993) 129. 该协定没有约束力，也没有规定机构在起草立法措施时必须遵守任何特定规则：参见 Case C-149/96 Portuguese Republic v. Council of the European Union [1999] ECR I-8395；Wainwright, *Techniques of Drafting European Community Legislation: Problems of Interpretation*, (n 10) 8。

〔74〕 See Communication of the Council, the Parliament and the Economic and Social Committee, *Openness in the Community*, COM(93)258 final [1993] OJ C 166/4.

〔75〕 See Interinstitutional Declaration on Democracy, Transparency and Subsidiarity, Bulletin EC, 10/93, 119-23; Resolution of the European Parliament of 6 May 1994 on the transparency of Community legislation and the need for it to be consolidated, A3-0266/94 [1994] OJ C 205/514.

〔76〕 See Code of Conduct 93/730/EC Concerning Public Access to Council and Commission Documents [1993] OJ L340/41; Commission Decision 94/90/ECSC, EC and Euroatom of February 1994 on public access to Commission documents [1994] OJ L 46/58.

〔77〕 涉及转置时，个人应受益于清晰准确的法律状况，使他们能够确定自己权利和义务的全部范围，并在适当情况下在国家法院依赖这些权利和义务，参见 Commission of the

European Communities v. Italian Republic (n 29)。

〔78〕 See Opinion of the Economic and Social Committee of 5 July 1995 on plain language, [1995] OJ C 256/8.

〔79〕 See Resolution of the European Parliament of 4 July 1996 on the report of independent experts on simplification of Community legislation and administrative provisions COM(95) 288 final; A-4 0201/96 [1996] OJ C 211/23.

〔80〕 See COM (1998) 715 final.

〔81〕 See COM (1998) point 1.8.3.

〔82〕 See Case 40/69 Hauptzollamt Hamburg-Oberelbe v. Firma Paul G. Bollmann [1970] ECR 69, 79; Case 74/69 Hauptzollamt Bremen-Freihafen v. Waren-Import-Gesellschaft Krohn and Co. [1970] ECR 451, 459-60.

〔83〕 在实施的棱镜下,欧盟文本(尤其是指令)的缺陷,See M Kaeding, *In Search of Better Quality of EU Regulations for Prompt Transposition: the Brussels Perspective*, 14 European Law Journal 583 (2008)。

〔84〕 See Davidson Report drafted by Lord Davidson (1996), http://webarchive.nationalarchives.gov.uk/+/http:/www.hm-treasury.gov.uk/d/davidson_review281106.pdf.

〔85〕 See P. Kellett, *Is the Better Regulation Agenda Producing Better Regulation?*, 62 Journal of Planning and Environment Law 24, 25(2009).

〔86〕 See HM Government, *Transposition Guidance: How to Implement European Directives effectively*, (n 27) 2.2.

〔87〕 See Case 272/84 Commission v. Italy [1985] ECR 1057, 1074.

〔88〕 See L. J. O'Toole Jr., *Multi-organizational Policy Implementation: Some Limitations and Possibilities for Rational Choice Contributions*, in FW Scharpf ed., Games in Hierarchy and Networks: Analytical and Empirical Approaches to the Study of Governance Institutions, Campus Verlag/Westview Press, 2003, p. 27.

〔89〕 See L. Ramsey, *The Copy Out Technique: More of a "Cop Out" than a Solution?*, 17 Statute Law Review 218 (1996); National Audit Office, *Lost in Translation? Responding to the Challenges of European Law*, HC 2005 – 2006, p. 26; Cabinet Office Regulatory Impact Unit, *Transposition Guide: How to Implement European Directives Effectively*, 2005; L. Etherington, *Digging Beneath the Surface: Transposition, Implementation and Evaluation of European Environmental Law*, 59 Journal of Environmental Policy and Planning 107(2006).

〔90〕 See HM Government, *Guiding Principles for EU Legislation*, BIS/13/774, 2013, point 5.

〔91〕 相关详细讨论,参见 A. Ross, H. Nash and C. T. Reid, *The Implementation of EU Environmental law in Scotland*, 13 Edinburgh Law Review 224(2009)。

〔92〕 See Sir F. Berman, *International Treaties and British Statutes*, 26 Statute Law Review 1, 3 (2005).

〔93〕 关于第 31 条和第 32 条的分析,参见 F. Shaheed, *Using International Law in Domestic Courts: Part 1: Domesticated Treaties*, 8 Judicial Review 81 (2003)。

〔94〕 See Treaty Section, Legal Directorate, Foreign and Commonwealth Office, *Treaties and MoUs: Guidance on Practice and Procedures*, April 2012, 7, www. gov. uk/government/publications/treaties-and-mous-guidance-on-practice-and-procedures.

〔95〕 See K. Hayes, *General Principles: Judicial Implementation of International Human Rights Norms*, in W. Maina and W. Wahiu eds., Human Rights Litigation and the Domestication of Human Rights Standards in Sub Saharan Africa, AHRAJ Casebook Series vol 1, International Commission of Jurists, 2007, p. 17.

〔96〕 See R. Matemba, *Incorporation of International and Regional Human Rights Instruments: Comparative Analyses of Methods of Incorporation and the Impact that Human Rights Instruments Have in a National Legal Order*, 37 Commonwealth Law Bulletin 435, 436 (2011); G. Gaja, *Dualism Review*, in J. Nijman and A. Nollkaemper eds., New Perspectives on the Divide Between National and International Law, Oxford University Press, 2007; P. Capps, *Sovereignty and the Identity of Legal Orders*, in C. Warbrick and S. Tierney eds., Towards an "International Legal Community"?, The Sovereignty of States and the Sovereignty of International Law, BIICL, 2006.

〔97〕 See B. R. Opeskin, *Constitutional Modelling: The Domestic Effect of International Law in Commonwealth Countries: Part* Ⅰ, Public Law 5, 5 and 6(2000).

〔98〕 See R. Higgins, *Problems and Process: International Law and How We Use It*, Oxford University Press, 1994, p. 205.

〔99〕 See J. H. Rayner (Mincing Lane) Ltd. v. Dept of Trade and Industry [1990] 2 AC 418, 499F-500C.

〔100〕 关于一元论和二元论,参见 O. Tshosa, *National Law and International Human Rights Law: Cases of Botswana*, Namibia and Zimbabwe, Ashgate, 2001, p. 3。

〔101〕 See F. A. Mann, *The Interpretation of Uniform Statutes*, 62 Law Quarterly Review 278 (1946).

〔102〕 否则,本土化就成了一种空洞的姿态,参见 C. Heyns and F. Viljoen, *The Impact of the United Nations Human Rights Treaties on the Domestic Level*, Kluwer Law International, 2002, p. 1。

〔103〕 See B. Malkani, *Human Rights Treaties in the English Legal System*, Public Law 554, 567 – 568 (2011).

〔104〕 See M. Gobbi, *Making Sense of Ambiguity: some Reflections to the Use of Treaties to Interpret Legislation in New Zealand*, 23 Statute Law Review 47, 49 (2002).

〔105〕 从起草的角度来看,这是一种合理的进路,但有一个实质性的国际法论点认为,这种进路并不完整,因为"如果议会通过了赋权性法案,条约便只是英国法律的一部分": See I. Brownlie, *Principles of Public International Law*, Oxford University Press, 2003, p. 44 – 45。

〔106〕 See M. Eaton, *Enacting Treaties*, 23 Statute Law Review 13 (2002).

第九章

最后条款

在起草了导言条款和主要条款后,起草者将注意力转向最后条款。这仍处于桑顿立法起草第四阶段的背景下,即研拟和形成草案。在为简短的导言条款适用通俗易懂的语言要求时,现在大量的条款可以放在最后条款。这是清单: 176

导言条款

主要条款

杂项条款

最后条款

— 保留条款

— 过渡性条款

— 废除和相应的修改

— 目的条款/目标

— 开始/终止条款

— 短标题(如果这还有必要)

— 附表

· 定义/解释

· 其他附表

这一清单很长。但在分层方法中,这部分将针对使用该立法的律师和法官。即使在目前的立法形式中,最后条款的长度也是一个必要之恶,但这并没有分散使用者对导言条款和主要条款所提供之主要规制信息的注意力。毋庸讳言,并非在每一份立法文本中,所有类型的最后条款均必要:起草者会选取那些对将来的任务而言恰当的条款。

保留条款

保留条款保存(preserve)或者“保留”(save)一个概念性要素,否则该要素将被废除或者不再有效。[1]换言之,保留条款须继续是法律、权利或者义务,否则在现有法律被废除时,其将消失。[2]概念上,保留条款将概念性要素排除在法律改革所须废除的适用领域之外。[3] 177

正是这种与适用概念的联系,将保留条款和适用条款归类在同一概念框架之中。事实上,它们都会影响到主要条款的主体或者客体,主要条款则受立法文本影响。但是,保留条款是一个概念的除外规定,[4]而适用条款则通常详细说明立法文本的适用范围,因此,它们的主要区别在于保留条款的消极差别,而不是适用条款的积极之处。例如,一项保留可以从新的法律中排除,但可保留在新立法文本开始日期之前向当局提交申请的效力,即使该申请没有遵循新的程序。与此相反,适用条款则详细说明,如果申请人提交了新程序所要求的额外文件,则在新的立法文本开始日期之前提交给当局的申请将继续由当局审查。第二个区别或许更为重要和实际:保留条款指的是立法文本中的次级概念,而适用条款指的是立法文本的主要适用范围或者其中的很大一部分。例如,在建立新机构和引入权力的立法文本中,待批申请的问题是次级问题:保留条款可以做到这一点。但澄清立法文本仅适用于英格兰和威尔士则是一个重大问题,因而需要有一个适用条款。

有人想知道,起草者是否需要执念于适用和保留之间的区别:毕竟,重要的是信息,而不是标题。尽管这非常正确,特别是在最后条款中,人们希望律师和法官能够破译传达给他们的信息,但起草者确认他们面前的条款是哪种类型仍然是有意义的。如果它是一种保留,那么它就被表示为一种例外,指涉的是新文本所引入之规制框架的一小部分,并且它的标题是“保留条款”。在这种情况下,起草者必须决定是否要将所有保留条款放在最后条款中,还是说它们最好被单独放在积极的主要条款下,即将例外附于其下。如果起草
178 者起草一个适用条款,则必须进行积极表述,并带有“适用”的标题。[5]适用条款最好被置于导言条款中:必须尽快让使用者知道该文本是否值得进一步探索,或者该文本是否与它们的目的完全无关。也许正是由于保留和适用之间的这种混淆,地域适用现在用“范围”(extent)来表示。例如,“(5)本法仅适用于英格兰和威尔士”,[6]或者“本法适用于整个联合王国”。[7]

解释性立法通常明确涉及保留条款,这些条款在立法被废除时通常要被解释。因此,缅因州修改后的法规包含一项一般性保留条款,即保留法律变更前便已授予的既存权利的条款。这是一个在世界各地许多法域中发现的一般性保留[8]的例子。问题是,这些是否需要在立法文本中重复。毫无疑问,不重复这些规定并不会使它们丧失适用于具体的立法性法案的资格,以及适用于整个法令全书的宪法或者宪法性原则的资格。但还有一个可通达性的问题:对于非法律人而言,解释法案和宪法性文本并非常见的阅读材料。

在它们中提到某些规定,并不一定意味着读者了解它们,也不意味着读者就此便可以预测它们如何适用于每一份立法文本。[9]因此,如果它们在立法中特别相关,起草者最好重复它们。尽管交叉参引被认为是一种不好的做法,因为它们对使用者而言是不清晰的,但是,一个带有交叉参引的实体性条款及其对文本的具体适用,确实以最有效的方式有助于清晰性。

由于废除可能会破坏义务,因此保留条款必须契合特殊情况的需要。[10]
传统上,保留条款通过使用“save”一词来起草。[11]但这是一个技术性的法律 179
术语,其对普通语言的偏离给读者造成歧义。因此,建议使用更可理解的术语“但是”(but)、排除的表达式,或者干脆除了带有“保留”的标题之外,文本中没有任何内容。[12]例如,“新程序适用于向食品许可证颁发机构提出的所有申请。但在本法开始之前提交的申请不受新要求的影响”,或者“(1)除第53节(和附表4)外,本部分在皇家御准后的第二天生效”。[13]或者简单地说:

> 应计养老金权益等的保留
>
> 10
>
> (1)就任何人被以下任何类别雇佣,本附表第2部分对《退休金法1972》所作之修正,并不影响其实施:
>
> (a)被重大有组织犯罪署(SOCA)雇佣;
>
> (b)被聘用为国家警务促进委员会(NPIA)工作人员;
>
> (2)就任何人提供以下任何种类服务,本附表第2部分对《警察抚恤金法1976》所作之修改,并不影响其实施:
>
> (a)作为SOCA员工所提供之服务;
>
> (b)《警察法1996》第97(1)节(ca)或(cb)段中的相关服务;
>
> (c)《警察(苏格兰)法1967》第38A(1)节(ba)段中的相关服务;
>
> (d)作为NPIA员工所提供之服务。[14]

过渡性条款

过渡性条款涉及从之前的规制体制过渡到新的规制体制。它们的目的是规制如下事项,即其时间线跨越前一立法文本的终止和新立法文本开始。
过渡性条款是“在时间上指导(新法律)适用的指南”。[15]通过消除对适用哪 180
种体制及如何适用的任何混淆,它们预测了这些问题将被如何处理。它们使得从现有立法到新立法的过渡变得顺畅,并因此而得名。在收紧松散的结尾方面,它们是必要的,否则结尾会被任由悬荡。当新的上诉制度建立时,已经在审理中的案件会怎样?根据旧立法发放的许可证如何受到新立法的影响?如果法人团体章程正由私人公司改为法定团体,则其资产和负债情况会怎样?过渡性条款的一个典型例子是,将职责、财产和工作人员从现在已经废除的机构转移到一个新设立的机构进行规制:

> 第B-43节。过渡规定。以下条款规定了缅因州博物馆局向缅因州博物馆的过渡。缅因州国家博物馆是前缅因州博物馆局权力、职责和职能各方面的继承者。
>
> 缅因州博物馆局或其任何行政单位或官员实施和采纳的所有现行有效的规则、条例和程序在此宣布有效并继续有效,直至其被有关当局撤销、修订或者修改为止。
>
> 目前在缅因州博物馆局生效的所有现存的合同、协议和契约,继续有效。
>
> 根据人事法授权和分配给前缅因州博物馆局的任何职位都将被转移到缅因州博物馆,并可以继续获得授权。
>
> 以前属于或者被分配给前缅因州博物馆局使用者的所有记录、财产和设备,在本法案生效之日,成为缅因州博物馆财产之一部分。
>
> 注明"缅因州博物馆局"之名称或者提及"缅因州博物馆局"的所有现存表格、许可证、信笺和类似物品,缅因州博物馆可以使用到这些物品的现有供应耗尽为止。[16]

过渡性条款的其他例子是涉及资产和负债转移、未决诉讼或者临时安排的条款。鉴于过渡性条款与保留条款所具有的共同内容,其经常与保留条款
181 混淆的原因便一目了然。澳大利亚议会法律顾问办公室指出,过渡性条款的类型有许多,因为它们可以:

> — 改变"新"法律的效力;或者
> — 改变"旧"法律的效力(因为它根据适用条款继续适用);或者
> — 推翻对溯及既往性的推定;或者
> — 确保修正案不会影响对"旧"法律的解释;或者
> — 确保修改性法案或者修改性条款的废除不会影响由修改性法案或修改性条款所作之修正案的实施。[17]

过渡性条款涉及从之前的规制体制过渡到新的规制体制，因而根据定义，它们的预期寿命有限。它们试图传达的正是这种有限的时间概念。结果，过渡性条款终止时，保留条款则无限期地或者至少在被废除之前继续有效。这是它们的主要区别，因此，这是将条款归类为保留条款或者过渡性条款的标准。但这并非总是成立。例如，《企业和规制改革法 2013》第 24 节完全错误地将保留条款命名为过渡性条款。这些条款是指，将从开始日期之前启动的信息披露和请求、诉讼和雇用合同从该法的范围中排除。这不是一项过渡性规定，而是一项保留：这些对象继续无限期地被排除在外，这在第(3)小节中特别明显。

24　过渡性条款

(1)第 10 节不适用于在该节生效之前作出的信息披露或者请求。

(2)第 12 节不适用于在该节生效时正在就业上诉法庭审理过程中的诉讼程序。

(3)如果相关雇佣合同有效期的终止早于第 13 节的生效日期，则第 13 节不适用。[18]

但是，无法或者难以将某一条款归类为保留条款或者过渡性条款，并不能成为将其归入一个标题为“保留和过渡性条款”的章节的借口。这可能很好地挽救了起草者的职业尊严，但也会给包括法官在内的使用者造成歧义。

同样令人费解的是新的条款分类的发明，例如，在《移动房屋(威尔士)法 2013》的附表 5 中的标题“附表 5 过渡性和临时性条款及保留”。 182

废除和相应的修改

桑顿坚信，而且非常正确地坚信，在真空中立法是不可能的。[19] 即使立法改革的主题对于某一法律体系而言似乎是全新的，但它仍然在与之相关的或者看似无关的问题上影响到现有立法。从这个意义上说，所有立法都要被视为修改性立法。起草者的义务是确定现有的哪些立法文本受到新的立法文本的影响，是全部还是部分地受影响，并据此加以废除或者修改。否则，起草者便会引入“意料之外的默示废除”，[20]“重叠和不一致的术语：简言之——混淆”。[21]

废除的效果是将法案或者章节从法令全书中予以删除。经典的说法来自丁德尔勋爵(Lord Tindall)：

> 我将废除一部法令的效果视为将其彻底地从议会记录中抹去，就好像它从来没有通过一样；而且，它必须被视为一种从未存在过的法律，除非为了如下行为之目的，即那些在其仍是既存法律时开始、起诉和完成的行为。[22]

这必须是有条件的：该规则尤其适用于普通法中未知却由制定法规定的诉讼因由，并且“在这方面，涵盖了所有尚未过去的和结束的交易”。[23]

蒂斯代尔（Teasdale）确认了导致撤销必要性的下列情形：

> 1. 制定法令的目的已被事件所超越，使其过时；
>
> 2. 自最初颁布之日起，社会或者经济环境已经发生变化，使立法变得不必要；
>
> 183 3. 在它们是为特定目的而颁布的，而这些目的已经被激活和用尽的意义上，条款已经失效（如颁布了过渡性或者保留条款，因而它们已经不再必要）；
>
> 4. 条款已经过期或者不再有效，因为它们是具有时效性的（或者它们被认为是暂时性的），并且没有继续性法案通过；
>
> 5. 立法载有“日落条款”，该条款具有终止其效力的效果，但并未废除该立法；
>
> 6. 后来的立法声称取代了先前的立法，但后者没有同时被废除，或者在先前的立法中对特定法案的参引已被更现代的立法（包括欧盟立法）所取代；
>
> 7. 立法已经颁布，但由于环境变化的原因，在通常相当长一段时间内尚未（通过生效日期命令）生效；
>
> 8. 立法因缺乏使用或者仅仅是因为缺乏实际效用[24]而被弃用。[25]

需要重点强调的是，为了清晰性，起草者必须以受影响条款之排他性清单的形式明确地废除和修改，这些条款集中在最后条款的一个单独章节中。[26]声称所有与新立法文本相反的内容都被修改的一般条款，将引发司法性立法。[27]这类相应的修改条款在许多法域中很常见：但它们只是反映了起草者害怕遗漏某些内容，而不是起草者努力将规制信息充分传达给使用者。起草者是人，可能会犯错误：但是，归根结底，如果案件绝对必要，那么提供一份相应的修改的排他性清单并不能阻止法官解释默示的废除或者修改，但至少可以将这种司法造法的必要性限制在绝对必要的程度。

废除和相应的修改是用不同的术语来表达的。“废除”(repeal)、“撤销”(rescind)、“取消”(rescind)、“删除”(delete)和“使……无效”(cancel)只是几个示例。起草者必须牢记“废除”初级立法和“撤销”授权立法的法律要求。问题是,如何将这种“法律正确性”清楚地传达给非专业使用者?在这里,激 184
进的创新会要求将“删除”作为一个通用术语。最终,这个术语通用到足以涵盖这两组情况。一种非激进的进路要求在整个法令全书和文本中使用同一术语,即适用避免同义词的流行起草惯例。

在不再需要该规定,并且也不需要采取进一步的立法行动来代替该规定时,废除可以采取简单废除的形式;或者当该条款被废除且新条款将现有法律的要素与新要素合并,但使法律基本上保持不变时,则可以采取废除和重新颁布的形式;[28]或者在现有立法被以不同方式改造以适应新情况时,则可以采取废除和替换的方式。[29]

关于废除修改性法案或者附属立法的必要性,似乎有一场旷日持久的辩论。从宪法理论的角度来看,正统的观点是,修改性法案没有生命:当它们被纳入原法案时,它们在开始之日才具有生命。因此,它们不需要被废除,因为原来的法案已经被废除了。这是一种宪法上正确的观点:修改性法案是与原法案共生的有机体,其生与死是内在关联的。尽管敦促起草者同样废除原来的法案和修改性法案,有时反映在提到“法案……及其随后之修正”的废除性条款中,但很明显,修改性法案会随着原法案一起消亡。问题是,当原法案在修改性法案开始日期之前便被废除时会发生什么:是否有必要明确地废除修改性法案,因为它在并入原法案之前便“死亡”。宪法性的立场是,这项法案从未存在过,它为获得氧气而依附的有机体在其加入时就死亡了,因而修改性法案根本就没有呼吸。因此,明确废除并无必要。但从清晰性的角度来看,回答这个问题需要在清晰性与多余性之间取得平衡:基于起草品质的金字塔,清晰性胜出。因此,虽然没有必要这样做,但起草者最好明确废除原法案和在废除之日尚未生效的修改性法案。

这同样适用于授权立法。毫无疑问,除非另有明确规定,否则当原法案被废除时,授权立法便不复存在。从宪法上讲,这允许起草者避免烦琐的任务,即确定所有“悬挂”在原始法案上的授权立法,并将其列入废除和相应修 185
改的清单中。但这里有一个非常严重的清晰性和无歧义性问题:鉴于在当前的立法现实中授权立法的丰富性,读者几乎不可能确定原来的法案是否仍被保留在法令全书中,也无法了解根据授权制定的立法文本是否仍然有效。实践中没有简单的答案。学术界明确呼吁一份废除和修改授权立法的排他性清单:如果起草者认为这项任务是无法完成的,那么对于可怜的使用者来说这项任务不可能完成还有任何疑问吗?立法电子出版物的出现带来曙光:通过不可否认的努力和资源,立法的电子数据库可以提供将初级立法与授权立法链接起来的可能性,从而允许起草者充分利用指向授权立法的超链接,以确认这些立法是否以及如何受到原法案被废除的影响。毕竟,我们希望客户部门的指引官们了解根据授权制定的相关条款,识别并阅读这些条款,并在起草指引时将这些条款纳入考量。否则,人们就会认为,在起草指引时所描绘的现存立法的图景可能并不完整。因此,希望在技术的帮助下,并在客户的引领下,起草者很快能获得一份悬挂于原始法案的授权立法清单,从而允许起草者能够将其列入废除和相应的条款中。清晰性需要这样做。

目的条款/目标

在本书中,"目标"(objects)和"目的"(purposes)可以互换。[30]目的条款为使用者提供了对规制机构之推理的洞见,从而增进了理解。[31]目的条款表达了立法文本追求的目的,并反映了立法意图的一般道德思想。[32]所以,它们可以是"完美的主题说明符"。[33]它们陈述了制定法意图实现什么。[34]因此,
186 它们与长标题有相当大的区别:长标题告诉使用者在立法文本中引入的法律改革机制是什么,而目标或者目的条款则陈述了预期的规制结果是什么。长标题是事实性的,并指涉现在;目的条款则是对未来成功的宣告。

正是这方面的作用使他们走上了危险的道路。[35]目的条款是法案的操作性条款,必须用清晰的、准确的和无歧义的术语来表达。它们要使用立法中其他地方所使用的同样准确和简明的术语来加以起草,而且必须侧重于意图实现的结果,而非实现这些结果的手段。好的做法会规定:

> 本法之目标是:
> (a)减少驾驶时血液中含有酒精的司机人数;和
> (b)减少由这些司机所造成的车祸数目。

不幸的是,在过去的时间里,目的或者目标条款已经被那些不该被纳入立法文本的情绪化政治声明所取代。[36]事实上,人们已经知道这些条款是用

来代替现在已被废除的序言的。坏的做法会规定：

本法之目的是：

(a)制止醉酒司机对自己和无辜司机、乘客及行人所造成的威胁；

(b)减少该等司机在道路上造成的大屠杀；

(c)拯救生命。

第二个例子在立法中不应出现。它拿走了使用者的一部分注意力，作为交换却未提供任何东西。事实上，它的语言会招致无效性。正是因为这样的语言，目的条款在过去几十年里变得非常不受欢迎。但人们想知道，它们是否能够作为创新驱动者而不是过去糟糕状况的提示者，而获得新的声誉。

在将立法作为一种规制手段的背景下，人们不禁要问，[37]目标条款是否能够用清晰的术语来阐述立法文本的真实规制目标，以及实现这些目标所依据的具体、可衡量的真实标准。如果是这样，目标条款可以直接与立法后审查挂钩，因为它们将为指引部门的政策官员提供机会，去阐明具体的预期规 187
制结果，然后将这些结果应用于所计划的立法后审查工作中，以便评估立法文本的有效性。[38]这一切都会提高透明度，因为其是在公共领域中进行的。[39]但最重要的是，这项工作将有助于弥合目前立法意图和立法效果之间的空隙。[40]换言之，客户在起草指引中不得不列出他们希望通过立法实现什么目标，起草者将有机会确定或者否决立法作为实现既定规制结果的手段，然后，起草者将把规制结果纳入立法，从而使议会了解需要什么、希望其如何被制定，以及在立法后阶段对立法文本的成功进行评估的基础是什么。然后，议会可以使用这一评估标准来评估立法后工作的质量，以此作为开展有意义的议会审查的一种手段，进而决定该立法是否能够继续有效，或者其是否被证明对于预期规制结果如此不恰当以至于应该死亡并从法令全书中予以删除。在这里，一个终止条款，即被称为"期限"或者"日落"条款，可能具有理想的说服力和赋权效力。因此，目标条款的新使命可以为它们提供一种无与伦比的意义：将它们用作整个规制周期的质量控制工具，从政策概念和制定到立法颁布和立法后审查。

当然，为了实现这一新的作用，目的条款必须用具体的术语来起草，所采用的标准必须消除政治上的细微差别，且事实上作为审查手段加以引入。毫无疑问，这需要对起草目标条款的道德思想作出重大改变。但其中的要素已经在这里：很可能，立法后审查所确认的质量衡量标准采用了相同的精确性和准确性精神。因此,真正需要的是将立法后审查的要素纳入前立法起草过程。这反过来又会承认起草过程是立法过程之一部分的定位,立法过程则是政策过程的一部分。

188 生效日期/期限条款或者开始/终止日期

法案生命的开始和终止构成了主要的规制信息。因此,简单的生效日期和期限条款被放在导言条款中。但是,立法开始和终止的日期变得更加复杂。而且,在文本开头一长串各种开始日期和终止日期的清单可能会挫败起草者的目的,即在使用者阅读立法文本的前几分钟内所提供的微小机会中,抓住使用者的注意力。因此,建议起草者在导言条款保留"总的"开始和终止日期,并将复杂的开始和终止日期用一个较长的列表要么置于最后条款中,[41]要么置于附表中。附表的优点在于,起草者可以在"总的"开始和终止日期的下方交叉参引它。在最后条款还是附表中进行安置的选择是基于信息的首要性:如果开始日期和终止日期影响到引入主要规制信息的条款,并且读者必须意识到这一点,因为它在很大程度上会使开始和终止日期失去法律效力,那么最好使用附表,因为起草者将在开始日期和终止日期的下方提及它。在分层方法的语境下,如果总的开始日期和终止日期的例外情况指的是在分层文本第一部分中的条款,则最好使用附表。如果不是,则可以将它们置于最后条款中,因为第二组专业使用者和第三组肯定会意识到需要阅读整个文本,并且该条款与整个文本相互关联。

但为什么起草者会规定立法文本的终止呢?毕竟,立法的一个传统特征
189 是,它们通常会无限期地适用。通常被称为"日落条款"的终止日期条款宣布:法案在规定的时间"除非重新授权,否则停止生效"。[42]这些在立法中正变得非常流行。[43]这是一种开明的进路:[44]立法是一种规制工具,其成效是根据一套具体的、可衡量的立法后审查标准来判断的。对于规制者即政府来说,定期评估立法文本的有效性非常有道理。在这里,起草者可以通过强制政府部门进行立法后审查活动,来说服议会立法文本是有效的,[45]进而可以继续存在,并明确强制性定期立法后审查的概念。如果没有日落条款的说服机制,而是将其留给政府部门决定,则可能会导致随意的立法后审查。此外,根据立法存续期限,日落条款导致每3年或者每5年自动清理一次法令全书。将终止条款作为标准插入立法是完全有道理的,只有在缺少立法规制(如果

立法无意中消亡)可能造成规制混乱或者不安的情况下,才允许例外。在欧盟,日落条款是智慧规制议程的一部分,而且越来越频繁。但是,再次重申,日落条款本身并不是有效的规制审查武器:它们需要在可衡量的标准的基础上进行有意义的立法后审查。为此,目的条款可能会有所帮助。

即使采用更传统的方法来默认设置终止日期的创新要求,在五种不同类型的立法中日落条款也是必要的。第一,在有争议的问题上,分阶段立法可能是有用的。例如,在一个宗教信仰深厚的社会中,在不采取渐进方式的情况下,堕胎自由化可能导致对法令全书进行无用的补充;自由化可以首先在母亲的生命受到威胁或者胚胎是犯罪行为的产物时才允许堕胎;然后,它可以扩展到怀孕不超过9周的流产,继而继续扩展。通过中间的规制体制错开开始和终止日期,可以很好地实现这种渐进路径。第二,试验性立法或其利益具有猜测性或者不可预测性的立法,将需要终止日期。将立法文本在有限 190
的时间段内放入法令全书中,可以使该文本有机会产生预期的规制结果,以便赢得其在法令全书中的位置。第三,针对短期需求的立法要求终止日期。这方面的一个典型例子是,立法为遭受极端自然现象折磨的公民提供援助。第四,使用紧急权力的授权总会带有终止日期:它们是对宪法正常状态的突破,并且只有在明确界定的短时间内才被容忍。

有一个问题,包含日落条款的法案在到期后是否需要废除。从宪法上说,毫无疑问,一旦终止日期出现,法案便死亡了。但是,存在一个最佳起草实践的问题。尽管从法律的角度来看,废除是不必要的,但是明确的废除可以更好地实现清晰性。这种方法的附加价值是,该法案从随后再版的法令全书中消失了。[46]

短标题

短标题是立法文本的标题。它们的任务是提供一种约定的手段来索引和引用立法文本。立法文本的短标题既可以在文本上方找到,也可以在文本最末尾的条款中找到。尽管人们可以看到提供标题的需要,但现在是起草者考虑这种重复是否有用的时候了。是时候去掉短标题条款了,并且只是根据目录或者编排表上方的标题进行索引或者引用:无论它是否构成文本的一部分,其当然可以通过议会的一份通告来澄清,就像在为引入性别—中立语言所提供的通告一样。

无论短标题在文本的什么地方，起草短标题都是为了表示该法律的名称，而没有双关语和口号。[47]因此，标题必须简短、切中要点、准确、唯一和特别，使其不会与其他标题混淆。[48]为了实现这些品质，标题的语言必须与法案
191 的内容一致。简短的需要并不能证成缩写。为了成功实现它们的目标，短标题在起草过程的最后才被起草。[49]

短标题包括议案（Bill）引入议会的年份，或者法案（Act）颁布的年份，例如《正义与安全法案 2003》。通常做法是在短标题的括号内加上解释性词语。当起草者试图区分同一主题的不同制定法时，这很有帮助：在这种情况下，制定法的具体指向将添加在括号中，如《信托（资本和收入）法案 2013》；或者当法案仅适用于特定地理区域时，在这种情况下，制定法的短标题将地理区域放在括号内，如《高树篱（苏格兰）法案 2013》；或者当起草者修改现有法案时，在这种情况下，“修正”将放在括号内，如《家庭暴力、犯罪和受害者（修正）法 2012》；或者以上的结合，如《信息自由（修正）（苏格兰）法案 2013》或《供水和污水处理服务（修正）法案（北爱尔兰）2013》，甚至包括《地方当局（行政安排）（职能和责任）（威尔士）（第 2 号修正案）条例 2013》。

附　表

附表在某些法域中被称为“附件”（Annex），是一种将次级的或者技术性的详细内容与立法文本主体分开的方便工具。引入附表的逻辑是将具有次要规制价值的所有材料都放在一边，从而让使用者能够专注于具有首要规制价值的信息。[50]对于更清晰地呈现和更有效地沟通立法内容而言，附表的使用是一种正当且有用的工具。一般做法是将原则性问题保留在制定法的章节中，而机构性或者细节性问题可以编排在附表中。这种编排的主要目的是使制定法的主要内容能够在不被次级的或次要材料搞得杂乱无章的情况下呈现。通过清除附表中的程序性条款和其他不同的条款组，以突出且不那么杂乱无章的方式来呈现制定法的主要条款，附表的使用可以对有效沟通作出重大贡献。因此，附表将法案的主体部分从一种不整洁的诘难中解放出来。[51]

192 但是，对于起草者来说，重要的是要确认哪些条款可以保留在文本中，哪些可以转移到附表中。如果起草者牢记引入附表的逻辑，那么这并不是一件太复杂的任务：附属的或者相应性质的事项均是合适的。通常在导言或者最后条款中发现的复杂条款组合可以转移到附表中，作为开始/终止日期、废除

及相应的修改、过渡性条款、保留[52]以及定义。其他合适的材料包括：由立法文本确定的机构组成；该机构会议的程序；立法适用或者不适用的人员、物品或者地点的清单；计算税收的公式；列出税收收益或者税率的表格；显示国旗、交通标志或者规划的图像；形式的详细说明（尤其是在补充性立法中）；条约或者国际协议中被赋予法律效力的有关条款或者章节；国际协议和其他协议的形式。

这里的问题是，为什么将这类材料置于附表中，而不是根据授权制定的文书中。起草者有一个选择和一个困境。附表的内容与授权性立法文本几乎没有区别，共同点是它们表述的是细节性或者次要性的问题。这种困境的区别性因素在于持久性和实用性：如果起草者设想该材料经得起时间的考验，则首选初级立法；但是，如果材料似乎需要尽早或者定期进行修改，那么根据授权制定的文书为起草者提供了明显的优势。但是，除此以外，起草者还必须始终牢记，就其本质而言，某些类型的条款被预留给了初级立法，因为它们需要议会对初级立法进行明确的审查：新税种或者新犯罪的引入，往往只保留给初级立法，因为它们以如此有害的方式影响公民的生活，以至于在颁布之前需要有直接的议会正当性。

尽管附表（Schedules）（请注意常规拼写，带有字母 S）构成立法的一部分，但它们不能独立存在，必须附加于立法主体部分的特定条款。这是通过使用“引导性词语”来完成的。有关精美地起草引导性条款的例子，请参阅《金融法 2013》第 24 节：

> 24　人寿保险合同等的收益
>
> 附表 8 修改了《所得税（贸易和其他收入）2005》第 4 部分第 9 章（人寿保险合同收益等）。

该条款的起草很简单，包括对悬挂于其下的附表的编号的引用，并且非常重要的是，对附表的内容进行了描述，从而让使用者有机会了解附表的内容，并决定是否继续阅读。此外，它也带有一个描述性标题。 193

在某些法域中，惯例是使用比文本其余部分小的字体打印附表。这种做法要避免，因为它会产生错误的印象，即附表的内容对文本的其余部分而言重要性较低。与介绍附表的部分或者其他部分一样，附表是颁布的一部分。[53]正如布雷特（Brett J.）在 A-G 诉 Lamplough 案中所言：“一部法案中的附表只是一个起草的问题，一个文字的问题。与其他部分一样，附表是制定法的一部分,也是一种颁布。由于法案将作为一个整体来解读,因此与章节相比,附表没有‘次等的’地位。”

再次建议将附表的设计和主体保持一致,这是一种好的做法。[54]没有它,一个仅仅为了促进便捷沟通的工具可能会产生歧义性。[55]如果事项具有某些融贯的和统一的特征,那么便只应将其汇总起来,并在附表中加以呈现。

但是,如果附表和引导性部分有冲突呢?在 IRC v. Gittuss 案中,斯滕代尔勋爵(Lord Sterndale)认为:

> 如果法案规定附表用于特定目的,而相关附表部分的标题表明,它表面上无论如何都是致力于那个目的,那么您必须阅读该法案和附表,就好像附表是为此目的运行的一样;并且,如果可以满足这一节的语言而又不会超出这一目的,那么应该这样做。但尽管如此,如果还是在附表的语言中发现了明显超出该目的的词语和术语,也必须使它们生效,并且不能认为它们受到该部分附表标题的限制,或者受到该法案中所提及的附表表面上被用来实现之目的的限制。不能仅仅因为表面上它们似乎受限于法案中所载附表标题和附表目的的定义,而拒绝让清晰的词语生效。[56]

194 ## □ 定义附表

定义附表越来越受欢迎。最古老的例子之一是《水库法案 1974》,其中“所有定义都是偏离中心的,在附表中用列表来显示索引是最方便读者的安排”。[57]毫无疑问,定义必须被集中在一个地方,[58]并按字母顺序排列。但是,如果某节包含一个具有特定定义的单词,且该定义仅适用于该节,那么该节可以包含一个定义。问题和激烈的辩论是,定义最好置于导言条款中,还是最后条款中。如下假设是符合逻辑的,即使用者将从开头的定义中获益,进而他们在阅读文本时会牢记它们。传统上,这种观点在起草中很普遍,但却被如下关切所取代,即定义不能在文本的开头便占据使用者主要的注意力。归根结底,定义不是规制的首要关切:主要的规制信息才是。这是一个相当具有说服力的主张。但是,将定义置于附表中可以为起草者提供两全其美之策:在法案的开头说明定义在什么地方可以被找到,并将实际的定义集中于一个附表中。这是最佳的路线。

定义是为经常出现在法案中的词语或者短语赋予一个标准的含义。定义是对抗不确定性、歧义性和重复性的工具。因此,它们有助于提高清晰性,进而提高有效性。但为了做到这一点,定义不能完全脱离词语的普通概念:[59]规定“为了这个目的,人(man)是指人类女性”便会造成明显的混乱和歧义性。毕竟,表征(representations)实际上是通过与它们在现实世界中所代表的事物或者状态的共变来获得含义的。[60]类似的结果来自使用同一术语反映不同的语义场域,无论是在文本中还是在法令全书中:在这种情况下,歧义性便是痼疾所在。好的定义应当足够清晰和精确,以便合理地注意该术语的要素,同时又避免将那些允许术语在其预期目的之外运行的要素纳入其中。[61]定义不能用于引入实体法:起草时的一个常见错误是,“在本法中,‘部 195
长’是指有权颁发许可证的劳工部长”。当然,定义必须被谨慎使用,且只有在需要时才使用:规定“就本法而言,‘国外’是土库曼斯坦领土以外的一个地点”,有什么意义呢?

桑顿关于定义的十条戒律是:

1. 仅当定义可以帮助读者时,才对词语或者表达进行定义。

2. 定义不包括实体性事项。

3. 定义不规定荒诞的或者不切实际的含义。

4. 如果可能的话,定义本身要完整。

5. 定义不沉溺于可避免的和不合理的参引性立法。

6. 为了定义的目的而制造的术语,必须对读者而言尽可能是描述性的和有帮助的。

7. 术语的定义已经在解释法案中被定义的,不得重复。

8. 定义无须声明其适用于所定义术语的语法变化和同源表达。

9. 一个定义仅仅定义一个单词或者表达。

10. 在制定法中未使用的词语或者表达,不得定义。

德瑞格尔建议,定义可以用来限定、缩小、具体化一般描述、扩大、解决疑惑、缩写或者缩短和简化构造。[62]定义可以是标签性的、限定性的、扩展性的、限制性的或者指涉性的。标签性定义的目的是给立法文本中经常使用的术语贴上标签,从而避免无用的重复,例如,“部长”是指劳工部长。限定性定义的目的是为通常模糊的或者有歧义性的概念设定语义域的具体边界,例如,“一个月”是指一个日历月。扩展性定义的目的是给术语的通常含义添加一个附加元素,例如,“流动性餐厅”包括流动性酒吧。限制性定义的目的是去除一个通常含义的元素,例如,“流动性餐厅”不包括流动性酒吧。另外,参引性定义交叉参引另一部法案:读者不但可以收到一个干巴巴的交叉参引,而且可以收到该条款的重复或其主题的重复,尽管没有对其内容进行解释。

196 定义可以是描述性的,也可以是规定性的:规定性的定义是用术语“是”(is)或者“意指”(means)表示的,描述性定义是用术语“包括”(includes)或者“除……以外”(excludes)表示的:[63]

> 描述性定义认识到不确定性、不完整性,以及形成涵盖所有甚至不可预见情况的精确定义的不可能性。规定性定义预设:(i)含义是可以被指定的;(ii)含义可以是精确的;(iii)落入任何术语含义内的情况,具有本质性特征;和(iv)含义可以通过规定所要求的条件或者属性予以清楚表达。规定性定义排除了疑问;任何缺少规定性定义所要求之元素的情况都被排除在外。[64]

因此,使用“是”这一术语传达了这样一种概念,即穷尽列举落入被定义术语语义场域中的情况,[65]因此,存在过分精确的风险,进而要么导致通用的模糊定义,要么导致比预期的概念更狭窄。“意指”传达了详尽的定义,具有与“是”相当的风险。“包括”提供了灵活的部分定义:在不可预见的情况下,例子的使用可以将使用者导向正确的适用。无论起草者的意图是什么,他们都必须在“意指”和“包括”之间进行选择。“意指”和“包括”或者“仅仅包含”等公式都是矛盾的。

□ 其他附表

最常用的附表是所谓的“基林附表”(Keeling Schedule)。[66]这是一种“列出制定法的措辞,并用粗体字表示拟议变化”的工具。[67]在一部带有基林附表的法案中,一个主要条款列出了对本节直接的文本修改,并将使用者指引到基林附表,该基林附表重申了使修正案生效的章节。

因此,使用者既有一份外科手术式的修正案清单,也有将这些修正案并入后的新条款。因此,如果法案在以前的制定法中所做的更改是排他性的文本修改或者废除,那么便应当使用基林附表。基林技术不但在附表中显示了
197 法律修改后的面貌,而且在议案本身的文本中也清楚地表明了法律是如何修改的。[68]通过这样做,提高了清晰性[69]和立法质量。[70]

但是,本尼恩(Benion)已经表明,使用基林附表还有其他困难。[71]这些主

要是指在立法文本中添加额外的材料，从而使得法令全书杂乱无章。[72]此外，基林附表非常耗时；而且，如果该议案在议会中进行了修正，则变化的东西必须反映在基林附表中：因此，杰弗里·鲍曼爵士（Geoffrey Bowman）认为它们是“命运的人质”，并倾向于使用非正式的部门文件或者解释性注释作为替代方案。[73]此外，原始条款和修改后的基林附表之间时间轴线的变化也会产生问题。[74]

当然，这些都是合理的担忧。但对使用者来说，基林附表的优势是深远的。当与简洁性或者实用性相冲突时，清晰性会占上风。所以，对于起草者来说，基林附表是一个很棒的工具。事实上这会好得多，因为它们无意中警告起草者，当重复或者大量修改妨碍其成功使用时，便是废除和重新颁布的时候了。

在20世纪70年代初为牙买加政府起草税收立法时，贝尼恩[75]提出了牙买加附表（Jamaica Schedule）。但是，它实际上并没有在英联邦的其他地方流行起来。这一工具旨在促进使用者了解该法案时间轴的状态。牙买加附表由两段组成：附表第1段规定了主要生效日期（默认开始日期）；随后的段落则说明了带有单独开始日期的条款或者那些需要过渡性条款的条款。结果，随后的每部修改性法案不但对文本正文中的规定进行了修改，而且在必要时还要对牙买加附表进行修改，以为新的修改引入过渡性规定。结果是，法案的重印。

如果其通过文本修改而获得更新，则可以在牙买加附表中获得全部历史记录。只要能够立即获得更新的文本，就无须为生效日期命令添加任何注释，因为牙买加附表是该法案的一部分，并遵循该法案的编号。使用者可以在 198
单个文档中找到该法案的全部时间顺序。换句话说，如果最初的法案通过文本修改获得更新，则其完整历史记录可在牙买加附表中找到。由于牙买加附表是该法案的一部分并遵循其编号，因而消除了对生效日期命令进行注释的需要。

注　释

〔1〕 See H. R. Millard, *The Savings Clause: Some Problems in Construction and Drafting*, 33 Texas Law Review 285 (1954 – 1955).

〔2〕 See A. R. Menard Jr., *Legislative Bill Drafting*, 23 Rocky Mountain Law Review 127, 138 (1950 – 1951); *VRAC Crabbe Legislative Precedents – Volume* Ⅱ, Cavendish Publishing

Ltd. , 1998,p. 31.

〔3〕 See D. Berry, *The Importance of Getting Savings and Transitional Right: Two Contrasting Cases*, http://www. opc. gov. au/calc/docs/Loophole/Loophole_Dec01. pdf.

〔4〕 See R. Muhamad, *Savings Clause: Get It Right*, 37 Commonwealth Law Bulletin 445 (2011).

〔5〕 参见《2013 年死亡推定法》第 21 条:"21 对皇室的适用 (1)该法令对皇室有约束力。(2)但不得根据本法作出关于女王陛下的声明。"

〔6〕 See Mobile Homes Act 2013, s. 15.

〔7〕 See *European Union (Croatian Accession and Irish Protocol) Act* 2013, s. 6.

〔8〕 有关一般性保留的其他示例,参见 E. M. Million, *Expiration or Repeal of a Federal or Oregon Statute or Regulation as a Bar to Prosecution for Violations Thereunder*, 24 Oregon Law Review 25 (1944); D. S. Mitchell, *In with the New, out with the Old: Expanding the Scope of Retroactive Amelioration*, 121 American Journal of Criminal Law 1 (2009); and S. C. Day, *Pitfalls on the Road to Salvation: The Kansas Saving Statute*, 59 Journal of the Kansas Bar Association 19(1990)。

〔9〕 See J. Burrows, *The Interpretation Act* 1999, in R Bigwood ed. , The Statute: Making and Meaning, Lexis Nexis, 2004, p. 224.

〔10〕 See U. Karpen, *Instructions for Law Drafting*, 10 European Journal of Law Reform 163, 180 (2008).

〔11〕 参见《2013 年神职人员纪律(修订)措施》,第 6 节:

"(4)在第(3)小节之后,增加以下小节

(3A)凡根据上述第(1)(c)或者(d)小节送达暂令停职通知书,且并未根据第(2)小节将其撤销,则该暂令停职应持续至通知书送达后的 3 个月期限届满为止,或者直至根据上文第 30(1)节对神父或者执事课予惩罚为止,以较早发生者为准,但在根据第 30(2)或(4)节采取的任何步骤完成之前,可根据第(1)(c)或(d)小节送达另一份暂令停职通知书,且本小节适用于该另一份暂令停职,一如其适用于先前的一项或者多项暂令停职。"

〔12〕 See L. E. Filson and SL Strokof, *The Legislative Drafter's Desk Reference*, *2nd edn*, CQ Press, 2009, p. 178, 其中,作者指出,在起草保留条款时,每个案例都是不同的,没有标准形式。

〔13〕 See *Water Resources (Scotland) Act* 2013, s. 56.

〔14〕 See *Crime and Courts Act* 2013, sch 8.

〔15〕 See E. Edinger, *Retrospectivity in Law*, 29 University of British Columbia Law Review 5 (1995).

〔16〕 See Legislative Council, Maine State Legislature, *Main Drafting Manual*, (2009) 20, www. maine. gov/legis/ros/manual/Draftman2009. doc.

〔17〕 See *OPC Drafting Manual* (Oct. 2012) 12 – 13, https://www. opc. gov. au/about/docs/Drafting_manual. pdf.

〔18〕 See *Enterprise and Regulatory Reform Act* 2013, s. 24.

〔19〕 但参见本尼恩的相反观点。他指出，废除一项法案会产生一个真空，该真空由普通法也就是法官造法来加以填补：See FAR Bennion, *Statutory Interpretation：A Code* (1997) *pt* Ⅳ, 222, 229.

〔20〕 See R. Izikira, *Instructions to Draft Legislation：A Study on Legislative Drafting Process in Rwanda*, 4 European Journal of Law Reform 225, 231(2012).

〔21〕 See R. Dickerson, *How to Write a Law*, 31 Notre Dame Law 14, 19(1955 – 1956).

〔22〕 See Tindall C. J. in Kay v. Goodwin 6 Bing 576, 582 (1830).

〔23〕 See M. H. Ruud, *The Savings Clause：Some Problems in Construction and Drafting*, 33 Texas Law Review 285, 290(1954 – 1955).

〔24〕 See J. Teasdale, *Consolidation or Something More?*, 11 European Journal of Law Reform 157, 171 – 172 (2009).

〔25〕 但是这一理论被 W. Chew 否认了，参见 W. Chew, *The Doctrine of Implied Repeal by Desuetude：a Legal Anachronism or Viable Principle?*, 5 Singapore Law Review 139, 143 (1984)。

〔26〕 See D. B. Murray, *When is a Repeal not a Repeal?*, 16 Modern1990) 11 Statute Law Review 161, 169 (1953).

〔27〕 关于英国放弃这一糟糕做法的讨论，参见 Sir N. Hutton, *Awful Statute Book of Great Britain*, 2 North Dekota Journal of Legislation 1, 12 (1975)。

〔28〕 在可能的情况下，不应对法规或法规的完整部分进行修改，而是以修改后的形式重新颁布，以便相关人员可以在一份文件中阅读规则。Merkur Island Shipping Corporation v. Laughton [1983] 2 AC 570, 595.

〔29〕 See D. C. Elliott, *Getting Better Instructions for Legislative Drafting*, 7 www. davidelliott. ca/ legislativedrafting. htm.

〔30〕 See D. Berry, *Purpose Sections：Why They are a Good Idea for Drafters and Users*, 2 The Loophole 49 (2011), available at https://www. opc. gov. au/about/docs/Drafting_manual. pdf.

〔31〕 See J. D. Bransford and M. K. Johnson, *Contextual Prerequisites for Understanding：Some Investigations of Comprehension and Recall*, 11 Journal of Verbal Learning and Verbal Behaviour 717 (1972); LMS Miller, J. A. Cohen and A. Wingfield, *Contextual Knowledge Reduces Demands on Working Memory During Reading*, 34 Memory Cognition 1355(2006).

〔32〕 See B. Drummond and P. Marwood, *Purposive Drafting in Finance Bill* 2007, 4 British Tax Review 350, 354 (2007).

〔33〕 IML Turnbull, *Clear Legislative Drafting：New Approaches in Australia?*, 34 Statute Law Review 12(2012).

〔34〕 See Lord Renton, *Interpretation of Legislation*, 3 Statute Law Review 7, 10(1982).

〔35〕 See D. Greenberg, *Craies on Legislation：A Practitioner's Guide to the Nature, Process, Effect and Interpretation of Legislation*, 9*th edn*, Sweet and Maxwell, 2008, p. 352; the detailed expose of J. Barnes, *Statutory Objects Provisions：How Cogent is the Research* *and Commentary*, Law Review 50, 58.

〔36〕 See Office of the Scottish Parliamentary Counsel, Plain Language and Legislation (2006) 40, www. scotland. gov. uk/Publications/2006/02/17093804/0.

〔37〕 尚无从使用者视角来看对象条款的经验数据,参见 Barnes, *Statutory Objects Provisions*: *How Cogent is the Research and Commentary*?, (n 35) 28。

〔38〕 关于日落政策,参见 Department for Business, *Innovation and Skills*, *Reducing Regulation Made Simple*, www. bis. gov. uk/policies/better-regulation/better-regulation-executive/reducing-regulation-made-simple。

〔39〕 See M. Malik, *From Conflict to Cohesion*: *Competing Interests in Equality Law and Policy*, 187 Equal Opportunity Review 11, 12-13 (2009).

〔40〕 See E. R. Beerworth, *The Evaluation of Legislation*, in R. Tomasic ed., Legislation and Society in Australia, Allen and Unwin, 1980, p. 66, 68.

〔41〕 参见《增长和基础设施法 2013》第 35 节:

"35 生效日期规定

(1)下列情况下,本法自国务卿命令指定之日起生效;并且可以出于不同目的指定不同的日期。

(2)第 1(1)节只要插入新的第 62B 节,则第 4、7、9、16、19、26、32 和 33 节,本节和第 36 节以及附表 2 和 4,自本法案通过之日起生效。

(3) 第 11、12、17、18、29 和 30 节,自本法案通过之日起两个月后生效。

(4)第 21(4)至(6)节自苏格兰大臣藉命令指定的日期起生效;并且可以出于不同目的指定不同的日期。

(5)苏格兰部长可藉命令,就第 21(4)至(6)节之生效,作出苏格兰部长认为适当的过渡性、暂时性或者保留性规定。

(6)国务卿可根据国务大臣的命令,就本法令的任何其他规定的生效作出适当的过渡性、暂时性或者保留性规定。

(7)根据第(5)或者(6)小节作出命令的权力,包括为不同目的作出不同规定的权力。"

〔42〕 See E. J. Gouvin, *Are There Any Checks and Balances on the Government's Power to Check Our Balances*? *The Fate of Financial Privacy in the War on Terrorism*, 14 Temple Policy and Civil Rights Law Review 517, 540 (2005).

〔43〕 See H. C. Deb, 1 July 2003 col 383 Vol. 26, Written Answer 217 from Greenberg ed., Craies on Legislation (n 35) 384, para. 10. 2. 4, note 7.

〔44〕 关于对日落条款之益处的分析,参见 J. E. Finn, *Sunset Clauses and Democratic Deliberation*: *Assessing the Significance of Sunset Provisions in Antiterrorism Legislation*, 48 Columbia Journal of Transnational Law 442, 447(2009 – 2010)。

〔45〕 See P. Suber, *The Paradox of Self-amendment*: *a Study of Law*, *Logic*, *Omnipotence*, *and Change*, (1998) 14, www. earlham. edu/-peters/writing/psa/sec 14. htm.

〔46〕 See A. L. Diamond, *Repel and Desuetude of Statutes*, 28 Current Legal Problems 107, 124 (1975).

〔47〕 See G. Orr, *From Slogans to Puns*: *Australian Legislative Titling Revisited*, 22 Statute Law

Review 160 (2001).

〔48〕 关于美国的视角,B. C. Jones, *Drafting Proper Short Bill Titles: Do States Have the Answer?*,23 Stanford Law and Policy Review 455(2012).

〔49〕 See D. L. Kennedy, *Legislative Bill Drafting*,31 Minnesota Law Review 103, 109 (1946 - 1947).

〔50〕 See H. Xanthaki, *Thornton's Legislative Drafting*, Bloomsbury Professional, 2013,p. 492 - 93.

〔51〕 See Crabbe, *Legislative Drafting*, Cavendish Publishing, 1998,p. 145 - 47.

〔52〕 See G. Thornton, *Legislative Drafting*, Butterworths, London, 1996, 140 - 141, 400 - 402, 425 - 426.

〔53〕 See A-G v. Lamplough (1878) 3 ExD 214; on appeal, 47 LJQB 555, CA at 229; IRC v. Gittus [1920] 1KB 563, 89 LJKB 313; affd sub nom Gittus v. IRC [1921] 2 AC 81, 90 LJKB 716 (HL).

〔54〕 See Re Baines (1840) 12 A & E 227; Dean v. Green (1882) 8 PD 79.

〔55〕 See C. Hand, *Drafting with the User in Mind-a Look at Legislation in* 1982 - 1983, 4 Statute Law Review 166 (1983).

〔56〕 IRC v. Gittus [1920] 1 KB 563, 576.

〔57〕 See The Preparation of Legislation: Report of a Committee Appointed by the Lord President of the Council Chairman Sir David Renton,Cmnd 6053, 1975, Renton Report,para. 11.17.

〔58〕 See B. Simamba, *The Placing and Other Handling of Definitions*, 27 Statute Law Review 73, 82 (2006).

〔59〕 See M. V. Petelo Fa'asau, *Challenges Faced by Legislative Drafters in Samoa and Other USP Member Countries*, 14 European Journal of Law Reform 191, 199 (2012).

〔60〕 See R. Kukla, *Cognitive Models and Representation*, 43 The British Journal of the Philosophy of Science 219, 221 (1992).

〔61〕 关于恐怖主义,参见 K. Hardy and G. Williams, *What Is "Terrorism"? Assessing Domestic Legal Definitions*, 16 UCLA Journal of International and Legal Foreign Affairs 77, 81 (2011)。

〔62〕 See E. A. Driedger, *The Composition of Legislation - Legislative Forms and Precedents*, Ministry of Justice, 1976,p. 45 - 47.

〔63〕 See T. Haggard, *Definitions*, 80 Michigan Bar Journal 47 (2001).

〔64〕 See J. Frazier Price, *Wagging, not Barking: Statutory Definitions*,60 Cleveland State Law Review 999, 1013(2012 - 2013).

〔65〕 See B. Child, *Stipulative Definitions: A Useful Drafting Tool*, 68 Michigan Bar Journal 54, 54 (1989).

〔66〕 其是以爱德华·基林爵士命名的,他和克罗姆·约翰逊法官一起提出了最初的建议。

〔67〕 See FAR Bennion, *Bennion on Statute Law* 56, www. francisbennion. com/book/ statute-law. htm.

〔68〕 See *the Renton Report* (n 57) para. 13. 22.

〔69〕 See C. Carr, *British Isles: Legislation*, 31 Journal of Comparative Legislation and International Law 1949, 1 (1949); M. Zander, *The Law-Making Process* Cambridge University Press, 2004, p. 29.

〔70〕 See R. Cormacain, *Keeling Schedules and Clarity in Amending Legislation*, 15 European Journal of Law Reform 96, 105 (2013).

〔71〕 See Bennion, *Bennion on Statute Law* (n 67) 56 - 57.

〔72〕 See St. J. Bates, *Monitoring of Current Legislation by the Statute Law Society*, 1 Statute Law Review 39 (1981).

〔73〕 See Sir G. Bowman, *Select Committee on Constitution*, Examination of Witness, Questions 340 - 359 (23 June 2004), www. publications. parliament. uk/pa/ld200304/ldselect/ldconst/173/4062301. htm.

〔74〕 See A. Samuels, *Use of the Keeling Schedule*, 18 Statute Law Review 250 (1997).

〔75〕 See Bennion, *Bennion on Statute Law* (n 67) 278 - 279.

第十章

比较立法起草[1]

诚然,只是在过去几年,立法研究的学者和实践者才最终意 199
识到,作为一个过程和产品的立法起草并不是一个沙文主义(chauvinistic)问题,后者的边界严格地在国家立法权限的法域边界之内。立法研究领域见证了朝向普遍主义的广泛共同转向,认为通过对普遍的可适用规则进行实践智慧式的应用,立法质量是一项可以被推动(我不敢说已经实现)的普遍追求。当然,国别殊异性将继续被容纳,但它们只构成立法选择中众多因素中的一个,只是明智决策序列的一个组成部分,该决策构成了实践智慧式立法起草或者立法法理学(legisprudence)的任务。更准确地说,在确定哪种政策、法律和立法的解决方案最有效时,法域、法律体系及其所服务之社会的国家特征,构成了考量因素的一部分。

这发生在政治、法律和立法全球化[2]的时代,其特点是有众多区域性和国际性的立法文本。但是,这种普遍性转向是否意味着我们最终可以在普通法系的起草(drafting)和大陆法系的法律创制(law-making)之间和解呢?还是说,这是一种简化的
方法?[3]尽管一些比较法学者已经讨论了两大法系汇聚成[4]所 200
谓的西方法律体系,[5]但在立法研究中这种概念却仍旧不得而知。[6]但至少在欧洲,从概念进路到实际起草惯例,两大法系的起草之间存在明显的趋同。[7]尽管这种现象的发生对立法意识形态中普遍主义而言非常及时,[8]但这种趋同似乎是独立于意识形态的变迁。[9]在宪法基础、立法过程和实践者所采用的起草工具等方面,立法起草已经趋同,这可能是法律全球化[10]与区域法律整合[11]相结合的结果。并且,这些变化似乎引导我们事实上拆除了立法史上强大的堡垒之一,即普通法系与大陆法系之间的壁垒。[12]但这是否真的如此?为了确认二者之间已经实现和解,让我们找出关于普通法之民法化(civil-ised)和关于民法之普通法化(common-alised)的陈词滥调,以这种方式为基础来评估它们之间的对立是继续存在还是事实上已被拆除。

陈词滥调 201

在普通法中,起草者的目标是准确性[13](precision)和精确

性〔14〕(accuracy)。起草者的目标是提供一份包含有关该主题所有细节的立法文本,〔15〕以便至少在理论上,该文本能够在规制其致力于解决的现象时可以站得住脚。但是,制定法和法典被认为是有危害的。〔16〕在普通法中,为了创造一项权利,起草者引入了补偿,因为补偿优先于权利。〔17〕起草被视为一门专业化的行当、一门技术,值得关注和培训。

大陆法系的起草团队致力于引入主要的法律概念,后者对于解决一种社会现象是必要的。〔18〕该团队追求简洁性,〔19〕因为他们相信细节问题或者次级问题将通过法律的次级形式而得到规制,例如,民法典中的一个一般条款〔20〕需要部长会议决定(ministerial decisions)来完成对离婚的规制。因此,至少看起来,大陆法系起草团队的主要目标是简洁性和凝练性,〔21〕是将所有细节从初级条款中剥离,这些细节将其与时间进行连接,〔22〕以此作为创制一种在未来情境发生变化时同样可以适用的立法用语的方法(如当科技允许诸如视频、DVD 等新的刑事证据类型时,关于可采证据的刑事程序条款必须同样适
202 用)。〔23〕换言之,大陆法系起草团队的目标是提出能够经得起时间检验的基本条款。立法起草并非一门专业。〔24〕

是时候将这些陈词滥调付诸检验了。

这些惯例似乎过于简单化,表面上看便是如此。它们经得起更仔细审查的检验吗?我们选取泰特莱(Tetley)关于比较分析的三个主题来进行案例研究:(制定法)解释的规则、遵循先例原则以及起草惯例与技术。〔25〕

制定法解释

普通法中解释与建构的规则:伊尔伯特规则〔26〕

必须考虑一下教科书中所规定的制定法解释的一般规则。其中最重要的规则如下:一部法案必须被作为整体来进行阅读;一个部分里的语言可能影响其他部分的建构;一部法案可能要根据处理相同或者类似主题的其他法案来解释。因此,这些法案的语言必须被研究;一部法案中某一特定表达的含义,无论是根据定义还是通过司法判决,可能被固定在另一种语言中,并且语言的变化可能被解释为表示意图的改变;特别条款将控制一般条款;在特殊词语后面跟着一般词语(马、牛或者其他动物),后者的普遍性将受到前者的限定[同类规则(ejusdem generis rule)];除了重要的例外情况,犯罪意图是违反刑法的一个根本要素;语词“蓄意”或者“明知”必须被插入,否则将被视

为默认;除公开宣布的内容外,立法机关没有改变任何普通法规则或者原则的意图;有一项假定,[27]即没有推翻或者限制高等法院管辖权的意图;有一项假定,即议会法案不能在英国以外的地方运用;有一项假定,即议会没有违反国际法的意图;除非特别指出,王室不受制定法规则的约束;有一项假定,制 203
定法不具有溯及既往的效力;赋予公共机关的权力可以被解释为施加于该权力机关的义务["可以"(may)="应当"(shall)]。[28]

伊尔伯特规则(Ilbert's Rules)清楚地详述了普通法系中制定法解释的基础知识,但它们只讲述了故事的一半。在英国,从来没有唯一的且特有的制定法解释方法。[29]英国选择了习惯这一熟悉的普通法路线,而不是选择大陆法系令人欣慰的确定性路线,对制定法解释规则进行具体的、穷尽的和书面的汇编(尽管缺乏灵活性和固有的普遍性)。由于这些是在不同历史时期进入系统的,并且不可避免地依附于特定案例,进而受到基于对具体诉讼当事人公平公正考虑的限制,因而制定法解释规则往往并行存在。

关于文义规则(literal rule)、除弊规则(mischief rule)和黄金规则,当然还有目的解释方法的分析,将在第十八章中进行。[30]但此处值得指出的是,苏塞克森贵族(Sussex Peerage)[31]案所蕴含的文义规则要求坚持自然且普通的词语含义。[32]蕴含于赫顿案(Heydon's case)[33]中的除弊规则要求,对于引入立法干预的问题进行确认,并要求抑制这种弊端。[34]蕴含在维托利亚(城市)的阿特沁森诉温哥华岛主教[Lord Atkinson in Victoria (City) v. Bishop of Vancouver Island][35]案中的黄金规则要求,在可能的地方应用文义规则,在必要的时候引入除弊规则。在英国,主流规则源自佩珀诉哈特案(Pepper v. Hart),[36]其提供了对词语的普通含义、语境(主题、范围、目的、[37]法案背景,包括议会议事录)[38]的解释法则(interpretative gravitas)。这是目的解释。[39]

☐ 大陆法系中解释与建构的规则 204

马佐(Mazeaud)[40]主张,当文本是清晰的,便无须解释,而是径直适用即可。当文本模糊时,法院必须通过审查整个立法以及直接围绕该文本的条款来发现立法者的意图。如果这样的审查还不够,法院可以参考预备性的研究来发现立法者的想法(这些研究对法院没有约束力)。当文本没有直接提供解决方案时,法院必须以该文本作为发现法律的起点:文本仍然是框架。法院可以根据法律的一般原则作出决定,这些原则是从不断演进的法理学中获得的。这种依据必须小心谨慎。法院不得为了使公平成为唯一的指导,而离开该文本。法院也可以在推理时求助于逻辑规则。例如,例外情况必须被严格解释;具体的语言优于一般的语言。

类似地,米格诺尔特(Mignault)[41]建议首先参考法典文本本身。只有在法典文本存在模糊性时,我们才可以参考官方编纂者的报告(通常是法典起草者对每个条款之渊源的说明)。如果还有任何疑问,则参阅该法律领域公认的专家的评论。只有在所有其他方法都失败的情况下,才可以考虑先例。最后,如果有关文本源自普通法,可以参考普通法[英国法(le droit anglais)]。

□ (制定法)解释中冷战的终结

有人完全不相信地将两种"不同"的解释立场进行对比。大陆法系提供的解决方案与现代普通法所倡导的解决方案不相似吗? 由于目的性解释已成为普通法新的教义,解释领域中普通法和民法之间先前的差距确实缩小了。[42]目的论方法(teleological method)旨在确定立法者所追求的目的(telos),而意图性方法(purposive method)则旨在确定议会的意图(intent)。[43]换言之,这两种方法都试图揭示立法者的真正目的(aim),并解释文本以使其生效。现在,使用者为此目的而可以使用的具体工具有所不同,因为意图性解释
205 释在详尽列出的渊源中找到了避难所,这些渊源排除了大陆法系中的准备工作(travaux preparatoires)、议会辩论以及历史和学术分析。但到头来,制定法解释的概念最终趋同。[44]

这是否导致普通法系统中的司法造法,也就是两种法系之间所谓的另一种区别? 英国的制定法解释体系中存在固有的限制和约束,其法律价值和随后在实践中的应用不受影响,并继续限定所有的制定法解释规则,包括意图性解释。[45]

第一,只有当词语含义不清楚或者有争议时,解释才被引入。因此,为了法律的日常建构或者适用,意图性解释便无必要,因而无须被引入,也无法被容忍。解释仅限于特殊的情形,尽管这经常发生。这些情形,要么是为了适用法律而提出任何一组事实之前,由于制定法本身的语词而产生的起草问题;要么是在将制定法的语词适用于一组事实的过程中而产生的不确定适用问题。

第二,即使在这些例外情况下,法官也只能在立法中存在缝隙或者文本

需要澄清时使用解释。人们可以争辩说,这些都是立法机构遗漏或者未能提供完整立法文本的情况。因此,采取行动以完善法律和立法的图景是法官的责任,而非选择。

第三,法官继续受到推定和格言的约束。[46]即使在需要司法能动主义的情况下,法官也不是在真空中工作:他们必须遵守宪法的、法律的以及解释的原则,并受其约束。这些原则抑制了(至少能够抑制)不受控制的司法能动主义的可能欲求。

如此,另一个神话破灭了。

□ 遵循先例原则

遵循先例被界定为普通法原则,即下级法院遵守同一法域中高等法院对法律原则所作的裁决,这些法律原则构成了案件判决理由(ratio decidendi)的一部分。[47]遵循先例的目的是赋予法律以统一性、连续性和可预测性。在普 206
通法世界,这一原则地位十分巩固,并且在传统上被认为是普通法的主要特征之一。[48]在大陆法系世界,法院的判决只对当事人具有约束力,且只适用于法院审理的纠纷。

但在英国的普通法中,先例学说并不是绝对的,也不是遵循先例原则的纯粹形式。如今,高等法院作出的裁决对下级法院具有约束力,并在某种程度上对同一级别的法院具有约束力。因此,治安法院(Magistrates' Court)和郡法院(County Courts)受到高等法院、上诉法院和最高法院裁决的约束;但它们不受自己所作裁决的约束,也不约束其他法院。皇家法院受到上诉法院和最高法院裁决的约束,但其判决对其他法院仅具有说服性的价值,特别是如果判决是高等法院的法官在皇室法院作出的时候。高等法院受上诉法院和最高法院的约束,其判决对下级法院具有约束力,但对高等法院法官没有约束力。此外,高等法院的判决并不总是对上诉庭(Divisional Court)(民事或者刑事)具有约束力。高等法院的上诉庭受它们自己的、上诉法院的和最高法院的判决的约束。它们的判决对下级法院(就业上诉法庭除外)和高等法院法官独立审判具有约束力。上诉法院(民事法庭)受最高法院的约束,并受自己判决的约束,除非该判决存在严重疏漏,或者该判决与先前判决相抵触,或者先前上诉法院的判决被最高法院驳回。其判决对高等法院的上诉庭、高等法院的各个法官以及包括劳资上诉法庭在内的下级法院具有约束力。上诉法院(刑事法庭)受最高法院及自己判决的约束,并对下级法院具有约束力。最后,最高法院的判决对所有法院都具有约束力。最高法院由下级法院说服,但不受其约束。并且,自1966年起,最高法院也不受自己判决的约束。此外,在实践中,最高法院可能不得不依据至高性原则和间接效力原则服从欧盟法院,并且根据人权法案服从欧盟人权法院。这种复杂的事态表明,现代版的先例原则向普通法法官强加了一种遵循特定法院先例的义务,而且这种义务是相对的,并且有时是主观界定的。最终,在普通法中,先例的作用本
207 质上是有限的,因为议会制定法律的权力是没有限制的,法官必须执行议会的意图,议会法案的唯一建构规则是,它们应当根据通过该法案的议会的意图来解释。[49]

在普通法先例学说变得似乎越来越具有相对性的同时,先例在大陆法系的背景下却变得越来越重要。甚至在大陆法系中,判决可以反映对法律规定的主流解释和适用。这发生在两种情况:第一,当法院的司法法理学反复出现时,这反映了各级法院的本国法官共同持有的观点。第二,当最高法院表达的观点与其他最高法院的判决不矛盾的时候。[50]换言之,虽然在大陆法系的理论中,案件结果仍然只对该案诉讼当事人和该案件本身具有约束力,但实践中主要是由最高法院作出的持久性司法解释,对未来案件的律师而言构成了非常强有力的论据。

虽然将大陆法系的这种变化归因于唯一的特定因果关系需要进行广泛的研究,这超出了本章的范围,但遵循先例原则侵入大陆法系可能是欧盟法院判决被归类为欧盟法律来源的直接结果。[51]欧盟法律在成员中的普遍使用意味着将法律价值赋予法院判决,即一般法院和欧盟法院的判决,即使在大陆法系法域也是如此。并且,持续使用一般法院和欧盟法院判决作为具有约束力的法律规定的渊源,甚至对大陆法系的律师来说,也允许将遵循先例原则潜移默化地引入该法域,而先前那里的法院甚至都没有提及司法法理学。

起草规则与惯例

比较分析的最后一个主题涉及欧洲普通法系和大陆法系国家中普遍存在的起草规则和惯例。人们期望找到一种普通法系不同于大陆法系的独特精神。毕竟,选择存在于两个相互排斥的目标之间:

> 模糊法律的清晰性和过分装饰的法律的确定性：宽泛的原则可以很容易理解，但不容易适用，而详尽的条款可以提供直接的答案， 208
> 但复杂性和数量使得法律对那些受其束缚的人而言不可理解。[52]

然而，通过对奥地利、[53]比利时、[54]法国、[55]德国、[56]意大利、[57]荷兰、[58]葡萄牙、[59]西班牙[60]和英国[61]起草惯例的仔细分析，得出了一个截然不同的故事，其中一个共同点和相似之处在于起草风格实际上并非由法律传统决定。使用清晰性、简洁性、准确性、精确性和通俗易懂的语言，是普通法系和大陆法系起草类型中高质量立法的共同标准。[62]同时，对作为有关立法文本主要使用者之人员范围的考量、[63]对文本可能产生的解释性问题的考量、[64]保持与现有立法一致、在立法文本中避免不相关的条款以及在文本中使用统一的术语，这些都是欧洲普通法系和大陆法系立法指南中共同的起草规则。[65]

对具体起草惯例进行更仔细的比较分析证实了我们的初步发现。比利时、法国、德国、葡萄牙和英国推行如下做法，即只要在实际文本中有充分的理由说明立法解决方案的必要性和时机，便可以选择立法作为规制工具（只 209
是作为最后的问题解决办法）。合法性原则在整个欧洲法域中同样常见。德国和葡萄牙明确规定，新立法必须符合现有规定，而在英国，合法性是以推定的形式被引入的。

在比利时、法国、德国、荷兰、西班牙和英国，咨询作为立法前审查的一种形式被引入；尽管在大陆法系传统中，这通常涉及由该领域的专家或者在宪法法院中讨论法律草案。[66]规制影响评估可以追溯到芬兰、[67]法国、荷兰和英国的[68]传统，其中成本和影响分析过程是强制性的。[69]

至于与技术起草有关的规则，立法的明确性是奥地利、比利时、法国、德国、荷兰、葡萄牙、西班牙和英国的共同原则。比利时、德国、意大利、葡萄牙、西班牙和英国的起草者则要求无歧义性。简洁性是奥地利、比利时、德国、葡萄牙和西班牙的起草规则。必须指出的是，在英国，确实追求简洁性，[70]但不能损害法律的确定性。[71]荷兰、葡萄牙和英国明确引入了通俗易懂的语言，即考虑特定立法文本的主要使用者可以使用的语言。[72]

只有法律性质的条款才能列入立法文本。因此，政治声明或者意图宣言 210
在奥地利、比利时、法国、意大利、荷兰和英国的法律文本中没有位置。同样，意大利、葡萄牙和英国也肯定了避免交叉参引或者不精确的交叉参引。使用相同术语来指称同一概念的要求,体现了无歧义性原则,并在奥地利、比利时、意大利、荷兰、葡萄牙和英国被明确推行。基于同样的无歧义原则,德国、意大利和英国要避免不必要的缩写,因为这是清晰性和准确性的副产品。作为需要清晰性和无歧义性的体现,奥地利、意大利和荷兰的指南以及英国的惯例都避免对现有条款进行无意义的重复,而这些条款通常会使用不同的术语来反映同一概念。在奥地利、德国和意大利,长句必须被避免使用;在英国,存在反对长句的惯例,以及限制使用从句(特别是在短语的主语之前或者主语和动词之间)和不分段落的长句。此外,奥地利、德国、意大利、荷兰和葡萄牙的指南以及英国都明确禁止不准确地参引其他法律文本。立法文本标题的作用是充分、完整和清晰地表明其主题,或者更好表达以及完整和准确地反映其真实主题,这与奥地利、比利时、法国、德国、意大利、荷兰和西班牙标题的作用是相同的,[73]其中还增加了简洁性的要求;同样,在英国,现在被普遍接受的是,法律范围的声明必须在条款中而不是标题中。[74]奥地利、法国、德国和希腊不知道序言的做法。在现代英国的法律起草中,序言则被积极地劝阻,如果使用,它们也不能包括对目的的声明。[75]此外,奥地利、比利时、德国、意大利和荷兰[76]要求有明确的生效日期(其必须与公布日期明确区分),英国生效日期和持续期限条款的惯例亦有相同要求。[77]

211

跨越普通法系与大陆法系界限的立法起草中的大量共同原则、规则和规定,最有力地表明了各自起草风格的近似和趋同。为了证明本章的假设,可以将起草技术或者惯例作为一项重要的案例研究。由于起草规则往往被认为与每个法域的核心主权暨立法精神有着内在联系,因而偏离沙文主义传统的证据无疑证明了立法种族主义的终结。

结　论

至少在欧洲,从概念进路到实际起草惯例,普通法系和大陆法系的立法起草之间存在明显趋同。(制定法)解释的比较分析、先例的现代适用,以及欧洲普通法系和大陆法系中的起草规则和惯例,描绘了一幅接近与趋同的清晰画卷,以致大陆法系与普通法系之间的神圣隔离墙正在严重动摇。

归根结底,起草者们跨越界限追求的是立法质量。现在,立法质量的普遍定义是被界定为立法的有效性,或者说如果政策过程中所有参与者之间的协同作用实际发生,立法产品产生预期规制结果的能力。这种共同的质量概念引向了起草价值的层级结构,这些价值超越了两大法系之间的界限,追求作为提升有效性手段的清晰性、准确性和无歧义性,以及实现清晰性、准确性和无歧义性的工具,即性别—中立语言和通俗易懂的语言。

关于普遍的、去国别化的、非沙文主义的立法质量概念的最终相互认同,是否会导致立法起草的标准化?这是不可能的。在实践智慧式立法起草中,基于理论意识和实践操作经验的主观选择,构成了立法起草这项任务的支柱,因而标准化是不可想象的。即使立法起草者们同意除去国别殊异性的僵化规则,这一共识也是自我毁灭性的,因为起草选择缺乏适应性和弹性会使 212
任何严格的规则无法在特定时间为具有特定文化、特定风俗、特定政体、特定法律体系的特定法域服务;因此,严格规则将是无效的,其对立法质量不是支持性的,毋宁是背道而驰的。

正是在对法律惯例和实证经验进行主观优先排序的背景下,人们现在必须评估一下两大法系之间的区分。这仍然是起草者和立法者在做出起草选择时需要考虑的国别殊异性之一。两大法系追求的目标是相同的:有效性。追求的品质是一样的:清晰性、精确性和无歧义性。跨越法系界限而使用的工具相同:性别—中立、通俗易懂的语言。两大法系立法起草之间的变化是起草者所关注的重点。因此,两大法系起草之间实现了和解。令人宽慰的是,学者们和专业人士现在能够超越这堵已被拆除的墙,去探寻最佳实践、可能的解决方案以及法律移植。但这需要剔除最后一道障碍:立法种族主义。

注 释

〔1〕 本章是关于以下论文的最新观点。H. Xanthaki, *Editorial*: *Burying the Hatchet between Common and Civil Law Drafting Styles in Europe*, 6 Legisprudence 133 (2012).

〔2〕 See B. Markesinis, *Learning from Europe and Learning in Europe*, in B. Markesinis ed., The Gradual Convergence: Foreign Ideas, Foreign Influences and European Law on the Eve of the 21st Century, Clarendon Press, 1993, p. 1, 30; B. Markesinis, *Judicial Style and Judicial Reasoning in England and Germany*, 59 Cambridge Law Journal 294 (2000). 相对立的观点,参见 P. Legrand, *European Legal Systems Are Not Converging*, 45 International and Comparative Law Quarterly 52 (1996); P. Legrand, *Against a European Civil Code*, 60 Modern Law Review 44 (1997)。

〔3〕 See N. Rescher, *Complexity*: *A Philosophical Overview*, Transaction Publishers, 1998,

p. 61; also see J. H. Merryman, *On the Convergence (and Divergence) of the Civil Law and the Common Law*, in J. H. Merryman ed., The Loneliness of the Comparative Lawyer and Other Essays in Foreign and Comparative Law, Kluwer, 1999, 17, 27.

〔4〕 See C. Schmid, *The Emergence of a Transnational Legal Science in Europe*, 19 Oxford Journal of Legal Studies 673 (2000).

〔5〕 See W. Tetley, *Mixed Jurisdictions: Common Law vs. Civil Law (Codified and Uncodified)*, 4 Uniform Law Review 591(1999); R. David, *Existe-t-il un droit occidental?*, in Mélanges HE Yntema ed., Twentieth Century Comparative and Conflicts Law, A. W. Sijthoff, 1961, p. 56.

〔6〕 See R. C. Dick, *Comparisons in Legal Drafting*, 4 Estates and Trusts Quarterly 195, 195.

〔7〕 相反观点参见 Legrand, *European Legal Systems Are Not Converging*, (n 2) 52; G. Teubner, *Legal Irritants: Good Faith in British Law and How Unifying Law Ends Up in New Divergences*, 61 Modern Law Review 11 (1998)。

〔8〕 See L. M. Friedman, *The Concept of Legal Culture: A Reply*, in D. Nelken ed., Comparing Legal Cultures, Dartmouth, 1997, p. 33; L. M. Friedman, *On the Emerging Sociology of Transnational Law*, 32 Stanford Journal of International Law 65 (1996); L. M. Friedman, *The Horizontal Society*, Yale University Press, 1999; Schmid, *The Emergence of a Transnational Legal Science in Europe*, (n 4) 673; R. Sacco, *Legal Formants: A Dynamic Approach to Comparative Law (I)*, 39 American Journal of Comparative Law 1, 4, 26 – 30, 32(1991); R. Zimmermann, *Savigny's Legacy: Legal History, Comparative Law, and the Emergence of a European Legal Science*, 112 Law Quarterly Review 576 (1996).

〔9〕 Erücü, *Critical Comparative Law: Considering Paradoxes for Legal Systems in Transition*, 4 Electronic Journal of Comparative Law (2000), http://www.ejcl.org/41/art41 – 1.txt.

〔10〕 See W. Voermans, *Styles of Legislation and Their Effects*, Statute Law Review38, 53 (2011).

〔11〕 See C. Joerges, *The Impact of European Integration on Private Law: Reductionist Perceptions, True Conflicts and a New Constitutional Perspective*, 3 European Law Journal 378 (1997); C. Joerges, *Interactive Adjudication in the Europeanization Process? A Demanding Perspective and a Modest Example*, European Review of Private Law 1 (2000); J. E. Levitsky, *The Europeanisation of the British Legal Style*, 42 American Journal of Comparative Law 347 (1994).

〔12〕 See Voermans, *Styles of Legislation and Their Effects*, (n 10) 51 – 52.

〔13〕 See L. P. Pigeon, *Rédaction et interprétation des lois*, Québec, Gouvernement du Québec, 1986, p. 19; L. P. Pigeon, *Drafting and Interpreting Legislation*, Toronto/Calgary/Vancouver, Carlswell, 1988, p. 7.

〔14〕 See J. Stark, *Should the Main Goal of Statutory Drafting Be Accuracy or Clarity?*, (1994) 14 Statute Law Review 207; O. Lando, *On Legislative Style and Structure*, 4 European Review of Private Law 475, 476 (2006); T. Millet, *A Comparison of French and British Drafting (with Particular Reference to their Respective Nationality Laws)*, 1 Statute Law Review 130, 153 (1980).

〔15〕 See Lando, *On Legislative Style and Structure*, (n 14) 476.

〔16〕 See K. Zweigert and H. Kötz, *An Introduction to Comparative Law*, Oxford University Press, 1998, p. 265.

〔17〕 See W. W. Buckland and A. D. McNair, *Roman Law and Common Law: A Comparison in Outline*, Revised by F. H. Lawson, Cambridge University Press, 1952, p. 399; *Pigeon Drafting and Interpreting Legislation* (n 13) 9.

〔18〕 See J-EM Portalis, *Discours préliminaire au premier projet de Code civil* (*L'an VIII*) ditions confluences Voix de la cité, reprinted 1999, p. 18, 19.

〔19〕 See Sir W. Dale, *Legislative Drafting: A New Approach*, Butterworths, 1977, p. vii.

〔20〕 See J. Stark, *The Proper Degree of Generality for Statutes*, 25 Statute Law Review 77 (2004); Sir O. Khan-Freund, C. Lévy eds., *A Source-book on French Law*, Clarendon Press, 1990, p. 233; B. Dickson, *Introduction to French Law*, Pitman Publishing, 1994, p. 10 – 11.

〔21〕 See J. A. Clarence-Smith, *Legislative Drafting: English and Continental*, 1 Statute Law Review 14, 21 (1980); W. Tetley, Marine Cargo Claims, Les Éditions Yvon Blais, 1988, p. 45.

〔22〕 See C. Pestalozza, *Gesetzgebung im Rechtsstaat*, 39 Neue juristische Wochenschrift 2081, 2084 (1981).

〔23〕 See B. Markesinis, H. Unberath and A. Johnston, *The German Law of Contract: A Comparative Treatise*, Hart Publishing, 2006, p. 119.

〔24〕 See Pestalozza, *Gesetzgebung im Rechtsstaat*, (n 22) 287.

〔25〕 See W. Tetley, *Interpretation and Construction of the Hague, Hague/Visby and Hamburg Rules*, 10 Journal of International Maritime Law 30 (2004).

〔26〕 See Sir C. Ilbert, *Legislative Methods and Forms*, Clarendon Press, 1901, p. 250 – 51.

〔27〕 关于推定,参见 F. A. R. Bennion, *Threading the Legislative Maze*—11, www.francisbennion.com。

〔28〕 F. A. R. Bennion, *Threading the Legislative Maze*—11, www.francisbennion.com.

〔29〕 See R. Graham, *A Unified Theory of Statutory Interpretation*, 23 Statute Law Review 91, 134 (2002).

〔30〕 See L. Neville-Brown and F. Jacobs, *The Court of Justice of the European Communities*, Sweet and Maxwell, 1998, p. 271.

〔31〕 Sussex Peerage (1844) 11 Cl & F 85; 8 ER 1034.

〔32〕 See Sir F. Pollock, *Essays on Jurisprudence and Ethics*, McMillan, 1882, p. 85; Lord Reid, *The Judge as Law Maker*, 12 Journal of the Society of Public Teachers of Law 28 (1972); Stock v. Frank Jones (Tipton) Ltd. (1978) ICR 347, 354; Bulmer Ltd. v. Bollinger (1974) Ch 401, 425.

〔33〕 Heydon's Case (1584) 3 CoRep7a; 76 ER 637.

〔34〕 See R. (McCann) v. Crown Court at Manchester (2003) 1 AC 787, [16] – [18].

〔35〕 Victoria (City) v. Bishop of Vancouver Island [1921] AC 384.

〔36〕 Pepper v. Hart [1993] 1 All ER 42 at 50.

〔37〕 See G. MacCallum, *Legislative Intent*, in R. Summers ed., Essays in Legal Philosophy, Blackwell, 1968, p. 237, 240.

〔38〕 See Learned Hand J. in Cabell v. Markham (1945) 148 F 2d 737, 739; Lord Bingham in R. (Quintavalle) v. Secretary of State for Health (2003) 2 AC 687, §8; Lord Hoffmann in ICS v. West Bromwich Building Society (1998) 1 WLR 896, 913; Wilson v. First County Trust (No. 2), [114]-[117].

〔39〕 See Lord Diplock in Carter v. Bradbeer (1975) 1 WLR 1204; R. v. Henn and Darvy (1978) 3 All ER 1190; J. van Zyl Smit, *The New Purposive Interpretation of Statutes: HRA Section 3 after Ghaidan v. Godin-Mendoza*, 70 Modern Law Review 294(2007).

〔40〕 See H. Mazeaud, *Leçons de Droit Civil*, Montchrestien, 1996, p. 172.

〔41〕 See P. B. Mignault, *Le Code Civil de La Province de Québec et son Interprétation*, 1 University of Toronto Law Journal 104, 124(1935-1936).

〔42〕 See James Buchanan & Co. Ltd. v. Babco Forwarding & Shipping (UK) Ltd. (1977) 2 WLR 107, 112.

〔43〕 See Editorial, *Legislative Intention*, 29 Statute Law Review iii(2008).

〔44〕 See Levitsky, *The Europeanisation of the British Legal Style*, (n 11) 369.

〔45〕 See Magor and St. Mellons Rural District Council v. Newport (1952) AC 189, per Lord Simonds, at 191.

〔46〕 See Black-Clawson International Ltd. v. Papierwerke Waldhof-Aschaffenburg AG (1975) AC 591, per Lord Reid (HL 5 March 1975); R. v. Secretary of State for the Environment, Transport & the Regions, ex p Spath Holme Ltd. (2001) 2 AC 349, per Lord Nicholls at 395; Wilson v. First County Trust (No. 2) (2004) 1 AC 816, per Lord Hope at [111].

〔47〕 The House of Lords in a Practice Statement (Judicial Precedent), (1966) 1 WLR 1234, (1966) 3 All ER 77 (HL),其认为,“在将本院先前的决定视为通常具有约束力的同时,在有正当理由的情况下可以背离先前的决定”。

〔48〕 See J. Bell, *Comparing Precedent*, 82 Cornell Law Review 1243 (1997).

〔49〕 See Tindall C. J. in the Sussex Peerage case (1844) 11 Cl & F 85; 8 ER 1034.

〔50〕 See D. N. MacCormick and RS Summers, *Interpreting Precedents: A Comparative Study*, Dartmouth, 1997.

〔51〕 See V. Fon and F. Parisi, *Judicial Precedents in Civil Law Systems: A Dynamic Analysis*, 26 International Review of Law and Economics 519(2006).

〔52〕 See L. Campbell, *Drafting Styles: Fuzzy or Fussy?*, 3 E Law—Murdoch University Electronic Journal of Law (1996), para. 18, http://www.austlii.edu.au/au/journals/MurUEJL/1996/.

〔53〕 See *Legistische Rechtlinien* (1990); A. Shaefer, *Abkürzungen, Begriffe, Zitiervorschläge (Akronyme—internationale Einführung und umfangreiche Abkürzungssammlung)*, Verlag

Österreich, 2008.

〔54〕 See Conseil d'Etat, *Technique législative*, www. raadvst-consetat. be/? lang = fr&page = technique_ legislative.

〔55〕 See *Guide de légistique* (2013), www. legifrance. gouv. fr/Droit-francais/Guide-de-legistique.

〔56〕 See Bundesministerium der Justiz (Hrsg), *Handbuch der Rechtsförmlichkeit*, Bundesanzeiger, 2008; H. Kirchner, *Abkürzungsverzeichnis der Rechtssprache*, De Gruyter Recht, 2008.

〔57〕 *Formulazione tecnica dei testi legislativi* (2001), http://www. senato. it/application/xmanager/projects/senato/file/repository/istituzione/regole_testi_legislativi. pdf; *Regole e suggerimenti per la redazione dei testi normativi* (2007), http://leggi. regione. abruzzo. it/docs/qualitaNorm/Regole_sugg_testi_normativi. pdf.

〔58〕 See Circular of the Prime Minister, *Guidelines for Legislation*, 18 November 1992, http://wetten. overheid. nl/BWBR0005730/geldigheidsdatum_29 - 11 - 2013.

〔59〕 See Deliberation of the Council of Ministers of 8 February 1989 on the Approval of the General Principles for the Elaboration of Projects for Normative Acts.

〔60〕 See *Spanish Guidelines on the Form and Structure for the Schemes of Projects of Laws* (1991); *Normas Sobre Regimen de Asesoramiento a Las Comisiones del Congreso de Los Diputados y del Senato* (1989).

〔61〕 See *Consolidation of Enactment (Procedure) Act* 1949, 41 Statutes 741; *Statutory Instruments Act* 1946, 41 Statutes 717; *Interpretation Act* 1978, 41 Statutes 899.

〔62〕 See R. Pagano, I*ntroduzione alla legistica: l'arte di preparare le leggi*, Giuffrè Editore, 1999, p. 26 - 30.

〔63〕 See M. Ainis, *La legge oscura*, Laterza, 1997, p. 103.

〔64〕 See V. Fronsini, *Lezioni di teoria dell' interpretazione*, Bulsoni, 1993, p. 93; W. A. Leitch, *The Interpretation Act: Ten Years Later*, 16 Northern Ireland Legal Quarterly 215, 236 - 237 (1958).

〔65〕 See Pagano, *Introduzione alla legistica* (n 59) 37 - 39.

〔66〕 See *Belgian Circulaire de Premier Ministre*, 23 April 1982, art 28; French Circular of 2 Jan. 1993 on the rules for the elaboration, signature and publication of texts in the Official Journal and to the coming into force of the particular procedures of the Prime Minster, art 1.7; *German Gemeinsame Geschä*ftsordnung der Bundesministerien (15 Oct. 1976) as modified, art 40; Dutch Aanwijzingen Voor de Regelgeving (1992) art 269; Spanish Normas sobre regimen de asesoramiento a las Comisiones del Congreso de los diputados y del Senato of 26 June 1989; for the common law approach to consultation, AD Jergensen, *The Legal Requirement of Consultation*, Public Law 290 (1978); Agricultural, Horticultural and Forestry Industry Training Board v. Aylesbury Mushrooms Ltd. (1972) 1 All ER 280, (1972) 1 WLR 190; R. v. Secretary of State for Social Services, ex p Association of Metropolitan Authorities (1986) 1 All ER 164.

〔67〕 关于芬兰相关传统的分析,参见 S. Arkio, *Assessment of Draft Legislation in Finland*, in A. Kellermann eds., Improving the Quality of Legislation in Europe, Kluwer Law, 1998, p. 227。

〔68〕 See Department of Trade and Industry, *Checking the Cost to Businesses: A Guide to Compliance Cost Assessment* (1999).

〔69〕 See the French Circular of 21 Nov. 1995 relating to the conduct of an impact study for projects of laws and decrees at the Council of the State; also the Dutch Aanwijzingen Voor de Regelgeving (1992), art 331.

〔70〕 See B. R. Atre, *Legislative Drafting*, Universal Law Publishing, 2006, p. 12.

〔71〕 See *Report of the Renton Committee on the Preparation of Legislation* (Cmnd 1975, 6033) (Renton Report) ch XI, art 14; D. Greenberg, *Craies on Legislation*, Sweet and Maxwell, 2004, p. 307 – 308.

〔72〕 See t*he Dutch Aanwijzingen Voor de Regelgeving*, arts 54 and 218; Portuguese Deliberation of the Council of Ministers of 8 Feb. 1989 on the approval of the general principles for the elaboration of projects of normative acts, art 7a; for the UK, see M. Faulk and IM Mehler, *The Elements of Legal Writing*, Macmillan Press, 1994.

〔73〕 *Austrian Legistische Rechtlinien*, 1990, art 100; *Belgian Circulaire de Premier Ministre*, 23 April 1982, art. 20flect true subject; French Circular of 2 Jan. 1993 on the Rules for the Eelaboration, Signature and Publication of Texts in the Official Journal and to the coming into force the Particular Procedures of the Prime Minster, art 1. 3; *German Gemeinsame Geschäftsordnung der Bundesministerien* (15 Oct. 1976) as modified, art 29; *Italian Formulazione tecnica dei testi legislativi* (1986) *GU*, No. 123 of 29 March 1986, Ordinary Supplement, No. 40, art 10; *Italian Regole e suggerimenti per la redazione dei testi nomativi* (1991) art 37; *Dutch Aanwijzingen Voor de Regelgeving* (1992) arts 98 and 105 – 107; *Spanish Guidelines on the form and structure of projects of laws* (1991), approved by the Decision of the Council of Ministers of 18 Oct. 1991, OJ L 276 of 18 Nov. 1991, disposition 27774, 37235 – 37237, art 1.

〔74〕 Renton Report (n 68) art 15; 44.

〔75〕 Renton Report (n 68) art 11.6.

〔76〕 *Austrian Legistische Rechtlinien*, 1990, art 77; *Belgian Circulaire de Premier Ministre*, 23 April 1982, art 121; *German Gemeinsame Geschäftsordnung der Bundesministerien*, 15 Oct. 1976, as modified, art 31; *German Manual of Judicial Formalities*, 1991, para. 307; *Italian Formulazione tecnica dei testi legislativi*, 1986, GU, No. 123 of 29 March 1986, Ordinary Supplement, No. 40, art 18; *Dutch Aanwijzingen Voor de Regelgeving*, 1992, art 178 – 180.

〔77〕 VCRAC Crabbe, *Legislative Drafting*, Cavendish Publishing, 1998, p. 138.

第十一章

立法中的时间

立法注定贯穿现在,并持续到未来。因此,其被要求在真实时间之外去表达时间。[1]现实时间和立法时间的对应程度不仅给读者而且也给起草者造成了困惑。这会导致一种歧义性的恶性循环,而起草者在撰写法律时的时间、读者使用法律的时间与法律本身所表达的时间之间的差异,加剧了这一恶性循环。现在是流动的,起草时、阅读法律时以及在法律中表达的现在,具有不同的含义。过去和未来在时间中要求平行指涉。然而,时间的清晰性是立法清晰性的本质要素,因而也是立法有效性的本质要素。 213

好像过去、现在和未来的各种概念还不够复杂,时间基准的起点也是多种多样的。通常,立法是面向未来的。但这个最简单的立法表达包括了四个时间概念作为起点:起草的时间、通过的时间、产生效力的时间/生效日期、法律使用的时间。除此之外,通常有必要通过参考过去发生的事情来使立法生效。[2]在这种情况下,有五种时间的概念作为出发点:法律所指的起草前的过去、起草的时间、通过的时间、生效/产生效力的时间、法律使用的时间。

由此可见,立法中的时间表达是一个相当棘手的问题,也就不足为奇了。

前瞻性条款 214

前瞻性条款是准则。[3]它们是指从立法生效之日(开始日期)起开始适用的立法条款。因此,规则是:将某个时刻划分为过去、现在或者将来的起点是生效时刻,即立法生效的时刻。这在开始条款(目前称为生效日期条款)中可以预见到。目前,这可以在一部法案的最后条款中找到,但在分层方法中可以在导言条款中找到它,以便认识到其对于立法文本的规制信息至关重要。将开始时间确定为将其他时刻划分为过去、现在或将来的标准,这对于起草者努力选取恰当的时态至关重要。

在开始时间之前已经发生或者将要发生的事件用过去时表示。在开始时间或者接近开始时间所发生的事件用现在时态表示。原则上,在开始时间之后发生的事件用未来时态表示。这种做法表明,使用未来时态确定该法案所设立的机构委员会的组成是错误的:虽然委员会在起草时还不存在,但在生效日期的关键时刻确实存在。因此,委员会"包括"而不是"将包括"五名成员。

但这是正确的吗?法律设立了机构。该机构的委员会是在机构成立后产生的。在这种情况下,将来时态是否更恰当呢?起草者必须在时间安排的准确性与对使用者而言与立法相关的重要因素之间取得平衡,无论其将来何时阅读该立法。换言之,立法文本必须清晰地表明,在任何使用者阅读时,它都是适用的。正因如此,现在时的使用才是起草者的第一个要求。而且,总的来说,在上述机构委员会的例子中,其作为时态选择的标准优于将来时态的精确性。

因此,立法通常是具有前瞻性的。[4]它通常是用现在时态来表达,以便向使用者清晰地传递如下信息,即立法文本在被阅读时即适用。

215 合法化条款

立法之所以通常是前瞻性的,还有一个额外的原因。法律要求随时遵守其要求:但是,为了遵守法律,公民需要在决定以某种方式行事时意识到法律的要求。[5]用过去的法律进行干预,会在公民无法改变其行为时改变其要求。这对那些希望遵守并按立法行动的公民是不公平的:尽管尽了最大努力,法律的变化仍使他们不可能遵守。但这对法律体系也是不安的:当法律在事后发生变化时,法律的确定性会受到严重损害。[6]这当然与法治和合宪性有关。因此,必须避免不具有前瞻性的条款。[7]

但是,任何规则都有例外,在实践智慧式立法起草中更是如此。确实有令人信服的情况,起草者需要及时回溯,并规制过去的事件或其后果。[8]或者就像大卫·斯劳森(David Slawson)所说的那样,有时对现有规则的依赖"必须在一定程度上牺牲对变化的需要"。[9]与任何偏离规范的情况一样,起草正当化条款(legitimising provision)必须明确而熟练地进行。起草者用来规制过去事件或其后果的工具是合法化条款。[10]合法化条款(legalising provisions)是一部制定法,其通过要么是纠正先前法律中的缺陷,要么是保留(使其生效)现在被认为无效的条款或者程序,如果新的立法要适用于这些条款或者程序的话。[11]

纳特尔森(Natelson)区分了四类正当化法律:(1)治愈性法律,即条款与现有期望相符的法律;[12](2)以不可预期的方式改变先前行为的未来后果,但并未改变人与人之间先前存在之义务的法律;(3)不可预期地改变先前行为的未来后果,从而潜在地改变原有义务的法律;(4)溯及既往地改变先前行为后果的法律。[13]但是,这一分类遭受多个分类标准平行适用的影响:治愈性 216
法律使法律与期望相符,它们可以使用前瞻的、溯及既往的(retrospective)或者回溯性的(retroactive)制定法做到这一点;[14]限定性标准是意图,而不是制定时间和适用时间。同样,前瞻性地改变预先存在的义务的法律是前瞻性制定法:从颁布之日起提及产生法律的事件是前瞻性法律的典型例子。在这里,时间没有发挥作用,因为受规制者意识到其既有义务的未来后果,并可以选择是否遵守。例如,强加一项向警察登记现有持牌枪支的新义务,是一项可能产生新后果的前瞻性条款,被许可人可以选择通过继续持有还是不持有执照,进而承担这一新后果。

人们普遍认为,合法化条款是溯及既往的或者回溯性的。这一分类得到了萨兰比尔(Salembier)的确认,他将制定法(不仅是正当化的制定法)划分为在未来作用于未来事件的制定法,即前瞻性的;在未来作用于过去事件的制定法,即溯及既往的;在过去作用于过去事件的制定法,即回溯性的。[15]

但值得注意的是,最近考莫科恩(Cormacain)确认了三种合法化条款:溯及既往的、回溯性的和双面性的(Janus-faced)条款。[16]双面性的立法既延伸到未来,也延伸到过去。双面性的立法可以是回溯性的、溯及既往的,或者可以干预现有权利的。双面性立法可以改变过去事件的法律性质,因此它是“真正的怪物”。[17]

> 其与如下普遍原则相抵触,即在首次引入的时候,对人类行为进行调整的立法应当处理未来的行为,并且不应当改变过去基于对当时既存法律的确信所进行交易的性质。[18]

考莫科恩的三分法证实了穆策(Munzer)的三分法:当且仅当一部法律是在特定时间制定的,行为是在该时间之前做出的,并且该法改变了该行为的法律地位,则该法律是回溯性的;如果法律适用于在其制定之时或者之后发 217
生的行为,则该法律是前瞻性的;如果法律至少适用于在其制定之前发生的一项行为,以及在其制定之后发生的一项行为,则该法律部分是回溯性的,部分是前瞻性的。[19]毫无疑问,三分法具有坚实的基础。但是,人们对此的看法取决于其对回溯性和溯及既往性定义的广度:如果它包括前瞻性适用的可能性,则两面性立法或者部分回溯性的立法可以被包括在回溯和溯及既往的概念中。这似乎是一种很有说服力的观点:通过调整施行前的事件,回溯性和溯及既往性偏离了常规。但是,对于施行前的事件,没有任何排他性的要求:如果有要求的话,规则是:制定法是前瞻性的,并且前瞻性可以是可预期的;如果没有要求的话,则需要借助正当化的制定法。

或许正基于此,目前公认的合法化条款的分类区分了回溯性和溯及既往性。这些术语经常互换使用:[20] 在美国,回溯性似乎是涵盖这两个概念的流行术语;[21] 在澳大利亚,溯及既往性似乎包括回溯性。[22] 最近,在《克雷斯(Craies)》一书中,格林伯格驳斥了这一区别,并指出,如果一部立法对其颁布或者制定之前产生的事项具有效力,那么该立法便是溯及既往的。[23] 但是,这两个词的语义场景是有区别的。[24]

回溯性条款回到过去,并站在法律颁布的时间点上改变了法律:它们需要另行介入,以便在时间中回到过去以删除和重写条款。回溯性的制定法改变了法律的原本面貌。一部回溯性的制定法是指,在其颁布之前的一段时间内施行的制定法。回溯性的制定法向后施行。因此,对过去由未经授权之人所主持的婚姻仪式予以确认的法律是回溯性的,因为从现在已经被确认的婚姻仪式出现开始,伴侣的婚姻状况就被认为是“已婚”。

218 溯及既往条款不会改变过去:它们只是改变过去事件的未来影响。溯及既往性条款是前瞻性的,但它会给过去的行为带来新的后果。溯及既往性条款改变了法律,不是关于事件发生时的情况,而是就过去事件在未来的影响而言的。因此,在上面的例子中,溯及既往的法便不能确认实际的婚姻,但却可能赋予相关伴侣新的婚姻利益。[25]

当然,仅因为涉及新立法生效时既已存在的事项,制定法还不是溯及既往的。针对业已营业的二手交易商,要求新许可的立法不是溯及既往的,因为它只是对当前事务状态的一种前瞻性规制。同样,一部对现有财产所有者就来年施加税收负担的新的法律,仅前瞻性地运作。

回溯性条款重返颁布之时,从那一时间点开始改变法律。溯及既往性条款则在颁布之时间点上往回看,并从溯及既往性条款颁布之时间点开始附加新的后果。前瞻性条款则着眼于颁布之后发生的事件和后果。

但当然,前瞻性为被规制者提供了一个机会,以便作出是否遵守法律要求的明智决策。回溯性或者溯及既往性条款则不提供此机会，因为在引入法律之前，采取行动或者不采取行动的选择已经作出。

这恰恰是具有回溯和溯及既往性质的合法化条款所固有的不公平的根源。[26]在回溯性条款中，这一问题更加严重，因为被规制者在作出其行为选择时，法律有所不同。因此，很有可能是，一个善意的人对遵守法律的完美合理选择，却突然变成了不遵守的选择。但是，即使在溯及既往性条款中，也存在固有的违宪性，尤其是在刑事制定法方面。只有在既得权利不受影响的情况下，才可以被原谅。[27]因此，非救济性的回溯性的制定法，可能会违反通常由国家宪法明确提出的正当程序和法律的事后原则。"但在救济性法律中，正 219
当程序实际上可以通过扩大救济性措施来加以促进，并且，事后规定旨在遏制处罚，而不是克减福利。"[28]

毕竟，新法律之回溯的或者溯及既往的效力问题并非裁判问题。其答案不应当在司法判例中寻求。

> 回溯性首先是一个立法起草事务的问题。当它成为一个问题(problem)时，就是起草失败，这可能反过来反映出对所涉及的政策选择没有给予足够的重视。[29]

溯及既往的立法

溯及既往性往往通过保留条款或者过渡性条款来表达：[30]对过去事件的新影响被排除在先前管理体制的适用范围之外，并且要么在过渡性条款中永久地"被保留"，要么在过渡性条款中暂时地被区别对待。在这一点上，重要的是要记住，保留条款并不承载任何时间或者终止的概念，而过渡性条款则包含期限或者终止的含义。

许多宪法都包含基本规则，规定如下法律的实施是非法的，即该法律将一项作为或不作为定为刑事犯罪，但如果在实施时不是刑事犯罪；[31]或者使一个人受到比犯罪时更大的刑事处罚。[32]例如，上议院已经声明，法律不应溯及既往地干预刑事责任、未决的法院案件或者已获判决所产生的任何利益。[33]美国宪法则禁止对犯罪进行回溯性的解释，禁止增加犯罪活动的级别，禁止增加惩罚或者为了控诉放宽法律证据规则。[34]但是，除制定法的时间因 220
素外，要违宪的话，它还必须对既得权利产生不利影响。[35]

除非用清晰的词语加以反驳，否则法院会作出如下推定：没有充分的理由,议会不打算改变人们从事合法活动的法律基础;制定法不打算从以前的某个日期来改变法律,进而造成人们的权利不同于它们被获得或者行使时所设想的样子;以前的案件被视为不受新法律的约束。[36]

回溯性条款

从法治的角度来看,回溯性往往会带来消极的细微差别,从合宪性的角度来看,亦是如此。[37]但在某些情况下,回溯性条款不但有用,而且可取。

回溯性条款有助于起草者普遍地或者就特定部分赋予社会一项福利,而没有相应的责任,如养老金或者福利被回溯地增加。回溯性条款可以使条款回溯到对提案发出公告之日:一个典型的例子是,颁布一部财政法案,该法案之条款自其公布之日起,已由临时收税令赋予临时法律效力。回溯性条款可以确认技术性或者意料之外的不符合常规的事项,如可以消除先前法律解释所造成的非预期限制。回溯性条款可以确认过去的事件,如在新立法之前,对同性恋婚姻的确认;或者对被法律错误取消资格的人,确认对其的任命。

起草者与合法化条款

合法化条款的合宪性看上去几乎超出了立法起草者的职权范围。虽然
221 起草者有义务在合法性和合宪性的范围内起草,但对起草者而言,问题更侧重于所使用的技术,以便为客户部门的指引官所发出的命令提供合宪性。

但是毫无疑问,对起草者而言,溯及既往性以及更大程度上的回溯性是危险的领域。它们内在地增加了违宪性、违法性、不公平性、与法治相冲突以及与法律的确定性相冲突(或者对于起草者而言更为明显)的风险。[38]起草者的价值观是避免回溯性和溯及既往性,[39]除非绝对必要,[40]并确保溯及既往性和回溯性的表达具有如此增强的且毫无疑问的确定性[41]和准确性,[42]从而可以纠正歧义的内容。

这需要对溯及既往性和回溯性的概念有清晰的理解,确认在各种情况下适用二者中的哪一个,以及选择能够实现目标的最有效条款类型的能力:保留条款、适用条款,或者在正文中添加相应标题的条款。

在这种选择中,很少有文献能够承担起起草者的责任。也许唯一的指导原则就是有效性:起草者必须确认传达给读者的信息的特定方面,并使用能够最好地表达该信息的条款。

如果回溯性或者溯及既往性是由于将一定范围的主体或者客体从整个立法的适用范围排除而导致的，则适用条款可能最符合这一目的。但是，值得注意的是，实质性的适用条款会使读者感到困惑，并且法律豁免的信息最好在最明显的地方传达：短标题中。毕竟，这里向使用者所传达的信息是，法律与他们无关：如果是这种情况，那么可以在最开始的地方加以陈述，即在短标题中。

对于法案的一部分或者某节的溯及既往的豁免，保留条款似乎是适当的。这里的场景是：颁布之前允许采取有关行动；新法规废除了先前的法规，并为未来相同的行动带来了新的后果；溯及既往性条款将新的后果扩展到旧的行为，并将它们从废除中予以"保留"。在这里，起草者可以选择：要么强调 222
后果的扩展和信息的保留方面，在这种情况下，他们使用保留条款；要么强调溯及既往方面，并在正文中使用带有"溯及既往性"标题的一节。这在很大程度上取决于语境：废除过去的行动所产生的利益，特别是在需要退还已授以利益的情况下，最好以溯及既往性条款来表示；维持福利（尽管其预期被废除）最好通过保留条款来表示。此处的标准是清晰性，目标则是有效性。

对于法案之一部分或某节的回溯性豁免，回溯性条款似乎是最恰当的。这通常需要一个"视为"（deeming）条款，说明该法律在颁布之前就被视为已经开始适用。在此，由于与确定性和正当期望的宪法和法律规范背道而驰，使用者将受益于对异常情况进行清晰且响亮的警告。在此，正文中以"回溯性"为标题的回溯性条款似乎是最诚实且最清晰的工具。

尽管目前尚未被使用，但作为一个创新性概念，使用"溯及既往的保留"是值得考虑的。这将表明章节文本中概念的双重性。但这当然对那些了解这两个术语含义的专业使用者最有益。通俗易懂语言的等价物难以被辨认，但像"可以回溯到过去的新规则的例外"这样的术语，可以尝试一下。

注　释

〔1〕 关于立法中"现在"和时间的解释，参见 J. Graboyes, *Now*, *Voyager*: *Deixis and the Temporal Pragmatics of Statute*, 17 George Mason Law Review 1231, 1258(2009–2010)。

〔2〕 必要性而非可欲求性是起草溯及既往立法的标准，参见 House of Lords Select Committee on the Constitution, *Banking Act* 2009: *Supplementary Report on Retrospective Legislation*

(*Eleventh Report*),HL 2008,p. 97, para. 10。

〔3〕 See NK Chakrabarti, *Principles of Legislation and Legislative Drafting*, R. Chambray and Co Private Ltd. , 2007,p. 194.

〔4〕 关于立法的前瞻性,参见 T. Bingham, *The Rule of Law*, Penguin, 2011, p. 8; F. Hayek, *The Road to Serfdom*, University of Chicago Press, 1944,p. 22; J. Raz, *The Rule of Law and its Virtue*, in The Authority of Law: Essays on Law and Morality, Clarendon Press, 1979,p. 214。

〔5〕 See C. B. Hochman, *The Supreme Court and Constitutionality of Retroactive Legislation*, 73 Harvard Law Review 692, 693(1960).

〔6〕 See *House of Lords Select Committee on the Constitution, Nationality, Immigration and Asylum Bill Further Report* (*Seventh Report*),HL 2001, p. 129, para. 9.

〔7〕 See *House of Lords Select Committee on the Constitution, Nationality, Immigration and Asylum Bill Further Report* (*Seventh Report*),HL 2001, p. 129, paras. 6 – 8.

〔8〕 *House of Lords Select Committee on the Constitution, Banking Bill* (*Third Report*), HL 2008, p. 19, para. 7.

〔9〕 See W. D. Slawson, *Constitutional and Legislative Considerations in Retroactive Lawmaking*, 48 California Law Review 216, 226(1960).

〔10〕 See K. N. Chaturvedi, *Legislative Retrospectivity and Rule of Law*, 34 Statute Law Review 207, 218 (2013).

〔11〕 See Office of Code Revision, *Legislative Services Agency*, *Form and Style Manual for Legislative Measures*,23 Sept. 1999,p. 49.

〔12〕 Cf J Héron, *Principes de droit transitoire*, Dalloz, 1996,p. 71 – 72.

〔13〕 See RG Natelson, *Statutory Retroactivity*: *The Founders*, View39 Idaho Law Review 489, 494 (2002).

〔14〕 尽管在加拿大,当治愈性法律没有明确表达回溯性的意图时,法院有时拒绝适用它们:参见 Ruttan v. Burk (1904) 7 OLR 56, CA。

〔15〕 See J. P. Salembier, *Understanding Retroactivity*: *When the Past ain't what it used to be*, 33 Hong Kong Law Journal 99, 102(2003).

〔16〕 See R. Cormacain, *The Lifespan of Legislation*, Presentation at the Sir William Dale Legislative Drafting Clinic, IALS, London, 18 Oct. 2013.

〔17〕 See L. Fuller, *The Morality of Law*, Yale University Press, 1969,p. 53.

〔18〕 See Philips v. Eyre (1870) LR 6 QB 1, 23.

〔19〕 See S. Munzer, *Retroactive Law*, 6 Journal of Legal Studies 373, 381 (1977).

〔20〕 See C. Sands, 2 *Sutherland Statutory Construction*, Clark Boardman Callaghan § 41.01 (1973).

〔21〕 See eg S. Munzer, *A Theory of Retroactive Legislation*, 61 Texas Law Review 425(1982 – 1983).

〔22〕 See eg A. Palmer and C. Sampford, *Retrospective Legislation in Australia*: *Looking Back at the* 1980*s*,22 Federal Law Review 217, 218 – 219(1993 – 1994); D. Gwynn Morgan,

The Retrospective Dimension of the 2003 - 2004 *Australian Personal Injuries Reforms*, 29 Statutc Law Review 53 (2008).

〔23〕 See D. Greenberg, *Craies on Legislation: A Practitioner's Guide to the Nature, Process, Effect and Interpretation of Legislation*, 10*th edn*, Sweet and Maxwell, 2012, p. 491; in support O. Gay, *Retrospective Legislation*, Standard Note SN/PC/06454, 14 June 2013.

〔24〕 See EA Driedger, *Statutes: Retroactive Retrospective Reflections*, Canadian Bar Review 264, 268 - 269 and 276 (1978); R. Sullivan, *The Challenges of Transitional Law—The Canadian Experience*, The Loophole 14 (2013), www. opc. gov. au/CALC/docs/Loophole/ Loophole_March13. pdf.

〔25〕 关于回溯性和溯及既往性法规的并置,参见 GJ Demars, *Retrospectivity and Retroactivity of Civil Legislation Reconsidered*, 10 Ohio Northern University Law Review 253, 255 - 257(1983)。

〔26〕 如果赋予立法溯及既往效力是不公平的,那么对法官制定的法律进行修改肯定同样不公平,无论是具有溯及既往效力的纯粹普通法规则还是制定法的司法解释:参见 R. McManus QC, *Predicting the Past: The Declaratory Theory of the Common Law—From Fairytale to Nightmare*, 12 Judicial Review 228, 230 (2007)。

〔27〕 See B. Smith, *Retroactive Laws and Vested Rights*, 5 Texas Law Review 231, (1927); Dickson J. in Gustavson Drilling (1964) Ltd. v. Department of National Revenue [1977] 1 SCR 271, 282; D. Greenberg, *Craies on Legislation—A Practitioner's Guide to the Nature, Process, Effect and Interpretation of Legislation*, Sweet and Maxwell, 2004, p. 392.

〔28〕 See R. Heimanson, *Remedial Legislation*, 46 Marquette Law Review 216, 224 (1962 - 1963).

〔29〕 See Linde J. in Whipple v. Houser, 291 Or. 475, 488, 632 P. 2d 782 (1981).

〔30〕 See E. Edinger, *Retrospectivity in Law*, 29 University of British Columbia Law Review 5 and 11 (1995).

〔31〕 关于印度的宪法立场,参见 Chaturvedi, *Legislative Retrospectivity and Rule of Law*, (n 10) 207。

〔32〕 关于禁止回溯性作为超越广泛公认的刑事责任排他性的分析,参见 JN Eule, *Temporal Limits on the Legislative Mandate: Entrenchment and Retroactivity*, American Bar Foundation Research Journal 379, 427 - 428 (1987)。

〔33〕 See Nationality, *Immigration and Asylum Bill Further Report* (*Seventh Report*) (n 6) paras 7, 11 and 10 respectively.

〔34〕 后一种选择延伸到具有类似不利影响的程序规则:See eg Thompson v. Utah, 170 U. S. 343 (1898) (size of trial juries); Kring v. Missouri, 107 U. S. 221 (1883) (scope of trial following vacation of guilty plea); G. Taylor, *Retrospective Criminal Punishment under the German and Australian Constitutions*, 23 University of New South Wales Law Journal 196(2000)。

〔35〕 See B. J. George, Jr., *When do the Ex Post Facto Clauses Cover the Retroactive Amendment of Procedural Statutes?*, Preview US Supreme Court Cases 298, 299(1989 - 1990).

〔36〕 See R. S. Summers, *The Principles of the Rule of Law*, (1998 - 1999) 74 Notre Dame Law Review 1691, 1694 - 1696; W. A. Leitch, *Interpretation and the Interpretation Act* 1978, 1 Statute Law Review 5, 11 (1980).

〔37〕 See L. Tremblay, *The Rule of Law: Justice and Interpretation*, McGill-Queen's University Press, 1997; AC Hutchinson and P Monahan eds., *The Rule of Law: Ideal or Ideology*, Carswell, 1987.

〔38〕 确定性是法治的体现,参见 *House of Lords Select Committee on the Constitution*, *Regulatory Enforcement and Sanctions Bill* (*First Report*), HL 2007 - 2008, p. 16, para. 6; House of Lords Select Committee on the Constitution, *The Cabinet Manual* (*Twelfth Report*), HL 2010 - 2012, p. 107.

〔39〕 See Nationality, *Immigration and Asylum Bill Further Report* (*Seventh Report*), (n 6) paras. 6 - 8.

〔40〕 See Banking Bill (Third Report) (n 8), para. 7.

〔41〕 Banking Bill (Third Report) (n 8), para. 7.

〔42〕 溯及既往性和回溯性条款的起草范围必须尽可能狭窄:Banking Bill (Third Report) (n 8), para. 7。

第十二章

修改性条款

对于新手起草者来说,[1]修改性立法通常被认为是绝妙的 223
任务。它涉及对原法案文本的微小改动,从而产生错误的印象,即它是一项次要的起草任务。事实远非如此。起草者任务的重要性不是由创作的单词来计算的:如果有的话,生成的单词数与任务的重要性在几何上是相反的。起草者对法律的分析、理解和设计的考虑时间越长,文本就越短。一个词可能足以修改整个立法,如用"伙伴"替换"丈夫"一词需要简单通用的直接修改,但为了达到这一阶段,起草者已经审查了使用原来术语的每一部立法,以便评估替换是否合适。而且,单个术语的改变也意味着,家庭、继承、福利方面的法律从传统的方式完全转向自由的方式。

林奇(Lynch)和齐格勒(Ziegler)雄辩地解释了在起草修改性立法的任务中,不确定性以及由此产生的技术复杂性的三个来源:

> 1. 任务的多样性,这是由法令全书中立法形式的庞大性和多样性造成的;
>
> 2. 任务的可变性,即修改任务的性质随时间发生变化,该变化是由于可用于实施此过程的资源的变化而导致的;
>
> 3. 任务的困难性,这是拟议立法修正案之复杂性的变量。[2]

另外,桑顿认为所有的立法都是修改性立法。他是对的:立法很少在真空中进行。[3]即使是在用创新性立法表达的新规制的情况下,也总是存在现有的法律制度要与之抗衡。并且,每次当其一部分(无论大小)被明示或者暗示地改变时,这个动态的、
活生生的有机体都会受到伤害。因此,起草者的职责以及起草 224
者在修改工作中的技术专长的有效性的主要标准,是确保伤害是以外科手术式的精度发生,从而导致最低限度地流血。换言之,修改性法律的质量在很大程度上取决于其与现行法律体系的融合是否顺畅。在起草修改性立法的过程中,起草者的目的是,即使在修改立法之后,也要保持一个融贯的结构:按逻辑顺

序修改、融贯地修改。

初步的考虑

但这并不是修改立法时唯一的考虑因素。政策考虑对修改性项目而言至关重要。对于起草者至关重要的是，在这种情形下也要适用桑顿的五个起草阶段。这是因为，在收到起草指引时（希望以叙述的形式），尚未就拟使用的立法起草工具作出决定。对起草者而言，重要的是必须理解正在推行什么政策、修改性法律的目的是什么、拟议变化的内容是什么、现有法律是什么、拟议立法将处理哪些弊端。[4]

理解要追求的政策是立法起草第一阶段不可或缺的部分，这能够使起草者与起草团队中的指引官们意见一致。在不对信息进行有任何偏见的过滤的情况下，它向起草者传达了所要追求的目标的全貌：在没有被起草团队中未受过立法起草培训的成员做出起草性的预先选择和预先决定的情况下，这保证了全貌的传达。理解法律修改要求背后的政策，包括对拟议的修改性立法要达到的目的的详细理解；反过来，这需要对现行法律进行描述，并确认要解决的问题。[5]

只有在起草者考虑了所有这些详细信息之后，才可以就立法作为规制工具的必要性以及修正案作为起草工具的恰当性作出明智的决定。在此过程
225 进行之前就决定进行修改，则会导致出现随意的立法影响。在没有起草者参与的情况下，更是如此。[6]

此外，即使不包括修正案草案，请求现有法律的修正案是非专业起草的一种表现形式。在起草指引一章中提出的所有反对非专业起草的论点，在这里也适用。

明示修改和默示修改

制定法可以被明示地或者默示地修改。明示修改是以新的或者更新的条款取代现有条款。这是通过一部法案或者基于初级立法中的赋权性条款所作之从属性立法来实现的。明示修改促进了清晰性，当然也有助于提升有效性。

制定法的修改也可能默示地进行，即由于对现有制定法的明示修改而引起不一致性的后果。默示修改是制定法解释的结果：它反映了两个条款之间

的冲突，并要求适用解释原则以解决混淆。默示修改以起草错误为前提条件：起草者未能确认相应的修改，并且未能在法案中表达这一点。

使用者和法院有一项艰巨的任务，即设法容纳两个相互竞争的制定法平行存在。这可以通过确定现有条款和修改性条款在适用领域中的差异来实现，以此作为证明两者平行存在的一种手段。这里的前提假定是，起草者打算同时保留这两部制定法；否则，他们原本会并且也应当废除原来的规定。如果试图使两部制定法保持平行的做法行不通，那么使用者和法院就别无选择，只能尝试对相互竞争的制定法进行优先排序。这可以通过制定法解释原则的适用来实现，如新的一般规定不废除旧的具体规定，因此，新的一般规定不容易解释默示修改。

工具已经有了，而且法律体系最终会找到解决默示修改所引起混乱的方法。但这显然是将立法的任务和权力从立法机关转移给司法机关。因此，默示修改违反了权力分立原则。但如果指引官和立法机关的目的是允许这两部制定法长时间适用于实际案件，以便形成准确的适用领域，则这种做法可以被容忍。这是有意模糊的一种表达，尽管不是最佳的做法，但对立法机关 226
仍然有用。

直接修改和间接修改

明示修改可以被建构为直接修改或者间接修改。在起草明示修正案时，起草者可以选择对现有立法进行文本修改，以告知使用者被修改的内容和方式。[7]《家事程序（第3号修正案）规则2013》是直接修改的绝佳来源。例如：

3. 对于规则2.1，用以下内容代替：

"这些规则的适用

2.1. 除非上下文另有要求，否则这些规则适用于以下情况中的家庭诉讼程序：

(a)高等法院；和

(b)家事法院。"

直接修改可能表示废除、变更、替换、吸纳或者以上的混合。在《信息自由（修正）（苏格兰）法2013》中，可以找到一个通过废除来直接修改的例子：

4. 历史期限

(1)在《信息自由法》第59节（第57、58节提及的变更期限的权

力)中

(a)在第(1)小节中,“第57节第(1)小节或者”的字样已予废除。

通过变更来进行直接修改的例子,可以追溯到《人民代表(英格兰和威尔士)(选民登记册及其修改的说明)条例2013》:

有关通讯申请、通知等的修改

5.(1)规定5重新编号为该规定的第(1)段。

《小农场(修正)(苏格兰)法2013》中有一个通过替换来直接修改的例子:

(24c)……(3)在第(3)小节中,从“有关土地”到最后,改为“根据第24B(1)节所做指示被撤销”。

227 在《儿童之家和被照看的儿童(杂项修正案)(英格兰)条例2013》中有一个通过合并来进行直接修改的示例:

对《儿童之家条例2001》的修改

4.在规定4中,在第(2)段之后插入

“(2A)凡儿童之家设有网站的,注册人应当确保在该网站上刊登目的说明书的副本,除非该注册人认为该出版物会损害在儿童之家中被照料儿童的福利。”

《家事程序(第3号修正案规则)2013》中有一个结合多种方法进行直接修改的示例:

对《家事程序规则2013》的修改

23.在规则9.5中

(a)在第(1)(a)小节中,将“一个指定的县法院”替换为“家事法庭”;

(b)删除第(2)段;以及

(c)在规则末尾括号内的文字中,在“2004法案”后面插入“高等法院正在审理的案件”。

作为一项起草技术,直接修改具有明显的优势。由于起草者的目的是在顺畅地纳入现有法律体系的意义上的有效性,直接修改可以提高清晰性[8]和准确性。起草者清晰地指引使用者要采取的行动,即插入或者删除或者替换，而且在清晰指引适用的地方，对短语的要素也进行指引。在这些措施适用的地方，对行动和地点的叙述性描述只会引起混乱和质疑：清晰性可以提升关于需要做什么以及究竟在哪里做的确定性。如果起草者具有恰当地起草修正案的技能，那么在文本更改的要素中也可以考虑使用标点符号，从而为使用者理解指引和可适用文本提供额外帮助。

直接修改有助于起草任务的准确性。它反映了对现有文本中每个单词或者标点符号之作用的细致阐述，它与现有文本并置，以反映起草指引，并最终指导读者如何用法律准确地表达这种与新立场的一致性。聚焦于单词和标点符号，可以促进这项细致的任务，并敦促起草者准确考虑需要更改什么（如果有的话），以及如何更改。

正是直接修改的这种外科手术式的精确性，为起草者和指引官提供了 228
“只触及文本中绝对需要更改的部分”的难得机会。这不仅促进了起草的卓越性，还促进了被修改概念的精确性：政策和法律官员意识到有必要将更改保持在最低限度，从而尽可能少地干扰法律体系，这有助于提高法律的流动性和连续性。

并且，它还确保当立法机构讨论修正案时，所有相关概念和文本都不在议会辩论的范围之内。这允许立法机关采取外科手术式的政策干预，从而可以节省议会时间。

最后，直接修改采用的格式支持随后的汇编，因为它们指引开展汇编工作的官员完成其任务要采取的步骤。[9]

鉴于直接的文本修改对起草团队、立法机关和法律改革官员的好处，它们在英联邦国家的盛行便并不令人惊讶。但是，从未经训练的使用者的角度来看，直接修改有一个明显的缺点：它们是一个复杂的指引列表，涉及使用者面前没有的文本。他们修改法律文本的方式，对于那些头脑总是不安的非专业人士来说可能是不精确的，他们不确定对文本直接修正案的应用是否真的是起草者的意图，也不知道法律现在的状况。

问题在于，这种明显的劣势是否会削弱直接修改的优势。与以往一样，有效性是这里的主要标准，问题是如何最好地提供清晰性和精确性。但是，麻烦的是，对于受过训练的专业人员而言清晰的内容，对非专业使用者而言则可能完全是不清晰的。因此，一种组合技术，即一种可以补充直接文本修改的技术，对非专业使用者而言也可以提升清晰性。但是，这些可能是什么呢?可以推广各种工具:解释性说明、全面的废除和重新颁布,甚至是修改制定法的文本本身的工具。让我们对它们进行逐一探讨。

解释性说明是一种绝妙方式,其能够使使用者更接近对修改性制定法的理解,实际上是一种权威的解释和适用。解释性说明可以解释修正案背后的政策、所进行的法律改革以及所使用的新术语。采取这种方式,解释性说明便可以在法律表达的极简主义和法律改革可能的最大化之间的缝隙间架起
229 桥梁。它们能够反映现实生活中术语的变化,从而使指引官有机会在现实生活中举出受修正案影响的真实人物的例子,还可以指导和教育被期望去实施修改后的法律的行政官员。但是,为了使这些解释性说明能够弥合在技术性起草的准确性和使用者对于修改性制定法的可理解性之间的差距,它们必须符合目的;对于被非专业使用者而言是可理解的;并且,考虑到当前英国的做法,也许更关键的是,非专业使用者必须实际地使用它们。作为立法起草方面相对专业的人士,我毫不怀疑,目前在英国编制的大多数解释性说明都是符合目的的:事实上,我坦诚,为了了解法律变化的全貌,我经常诉诸这些说明。但是,非专业使用者往往不知道它们的存在,而且仍然不确定其解释性价值。

为使用者提高清晰性的另一种可能的技术是废除和重新颁布:起草者删除经修改的原始条款,并从头重新起草一项条款,该条款将原始文本和所有相应的修改表达在一个文本中。例如,《神职人员纪律(修正)措施2013》第9节:

"(5)第(5)小节由以下小节替换

(5)拱顶法院法官和审计员的任期,从获得任命之日起,至他年满75岁之日止,但是

(a)他可借签署致坎特伯雷大主教和约克大主教(Archbishops of Canterbury and York)并向其送达的书面文书,辞去其职位,

(b)如坎特伯雷省及约克省议会的上议院均认为他无能力或者不适合行事,坎特伯雷省及约克省大主教可联合将他免任,及

(c)其在任何法院进行的任何法律程序担任法官,期间年满75岁,则他可以继续担任法官,犹如该等法律程序的终结日期是他年满75岁的日期一样。"

毫无疑问,这对非专业使用者而言非常有用,因为非专业使用者可以在

预期位置(文本内)上获得法律的表达。与通过一系列详细的插入、删除和替换进行修改相比,废除和替换经过大量修改的条款可以提供更高的清晰性。因此,原始文本规定:

所有汽车、船舶和飞机必须在2014年8月1日前登记。

起草者的选择是细致地修改,还是废除并重新制定。对比两个可能的草案:

在第10节中:

a. 在“汽车”后插入“卡车”

b. 在“船舶”后插入“气垫船”

c. 在“飞机”后插入(包括直升机) 230

d. 将“8月”替换为“9月”

e. 将“2014”替换为“2015”。

或者:

将第10节替换为“10. 所有汽车、卡车、船舶、气垫船和飞机(包括直升机)必须在2015年9月1日前登记”。

通过选择废除和重新颁布,清晰性得到增强。[10]但是,废除和重新颁布并不有助于读者理解制定法的历史进程,并确认过去任何修改时刻的法律:除非废除和重新颁布与每一次修改同时发生,否则便不会有所助益。这将发生在对法令全书不断进行修改的过程中,但在英联邦国家这很少见,因为它们需要持续的大量资源。因此,废除和重新颁布是一项很好的技术,但也存在着固有的实用性问题。

废除和重新颁布的一种形式是持续不断地对修改后的立法进行自动汇编。[11]法令全书在任何给定时间都反映了修改后法律的全貌。这可以在具有官方价值的文本中使用,也可以在像爱尔兰重述的官方文本中获得。该技术的价值是显而易见的,并已被许多作者所认可。[12]尽管该技术已在多个英联邦法域中应用,[13]但对资源的大量需求使其对大部分法域都不可行。[14]此外,以上提及的废除和重新制定的缺点在这里同样适用。

将在文本之内的位置优势与法律修改后的清晰规定结合起来的,是将直接性文本修改与法律的重述相结合。这可以通过在修改性法案的正文中直接进行文字修改,并在该法案的最底部加上基林附表来实现。[15]然而,尽管对

使用者而言,基林附表具有巨大的价值,但在修改性法案中却很少用到。对
231 英国立法的分析表明,基林附表并不包括在修改性法案中,但解释性说明将使用者引导至非正式的基林附表,其形式为修正案后采用的法律文本或者表格形式。例如,《警察法 1997(犯罪记录)(马恩岛)(修正)令 2012》的解释性说明指出:"为了帮助读者,在司法部网站(www. justice. gov. uk)公布的非正式附表,列出了将 2012 年法令扩展适用于马恩岛的条款。"尽管人们可以将这种犹豫不决解释为:在法案中包含基林附表是对当前英国立法技术的完全偏离,但仍然可以指出其对于清晰性而言是错过了多么好的一个机会。[16] 基林附表结合了专业人员所珍视的精密的准确性和非专业使用者所渴望的清晰性,尤其是在直接修改中。对于那些已经承担了将指引说明应用于文本的起草者而言,它可以充当最佳的工具。看到这样一个有用的工具被忽略是令人沮丧的。

□ 直接的文本修改

直接的文本性修改侧重于促进博学者的使用,这并不必然意味着它们必须是神秘的。远非如此。有许多流行的起草技术旨在提高清晰性,从而提高有效性。

修改性法案的短标题与一般法案的短标题没有什么不同。它必须简短、准确、切合实际,并有助于指涉目的。具体适用于修改性法案,这要求修改性法案的短标题应当说明其作为修改性制定法的性质,它们指的是正在修改的立法,并且必须为读者提供其他的区分关键词,包括括号中的文字及其日期。例如,《出口管制(修正)(第 2 号)令 2010》为读者提供了多条信息:首先,这是一项修改性法案,因此是"修正案"部分;其次,该法案修改了标题所指的《出口管制法》;最后,修正案的通过日期是 2010 年。

这一具体示例提供了另外一条信息,即这是同一年同一法案的第二次修改。但它不包括对其作出修改的具体主题信息。《城乡规划(一般性许可开发)(修正)(英格兰)(第 3 号)令 2013》包括了上述所有内容,并附加提示:修改内容涉及一般性规划开发。

232 修改性法案的短标题是有关其日期、主题、一系列修正案的编号以及其所指的原法案等信息来源之一。毫无疑问,精心起草的短标题对使用者来说是绝佳的解释说明材料。但是,如果一项法案修改了一部以上的制定法,或

者涉及多个主题,则可能无法起草具体的短标题。在对这种情况下所使用的技术进行评论之前,值得指出的是,任何法案的短标题都是一种质量控制机制。无法找到精确的标题可以作为对一个过于宽泛或者没有重点的可能构造的明确警告:法案的融贯性受到怀疑,清晰性受到威胁,进而有效性受到质疑。马赛克式的法律不是最佳实践,但它们是立法现实的一部分。在无法避免此类法律的情况下,起草者的工作是找出一个广泛的、包罗万象的标题,并通过一系列括号中的分句来反映该法案所涉及的确切主题。“杂项”这一术语经常被使用:这是对一部涉及多个主题的法案的真实反映;此外,它将读者指引到法令全书的“杂项”部分,而不是将新法案置于一个与正在修改的现有法案不相契合的概括性标题之下。

正如修改性法案的短标题可以方便使用者一样,被修改法案的标签性定义也可以避免起草者在文本中单调乏味地重复同样的短标题。例如,《城乡规划(开发管理程序)(英格兰)(第2号修正案)令2013》第3条:

> (3)在本条中
>
> “规划法”是指《城乡规划法1990》。

直接的文本性修改可以叙述性地加以构造,也可以在表格中进行构造。叙述性直接修改的一个例子为《儿童福利、儿童支助和社会保障(杂项修正)条例1996》:

> 《审判条例》第59条之修正
>
> 2. 在《审判条例》第59(1)(d)(对涉及支付或者增加儿童福利之决定的审查)中,用“12”代替“6”。

在《公共机构(废除农村社区委员会)命令2012》中可以找到用表格直接修改的示例:

> 附表
>
> 废除和撤销
>
> 4. 附表所提及条款在特定范围内予以废除或者撤销。
>
> 附表 第四条 233
>
> 废除和撤销
>
> 废除的表格

短标题	废除的范围
《工业组织和发展法案 1947》	第 5(3A)(c)条(对信息披露的限制)
《退休金法案 1972》	在附表 1(第 1 条所指的就业种类等)中,与农村社区委员会有关的条目
《下议院取消资格法案 1975》	在附表 1 第 2 部分(所有委员均丧失资格的团体)中,与农村社区委员会有关的条目

表格格式最近变得越来越流行,它是一种视觉辅助工具,允许读者快速查明修改的内容和程度。它以紧凑和结构化的形式呈现了所有修正案,包括废除,从而有助于提高清晰性和可理解性。但是,在修改不只是直接文本性修改的地方,表格式修改可能适得其反。

直接的文本性修改得益于,在修改性条款的开头或者尽可能接近修改性条款的地方提及正在被修改的章节。在修改说明被提供以前,使用者需要确认要查看的位置。因此,与"主—谓—宾"的一般规则相反,修改最好被表达为"在第 5(4)节中删除'山羊'",而不是"删除第 5(4)节中的'山羊'"这种不好的做法。

正在被修改的条款最好以简单和简短的方式进行表达,从而允许使用者将精力集中在修正案的实质内容。因此,最好说"第 36(1)(b)节",而不是"第 36 节第(1)小节的第(b)段"这一极其复杂和冗长的规定。

在适用"一个概念在单个立法句子进行表达"的规则时,最好避免在单个句子中提供多个修改指示。最好将当前连接在一起的"在第 3 节中添加'abc'并在第 4 节删除'def'之后的单词",分成两个小节。

在修正案中,标点符号是一项复杂的任务,有原条款的标点符号、修改指引的标点符号和实际修改条款的标点符号。标点符号对于起草者和使用者之间的清晰沟通至关重要。语法不能成为束缚起草者的链条:语法是便利他
234 们工作的工具。因此,在需要的地方,连续的标点符号不被鼓励,但也不被反对:有效性是通过清晰性而不是语法来实现的。

至少在原则上,修正案的语言必须与原始文本相一致。由于修改后的文本将被合并到原始文本中以形成一个新的完整整体,因此,使用同义词来表示同一概念会产生歧义,这是明确性和有效性的已知障碍。问题是,是否允许对原法案中使用的术语加以现代化。这在很大程度上取决于起草者的关注点:如果手头的任务是尽可能地减少对文本的更改,那么在修改性条款中

保持相同的陈旧术语便合乎逻辑;如果手头的任务是实现法律改革,那么将原始法案的语言转换为修改时的样子便有道理。这种棱镜的分裂可以解释,与法律改革者在修改时对文本进行现代化的倾向相反,议会法律顾问办公室的立法起草者则经常倾向于忽略这些陈旧术语,并且经常在修正案中重复它们。如果将有效性作为摆脱这种困境的选择标准,那么另一个维度就是现代社会对原始法案中陈旧术语的厌恶程度。通常,“阐明”(elucidate)一词可以保留在修改性文本中,但“私生子”或“精神上或者身体上受损者”等术语与目前公认的术语以及希望新术语反映的心智状态则太过背离。因此,社会对所选术语的厌恶危及法律的实施。这当然不仅是法律改革者的担忧,同时也是起草者的担忧。

通俗易懂的语言议程不仅限于修正案的布局,或者用于表示文本中概念的术语。用于指示修正案的术语还要经过清晰性、准确性和无歧义性的测试。因此,用单一的简单术语来反映指示的一致性,可以提高修改性法案的有效性。与“紧挨着”(adjoin)、“附加”(append)、“黏附”(affix)、“植入”(implant)、“插入”(interleave)甚或是“废除”(repeal)或者“撤销”(revoke)相比,“加上”(add)、“插入”(insert)、“取代”(replace)、“替换”(substitute)或者“删除”(delete)似乎对非专业使用者而言更容易些。特别提到“废除”和“撤销”这两个术语,值得注意的是,通常初级立法是被废除,而授权立法是“被撤销”。这反映了授权立法依赖于立法机关对行政机关的许可:当行政机关的立法许可被撤销时,根据授权制定的文书也将被撤销。这一区分的宪法性价值被广泛接受。但是,有人怀疑“删除”这一术语对于立法而言是否最为恰当:该词涵盖了废除和撤销这两个概念,并且非专业使用者并不怀疑这两个词的实际含义以及它们之间的区别。

遵循通俗易懂的语言议程,最好抛弃在修改性条款中使用复杂和不必要的词语这种常见做法。没有必要说“《动物法 1990》第 26 节应当修改如下:通过在语词‘日历年’之后立即加上以下的逗号和语词,‘如果负责人如此证 235
明’”。这可以用更简单的形式表达,即“通过在‘日历年’之后加上‘如果负责人如此证明’,《动物法 1990》第 26 节被修改”。

最后,在核证修正案草案时,起草者需要评估原始法案的长标题是否可以保持原样,或者是否需要对其进行修改以反映修改性条款的合并。仅建议长标题可以被修改,似乎就让传统的起草者产生了恐惧:长标题似乎已被认为是至高无上的文字内容之一。但是,为什么会这样呢?使长标题和目的条款免于修改的传统似乎源于如下正确观点,即使在对原始法案进行修改后,长标题继续反映修改性法案所引入的法律改革的主要机制。完全偏离法律改革的主要机制表明,起草者没有正确地使用修正案工具:对于具有如此背景意义的修正案而言,宪法秩序将要求废除和重新颁布,从而使立法机关可以对大幅修改的新文本重新被加盖正当性印章。这是一个有说服力的论点。但是,它不会让长标题免于修改。如果起草者通过新的法律改革机制对原始法案进行了补充(如在法案中增加一个部分),则长标题必须进行修改以反映这一变化。因此,当修改长标题变得恰当的时候,起草者可以继续进行,但前提是修正案并未反映与原始法案的根本性背离,以至于废除和重新颁布实际上才是最恰当的解决方式。

同样的逻辑和结论也适用于目的或者目标条款。完全背离现有目标或者目的通常表明需要废除和重新颁布。但是,如果起草者在考虑了这一警告后,仍然认为某项修改是恰当的,那么对目的或目标条款的修改同样是适宜的。

□ 间接修改

直接修改可以为使用者提供更高的清晰性。[17] 因此,它们是英联邦法域
236 中最常见的修改形式便不足为奇。但在某些情况下,甚至直接修改也可能适得其反。当对大量制定法进行概括修改时,最好通过对问题的整体规制来抽象地传达规制信息,而不是通过在整个法律体系中对同一术语进行众多冗长且复杂的修改。例如,当欧元区成员从以前的本国货币转向欧元时,一项将“德国马克”或者“法国法郎”一词明确替换为“欧元”一词的间接修正案更有效地表达了从一种货币转换为另一种货币的概念,与之相反的则是一份令人难以置信的冗长清单,上面列出了数百万条初级文书和授权立法文书,具体地取代了这一术语。

在这种清晰的情形中,间接修改是干净的。然而,如果不惜一切代价追求清晰性,一个清扫性条款是不够的。理想情况下,最初的间接修改必须在后期根据法令全书的每一部分或者每一主题进行直接修改。

间接修改通过两种方式来表达:要么是间接的参引性修改;要么是全面废除和重新颁布。

间接的参引性修改是一种在没有具体说明的情况下，对被引入的修正案进行叙述性描述。《人民代表（英格兰和威尔士）（选举登记册和修改）条例2013》便是一个例子：

> 撤销
>
> 2. 本条例附表2第1栏所列的文书（其在第2栏中有提及）在该附表第3栏所指明的范围内被撤销。

为了清晰性起见，间接的参引性修改通常是可取的，尤其是当手头的工作是冗长的指令和干预清单时。间接的参引性修改表示以恰当的概括性方式引入修改，以向使用者传达更大的图景和更多的信息。

当需要大量的修改性立法且没有足够的时间研究现有立法的时候，它们也会非常有用。这方面的一个例子可以在《卫生和社会保健法2008（初级牙科服务、私人救护车服务和初级医疗服务）（受管制活动）（暂行和过渡性规定）（修正）法令2011》第4条中找到：

> （2）第3条适用于本条所适用的申请，犹如
>
> （a）所有提及"2011年4月1日"的内容均替换为"2013年4月1日"；
>
> （b）所有提及"相关受管制活动"的内容均替换为"2013年相关受管制活动"；
>
> （c）所有提及"2010年12月31日"的内容均替换为"2012年12月31日"；
>
> （d）所有提及第2条及其个别段落的内容，均被解释为提及第20条及其相应个别段落的内容；
>
> （e）所有提及"本条"和第3条各个段落的内容，均被解释为提及第3条和本条所适用的那些段落；以及 237
>
> （f）所有提及第5条和该条各款的内容，均被解释为提及该条和第23条规定所适用的那些条款。

如果立法条款中某个词出现的所有地方都要被修改，那么间接的参引性修改也很有用。在《溶剂排放（苏格兰）条例2010》规定2中可以找到这种做法的示例：

> （e）在第（2）段中，在"黏合剂""涂料""油墨"及"涂料制剂、

> 清漆、油墨及黏合剂的制造”的定义中,凡“preparation”及“preparations”出现的地方(包括在定义的表达式中),均分别以“mixture”及“mixtures”代替。

但是,间接的参引性修改缺乏直接修改那种外科手术式的精确度,因此,它们可能带有模糊性甚至歧义性,这反过来给使用者造成混乱,并最终由于无序的使用而无效。而且,它们的格式不适合于推动之后的汇编。因此,即使为了给政府提供一副现行法律的干净图景,办事员也必须将其付诸实施。[18]而且,它们承受着任何类型的修正案的共同问题:不将修改后的文本叠加到原始法案中,它们对使用者便没有意义。当然,这总是可以通过提供解释性说明来抵消。但是,间接的参引性修改特别存在的问题是,与直接修改相反,它们无法适应神奇的(尽管目前被忽视)基林附表,后者在法令全书中向使用者提供了法律的最终图景。

全面废除和重新制定旨在解决的正是这一弱点。这是间接修改的第二种类型。其是一个涉及两个阶段的复杂程序:废除和重新颁布将要被修改的立法;合并新规定、旧规定的修改版本和重新颁布的未修改条款。这种修改的巨大优势已不是秘密:起草团队有一个独特的机会来审查法律及其要素的有效性,保留有效的法律,去掉那些没有起到很好作用的法律,并用新的元素代替它们。换句话说,如果恰当地与对原始法案充分的立法后审查结合起来,废除和重新颁布可以作为提高立法质量的重要工具。这一庞大过程(更
238 不用说时间和资源的耗费)的结果是立法,其从过去的错误中吸取了教训,适应了要求,并获得了为公民提供良好服务的一切可能机会。

但是,为了使该程序取得效果,在原始法案和修改程序中,立法质量必须得到遵循。换句话说,最初的起草者必须已经确认了指引官的真正政策追求;起草团队需要确认并采取最适当的立法解决方案;这些文本必须已经包括一份可作衡量标准的具体清单,据以评估该法律各方面的有效性;政府需要对原始法律进行了充分的立法后审查,并找出其弱点;而这必须作为修正案背后政策的基础;最后,在这种情况下,修正案必须确实是进行法律改革最为恰当的工具,而修改性法案的构造则必须遵守技术性质量的参数。实际上,在理想的世界里,这正是在每一部修正案中都发生的事情。

总是这样吗?修改立法这项看似微不足道的任务,其所需资源的不合比例性似乎表明,废除和重新颁布并不总是遵循这一细致的过程。它还引导我

们认识到该工具的主要缺点:如果使用不当,则成本高昂。另一个不利因素源于它的主要优势:它使一个新的开始得以可能,但是这为议会审查和辩论旨在改变其目的的条款打下了基础。而且,由于立法在不断地使用中,立法的不断重构实际上可能导致的是混乱,而不是提高立法质量。

□ 将间接的参引性修改与直接的文本修改合并在一起

值得注意的是,将修改分为直接修改和间接修改,并不代表将两种混合在一起。这种常见做法的一个例子来自《顾问任命(修正)条例(北爱尔兰)2013》规定5:

> 主条例之规定5的修改
>
> 5. 在规定5(本条例不适用的任命)中
>
> (a)将任何地方出现的"委员会"替换为"当局";
>
> (b)将第(1)(a)段替换为
>
> "(a)被任命担任临床学术职务;"

在同一条款中混合使用不同类型的修改是必然性结果,而不是一种高雅的选择:起草者发现,该条款的第一个方面通过间接的参引性修改可以得到更好地表达,而第二个方面则可以从具体的直接修改中受益。但是,尽管在 239
两种样式的混合背后有很好的理由,但事实仍然是,使用者仍然对具体和抽象之间的互换感到困惑。因此,通过将表达的这一面向纳入考量的方式对条款进行分解,可以为那些智力已经受到一系列可理解的修改列表挑战的使用者提升清晰性。

相应的修改

如果说对修正案的分析告诉了我们什么的话,那么复杂性是这项任务的固有危险。当人们考虑到同一主题的法案之间的相互关系,甚至考虑到似乎未被其他法案的变化所影响的法案时,更是如此。但法律体系是一个完整的整体,没有法案存在于真空之中。一部法案每次被修改,都会涉及相关法案:为了使相关法案与新修改的法案保持一致,需要修正案。由于另一部立法的修改而产生的修改,称为相应的修改。

这些都很常见。但复杂性给起草者带来了一个真正的麻烦,他们需要找到这个麻烦并将其公之于众。相应的修改是由被修改法案中的更改而产生的,但可以涉及相关的或者看似不相关的法案。这就是陷阱:相应的修改在最不被期望的时候出现,不但让起草者感到惊讶,而且让那些指引官也感到惊讶,后者的实体法专业知识本应当使他们有能力轻松快速地辨认相应的修改。正是由于很难确定相应的修改,这确实是在一份详尽无遗的清单中去确认,才导致英联邦内外的立法起草中普遍存在不良做法。

第一个问题与起草团队的成员有关,其任务是确定相应的修改。尤其是在非洲和亚洲,起草者几乎是单枪匹马地拟定相应修改的条款。毫无疑问,该条款的起草落在起草者的肩上。但是,声称该条款的内容是起草者的责任则有失公允。客户部门的人员最有能力确认相应的修改,这不仅因为他们兼具法律及其在相关领域内运作的实体法知识,还因为他们在起草阶段所进行
240 的详细研究。[19]指引人员的主要任务之一是查明现行法律的弊端,并提出解决之道。正是在这项研究的支持下,指引官们(无论是政策官员还是法律官员)都需要挖掘出相关的法律,并找出它们与正在修改的法案之间的相互关系。没有这个过程,起草指引的质量将令人怀疑。在这项工作的基础上,加上对指导起草者的实质性法律领域的深刻理解,客户部门的法律官员最有能力确定相应的修改,并提出处理它们与被修改条款之间的冲突的最佳方法。因此,列出相应的修改的任务属于指引官员,当然也要得到起草者的确认。

相应的修改必须具体、详尽地列出。这项任务不一定与修改性法案的实际文本相称。例如,《武装部队和预备役补偿方案(相应的条款:从属性立法)命令 2013》的正文中有 7 条,而在其唯一的附表中,有 54 条相应的修改。

之后任务的规模不能成为概括的间接性相应修改的借口,例如,“受这些修改影响的所有法案和章节在此被修改”。这对使用者来说毫无意义。这仅是立法权从立法机关向行政机关的转移,实际上后者甚至没有为立法权行使制定严格的标准。尽管当这一做法被接受时,人们几乎可以预想到起草者如释重负,但这种不可宽恕的模糊性在法律体系中所引起的反常现象的深度和广度,却没有给起草者留下任何回旋的余地。

默示废除

同样,默示废除具有内在的模糊性。在传统的宪法理论中,默示废除被视为一种非常狭义的学说。在没有合理的理解来避免这种不一致性的时候,该学说通过最低限度地削减旧的法律来调和新旧立法。[20]更详细地讲,它们

被定义为不是明确地删除制定法，而是通过“随后不一致的立法，在不一致的范围内废除先前的规定”来删除；或者通过制定法期限条款的自我毁灭机制来删除；或者通过弃用来删除，弃用要么是由于不使用，要么是由于环境的变化。[21]默示废除是默示修改的一种形式，它们的唯一区别是，默示修改隐含着 241
更改法律的意图，而默示废除则隐含着摧毁先前法律的意图。[22]因此，默示废除是对使用者的另一种邀请，让使用者去猜测，由于相应的修改，相关法案是否已经全部或者部分地被废除了。[23]

毫无疑问，法律体系确实提供了一条绕过这种反常现象的途径，主要是通过制定法解释。它根据位阶、产生日期[24]或者普遍性来对相互竞争的法案进行优先排序。[25]但对于起草者来说，这不应该是一种解脱。默示废除应被谨慎地使用，而不是创造性地使用。[26]它们是危险的，因为它们违反了分权原则：它们呼吁司法机关立法。它们反映了起草团队未能实现修改性立法的主要目标：从先前的管理体制平稳过渡到修改后的管理体制。

注 释

〔1〕 甚至私营部门（但愿不发生这样的事），参见 St. J. Bates, *Current Developments: Contracting out Legislation—the British Experience*, 17 Statute Law Review 152, 153(1996)。

〔2〕 See A. Lynch and P. Ziegler, *The Amendment of Legislation*, 12 Statute Law Society 48, 50(1991).

〔3〕 See R. Tomasic, *Towards a Theory of Legislation: Some Conceptual Obstacles*, 6 Statute Law Review 84, 87 (1985).

〔4〕 See J. A. L. Bell, *Extremist Drafting of Federal Statutes*, 1 Scribes Journal of Legal Writing 31, 38 (1990).

〔5〕 关于佛罗里达州宪法修正案所追求目标的例子，参见 J. Uhlfelder, *The Machinery of Revision*, 6 Florida State University Law Review 575, 577(1978)。

〔6〕 See VRAC Crabbe, *Legislative Precedents—Volume II*, Cavendish Publishing Ltd., 1998, p. 15.

〔7〕 See Sir C. T. Carr, *Legislation by Reference and the Technique of Amendment*, 22 Journal of Comparative Legislation and International Law 12, 13 (1940).

〔8〕 See Sir W. Dale, *A London Particular*, 6 Statute Law Review 11, 18 (1985).

〔9〕 See H. H. Marshall, *The Commonwealth Legal Advisory Service: A Successful Experiment in Commonwealth Legal Cooperation*, 21 International and Comparative Law Quarterly 435, 443(1972); Current Developments, 8 Statute Law Review 191 (1987).

〔10〕 有关汇编的分析,参见 Lord Simon of Glaisdale and J. V. D. Webb, *Consolidation and Statute Law Revision*, Public Law 285(1975)。

〔11〕 See T. Arnold-Moore, *Point in Time Publication for Legislation (XML and Legislation) Automating Consolidation of Amendments to Legislation in Common Law and Civil Jurisdictions*, Journées Internet pour le Droit (2004), www.frlii.org/spip.php? article67.

〔12〕 See A. Wittfoth, eds., *AustLII's Point-in-Time legislation System: A Generic PiT System for Presenting Legislation*, www.austlii.edu.au/austlii/help/pit/.

〔13〕 http://www.austlii.edu.au/au/legis/vic/consol_act/iola1984322/s16.html; http://www.legislation.gov.hk/index.htm; www.lawnet.com.sg.

〔14〕 关于一些英联邦法域的立场分析,参见 D. Berry, *Keeping the Statute Book Up to Date: a Personal View*, 36 Commonwealth Law Bulletin 79 (2010)。

〔15〕 See A. Samuels, *Use of the Keeling Schedule*, 18 Statute Law Review 250 (1997).

〔16〕 2010 年立法没有任何基林附表,2011 年没有,2012 年 1 个,2013 年没有,2014 年至今没有。

〔17〕 关于参引性修改产生的问题,参见 J. Teasdale, *Statute Law Revision: Repeal, Consolidation or Something More?*, 11 European Journal of Law Reform 157, 197 (2009).

〔18〕 See D. Johnstone, *Current Development*, 1 Statute Law Review 112(1980).

〔19〕 See J. C. Peacock, *Drafting a Proposed Statute*, 1 Practical Lawyer 19, 29 (1955).

〔20〕 See T. Sedgwick, *A Treatise on the Rules which govern the Interpretation and Application of Statutory and Constitutional Law*, John S Voorhies, 1857, p. 123 – 124.

〔21〕 See W. Chew, *The Doctrine of Implied Repeal by Desuetude: A Legal Anachronism or Viable Principle?*, 5 Singapore Law Review 139 (1984).

〔22〕 See E. R. Lanier, *Statutory Construction: Effect of an Invalid Amendment of a Prior Statute*, 16 Journal of Public Law 228, 229(1967).

〔23〕 See *Recent Decisions*: *Statutory Construction—Effect of an Invalid Amendment on a Prior Statute*, 6 Journal of Public Law 228, 229(1967).

〔24〕 See R. Prebble, *Constitutional Statutes and Implied Repeal: the Thobura Decision and the Consequences for New Zealand*, 36 Victoria University of Wellington Law Review 291, 293 (2005).

〔25〕 But see contra A. Butler, *Implied Repeal, Parliamentary Sovereignty and Human Rights in New Zealand*, Public Law 586, 594(2001).

〔26〕 See J. W. Markham Jr, *The Supreme Court's New Implied Repeal Doctrine: Expanding Judicial Power to Rewrite Legislation Under the Ballooning Conception of "Plain Repugnancy"*, 45 Gongaza Law Review 437, 476(2009 – 2010).

第十三章

刑罚条款

刑罚条款对起草者提出了挑战。这是因为刑罚条款不可避 242
免的复杂性与使用者非常可能缺乏经验之间的鸿沟达到了极限。刑罚条款传达了法律概念的细微差别，这些概念经过数百年的制定法解释和司法适用而获得其精确含义：了解这些概念并在特定的刑事制定法范围内确定其精确含义，不但对任何使用者，而且对最博学的刑事律师都是一种重大成就。[1]

但同时，这些复杂的概念需要以最简单的方式来传达，从而确保公民中受教育程度最低、最不聪明、能力最差的公民[2]能够很好地理解他们能做什么和不能做什么；[3]刑法中没有错误的余地，一个可能错误所带来的后果对于主体的自由也是不利的。[4]当然，后果也超出了这一主题：禁止活动不是轻率的，它是最后的解决办法，[5]只有在绝对必要时且在解决社会不能容忍的问题[6]的其他手段无效时才使用。这意味着，实施禁令的理由必须是充分的，因此，不遵守的危险必须是严重的。

在刑法中，非专业使用者和专业律师之间的鸿沟如此明显，以至于罗宾逊（Robinson）认为，除为非专业使用者起草一部实体性刑法和为专家起草一部程序性刑法外，没有其他方法可以
调和他们的不同要求。[7]当然，这种受众和规则的二元性并不一 243
定导致文本的二元性：分层方法可以在这里应用，并将这两部制定法合为一部，从而使两类受众都可以访问整个文本。分层方法会要求在实体性的第一部分中采用通俗易懂的语言，但在一定程度上允许在第二部分中使用法律行话。但哪怕是分层方法，也不能充当不必要行话的借口，即使是在第二部分。而其巨大的优势在于，非专业的受众可以将注意力集中在主要规制信息上，从而优化向使用者传达主要规制信息的机会，即什么是禁止的、在什么条件下对不服从的处罚是什么。

起草指引：初步的考虑

在立法过程的刑事政策[8]制定和法律官员阐明起草指引的阶段，许多初步考虑都在起作用。[9]即使在发生新的刑事犯罪的情况下，起草者也不是在真空中工作。有许多立法层级处理与

刑罚条款直接相关的问题,从合宪性和人身自由的核心开始,延伸到刑事司法制度的哲学(其超级目标)[10]再到针对特定类型刑事犯罪行为的统一处理方法。这些广泛的考虑源于一个多层次的刑事法律和政策的渊源体系。

首先,要考虑国内标准。这些标准都是在宪法或者宪法性文件、解释法案、现行刑法条文(无论是在一个法典内或者在制定法中)以及刑事法院丰富的判例法中予以体现的。

其次,要考虑地区性标准。这些标准包括《人权法案》以及欧洲人权法院和欧盟法院的判例法所适用的《欧洲人权公约》(特别是第 4、5、9、10、11 条,
244 以及第 1 号和第 4 号议定书)。[11]当然,刑罚条款源于欧盟刑法的丰富内涵,以及其(至少在英国是这样)与国内法日益复杂的关系。

最后,要考虑国际性(或者"通用的"是一个更好的术语?)标准。这些标准涉及两个不同的维度。一方面,指引官必须考虑国际层面的实体性刑事文件。联合国公约、双边和多边条约以及其他国际法文件,构成适用于越来越多国内立法起草的国际法规。另一方面,指引官不能再忽视适用由法律确定性表达的法治原则,在刑法中尤为如此。这一增强的法律确定性概念通过刑法的清晰性、准确性和无歧义性得以提升,而现代刑法中的这些品质既至关重要,又易被忽视。[12]

立法计划

为了完成起草有效的刑事法律的任务,起草者必须从立法计划开始。或许计划中要解决的最重要问题是,立法作为一种规制方法是否确实必要;如果必要,刑事立法是否是最有效的前进道路。起草者的本能是对两个问题都说不。因此,他们必须被指引官说服(最好是在基于证据研究的基础上)[13]其他规制工具已经被讨论并被拒绝了。所有较轻类型的立法,从软法到民事立法,都已被研究,并因无法达到指引官所设定的目的而被否决:尽管如此,刑罚条款必须排他性地引入初级立法中。[14]

一旦解决了刑事立法的必要性,起草者便会继续对新的刑法规定的主要内容进行初步勾画。这详细阐明了拟议犯罪的客观要件和主观要件,重点是由起草指引传递过来的实体性刑法专业知识。

245 同样,基于指引官提供的分析,制裁至少在原则上被加以设定。指引官对刑罚制度有所了解,并对目前类似或者相关罪行的刑罚类型和水平有一个

比较性的意识。合比例性可以使他们很好地估计法律应当是什么。[15]此时，要解决的另一个问题是，需要预见到额外的制裁，或许是补充主要的制裁，或许是在特殊情况下实施的制裁。

一旦设定了该条款的基本计划，起草者将确认已经由《解释法案》或者一般性刑罚条款所涵盖的要点。与大赦、提前释放或者程序有关的问题可能就是这种情况。因此，下一个挑战是决定是否存在与一般性刑事程序相抵触的范围。通常情况下，偏离是通过参引具体规定的有效性来证成的。但是，政策的改变可能正在渗透到刑事法律之中，因此，需要偏离当前的规范。起草者在此的职责是提醒起草团队的成员，任何与当前规范的偏离都会让使用者感到惊讶，因而需要以非常清晰的方式加以表达。这就引出一个问题：如果没有对规范的偏离，起草者是否必须重复一般性条款？或者这是多余的吗？这个问题并不像人们预期的那么简单：毫无疑问，重复一般性条款可以使该法案实现自足。但无论如何，应当将法案与相关的法案一并阅读。底线是，对一般性条款的解释是歧义性的一种诱因，而这不可能得到辩护。

至于逐字逐句地重复或者参引性重复，可能不会造成损害，但会带来危险：通过提及选择性的一般性条款，使用者可能会认为，所有其他一般性条款均不适用；并且，重复会导致更长的法案，这很可能会分散使用者对主要规制信息的关注。只能通过有效性来给出这个难题的最终答案。原则上，被设想为公民无须法律咨询便可以使用的刑法，最好通过一般性条款来加以呈现，从而确保使用者了解所有相关法律，如《公民逮捕法》。但是，旨在与法律顾问一起使用的法案无须重复，甚至不需要提及一般性条款：典型的例子可能是刑事证据规则。

这导致了最后一个担忧，即对修改或者废除的担忧。如果它们是必要 246
的，起草者要编制一份详尽的清单，进而为起草该法的最后条款作准备。特别就刑法而言，默示修改或者默示废除是没有任何借口的。清晰性是起草者追求的首要目标，这也要求新旧法案之间关系的清晰性。

刑罚条款的组成部分

刑罚条款引入了罪行。这不是一项简单的任务。起草者的购物清单既长又复杂。刑事罪行预见了两个基本要素：第一，罪行的引入；第二，制裁。

该罪行是通过如下方式被引入的：对被禁止行为的描述，并将该行为宣布为犯罪。

行为描述包括客观要素和主观因素。客观要素描述了行为的“做”(doing)的部分。这是一项作为吗?这是一个疏忽吗?对于导致犯罪的行为,是否存在特定的事实要素?

主观要素描述了行为的“思”(thinking)的部分。需要什么级别的意图?过错如何被建立?原则上,犯罪分为三类:第一类包括以精神要素[被称为犯罪意图(mens rea)]作为起诉前提的犯罪;第二类包括不以犯罪意图之举证作为起诉前提的罪行;第三类包括严格责任的罪行,此时完全没有过错并非一种抗辩。犯罪意图是通过使用“明知地”“有意地”“疏忽大意地”等术语引入的。

那么,一旦客观因素和主观因素同时存在,即宣布该行为为犯罪的时候,又会发生什么?如果不明确宣布该行为为犯罪,就不存在犯罪:不存在默示的刑事定罪,即使是基于在刑事制定法中纳入了不完整的规定,也是如此。[16]

一旦犯罪被引入,该条款便涉及可能施加的制裁。主要的制裁当然是至关重要的,因为它体现了社会对有关行为的不满程度。它是由起草团队(而不是仅由起草者)设定的,因为其反映了政府的一般刑事政策,后者最终在相关法域的刑法中被详细规定。主要的制裁可以是附条件释放、罚款、社区刑
247 或者监禁刑。除主要制裁外,条款还可以引入附加性制裁,或者在加重或减轻情形下实施的制裁。

有必要指出的是,刑罚条款中所列的一长串要素不应被视为要求同样长的一系列节或者小节。具有单个立法句子的一节就足够了。但是,在单独的小节中列出该条的每一要素,似乎可以将使用者吸引到规制信息的每一个关键部分,从而提高清晰性:被禁止的是什么行为;这种行为构成一种犯罪;这种犯罪带来一项刑罚。例如,《移动房屋(威尔士)法 2013》第 5 节规定:

> 5 没有场地许可,禁止将土地用作被管制的场地
>
> (1)除非所有权人持有根据本部分与土地有关的许可证(“场地许可证”),否则受管制场地的所有者不得使该场地或者允许该场地作受管制场地之用。
>
> (2)任何人违反第(1)小节,即属犯罪。
>
> (3)任何人犯第(2)小节所定罪行,一经循简易程序定罪,可处罚款。

建构的规则

一般规则与创新

刑罚条款与其他类型的实体性条款并没有不同：规则是相同的。通过使用清晰性、准确性和无歧义性，最终由有效性引领方向。但就刑罚条款而言，通俗易懂的语言具有更高的价值。因此，作为视觉辅助工具，简单的术语、对比鲜明的布局和逻辑结构变得越来越重要，进而推动使用者对法律语义学不可避免的抗争。

但是，人们确实想知道刑罚条款是否可以利用其他的视觉辅助手段。令人惊讶的是，这些还没有在刑法中使用，当然也没有在诸如规划法中使用。但是，它们背后的概念是相同的。既然已经确定文字提供的清晰性有限，那么使用者可以使用图片吗？换句话说，由于语言可能以一种具有内在歧义性的方式叙述行为及其制裁，图片是否能够向使用者提供禁止行为的清晰图像？[17] 几个世纪以来，人们一直在描述犯罪和惩罚。其中一些语言经受住了时间的考验，并作为它们所传达信息的代名词而留在人们的脑海中。尽管但 248
丁（Dante）的《地狱》可能极富表现力，但波提切利（Botticelli）对地狱的描绘却成功地以一种响亮而清晰的历时性方式传达了罪恶与惩罚。尽管关于刑法的附表可以包含图片的建议听起来可能激进，但刑法的附表包含图片与《澳大利亚国旗法 1953》的在线版本那带有飘动的国旗的彩色图片有何不同呢？而且，无论如何，难道最终传达刑罚规制信息的可能性就使研究甚至尝试一下带有图片的附表这一想法变得不值一试吗？尽管这一概念可能具有创新性，但政策官员们已经抓住了图像在澄清立法方面的优势。[18] 起草者仍需遵循这一概念。

行为的表述

尽管从列举刑罚条款要素的角度来看，《移动房屋（威尔士）法 2013》第 5 节的例子是最佳做法，但在第（1）小节和行为表述方面，同一节也是不良做法的根源。在这里，起草者选择使用命令式方法，该方法通过一个命令引入罪行，即“不得”（must not）。不幸的是，这是表达行为的一种有缺陷的方法，因为它没有宣布禁止。在上面的例子中，这是通过使用第（2）小节来完成的，但这是多余的，因为它可以将两小节合并为一个来加以表达：“……是一种犯罪”,或者“无论谁……即属犯罪”。

对起草者来说,更好的选择应该是宣布式方法,这是英联邦最流行的方法。在这里,起草者在单个综合的立法句子中,规定将被定罪的行为,并宣布该罪行。这是对罪刑法定(nullum crimen, nulla poena sine lege)原则的明确遵守。[19]例如,《间皮瘤法案 2014》第 8 节:

> 8 未经授权披露信息:犯罪
>
> (1)任何参与本计划管理的人,如无合法授权,不得披露以下信息:
>
> (a)与该计划管理有关而取得的信息,和
>
> (b)与在该信息中所指认的特定人有关的信息,或者其身份可从该信息中被推断出来的信息。
>
> (2)只有在以下情况下,披露才是以“合法权限”作出的:
>
> (a)其是为管理该计划而作出的,
>
> (b)其是为了预防或者侦查犯罪而作出的,
>
> 249 (c)其是根据制定法或者法院或者法庭的命令作出的,
>
> (d)其是为了在法院或者法庭中进行的法律程序而作出的,或者
>
> (e)其是在征得与该信息有关的人或者其个人代表的同意或者为该人之利益而作出的。
>
> (3)任何人违反第(1)小节,即属犯罪(刑罚见第 9 节)。

同样完整的是罪行表达的附条件方法。在这里,起草者使用了一个附条件条款来引入罪行。但立法句子可能会变得复杂。《地方审计和问责法 2014》第 23 条提供了附条件方法的一个例子:

> 23 与第 22 节有关之罪行
>
> (1)无合理辩解,任何人如果从事以下行为,即属犯罪
>
> (a)妨碍第 22 节所赋予权力的行使,或者
>
> (b)没有遵守本地审计官根据该条所作的任何要求。
>
> (2)任何人犯第(1)小节所订罪行,一经循简易程序定罪
>
> (a)可处不超过标准等级第 3 级的罚款,并且
>
> (b)在被定罪后,如果该罪行持续的,可另处不超过每天 20 英镑的罚款。

> 在这三种表达方法中，宣布式方法似乎提供了现代立法起草风格所偏爱的完整性和简洁性。[20]但是，无论选择什么，起草者必须在同一法案中坚持单一的表达方法。[21]

□ 制裁

罪行的严重程度是一个政策问题。[22]选择罪行严重程度的职责主要在于指引官。但是，确保这项政策符合现行立法则是起草者的职责。即使在政策的约束下，起草者也有表达制裁的自由裁量权。

制裁采用的是一种持续且间歇的压力，迫使公民"半自动的遵守"。[23]设定最高刑罚需要进行分析和考量：刑事政策、罪行可能的社会后果、对行为和道德冲突程度的大众和学术意见；[24]罪犯的改造；如果设定了罚款的水平，该 250
罪行的经济损失。[25]

设定最低处罚需要根据一般刑事政策来考量最低刑罚的效用。尽管减少提供给法官的自由裁量权水平会导致对法官造法的限制，但必须允许法官在制裁方面拥有自由裁量权。每种情况的殊异性都要求特别的考量，而起草者可能无法抽象地引入这些考量。在这一可接受的回旋余地内，法官很可能因缺乏最低限度的惩罚而受益。在具体情况造成即使是最低限度的处罚也与罪行不成比例的案件中，可能会导致公正的法官回避定罪。因此，在英国和欧盟刑法中，缺乏最低限度的制裁是一种常态。例如，《保护自由法2012》第54节规定：

> (5)犯本节所订罪行的人：
>
> (a)一经公诉程序判决，可处罚款，
>
> (b)一经简易程序定罪，可处不超过法定最高限额的罚款。
>
> 此外，必须指出的是，起草者可以选择民事罚款、[26]罚款、监禁或者所有这些处罚。

例如，《地方审计和问责法2014》第23节规定：

> (2)任何人犯第(1)小节所订罪行，一经循简易程序定罪：
>
> (a)可处不超标准等级第3级的罚款，并且
>
> (b)在被定罪后，如果该罪行持续的，可另处每日不超过20英镑的罚款。

特殊情形

根据(不同的)法人团体的不同,处罚可以用不同级别来引入。例如,《游说透明度、非党派竞选和工会管理法 2014》第 13 节规定:

13　法人团体和苏格兰合伙

(1)凡任何法人团体犯本部分所订罪行,并经证明是

251 (a)在主管、经理、秘书或者其他类似人员的同意或者纵容下作出的,或者

(b)可归因于任何该等个人的疏忽,该个人以及该法人团体即属犯罪,可被起诉并课予相应惩罚。

(2)凡法人团体的事务由其成员管理,则第(1)小节适用于该成员与该管理有关的作为或者不作为,犹如该成员是该法人团体的主管一样。

对于累犯、从犯罪中获得应计利益的罪犯或者连续犯,也可以适用不同程度的制裁。一长串此类不同制裁措施的极好示例可以在《刑事诉讼(相应规定)(苏格兰)法 1995》附表 2 中找到:更有趣的是,该附表采用表格形式,因此具有创新的、清晰的和无歧义的特点:

……

《国家援助法 1948》(c. 29)第 55(2)节(妨碍)项下的罪行	第 55(2)节(经《刑事审判法 1967》附表 3 修订)	初犯 10 英镑,累犯或者惯犯 20 英镑

连续犯发生在相当长的一段时间内。[27]关于连续犯之规定的例子可以在《无线电报法 2006》第 106 节找到。在本例中,连续犯被引入为单独每日犯罪的累加:

106　连续犯

……(2)就继续使用、没有使用或者拒绝使用的每一天来看,该人被视为犯不同的罪行。

第(2)小节并不影响因在不同情形违反本法而提起单独诉讼的权利。

《林业法(北爱尔兰)2010》第 33 节包含了一个关于制裁连续犯的更加典

型的条款：

(3)任何人犯本条所订罪行，一经循简易程序定罪，可处

(a)按标准等级不超过第四等级的罚款或者不超过6个月的监禁，或两者并处；并且，

(b)如属连续犯，可就定罪后该罪行持续的每一天，另处不超过标准等级第四层级十分之一的罚款。

关于讨论设置罚款水平应予考虑的参数的条款示例，有《雷丁自治市议会法案2013》第9节： 252

9 定额罚款的水平

……

(3)在根据第(1)小节设定定额罚款的水平时，市议会可以

(a)就有关罪行而言，考虑

(i)与实施1982年法案附表4中有关的已产生或者将要产生的任何成本；以及

(ii)执行该附表规定的成本或者预期成本；或者

(b)关于第6节所订罪行，须虑及

(i)与实施该节有关的已产生或者将要产生的任何成本；以及

(ii)执行该节规定的成本或者预期成本。

抗 辩

刑罚条款很可能包括一系列抗辩，即一系列阻止犯罪发生的情形。[28] 从起草的角度来看，抗辩是对犯罪要素之一般描述的例外或者保留。但是，与其说是一种保留，起草者倒是多半选择以一种明确且清晰的方式引入它们，通常被表达为“这是一种抗辩”。

抗辩可以指对一般规则的豁免，例如：

特殊情形

例如，《垃圾掩埋税(苏格兰)法2014》第29节规定：

(3)就根据本条提出的索赔而言，如偿还一笔款项会使索赔人不公正地致富，此即一种抗辩。

年龄

例如，《儿童和青少年法1933》第99节规定：

(4)如果某人明显地处于指定年龄以下，且根据本法被控有罪，则证明该人实际上已达该年龄或者超过该年龄应当是一种抗辩。

253 **紧急行动**

例如，《海洋法(北爱尔兰)2013》第34节规定：

34

(1)被指控构成犯罪之行为符合以下情形，则不构成第32节或者第33节所订之罪行：

……

(e)对确保任何船只、飞机或者海事设施的安全而言是必需的；

(f)是为拯救生命而作出的。

被告无法控制的行为

例如，《移动房屋法2013》第4节规定：

(3)在针对土地占用人犯有第(1)小节所指罪行的法律程序中，如该占用人有合理的理由未在该小节所指的期限内采取第(1)小节所指的步骤，即为一种抗辩。

错误、意外、他人行为和勤勉

例如，《游说透明性、非党派竞选和工会管理法2014》第12节规定：

(5)根据第(1)至(4)小节中的任一款而被控告之人，证明该人已尽一切应尽之努力避免犯该罪行，即为一种抗辩。

更高价值之保护

例如，《诽谤法2013》第4节规定：

(1)被告人如证明以下事实，即为对诽谤诉讼之抗辩：

(a)被投诉之声明是或者构成有关公众利益之陈述的一部分；以及

(b)被告合理地相信公布被控诉之声明符合公众利益。

责任免除

例如，《法律援助，量刑和罪犯惩罚法2012》第33节规定：

(5)被控犯本条所订罪行之人，如证明该人合理地相信该披露或者使用是合法的，即为一种抗辩。

特别注意事项

对起草者而言，刑罚条款的最后一个困境是解决新犯罪的程序问题。首

先要注意的问题是，确定授予哪个刑事法院处理新罪行的权限。起草者不是 254
在真空中立法。从整个刑罚系统的顺利运作来看，将新的罪行置于现行权限规则之下是有意义的。但这并不意味着禁止任何偏离规范的行为：特殊情形，例如，被告的地位或者与某一特定地区法院的联系，可能导致起草者偏离权限规则或者属地管辖规则，以此作为维护和加强公平审判的保障手段。当然，新罪行的可诉或者即决性质，也是确定权限的一个因素。

第二个要解决的程序问题是时限问题，最常见的是起诉时限。再次遵守一般规则，可以确保遵守法域的刑法精神。这提升了刑法中的融贯性、法律的确定性和对被告权利的尊重。但在特殊情况下，如罪行的性质，可能要求由法庭或者也许是司法部长酌情决定延长时限。设定时限的一个例子是《罪行起诉（青少年法庭时限）条例 1999》的规定 4：

> 总的时限
>
> 4. 在任何案件中，如果任何人首次就某罪行在有关法庭出庭被定于 1999 年 11 月 1 日或者之后，那么，从该次出庭所确定之日起至他就该罪行在有关法院开始受审为止，控方完成该阶段的最长期限为 99 天。

《罪行起诉〈青少年法庭时限〉条例 1999》规定 7 涉及期限的延长：

> 控方申请延长总的时限或者最初的时限
>
> 7.
>
> (1) 控方根据 1985 年法案第 22(3) 节提出的延长上述第 4 节规定之时限的申请，应当在规定的时限届满前提出。

第三个问题涉及犯罪的属地性。这将在另一章中讨论。但在此值得注意的是，对国家管辖范围的限制目前正在进行辩论，并受到质疑，特别是在全球刑事犯罪方面。由于刑法规制的有效性被视为主要的规制目标，通过域外条款对具有跨境或者国际性质的犯罪进行规制便越发具有意义。这类犯罪的例子包括洗钱、人体器官交易、人口买卖或恐怖主义。如果治外法权是有效规制的必要因素，起草者需要了解并遵守严格的宪法规定和法律冲突原则。[29] 一 255
项甚至没有跨境性质的域外犯罪的例子，参见《性犯罪法案 2003》第 72 节：

> 英国之外的罪行
>
> (1) 如果
>
> (a) 一名联合王国国民在联合王国以外的国家从事某行为，

并且

(b)该行为如在英格兰及威尔士做出,即会构成本条所适用的性罪行,则该英国国民在英格兰及威尔士即属犯下该性罪行。

第四个问题涉及举证责任。如果无证开设酒馆是违法行为,谁承担举证责任?被告必须证明他们有执照吗?检察官必须证明被告没有执照吗?检察官是否必须初步证明被告没有执照,然后被告再去证明他们确实有执照?或者被告必须初步证明他们确实有执照,然后由控方证明被告没有合法批准的执照?英联邦法域的规则是,举证责任完全由控方承担。[30]《恐怖主义法2000》第77节规定了下列举证责任:

(2)如果证明该物品

(a)与被告同时在任何处所内,或者

(b)在被告是占有者的处所内,或在被告并非以公众成员的身份惯常使用的处所内,则法院可以假定被告拥有(并且如果相关的话,明知拥有)该物品,除非被告证明他不知道该物品在该处所内,或者证明他无法控制该物品。

最后,在新的犯罪案件中,什么样的证据是可以接受的?基本的证据水平是否足够,或者是否要求证据须经过认证?这些证据是无可辩驳的(确凿的),还是可辩驳的,因此要进行反证?

在所有这些问题上,都要追溯到对通过刑法典或者一般刑事制定法引入的刑事证据一般规则的依赖程度。对于起草者来说,在对刑事制定法中清晰
256 性日益增长的需要与对集中、简短和可理解的规制信息同等增强的需要之间保持适当的平衡是相当棘手的。如果预期到使用者没有能力阅读整个法令全书,则最好重复一般规则。在这种情况下,该法案可分为实体性部分和程序性部分。罪行的引入可以放在法案的最开始,在那个部分使用者的注意力处于最佳状态。另一个工具是提及此处适用的一般性条款,并在法案末尾的附表中重复该一般性条款的文本。在清晰性与重复文本的冗余性之间,当然存在冲突:但起草价值金字塔表明,清晰性最有助于提高有效性,因此,重复附表中的条款可能缺乏优雅和光鲜,但确实促进了规制信息的可理解性。在清晰性方面不能有任何妥协,在一般情况下不能,在刑罚条款中肯定也不能。

注 释

〔1〕 See N. Hutton, *Mechanics of Law Reform*, 24 Modern Law Review 18, 21 (1961).

〔2〕 See D. Husak, *Ignorance of Law and Duties of Citizenship*, 14 Legal Studies 105(1994).

〔3〕 But see contra F. Bennion, *If It's Not Broke Don't Fix It: A Review of the New Zealand Law Commission's Proposals on the Format of Legislation*, 15 Statute Law Review 164, 165 (1994).

〔4〕 See H. Wechsler, *The Challenge of a Model Penal Code*, 65 Harvard Law Review 1097, 1098 (1952).

〔5〕 See M. Jefferson, *Regulation, Businesses, and Criminal Liability*, 75 Journal of Criminal Law 37 (2011).

〔6〕 See A. Goodstein, *Letting Armed Robbery Get Away: An Analysis of Wisconsin's Armed Robbery Statute*, Wisconsin Law Review 591, 594 (1998).

〔7〕 See P. H. Robinson, *Making Criminal Codes Functional: A Code of Conduct and a Code of Adjudication*, 86 Journal of Criminal Law and Criminology 304 (1996); PH Robinson, *Rules of Conduct and Principles of Adjudication*, 57 University of Chicago Law Review 729 (1990); M. Dan-Cohen, *Decision Rules and Conduct Rules: On Acoustic Separation in Criminal Law*, 97 Harvard Law Review 625 (1984).

〔8〕 P. R. Ferguson, *Constructing a Criminal Code*, 20 Criminal Law Forum 139 (2009).

〔9〕 See G. Stewart, *Legislative Drafting: The Promulgation of Penal Provisions*,27 Victoria University of Wellington Law Review 487, 488 (1997).

〔10〕 关于刑事司法理论的讨论,参见 N. D. Barbu, *Some Aspects Regarding the Prevention and Combating of Criminal Offences*,2 Public Security Studies 112. 1(2013)。

〔11〕 See H. Xanthaki, *The UK Human Rights Act: a True Excuse for Judicial Law-making by the Law Lords?*,18 Jura 244, 246 - 247 (2012).

〔12〕 See J. Spencer, *The Drafting of Criminal Justice Legislation—Need it be so Impenetrable?*, 67 Cambridge Law Journal 585(2008).

〔13〕 See M. Bohlander, *Vicarious Criminal Liability of Parents for Offences Committed by Their Children*,177 Criminal Law and Justice Weekly 791, 792 (2013).

〔14〕 See Law Commission, *Criminal Liability in Regulatory Contexts*, Law Com No. 195, 2010, www. lawcom. gov. uk/docs/cp195 - web. pdf.

〔15〕 See ME O. Connell, *Debating the Law on Sanctions*,13 European Journal of International Law 63(2002); R. Frase, *Excessive Prison Sentences, Punishment Goals, and the Eighth Amendment: Proportionality Relative to What*, 89 Minnesota Law Review 571, 624 (2004 - 2005); and A. von Hirsh, *Proportionality in the Philosophy of Punishment*, 16 Crime and Justice 55, 56 and 68 - 69(1992).

〔16〕 See F. von Liszt, *The Rationale for the Nullum Crimen Principle*,5 Journal of International

Criminal Justice 1009, 1012 (2007).

〔17〕 See D. Jerker, B. Svantesson and S. Greenstein, *Preface*, in D. Jerker, B. Svantesson and S. Greenstein eds., Internationalisation of Law in the Digital Information Society: Nordic Yearbook of Law and Informatics 2010 – 2012, Denmark, Tutto, 2013.

〔18〕 See eg. EasyRead Service, *Draft Bill on Care and Support*, Ref ISL 151/12, July 2012, https://www.gov.uk/government/uploads/system/uploads/attachment_data/file/216845/2900021 – Care-and-Support-Bill-EasyRead-12.07.2012-WEB-ACC.pdf.

〔19〕 See A. Mokhtar, *Nullum crimen, nulla poena sine lege: Aspects and Prospects*, 26 Statute Law Review 41, 46 – 47 (2005).

〔20〕 Sir A. Russell, *Legislative Drafting and Forms*, Butterworths, 1938, p. 46.

〔21〕 See P. Ferguson, *The Drafting of Offence Provisions by the Scottish Parliament*, 32 Statute Law Review 161, 174(2011).

〔22〕 See P. Rossi et al, *The Seriousness of Crimes: Normative Structure and Individual Differences*, 39 American Sociological Review 224, 228 – 229 (1974).

〔23〕 See J. Davies, *Legislative Law and Process in a Nutshell*, West Group, 1986, p. 145.

〔24〕 See V. Lee Hamilton and S. Rytina, *Social Consensus on Norms of Justice: Should the Punishment Fit the Crime?*, 85 American Journal of Sociology 1117 (1980).

〔25〕 See Sentencing Advisory Council, Preliminary Issues Paper, *Maximum Penalties: Principles and Purposes*, Oct. 2010, https://sentencingcouncil.vic.gov.au/sites/sentencingcouncil.vic.gov.au/files/maximum_penalties_preliminary_issues_paper.pdf.

〔26〕 关于民事罚款的起草,参见 R. M. White, "*It's not a Criminal Offence"—or is it? Thornton's Analysis of "Penal Provisions" and the Drafting of "Civil Penalties"*, 32 Statute Law Review 17(2011)。

〔27〕 See Notes, *Continuing in Crime*, 33 Journal of Criminal Law 130 (1969).

〔28〕 See J. Gardner and M. Gur-Arye, *Offences and Defences: Selected Essays in the Philosophy of Criminal Law*, 4 Jerusalem Review of Legal Studies 82 (2012); P. Westen, *Offences and Defences Again*, 28 Oxford Journal of Legal Studies 563 (2008).

〔29〕 See B. J. Jr. George, *Extraterritorial Application of Penal Legislation*, 64 Michigan Law Review 609 (1966); M. Hirst, *Jurisdiction over Cross-frontier Offences*, 97 Law Quarterly Review 80(1981).

〔30〕 See N. Brownyn, *Criminal Behaviour*, 14 Legal Service Bulletin 271, 273 (1989).

第十四章

授权立法

什么是授权立法 257

“被授权的”(delegated)立法这一术语被用来指称行政机关[1]基于初级立法中的赋权性条款(enabling clause)所通过的具有约束力的法律性质的文本。授权(delegation)这一概念正是本章的重点所在,并且,“被授权的”这一术语比“行政的”[2]或者“次级的”或者“从属的”[3]或者其他常用术语更受欢迎的原因在于:起草者需要非常清楚,立法权从立法机关转移到行政机关。[4]并且,他们需要确保这一转移的条件在赋权性条款中被详细地说明。同时,根据授权制定的文本(delegated text)也要保持在赋权性条款的限制范围内。

值得重点澄清的是,本章有双重重点。本章从初级立法中赋权性条款的角度探讨了这一主题:这是起草任务错综复杂之所在。本章还探讨了根据授权制定的文本的起草。但是,根据授权制定的文本本身的实践智慧式立法起草或者实践智慧式规范制定学(nomography),该起草任务与初级立法的起草几乎没有什么不同。因此,本书中对立法起草的所有评论均适用于授权立法的起草。

在授权立法的研究中,没有什么比探索授权的性质更重要。立法权是立法机关独有的权力和特权。鉴于授权立法是指由行 258
政机关产生的具有约束力的法律文书,因此,授权立法只能被视为一种对宪法秩序正当却超出常规的偏离。它牵涉到一个悖论:原则上,[5]一个宪法上合理的宪法反常现象,或者是一个对权力分立不利但却不可避免的侵犯。[6]问题在于,这种反常现象被如此频繁地使用,以至于通常被视为没有什么不正常。并且,通常的授权是如此广泛,以至于初级立法是一种赤裸裸的“骨架”立法。[7]

但是,事实上,对于起草者来说,授权是一个危险领域,[8]因为它是对现代民主国家普遍存在的一项神圣宪法原则的背离。[9]但同时,授权也是一个有用的起草工具,对立法和最终规制质量都有巨大贡献,[10]以至于授权过多的国家被称为“行政的天堂"。[11]为了实现其仁慈的目的,必须以尊重国家权力之均衡的方式起草授权立法,特别是涉及赋权性条款中对立法权的界定,以及司法机关对立法文书的控制。[12]

2014年3月,下议院《放松规制法案》草案的一部分已经通过二读,其内容如下:

65 相应的修改、废除和撤销

(1)国务大臣可根据行政立法性文件所做出的命令,作出国务大臣认为因本法案而恰当的规定。

259 (2)根据第(1)小节作出的命令

(a)可以包括过渡性、暂时性或保留条款;

(b)可以废除、撤销或者以其他方式修正或者修改初级或者从属性立法(包括与本法同一会期通过或者制定的立法)的任何规定。

(3)载有(无论是单独的还是与其他条文一起)根据本节所作命令的行政立法性文件,如果废除、撤销或以其他方式修正初级立法中任何条款,则除非该文书的草案已经提交议会且经每一个议院的决议批准,否则不得作出。

(4)载有根据本节所作命令的行政立法性文件,如果没有废除、撤销或以其他方式修正初级立法中任何条款,则依据任何一个议院决议予以废除。

(5)在本条中

"初级立法"意指

(a)法案;

(b)苏格兰议会的法案;

(c)威尔士国民议会的措施或者法案;

(d)北爱尔兰的立法。

"从属性立法"意指

(a)《解释法案1978》含义范围内的从属性立法;

(b)根据苏格兰议会法案制定的文书;

(c)根据威尔士国民议会的措施或者法案制定的文书;

(d)根据北爱尔兰立法制定的文书。[13]

条款草案提供了很多评论的机会:鉴于第(1)小节的概括性,第(2)小节才存在的必要性问题;根据第(2)小节由两院批准的这一命令,对任何行政立法性文件之要求的消极表达方式;将第(4)小节作为单独一个小节的效用,而不是将其用于对在第(1)小节中对概括性的第(1)小节加以限定;或者甚至第(5)小节传达共同知识而不是适用条款的效用。但令人欣慰的是,这一节的草案超出常规之处是第(1)小节中赋权性条款的概括性。虽然在与第(2)小节和第(4)小节一起阅读时,第(1)小节中的赋权性条款似乎符合宪法规定,但第(1)小节的起草使其成为英国立法不得不提供的最深刻的违宪条款之一。第(1)小节的问题是,它将立法权转让给国务大臣,却没有任何对这一权力进行限定的迹象:这一抽象的赋权性条款未能向国务大臣提供授权行使的任何主题或者时间的参数。最终,国务大臣似乎被赋予一项(被认为是恰当 260
的)立法的自由行使权(*carte blanche*),以确保该法案草案的适用。由此产生的立法文书的正当性印章被完全交给国务大臣,而且似乎不受立法机关的任何控制。赋权性条款的这种构造正是起草者要避免的。

只有在考虑了本节其余部分的情况下,立法权转移的真正范围才是清晰的:国务大臣拥有制定法律文书的自由裁量权,包括过渡性、保留性、修改性或者废除性条款,并由两院批准。换句话说,第(1)小节的制颁条款表达了对概括授权的错误印象,而第65节的授权则在以下几个方面受到限制:有权立法的行政主体(国务大臣);由此产生的根据授权制定的文书(delegated instrument)的类型(行政立法性文件);行政立法性文件中条款的类型(只有过渡性、保留性、修改性或者废除性);程序(要获得国会两院的批准)。起草者最好将这些限制合并为一个,从而保证国务大臣可以准确地描述第65节赋予他们的有限权力。

这一节的问题是构造。但是,在英联邦法域的许多情形下中,赋权性条款仍然在第(1)小节的概括范围之内且没有任何进一步的限定,这一问题便更加严重,并触及合宪性、民主和法治。

起草者在授权立法中的作用

因此,起草者在起草赋权性条款中的作用是清楚地传达部长权力的政策目标[14]和授权的有限限制,[15]以此作为一种手段来呈现立法机关针对赋权行政机关立法这一正当的宪法异常现象的反思性反应。

在起草根据授权制定的文书的过程中,起草者的作用是促进规制的有效性。在这方面,要提倡的起草品质是清晰性、准确性和无歧义性。

261 但是,既然立法的是行政机关,那么立法顾问的作用是什么呢?在英国,授权立法是在相关部门中起草的。立法起草者进行干预,以确保整个法令全书中风格的一致性。此外,授权立法由议会审查委员会进行审查。[16]但是,授权立法并未受到初级立法那样的广泛审查,因为从定义上看(*ab definitio*)它不值得就政策、实体和风格进行冗长的辩论。此外,国会和法院对授权立法的审查"受到行政影响力的制约"。[17]

在英联邦其余地区,授权立法是由立法起草者起草的,与初级立法没有什么区别。这是最佳的做法:将授权立法视为"从属的",这是英国立法中普遍使用的术语,会给人造成其对使用者而言不那么重要的印象。这与事实相去甚远。现在,授权立法构成了规范公民活动的大部分立法性文件。实际上,通过授权立法来转置欧盟立法的新政策,与由议会通过的一般的框架型法律相比,公民生活更倾向于受到授权立法的直接影响。此外,大多数政府机构在与公民互动时,采用的是授权立法,从而使得腐败的可能性和危险性更加明显。[18]正是出于这些原因,授权立法需要立法起草者的关注和技巧。这项任务极为艰巨,将所有立法分配给议会法律顾问办公室涉及巨大的资源。

但这不是绕过由受过训练的起草者起草授权立法所提供之质量保证的有效理由。这是使英国在此问题上更趋偏颇的另一种论点:从定义上讲,授权立法的技术性如此之强,以至于部门法律官员才拥有应对这一挑战的法律意识和实体法技能。试图将这种技术性法律知识转让给起草者是可能的,但需要时间:然而,难道不是由于时间和灵活性的原因,才导致首先选择授权立法的吗?

因此,解决这一问题的最佳方法似乎是对部门法律官员进行起草授权立法方面的培训,而不是将任务重新分配给议会法律顾问办公室。然后,也许
262 可以赋予议会授权立法委员会不仅基于合宪性而且还基于立法质量来审查授权立法的额外权力和技术性知识,[19]同时仍然禁止对政策进行审查。[20]

授权立法的使用

原则上,授权立法几乎没有做不到的:赋权性条款可以将立法权的任何方面移交给行政机关。因此,从原则上讲,授权立法仅受立法权之限度(limitation）的约束。这种限度的一个例子是王室特权领域中相对约束。[21]

但是，至少在授权立法不用经过相同的议会审查程序的法域中，人们不能忽视政府对政策问题进行议会审查的道德和宪法义务。这就需要确保立法机关成员有机会讨论政策问题或者对国家或其公民具有重要意义的问题，这对于受到授权立法所提供的权宜性实际好处诱惑的政府而言，发挥着良知之声的作用。[22]这是普通法中许多格言的来源，这些格言要求将刑事犯罪[23]、新税种、征用措施、紧急措施[24]或者上诉权[25]置于初级立法中。因此，值得注意的是，被授予权限的第二个限度在于为议会审查提供机会的宪法必要性，进而为那些就其本质而言要求通过议会辩论[26]和明确的正当化[27]提 263
供更强正当性的事项提供正当性。[28]

那么，授权立法能做什么呢？

它的第一个也是最常见的功能是促进初级立法的目的实现。在这里，立法机关允许行政机关进一步立法，以使初级立法生效。但是，立法权的转移不能太笼统[29]以致违反法治原则：法治“禁止只是转移赋权性权力或者其实质要素的授权立法”。[30]这种规定的一个例子是《游说透明度、无党派竞选活动和工会管理法2014》第23节。有趣的是，第（1）小节的概括权力有幸被第（2）小节和第（3）小节加以详细说明和界定：

23　制定进一步规定的权力

（1）为了实施本部分的规定，规章可作出部长认为恰当的规定。

（2）第（1）小节下之规章可以特别地就下列事项作出规定（或者进一步规定）

（a）登记册中记录生效的日期；

（b）根据第5节所申报信息的形式和内容；

（c）根据第6(6)节行使注册官的权力；

（d）在其他情况下删除记录；

（e）自信息通知送达之日起至根据第9(4)(b)条必须加以明确之日止的最短期间；

（f）信息通知中必须加以明确的其他事项；

（g）根据第9(7)条取消通知。

（3）根据第（1）小节所作之规章，可以做出准许或者要求税收和海关专员根据要求向注册官提供由该等规章所规定的、根据《增值税法 1994》登记或者被要求登记的任何人的信息。

264 授权立法的第二个功能是引入实施初级立法所必需的技术性或者细节性的规定。在此,行政机关可以就次级问题进行详细规定。选择授权立法作为起草工具(而不是附表)的原因在于授权立法的灵活性,[31]即可以很容易地定期对其进行修改。[32]正是这种授权立法的灵活性,使其适合于引入罚款。《增长和基础设施法 2013》第 17(b)节提供了一个示例:

17 修改登记簿的申请:在《公共法案 2006》(关于制定和确定第一部分申请的规定)的第 24 节中,修改收取费用的权力

(a)省略第(2)(d)小节[英格兰和威尔士的规定与新的第(2B)小节对威尔士的规定相同],和

(b)在第(2)小节后插入

"(2A) 国务大臣根据第(1)小节所作规定,可以就与申请有关的应付费用做出规定[包括根据该规章由提出申请之人确定应付费用的规定,或者(如果不同的话)由确定申请之人确定]。

(2B) 威尔士部长根据第(1)小节所作规定可以规定应支付的申请费用(可能是由提出申请之人确定的费用)。"

授权立法的第三个功能是引入实施初级立法所必需的行政安排。在这里,行政机关被要求填补初级立法中的空白,作为促进初级立法之规定实施的手段。例如,《能源法案 2013》第 21 节:

21 条例:进一步的规定

(1)规章可以作出如下方面的规定

(a)要求差价合同(CFD)订约方为了与差价合同有关的目的,订立安排或者合同要约;

(b)具体说明差价合同订约方可能或者必须做的事情,或者差价合同订约方可能不做的事情;

(c)授予国务大臣进一步的权力,指导差价合约订约方去做或者不去做在条例或者指令中明确规定的事情。

265 授权立法的第四个功能是使初级立法生效。在英国,[33]这是可能的,并且确实相当常见。这一工具的英国示例可以在《游说透明度、无党派竞选活动和工会管理法 2014》第 45 节中找到:

45　生效日期

(1)本法下列规定于部长通过行政立法性文件所作命令指定的日期生效

(a)第一部分,第(3)(a)小节所述除外;

(b)第二部分中的

(i)第26(11)和(12)节("选举材料"的定义);

(ii)第31节(扩大权力以更改指明的款项);

(iii)第32节(认可的第三方);

(iv)第36节(与候选人有关的第三方支出);

(v)第37节(候选人的个人支出不计入英格兰和威尔士的地方选举支出限额);

(vi)第38节(选举委员会在遵守方面的职能);

(c)第三部分,第(3)(c)小节所述除外。

(2)根据第(1)小节作出的命令

(a)可以基于不同目的指定不同的日期,并且

(b)可以制定过渡性、暂时性或者保留性条款。

(3)本法的下列规定自本法通过之日起生效

(a)为行使那一权力,第一部分赋予制定法规之权力的任何规定;

(b)第(1)(b)小节未述及的第二部分中的规定;

(c)第41节,目的是行使《工会和劳动关系(合并)法1992》(在该条中插入)第24ZB(3)节赋予的制定从属性立法的权力;

(d)第四部分。

(4)第46节包含的与第(3)(b)小节所适用之规定的生效有关的过渡性规定。

(5)"部长"意指

(a)就第(1)(a)及(b)小节而言,指国务大臣或者枢密院院长;

(b)就第(1)(c)小节而言,指国务大臣。

授权立法的最后一个功能是补充或者修订初级立法的一部分。但是,许

266 多英联邦法域[34]不允许授权立法修改初级立法,[35]并且那些被称为“亨利八世条款”的条款[36]被认为“模糊了规范的层级秩序”。[37]在英国,它们相当受欢迎,但要经过必要性、[38]目的特殊性、[39]程序和法律保障措施[40]的严格检验。当亨利八世的权力触及宪法上的敏感问题时,[41]后者包括一项超级肯定的议会程序。英国的示例可在《垃圾填埋税(苏格兰)法案2014》第41节中找到:

41 从属性立法

(1)本法赋予苏格兰部长制定命令或者规章的权力,包括制定

(a)针对不同案件或者案件描述或者出于不同目的,做出不同规定的权力,

(b)作出苏格兰部长认为必要或者适宜的附带性、补充性、相应性、过渡性、暂时性或者保留性规定的权力。

通过授权立法修改初级立法的权力的一个有趣示例是《地方审计和责任法案2014》第2节。有趣的是,该规定遵循最佳做法,因为它非常清晰地阐明了国务大臣的法规如何修改该法:排他性地添加、修改或者删除条目:

(2)相关主管机关

……

(3)根据法规,国务大臣可以通过增加、修改或者删除与相关管理机关有关的条目,来修改附表2。

267 (4)只有在某人或者团体行使与以下区域有关的公共性质的职能时,根据第(3)小节制定的法规才可以在该附表2中添加与该人或者组织有关的条目:

(a)完全在英格兰,或者

(b)部分在英格兰,部分在威尔士。

……

(6) 第(5)小节中的权力包括

(a)在适用于该人或者团体时,修改本法或者据其所作规定的权力,或者

(b)对该法所作规定或者根据该法所作规定的权力,经过修改适用于该人或者团体。

授权立法的效力

赋权性条款为授权立法提供了偏离权力分立所需要的正当性。赋权性条款确保立法权向行政机关进行转移的所有参数都得到清晰地和限制性地表达,从而保证这一转移能够得到立法机关的考虑和批准。[42]因此,授权立法的任何无效力都可以追溯到赋权性条款。

行政机关必须"合法地、理性地、合理地、及时地、在限制范围内,并根据立法机关的标准和意图"行事。[43]因此,授权立法可能基于两个主要原因而被攻击为无效力:一是与赋权性条款之程序方面有关的无效力:这种情况发生在当行使权力所附带的制定法规定未得到履行的时候;二是与赋权性条款之实体性方面有关的无效力:这种情况发生在当权力的行使实质上不在授权范围内的时候。

与赋权性条款之程序方面有关的无能力(inability),是指缺乏授权向行政机关转让立法权的立法权限。这种能力指的是行使权力的时间,或者行使权力的人,或者权力被行使的方式,或者这些因素的组合。

授权立法必须在赋权性条款规定的期限内发布。如果国务大臣被给予2年的期限来颁布法规,2年后,他们便缺乏颁布这些法规的立法权限,并且任 268
何此类法规都将面临程序上的无效力。换句话说,对于通过授权立法来行使权力的授权(authorisation),必须在其被行使时正当地存在。如果批准授权的初级立法已被废除,则由此产生的授权立法将遭受严重的程序缺陷。同样,在行使该权力时,批准该授权的初级立法不得被修改。这是可能发生的,即当初级立法要么是通过赋权性初级立法而被修改的时候,要么是通过其他初级立法隐含地被修改的时候。但是,解释性立法可能会在一定条件下允许有限的权力来延续授权立法,后者是根据已经通过但尚未生效的初级立法制定的:英国《解释法案1978》第13节就是这种情况。或者其可能包含在被废除并重新颁布的法案之中,因而继续是授权立法:[44]加拿大《解释法案》第44节就是这种情况。此外,初级立法可能会为授权立法提供一个时间表,从而使授权立法的开始和结束均被清晰地确定和界定。因此,公职人员可以在其职权期限内,并仅在其公职履行范围内,利用授权立法来管理其实质职权范围内的事务。行使权力的人必须是赋权性条款向其转让立法权的人。鉴于授权立法的敏感作用,法律通常会限定可以通过授权立法来适用立法权的人。

大多数法域都遵循英国模式,因此,允许将制定授权立法的权力专门赋予公职人员。但使用转授权(sub-delegation)是解决政府对细节性或者技术性事项[45]进行规制之紧急需求的一种常见[46]方式。鉴于确定即使不构成立法机关一部分也可以被赋予立法权的人,是具有宪法重要性的问题,因此,起草者必须清晰且准确地指出谁能够授权和转授权。[47]

269 在转授权和示意(signification)之间必须加以区分:在第一种情况下,被授权之人有权立法;[48]而在后一种情况下,政策决定是在其他地方作出的,被授权之人可以代表上级机关签字。

尽管授权立法必须是灵活的,因此有可能偏离正常的立法程序,但其必须满足法定的程序要求。这些可能涉及咨询、[49]批准、同意或者确认;或者涉及授权立法的印刷和出版。[50]即使在出现缺陷的时候,如果它们不违反对于立法效力而言必不可少的强制性规定,也不会影响授权立法的效力。

授权立法内容中的缺陷可能涉及授权立法的权力来源[51]或者构造。第一个问题即越权,[52]在宪法中得到了广泛的分析。第二个问题与起草技术有关,需要在此处进行拓展性分析。

构 造

授权立法的构造涉及两个方面的考虑:起草初级立法中的赋权性条款和起草根据授权制定的文本。

赋权性条款是一种实体性条款,因而关于实体性的章节以及事实上有关
270 立法起草技术的规定,对其均适用。二者的主要区别在于:这是一种对宪法常规性的偏离,因此,以合宪性和准确性起草赋权性条款便是起草者最需要关注的问题。毫无疑问,赋权性条款的有效性将起草者引向以下方面的清晰性、准确性和无歧义性:

— 被转移的确切权力;
— 该项权力被行使的时间;
— 做出该项转移的人;
— 该转移被实施的方式;
— 是否拥有使用该项权力的自由裁量权。

由于赋权性条款主要针对权力被移交的行政机构,因此,起草工作被调整为处理分层方法中的第二组问题,即不一定是律师,而是在运用专业能力

过程中使用初级立法的人员。因此,一些术语是合理的。但不是说对于第一组非专业人士而言,该规定是可理解的。对于第一组人士而言,其必须理解谁规制了什么;或者实际上,对于第三组人士(作为律师或者法官)而言,该规定是可理解的。对于第三组人士而言,其必须精确地确定被转移的内容,以此挑战和评估源于赋权性条款的授权立法的效力。

而且,鉴于对授权的限制对于实施该条款至关重要,因而赋权性条款中行使权力所附带的条件便必须被明确地和准确地引入。简洁性在此要屈从于准确性。

至于根据授权制定的文书,通常的起草惯例在此也适用。标题必须具有信息性和独特性,不仅是出于行政管理的原因,而且主要针对根据授权制定的文书的使用者。根据授权制定的文书所依据的初级立法的标题必须被保留,以此作为快速参引和链接的手段。根据授权制定的文书所调整的准确角度在括号中引入,从而鼓励简单的索引与其他相关文书结合起来,但又易于区分,并提高了该特定文本所调整之次级主题的准确性。根据授权制定的文书的年份被置于标题的末尾。例如,《司法养老金(寡妇、鳏夫和儿童福利)(修订)条例 2014》迅速地告知使用者:(1)它们是依据《司法退休金法(1981)》制定的;(2)其具体涉及寡妇、鳏夫和子女的福利;(3)修改之前使用相同标题的条例(实际上是 1987 年的条例);(4)其于 2014 年公布。标题可以向使用者提供的丰富信息,现在更容易传递。

前言是在赋权性条款与根据授权制定的文书之间建立联系的机会,以此作为初级立法中详细说明赋权性权力的参数,并确保程序性要求已经得到满 271
足。换句话说,序言解决了可能的无效点,并描述了所有这些问题如何被充分地解决。例如,2014 年(第 277 号)《A38 主干道(从埃金顿到布兰斯顿,斯塔福德郡)(交通之临时禁止)命令 2014》中规定:

> 鉴于作为 A38 主干路之交通运输主管当局的国务大臣认为,在斯塔福德郡县的埃金顿和布兰斯顿之间的道路上的交通应当被禁止,因为有工程拟在该段道路上实施。

抛开冗长表达,序言解释说:(1)交通运输国务大臣确实有权发布该命令;(2)交通运输国务大臣认为必须禁止交通以便利工程;(3)发布该命令。

尽管序言可能有用,但人们还是想知道,作为一个传统问题而不是实用问题,它是否存在于一些根据授权制定的文书中(主要是命令),而在条例中则很少。一个起草良好的标题可以包括序言的所有要素,也许除了解释行政机关用来行使发布根据授权制定的文书的自由裁量权的标准以外。因此,有一种论点认为,在行政机构具有立法自由裁量权时,序言是有用的。在这种情况下,序言必须将注意力集中在为发布根据授权制定的文书而进行的考虑上。

此处的制颁条款与初级立法中的制颁条款一样,都是既定的表达。因此,院会风格和传统盛行。但是,有一种更简单的方式来说明行政机关立法。最佳实践可追溯到《继续教育贷款(修正)条例 2014》,该条例清楚且简单地说明了谁立法、通过何种文书,以及在哪些初级的赋权性基础上立法:

> 商业,创新和技能部国务大臣根据《教学和高等教育法 1998》第22节和第42(6)节授予的权力制定以下规定。

但是,人们发现很难证成2014年(第311号)《A31主干道(卡德南-维伍德交汇处)(交通之临时限制和禁止)命令 2014》复杂性的冗长表述:

> 因此,国务大臣现根据《道路交通管理法 1984》第14(1)(a)节赋予的权力,作出以下命令。

同样,"以及所有其他赋权性权力"的普通添加与长标题中的通用术语
272 "以及任何相关目的"一样,都是含糊和无用的:它们根本没有任何作用,实际上,它们给人的印象是,为了证成根据授权制定的文书的正当性,其他赋权性权力也需要加以确认。因此,2008年(第234号)《A556号主干道(特恩派克·伍德,欧佛·塔布雷-A56鲍登·郎德巴特)(去主干道化)命令 1996(撤销)命令 2008》中的制颁条款既模糊又有歧义,其中规定:

> 交通运输国务大臣行使《高速公路法 1980》第10节和第12节授予的权力以及所有其他赋权性权力,作出该命令。

很少有根据授权制定的现代的文书提出目的条款。这可以归因于现在通常赋予目的条款较小价值,也可以归因于如下正确的观点,即授权立法吸收了其所依据的初级立法的目的条款。有观点认为,授权立法的目的条款与初级文书的目的条款是一致的,这一观点具有正确性:毕竟,二者构成了有助于同一政策的一整套规定。这当然适用于为本章所确认的前四个目的服务的授权立法,即进一步实现初级立法的目标;为实施初级立法而引入必要的技术性或者细节性规定;为初级立法引入必要的行政安排;使初级立法生效。但是,授权立法的第五项功能,即补充或者修正初级立法的部分内容,为单独

目的条款引入了宽松的环境。换句话说，当初级立法被修正或者补充，同时仍保留在初级法案的原始政策范围内，[53]原始的目的条款可能也要被修正或者补充。修正或者补充初级立法中的原始目的条款是不恰当的，因为该修正是通过授权立法而不是对原始的初级法案进行修改来实现的。但是，在授权文书的目的条款中添加一个补充是完全有道理的：目的条款和授权文书文本与初级法案一起构成了完整的规制组合方案。同时，还有一个支持目的条款的论点，即在具备所有功能的授权立法中，目的条款引入了准确的有形标准，据以对规制组合方案进行立法后审查。换句话说，目的条款作为立法后审查标准的新功能也适用于授权立法，从而为在初级和授权立法类型和类别（那 273
些对立法后的有效性衡量有益的类型和类别）中增加现在被忽视的目的条款工具，提供额外的支持。

在授权的立法中，生效日期条款是必要的，且现在倾向于采用精确的日期形式。例如，《烟草制品（产品说明）（修正）命令2013》第1条规定：

> 引用与生效日期
>
> 1. 本命令可引用为《烟草制品（产品说明）（修正）命令2013》，并于2014年1月1日生效。

在根据授权制定的文书中很少有定义。仅在必要时，它们才被引入，并且它们不得背离初级立法中的定义。这源于将初级立法和授权立法链接在一个单一的规制组合方案的流行做法：新概念主要在初级立法中被提出，并在初级立法中被定义。一个术语表达一个概念的准则不但适用于初级文书，而且适用于整个规制组合方案。但是，在修改或者补充初级立法的根据授权制定的文书中，有定义的空间。并且，仅在它们可以帮助使用者的地方，才可以被有限地引入，初级立法中的定义也是如此。

如果该权力在初级立法中被专门引入，则根据授权制定的文书也可能包括回溯性条款。同样，对于约束王权、创制罪行、[54]废除法律[55]或者侵犯基本的普通法权利（如财产权[56]或尊重私人生活的权利[57]）的授权立法，也需要明确的权力。这些都是需要提高议会正当性的问题，并且作为一种规范，必须保留给初级立法。乔治·温特顿（George Winterton）将这些称为对行政权之深度的限制。[58]对非法定行政权力的深度的限制则是由权力分立、负责 274
任政府、问责制和法治原则所驱动。[59]但是，没有什么可以阻止议会通过初级立法中的赋权性条款将这种能力扩展给行政部门。例如，2013年11月15日发布的《额外开发的油田法令 2013》第 1 节规定：

引用、生效日期和解释

1.

(1)本命令可引称为《额外开发油田令 2013》，并已于 2013 年 4 月 1 日开始生效。

《朝鲜民主主义人民共和国（欧盟金融制裁）条例 2013》第 21 节规定：

王室

21.

(1) 这些条例对王室具有约束力。

(2)王室对本条例任何条文的违反，并不使王国政府负刑事法律责任。

(3)高等法院或者苏格兰的最高法院，可以应法院认为有利益关系之人的申请，宣布任何违反本条例规定之王室的作为或不作为为非法。

(4)本条例不影响女王陛下的私人身份。

(5)第(4)小节应被解读为，如同《官方诉讼法 1947(1)》第 38(3)小节（女皇陛下以私人身份的含义）包含在本条例中一样。

《橄榄油（营销标准）条例 2014》规定：

罪行与惩罚

11.

(1)任何人如属以下情况，即构成犯罪

(a)未遵守法定通知书；

(b)故意妨碍被授权官员根据本条例行使权力；

(c)无合理理由，未能提供被授权官员为执行欧盟法规或者在履行其在本条例下之职能而合理要求的任何协助或信息；

(d)故意向被授权官员提供虚假或者误导性信息；或者

(e)没有合理理由，未能制作标签、文件或者记录，包括

(i)根据欧盟委员会第 2568/91 号法规(EEC)第 7a 条所要求保存的进出登记簿，以及

(ii)欧盟委员会第 29/2012 号实施条例第 7 条所述之文件。

当被授权官员合理要求时。

签名、标题和日期必须以简单的方式包含在文本底部。例如,《建筑(修 275
正)(威尔士)条例2014》规定:

卡尔·萨金特(Carl Sargeant)
住房和重建部部长,威尔士部长之一

2014年1月21日

最后,如果赋权性条款要求获得权威机构的同意、批准或者确认,则必须明确但简单地引入。上面为签名引入的相同习惯表述,也适用于以下情况,例如,在《移民和国籍(费用)(修正)令2014》中:

马克·哈珀(Mark Harper)
国务大臣
内政部

2014年2月3日
我们同意

大卫·埃文内特(David Evennett)
卡伦·布拉得利(Karen Bradley)
女王陛下的两位财政大臣
2014年1月30日

在英国,在授权立法的底部使用解释性说明,以便将使用者引向初级立法,并帮助他们理解根据授权制定的文本中包含的技术性和细节性条款。本例摘自《海事安全(泽西岛)令2014》:

解释性说明

(此说明不是本法令的组成部分)

《航空和海事安全法1990》(以下简称1990年法案)的各种规定已通过《海事安全(泽西岛)令1996》(S. I. 1996/2881)扩展至泽西岛。本命令撤销并替换那一命令。在这样做的过程中,它规定将1990年法案的某些规定扩展到泽西岛,并作出新的修改,具体规定见命令附表第二部分,以便反映

(a)英国《商业航运和海事安全法1997》对1990年法案的修正；以及

(b)《航运(泽西岛)法案2002》在泽西岛作出的立法性规定。

解释性说明是一种独特的工具，它允许起草者向使用者提供对整个规制组合方案更加全面的了解。因此，它们极大地促进了起草者在授权立法方面的主要追求：宪法上合理的立法性转让，以便灵活和方便地调整技术性和细节性问题。

注 释

〔1〕 关于联邦制环境下对"授权"的解释，参见 G. Appleby and S. McDonald, *Looking at the Executive Power through the High Court's New Spectacles*, 35 Sydney Law Review 253 (2013)；关于权力下放环境中的解释，参见 C. Reid, *The Limits of Devolved Legislative Power: Subordinate Legislation in Scotland*, 24 Statute Law Review 187 (2003); C. T. Reid, *Who Makes Scotland's Law? Delegated Legislation under the Devolution Arrangements*, 6 Edinburgh Law Review 380 (2002)。

〔2〕 但是"在初级立法和授权立法之间，基于来源的简单区分显然不够充分，或者至少是不完整的"，参见 A. McHarg, *What is Delegated Legislation?*, Public Law 539, 544 (2006)。

〔3〕 《解释法案1978》第21(1)节规定，"次级立法"是指议会命令、命令、规则、条例、方案、授权令或者地方法规，以及根据任何法案制定或者将制定的任何其他文书。

〔4〕 See H. Xanthaki et al., *Legislative Techniques in Rwanda: Present and Future*, 15 European Journal of Law Reform 95, 167 (2013).

〔5〕 前提是满足以下原则：可靠性、可预测性、公开性、透明度、问责制、效率和有效性：See OECD Sigma Papers: No. 27, *European Principles for Public Administration*, Paris, 1998。

〔6〕 See H. W. R. Wade, *Administrative Law*, Clarendon Press 1967, p. 291.

〔7〕 See Editorial, *Scrutinizing Enabling Powers*, 14 Statute Law Review xi, xii (1993); VCRAC Crabbe, *Shorter Parliamentary Enactments and Longer Regulation*, 7 Statute Law Review 4, 6(1986).

〔8〕 See Rt. Hon Sir G. Palmer, *Deficiencies in New Zealand Delegated Legislation*, 30 Victoria University Wellington Law Review 1, 36 (1999).

〔9〕 See A. F. Bennett, *Uses and Abuses of Delegated Power*, 11 Statute Law Review 23, 25 (1990).

〔10〕 关于授权立法的两面性，参见 K. Kabba, *Judicial Review An Essential Tool for Curbing the Excesses and Abuse of Executive Action in Sierra Leone*, 13 European Journal of Law Reform 312, 321 (2011)。

〔11〕 See L. Zines, *Constitutional Change in the Commonwealth*, Cambridge University Press, 1991, p. 47.

〔12〕 See P. A. Joseph, *Delegated Legislation in New Zealand*, (1997) 18 Statute Law Review 85, 103.

〔13〕 See Draft Deregulation HC Bill (2013 – 2014) [162] www. publications. parliament. uk/pa/bills/cbill/2013 – 2014/0162/cbill_2013 – 20140162_en_6. htm#pb17 – 11g65. I am indebted to Jonathan Teasdale, Sir William Dale Fellow, for alerting me to this provision.

〔14〕 See *House of Lords Select Committee on the Constitution*, *First Progress Report* (*First Report*, HL 2005 – 2006, 30, para. 6; House of Lords Select Committee on the Constitution, *Defamation Bill* (*Ninth Report*), HL 2012 – 2013, 86, para. 6; VCRAC Crabbe, *Legislative Precedents—Volume Ⅱ*, Cavendish Publishing Ltd., 1998, 48 – 49.

〔15〕 See House of Lords Select Committee on the Constitution, *European Parliament* (*Representation*) *Bill* (*Fifth Report*), HL 2002 – 2003, p. 65, para. 4; House of Lords Select Committee on the Constitution, *Age-Related Payments Act* (*Thirteenth Report*), HL 2003 – 2004, p. 172, para. 6; *Defamation Bill* (*Ninth Report*), (n 14) para. 6.

〔16〕 关于英国授权立法的审查,参见 P. Tudor, *Secondary Legislation*: *Second Class or Crucial?*,21 Statute Law Review 149(2000)。

〔17〕 See St. J. Bates, *The Future of Parliamentary Scrutiny of Delegated Legislation*: *Some Judicial Perspectives*,19 Statute Law Review 155, 156 (1998).

〔18〕 See A. Seidman, RB Seidman and N. Abeyesekere, *Legislative Drafting for Democratic Social Change—A Manual for Drafters*, Kluwer, 2001, p. 351.

〔19〕 关于议会审查的深入分析,参见 J. Simson Caird, R. Hazell and D. Oliver, *Standards of the House of Lords Select Committee on the Constitution*, The Constitution Unit, UCL, 2013。

〔20〕 See D. J. Whalan, *Scrutiny of Delegated Legislation by the Australian Senate*, 12 Statute Law Review 87, 97 (1991).

〔21〕 See generally H. V. Evatt, *The Royal Prerogative*, Law Book, 1987, p. 30 – 31; and on privileges, see W. Hohfeld, *Fundamental Legal Conceptions as Applied in Judicial Reasoning*, 23 Yale Law Journal 16, 30(1913).

〔22〕 See N. K. Chakrabarti, *Principles of Legislation and Legislative Drafting*, R Chambray and Co. Private Ltd., 2007, p. 174 – 175.

〔23〕 但在布莱尔执政期间,在 3000 项新的犯罪和罪行中,1845 项是通过授权立法引入的,参见 K. Stevenson and C. Harris, *Breaking the Thrall of Ambiguity*: *Simplification* (*of the Criminal Law*) *as a Human Rights Imperative*, 74 Journal of Criminal Law 516, 520 (2010)。

〔24〕 See S. Yeo Meng Heong, *Legislative Control of Emergency Powers in New Zealand and Britain*: *an Appraisal*, 5 Singapore Law Review 112, 118(1984).

〔25〕 See House of Lords Select Committee on the Constitution, *Third Progress Report* (*Ninth Report*, HL 2012 – 2013, p. 151, paras. 9 – 10.

〔26〕 See House of Lords Select Committee on the Constitution, *Sessional Report* (*First Report*, HL, 16.

〔27〕 关于授权立法的宪法审查, 参见 Attorney-General v. Wilts United Dairies Ltd. [1921] 39 TLR 781 (CA); also see R. v. Secretary of State for the Home Department, ex p Leech [1994] QB 198 (HL); R. v. Secretary of State for Social Security, ex p Joint Council for the Welfare of Immigrants [1997] 1 WLR 275 (CA); R. v. Lord Chancellor, ex p Witham [1998] QB 575。

〔28〕 关于一般意义上的正当性, 参见 H. Puender, *Democratic Legitimation of Delegated Legislation—A Comparative View on the American, British and German Law*, (2009) 58 International and Comparative Law Quarterly 353。

〔29〕 See House of Lords Select Committee on the Constitution, *Age Related Payments Bill* (*Tenth Report*), HL 2003 - 2004, 124, para. 10.

〔30〕 See J. M. Keyes, *From Delegatus to the Duty to Make Law*, 33 McGill Law Journal 49, 88 (1987 - 1988).

〔31〕 See E. Scotford and R. Oliver, *The State of UK Environmental Legislation: Opportunities for Reform*, 15 Environmental Law Review 225, 227 (2013).

〔32〕 See J. S. Williams, *The Making of Statutory Instruments*, 8 Alberta Law Review 324, 325 (1970).

〔33〕 关于印度, 参见 B. R. Atre, *Legislative Drafting*, Universal Law Publishing Co., 2006, p. 225。

〔34〕 关于亨利八世条款有效性的比较分析, 参见 G. A. Moens and J. Trone, *The Validity of Henry VIII Clauses in Australian Federal Legislation*, 24 Giornale di Storia Costituzionale 133(2012)。

〔35〕 关于在美国的立场, 参见 C. Kitchen, *Negative Lawmaking Delegations: Consti- tutional Structure and Delegations to the Executive of Discretionary Authority to Amend, Waive, and Cancel Statutory Text*, 40 Hastings Constitutional Law Quarterly 525, 552 and 554 (2012 - 2013); M. Barone Jr, *Delegation and the Destruction of American Liberties: The Affordable Care Act and the Contraception Mandate*, 29 Touro Law Review 795 (2012 - 2013). For the South African position, see D. Rudman, *Delegation by Parliament of its Legislative Power: A South African Perspective*, CALC Conference, Nairobi, Kenya, Sept. 2007, www. opc. gov. au/calc/docs/calc loopholeAugust2008. pdf。

〔36〕 See generally Lord Rippon, *Henry VIII Clauses*, 10 Statute Law Review 205 (1989); NW Barber and A. Young, *The Rise of Prospective Henry VIII Clauses and Their Implications for Sovereignty*, Public Law 112 (2003).

〔37〕 See R. van Gestel, *The "Deparliamentarisation" of Legislation: Framework Laws and the Primacy of the Legislature*, 9 Utrecht Law Review 106, 114 (2013).

〔38〕 See House of Lords Select Committee on the Constitution, *Banking Bill* (*Third Report*), HL 2008 - 2009, p. 19, para. 3.

〔39〕 See House of Lords Select Committee on the Constitution, *Government's Constitutional Re-*

form Programme (*Fifth Report*), HL 2010 - 2011, p. 43.

〔40〕 See House of Lords Select Committee on the Constitution, *Legislative and Regulatory Reform Bill* (*Eleventh Report*), HL 2005 - 2006, p. 194, para. 35.

〔41〕 See House of Lords Select Committee on the Constitution, *Crime and Courts Bill* (*Second Report*), HL 2012 - 2013, p. 17, para. 7.

〔42〕 这准确描述了议会必须对赋权性条款进行何种类型的审查,参见 D. Kibirige Kawooya, *Act of Parliament: The Role of Parliament in the Legislative Process A Commonwealth Perspective*, 12 European Journal of Law Reform 32, 55 (2010)。

〔43〕 See M. Pecaric, *Delegated Legislation—a Mixture of General Principles of Law and an Individual Mind*, 5 Vienna Journal on International Constitutional Law 400, 413 (2011).

〔44〕 See R. Duperron, *Interpretation Acts—Impediments to Legal Certainty and Access to the Law*, 26 Statute Law Review 64 (2005).

〔45〕 但立法权力的转授仍然违宪,参见 House of Lords Select Committee on the Constitution, *Legislative and Regulatory Reform Bill* (*Eleventh Report*), (n 40) para. 61。

〔46〕 一个行政机构将权力转授给另一个行政机构或者其他机构引起严重关切,因为这"可能导致行使立法职能的机构进一步增多,但选择由行政机构而不是来实施这项重要任务":参见 A. Rabie, *When Delegated Powers Become Plenary Powers*, 5 South African Journal on Human Rights 440, 443 (1989)。

〔47〕 关于对转授的限制,参见 J. F. Northley, *Sub-delegated Legislation and delegatus non potest delegare*, 6 Res Judicatae 294, 303(1953); J. Willis, *Delegatus non potest delegare*, 21 Canadian Bar Review 257 (1943); SA De Smith, *Sub-delegation and Circulars*, 12 Modern Law Review 37 (1949)。

〔48〕 See D. Greenberg, *Craies on Legislation—A Practitioner's Guide to the Nature, Process, Effect and Interpretation of Legislation*, Sweet and Maxwell, 2004, p. 123.

〔49〕 See Rollo v. Minister of Town and Country Planning [1948] 1 All ER 13; Port Louis Corporal v. Attorney-General of Mauritius [1965] AC 1111; A. Jergensen, *The Legal Requirements of Consultation*, Public Law 290 (1978); J. Garner, *Consultation in Subordinate Legislation*, Public Law 105 (1964); G. Crave, *Consultation in Subordinate Legislation—A Victorian Initiative*, 15 Monash University Law Review 95 (1989).

〔50〕 出版对授权立法非常有利:参见 R. Mkuye, *Controls and Safeguards of Delegated Legislation: A Case Study of Tanzania*, 9 European Journal of Law Reform 205, 241(2007); DJ Lanham, who argues that publication of delegated legislation is required not just by law but also by the maxim of non-ignorance of law in relation to delegated legislation: DJ Lanham, *Delegated Legislation and Publication*, 37 Modern Law Review 510, 510(1974); See H. Xanthaki, *Thornton's Legislative Drafting*, Bloomsbury Professional, 2013, p. 412 - 413。

〔51〕 越权原则基本上假定所有行政权力都在正当性的范围内行使:参见 D. Tan, *An Analysis of Substantive Review of Singaporean Administrative Law*, 25 Singapore Academy of Law Journal 296, 298(2013). But ultimately the deciding issue for ultra vires lies in the purposes of the governing statute: See E. Ip, *Economic Structure of Hong Kong Adminis-*

trative Law: *Efficiency and Legality of Government Decision-making since China's Resumption of Sovereignty*, 12 Washington University Global Studies Law Review 227, 243 (2013)。

〔52〕 以地方当局的决定为视角来讨论越权原则,参见 C. Aguma, *The Principle of Ultra Vires and the Local Authorities' Decisions in England*, 15 European Journal of Law Reform 267 (2013)。

〔53〕 规制组合方案的主要目标必须包括在主要法案中,而不是在授权立法中:参见 House of Lords Select Committee on the Constitution, *Gangmasters* (*Licencing*) *Bill* (*Seventh Report*), HL 2003 – 2004, p. 108, paras 4 – 8; House of Lords Select Committee on the Constitution, *Armed Forces Bill* (*Thirteenth Report*), HL 2005 – 2006, p. 200, para. 5。

〔54〕 See House of Lords Select Committee on the Constitution, *Co-Operative and Community Benefit Societies and Credit Unions Bill* (*Nineteenth Report*), HL 2008 – 2009, p. 158, para. 14; Case of Proclamations (1611) 12 Co. Rep 74.

〔55〕 See *Bill of Rights* 1689: "The Pretended Power of Suspending of Laws or the Execution of Laws by Regal Authority without Consent of Parliament is illegal"; A. v. Hayden (1984) 156 CLR 532, 580 – 581 (Brennan J).

〔56〕 Entick v. Carrington (1765) 19 St Tr 1029; also Coco v R (1994) 179 CLR 427, 435 – 437 (Mason C., Brennan, Gaudron and McHugh); but see contra House of Lords Select Committee on the Constitution, *Co-Operative and Community Benefit Societies and Credit Unions Bill* (*Nineteenth Report*), (n 54) para. 14, 其不认可使用授权立法来设定刑事犯罪。

〔57〕 See House of Lords Select Committee on the Constitution, *Policing and Crime Bill* (*Sixteenth Report*), HL 2008 – 2009, p. 128, paras. 11 – 15.

〔58〕 See G. Winterton, *Parliament*, *the Executive and the Governor-General*, Melbourne University Press, 1983, p. 29 – 30, 40 – 44.

〔59〕 See C. Saunders, *The Sources and Scope of Commonwealth Power to Spend*, 20 Public Law Review 256, 259 (2009).

第十五章

为汇编而起草 vs 为法典化而起草

大量的立法文本每年增加到法令全书中，再加上议会现实主义比技术起草理想主义盛行的必然性，这些新添加的内容在法令全书中占据了一席之地，在立法中造成了一种拼凑的复杂性。这对于使用者来说是令人沮丧的，因为他们无论接受过何种法律培训，都面临着一个多层次的立法框架，该框架分散在许多初级立法和根据授权制定的文书中，特别是在需要立法时间表的情况下。并且，雪上加霜的是，这一愚蠢行为根据如下假设被证成，即普通法传统中的法案是自给自足的。无论它的基础是什么，毫无疑问，当试图确定与它们的需求有关的法律位置时，法令全书的现状让使用者望而生畏。而且，别忘了，非专业使用者占了 www. legislation. gov. uk 使用者的 60% 。 276

但是，即使在设有专门法律委员会的法域，整理法令全书也并非易事。法令全书的守护者手头有许多更复杂的工具：汇编、法典化、修订（revision）、废除、重写、重述和重印。乔纳森·蒂斯代尔（Jonathan Teasdale）出色地介绍了它们的区别和详细分类。[1]

蒂斯代尔的表格介绍了清除阻塞法令全书的条款或者整个文本的机制（见表 15 - 1）。这些机制的完整清单具有内在价值。但为了确认它们所要求的起草技术，我们需要将它们放置在一起，并根据起草者的任务对它们进行分类。废除在本质上是一种修改，实际上主要是一种直接的文本修改；作为次要结果，它们可能会对所涉及的立法文本进行整理，但其主要目的是减少有关法律问题的歧义之处，如果没有这些歧义，这些法律问题本可以由平行条款加以调整。因为它们涉及一个单一的条款或者一个单一的立法文本，所以在我看来，它们被归类为修改，而不是法律改革的整体机制。我能够看到它们在汇编、重写或者修订过程中被当作工具，而不是单独作为清理法令全书的机制。重述和重印主要涉及文本的行政编排，这些编排提高了清晰性，但除了确认作为提高清晰性唯一手段的结构以外，不涉及起草任务，因此，它们是广义上的汇编机制。法典化、重写和修改是起草的真正动因，其目的是提高法令全书的立法质量；它们都涉及一项引入一个新文本的创造性起草任务,因此,它们可以大致被归类为不同程度的汇编。

277 **表 15-1 蒂斯代尔的表**

法定机制	目的
汇编("纯粹的"、稍加修改和更根本的修改)	在单一和融贯的制定法中,处理单一主题,汇编现有的制定法文本
废除	把过时的成文法从"活的"法令全书中删除,并推动制定法的改革
重写	制作一种强化形式的汇编,根据议会授权将现有的制定法汇编和更新
重述	在不影响现行法律的情况下(通过修改或者废除),将制定法的汇编文本作为一项行政实践来实施
重印	制作一种非正式的制定法更新文本(通常按主题)
修订(英国和海外)	通过废除过时的制定法,并与制定法汇编和重构方案并行运行,来促进制定法修订版的编制(按时间顺序或者按主题)

因此,从起草的角度来看,可以将蒂斯代尔的法律改革机制分为两大类起草活动:法典化和汇编。在强调了内置于这些广泛概念中的各种成员资格之后,现在是时候将注意力转向它们的用法、优点和缺点。分析的视角仍然是,作为提高立法质量的一种手段,最终立法文本的有效性有助于提升规制的实效。

278 法典化

法典化是一个宽泛的术语,不尽一致地[2]用来表示在某一法律领域中编排、合理化和颁布某一法域之法律汇编的过程;或者该过程的最终结果,即特定法域的某一法律领域中初级立法汇编的系统化编排、详尽整理、更新和颁布。查克拉巴蒂(Chakrabarti)将法典区分为创造性、汇编性以及汇编性兼创造性。[3]法典化假定先前存在大量规范相同或者相关问题的法案,尽管有些法典化仅仅是基于法官作出的既有裁决,在这些裁决中,法典化被用来合理化普通法,在那里很少或者根本没有制定法干预。这些条款被收集起来,按逻辑顺序排列,并由新的条款加以补充,这些新条款要么填补空白,要么解决模糊性、歧义性或者相互冲突的条款。法典化意味着与过去的决裂：这使斯坦纳（Steiner）宣称，它适合转型期更好的社会或者拥有现成法典的国家。[4]这一论点由萨缪尔（Samuels）最初以及现在又重新研究的观点所强化，即英国法律体系"太过成熟"，以至于无法让自身法典化。[5]人们可以理解为什么斯坦纳把法典化置于转型背景之中：大爆炸式地改革法律体系的能力仅能通过法典化来实现。[6]但这并不排除它在其他语境中的运用：在处理社会和法律体系中立法数量过多和复杂性过大的问题方面，法典化具有优势。但萨缪尔在此确实有道理：法典化也许是可取的，但从哪里开始，首先又要解决什么问题呢？

换言之，法典化涉及规模大的起草工作。现行立法被视为法律起草指引的一种博学形式、一个技术上优良的文本平台。起草团队的任务是确定法典的结构，按逻辑顺序确定和编排每一部分的内容，以提高清晰性，并确保编纂过程中出现的任何问题都得到解决。模糊性和歧义性问题更多地是在法典宏观层面进行处理，而不是在法典文字、条款和章节的微观层面。 279

因此，最佳实践要求起草者按逻辑顺序组织条款和章节。任何相关材料都应在相关标题下予以归类。条款必须连续编号。实体性条款必须置于法典的正文中，而不是放在介绍性报告中，或者放在附录中。部分或者章节的标题只能包含实质性内容。修改法典时，起草者只能修改原法典中本应立法但未立法的内容。他们应该避免对部分、章节和条款进行重新编号。这是为了确保生成的法典在范围上是全面的，在原则上是系统的，并且在表达上是可理解的。[7]

法典化的主要目的是在它所指涉的法律领域创造一份独特的文件，其中包括由法院解释的立法规制。[8]换言之，目标是提供一个反映该领域规制之全貌的文本。这正是法典化的附加值所在：它促进了法律原则和价值的重现，[9]并以立法机关之名将这些原则和价值重新赋予该社会共同的价值观和特征。[10]为了实现这一目标，起草者承担了四重任务：第一，他们清除过时的规定、被废除的规定、可能不合宪的规定以及现在与现行国际法和国际义务不兼容的规定。第二，他们发现并解决立法中的任何矛盾。第三，他们查明并补充法律中的任何空白。第四，他们实施了文本性的修改和相应的其他修改。[11]所有这些任务都指向起草团队的主要职责，即通过法典层面上的清晰性来提升有效性，而不是通过每一项具体法案的清晰性来提升有效性。

这也指向法典化的目标。一般来说，法典化可能具有三个功能：法律的形式简化、法律的系统化、法律的改革。[12]清晰性是最重要的：法律变得更可
280 获得、更容易理解、更一致和更确定，[13]但它是在现代化或者更新(updating)的一般追求范围内被设定的。[14]当现有的零散立法或者任何现有制定法不再反映通过立法实现的政策目标的平衡时，法典化起到了更新的作用。例如，一部不包括电子犯罪和网络犯罪的刑法典，不再充分发挥其汇编该法域内犯罪的详尽清单的规制目标；使用者可能会被误导，认为这些就是该法域内的刑法，而大量重要的法律却根本没有被包含其中。当现行法律或者法典包含已被取代的文本、冗余的条款或者冲突的条款时，法典化也发挥着更新的功能。当其成员法案所使用的术语如此陈旧或者晦涩，以致原有的立法或者法典所追求的规制目的不能得到充分实现的时候，法典化发挥着现代化的功能。使用者无法充分获得规制信息，因为他们对条款的理解受到所用语言或者编排的严重限制。显而易见，大多数法典都是出于更新而非现代化的目的而出现的：从法律确定性的角度看，由于引入新的法典或者修改与现有法典同样基础的立法文本而导致的法律大幅变动，很少能通过现代化来平衡，除非当前的文本(无论是部分上还是作为一个整体)严重地不可理解。除此之外，由于法典的规模，现有法典的法典化或者重新法典化的立法过程通常需要10年或者更长时间。

过程的时间长短反映了所需的资源量。所涉及的工作是这样的，即很少在一个法案中立即进行法典化。通常，法典化是通过实在法的法典化逐步进行的。这涉及对法典每个部分分别进行修改和重述的过程，并在每一部分完成后颁布。在该过程结束时，该法典的所有部分或者标题都是现行法律的证据。但正如斯金纳(Skinner)所阐明的那样，即使是交错式法典化进路也存在许多方法上、实质上和实践上的障碍：[15]据称，它与英美传统不兼容，[16]通常被称为“恐同症”(codophobia)；[17]可能破坏法律渊源的位阶；可能扭曲实体
281 法并损害法律发展；[18]以及对资源的广泛需求。但是，法典化没有阻止实质性的改革：“它等同于另一种形式的改革，并且不应作为一种杂交体提出。”[19]并且，“普通法……越来越……试图将广泛的法律领域法典化”。[20]在所有这些论点中，后一个似乎最具说服力。除了在如此复杂的庞大起草任务中花费大量资源之外，问题仍然在于，等到法典化完成的时候，动态和不断变化的法律[21]可能已经向前推进了。也许这就是当前观点的来源，即法典以“简洁而

鼓舞人心，而不是涵盖所有可能情况”的方式“用短语陈述原则”。[22]

法国宪法委员会主席沃因斯曼（J.-L. Warsmann）指出，法典化已经证明其使整个法律领域合理化、组织化和呈现化的技术价值。它是一种改进规制可及性和易读性的工具，因为它允许我们通过术语的现代化和根据规范位阶的重新分类来对分散的文本进行重组，同时对其进行澄清。它评估文本之间的融贯性，从而促进法律状态的和谐。尽管就恒定法进行法典化的优点在学说上存在分歧，但法国宪法委员会宣称，就其性质而言，法典化很可能实现“法律的可获得性和可理解性的宪法价值”。[23]毕竟，可获得性与法治内在地关联在一起。[24]

汇 编

汇编是一个广义术语，用于表示以单一文本形式来编排某一法律领域中现行法律的过程，或者该过程的最终结果，即在特定法域的某一法律领域内，初级立法的系统编排和详尽汇编。罗素（Russell）将汇编描述为，将几部法案 282
中的规定汇集成一部法案；但是“简明扼要地修改现有法案”通常不足以使内容简洁和清晰。[25]迪克森将美国的法典化议案及其等同物英国的汇编议案描述为“现有制定法的统一重述”。[26]格雷顿（Gretton）将其定义为“通过废除满是污垢的旧法，并将其替换为闪亮的新法，来重述制定法”。[27]它不会改变法律的实质内容。它涉及“通过一部合理编排和尽可能以现代语言表达的单一新法案，为重新颁布很多处理相同或者类似主题的旧法规做准备”。[28]汇编的文本可以具有约束力，也可以不具有约束力。汇编预设了事先存在调整相同或者相关问题的法案；这些法案按逻辑顺序被整合和编排，但没有任何内容的改变。它还要求，在试图汇编之前，被处理的法律是持续不变的。[29]

从纯粹的意义上讲，法典化与汇编的区别在于：法典化涉及大规模的起草，而汇编涉及有限的起草，其形式是就现有和未触及部分创建一个新的清晰结构。汇编所涉及的起草任务在于仅仅通过结构来追求清晰性。在这里，现有立法被视为汇编文件各个部分的最终草案，因此，它类似于桑顿起草过程第五阶段中的结构核证任务。这指向起草团队的主要任务，即仅仅通过结构的清晰性来提升有效性。

这也指向汇编的目标。它涉及制定法的数量、频繁的变动、多次的修改、文本中的起草错误，当然还有这些现象在法令全书中的累积效应。[30]正如法典化一样,清晰性是汇编的重点所在。并且,就像在法典化中一样,在汇编中清晰性是在对更新(updating)的一般追求中被设定的。当旧的立法在新的语境下已经间接地被一部调整相关问题的新法案语境化地补充时,汇编发挥着更新的功能。例如,将较旧的反欺诈法与较新的电子犯罪法并排放置,允许
283 读者仅仅通过结构即可将传统形式的欺诈与通过互联网进行的欺诈联系起来。如果汇编的机会被用来以性别—中立语言来重述现行法案,或者在没有过时、被废除的条款或在其被修改的条款生效的情况下来重述(作为一项行政活动)现行法案,则现代化可以通过汇编来实现。

这正是用纯粹形式进行汇编的价值所在:在不影响其组成部分之内容的情况下,汇编文本通过重述目前的法律,向使用者提供了清晰性。在这方面,汇编文本看起来非常像一个精心编制的大规模基林附表。这无疑涉及细致的起草,目的是让法律对于那些技能不允许他们在特定文本背景下实施修改和废除的使用者来说,是可理解的。但只要它仍在汇编的范围内,就不值得在立法机构中进行长时间的辩论。[31]毫无疑问,汇编有助于大大提高文本的可理解性、法律的可通达性与减少修改的必要性,[32]并进而提高立法的有效性。这使它成为一个非常受欢迎的选择:正如亚历克·塞缪尔斯(Alec Samuels)所说,“原则上,每个人都支持汇编”。[33]克雷赫德的霍普勋爵(Lord Hope of Craighead)却认为,“那种汇编可以被实现的想法,似乎变得越来越不切实际”。[34]

汇编涉及一个漫长的过程,主要花在其研究计划上:实际的起草似乎与该研究并不相称,[35]这可以解释为什么汇编经常被视为法律改革的一项平凡的技术性任务。与制定法律相比,这项修改法律的任务“不那么引人注目,不那么令人兴奋……但却非常重要”。[36]因此,汇编绝非平凡之事。首先,在所有类型的起草任务中,准备是最漫长但也最关键的部分。其次,需要大量技巧来解开复杂立法的迷宫,对其进行处理,然后以理性且可理解的格式将其
284 提供给使用者。[37]汇编固有的困难在于,需要决定如何处理因修改、限制和解释而产生的问题,特别是涉及大量文本的问题时。[38]所需的内在技能是如此之多,以致汇编工作基本上被留给法律委员会中训练有素的法律改革者。[39]关于具体任务的分析,参见蒂斯代尔的第二张表(见表 15 - 2)。[40]

表 15 - 2　蒂斯代尔的表

法定机制	标准
汇编（“纯粹的”、稍加修改和更根本的修改）	经过复杂修订的制定法、被相关制定法补充的制定法、包含过时材料的制定法、需要在逻辑上重新排序的制定法
废除	从法令全书中删除（全部地或部分地）不再具有实际效用的制定法
重写	与汇编（如上）一样，但涉及对过时的复杂制定法材料进行重写和重新排序
重述	将零碎修改过的现有制定法材料汇集在一起，以制成一份全面的文本（但不得删除过时的材料，除非该材料被正式废除）
重印	重印已修订的制定法
修订	从法令全书中删除（全部地或部分地）那些过时的、失效的、不必要的或者被取代的制定法，（但在英国以外的法域，汇编和重构的计划同时进行）

法典化 vs 汇编

在介绍了法典化和汇编及其机制和交错工具之后，值得从有效性的角度来辨认它们的优缺点。这些在图 15 - 1 中得以呈现。

图 15 - 1 将第一章提出的立法起草中的价值金字塔应用于纯粹形式的汇 285
编和法典化。作为一种视觉辅助工具，它有助于在两种工具之间进行区别并确认二者之间的相似之处。从图 15 - 1 底部的细节开始，我们可以看到，通过在被汇编的法律领域引入一个单一的全面文本，有助于汇编为通俗易懂的语言；如果特定汇编的参数允许，这也可能有助于性别—中立起草，但这对所有的汇编而言并非都必要；通过引入单一立法文书和通过更清晰的结构来阐明法律，汇编也有助于清晰性。它通过移除不准确之处来提高准确性，但这是通过移除不准确之处而间接进行的，或者通过移除已被废除的条款或者文本实现的。如果歧义之处是由竞争性条款或者文本（其中一项已被废除）引起的，汇编可以通过删除歧义之处而提高无歧义性，但这只能以间接的方式实

现。换言之,如果在法令全书中有平行条款,后者在特定时间内不是竞争性的,而是参引时间轴上的不同点一起存在于法令全书中,那么汇编工作可以将它们并置,并通过删除现在已被废除的条款或者文本来解决现行法律中的歧义性问题。从成本效率的角度来看,汇编不但在短期内而且在长期内都有助益:与法典化或者对其组成部分进行碎片化整理相比,汇编的文本是有效率的。例如,在谈到澳大利亚税收汇编的成本效率时,获阿森佐(D'Ascenzo)表示:"汇编涉及到过渡性成本,但在此过程的尽头,金罐将以降低复杂性和增加商业运营灵活性的形式出现。"[41]但是,当然需要考虑对定期汇编的普遍需求。[42]从有效性的角度来看,汇编促进了可通达的立法,即更易于读者理解的立法,但这指的是现行法律完成的时候(见图 15-1)。

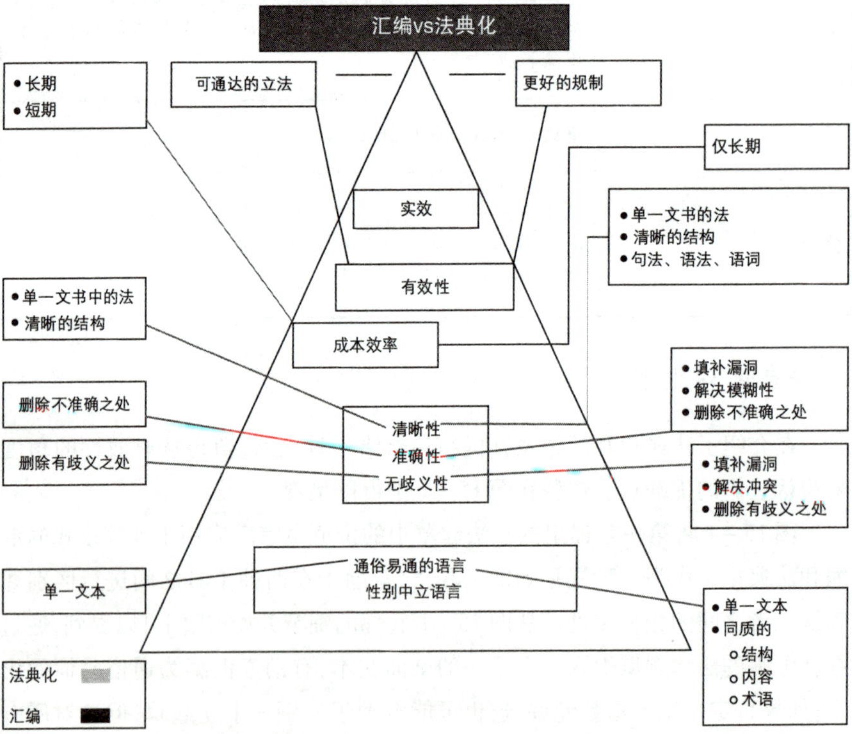

图 15-1　法典化 vs 汇编

法典化工作似乎取得了更深入的成果。它不但实现了立法的可通达性,而且促进了真正的更好的规制。法典化的有效性是其所实现的变革:[43]它的创新效应可以增强其有效性。[44]但这只在长远上具有成本效率性,因为短期

内所需的资源相当可观：这很可能将法典化归类为最后的解决办法。[45]但有 286
效性是通过提高清晰性、准确性和无歧义性的方式实现的。法典化有助于提高法律的清晰性，因为它提供了一个单一的文书和一个更清晰的结构，就像汇编一样；但除了汇编以外，它还通过使用更清晰的句法、语法和词语来促进清晰性。换言之，法典化不仅提供了重新审查已编纂文书结构的机会，还提供了重新审查每一立法部分的结构、每一节的结构，以及部分、节和条款表达的机会。通过填补空白、解决模糊性、删除不准确性的来源，法典化也有助于准确性。法典化还通过填补立法中的空白、解决文本之间和文本内部的冲突以及删除法律和文本中的歧义性，来促进无歧义性。它是通过使用通俗易懂的语言（通过把整个法律放在一个单一的文本中），并通过使用同质的结构、内容、表达和术语，来实现所有这一切。此外，法典化也有助于提高性别—中立的语言的适用，至少在英国，这种语言甚至在旧的立法文本中也适用。

综上所述，只有通过对有效性的需求与成本效益的需求进行仔细而多方 287
面的平衡之后，才能在汇编和编纂之间作出选择。无论哪一原则，只要最能发挥规制的实效，都将赢得辩论。对于有效性而言，法典化具有明显的优势，但为了提高成本效率，汇编总能胜出。

多样化模式与欧盟

法典化与汇编这两个术语往往具有特定于法域的含义，从而赋予它们对所涉任务进行不同层次的创造性干预。区分大陆法系和普通法系的含义是很简单的，因为同一法系内的法域对每个术语都有自己的含义：英国的汇编进路是相当纯粹的，而美国的汇编进路则是广泛的。欧盟对这一主题有自己的进路。这一点值得简要讨论，因为它构成了欧洲大陆法系和英美法系传统之间的紧密结合，但主要是因为理解每一个术语的含义是国家实施欧盟法律时成功转置的先决条件。

在欧盟委员会更好的规制战略范围内，欧盟试图减少欧盟立法的数量，并使其更具可读性，在法律上更加清晰。为此目的，欧盟使用了法典化、汇编和重铸方法。[46]

现有法律的法典化是把不同时期通过的特定法律的所有修正案纳入一部法律。[47]1994 年《机构间协定》将其定义为“有待法典化的法案被单一法案废除或者取代的程序，后者不包含对那些法案的实质性变更”。[48]法典化包括删除所有过时的条款，统一新法案中使用的术语并确定其序言。该过程使立法的数量得以减少，同时又保持了立法的实质内容。[49]由此产生的文本需要经过正式决策，因而具有法律地位。它们极大地便利了对立法的获得，并减
288 少了文本的数量，特别是为了实现成员国将欧盟法转置为国内法的目的。[50]法典化要求有关法案处于相对静止的状态，即没有实质性修改。法典化也称为正式的汇编，当新文件汇编了某一法律领域中的若干文件时，法典化可以是横向的；当新文书纳入了单个文书及随后的修正案时，可以是纵向的。[51]

像法典化一样，立法性法案的汇编是指，将一部基本的立法性法案及其所有修正案汇编在一个文本中。[52]但是，这些法律没有经过正式的决策过程，因此，该文本既不具有约束力，也不真实可信。即使如此，它们确实为使用者提供了当前法律状态的可靠见解。

重铸不是简单地修改法律中需要变更的部分，而是将所需的修改与过去的所有修改一起汇编进一个文本。重铸在修改现有立法的同时，将其编纂进一个汇编文本，其中包含所有先前的修正案。本质上，重铸技术允许采用新的单一立法文本，该文本同时进行所需的修改，将该修改与先前法案的未修改条款编纂成文，并废除那一法案。[53]新的法律法案取代并废除了先前的法案。这是普遍的简化方法。但是，这项技术的使用潜力受到几个因素的限制：首先，只有那些旨在修改现行立法的委员会立法倡议才能考虑使用该技术；其次，在法律文本经常修改或者个别修改相对有限的情况下，这项技术是不合比例的，在这种情况下，以重铸的形式再制作整个文本是无效率的。

从英国的角度来看，欧盟的法典化和汇编是英国汇编的类型：它们不影响法律，但它们在遵循的程序和由此产生的文本的真实可靠性上有所不同。在此基础上，人们可以说，欧盟的法典化等同于英国的纯粹形式的汇编。欧盟的汇编则相当于英国的重述。欧盟重写等同于英国的纯粹形式的法典化。事实上，法律委员会似乎重新定义了其法典化的进路，[54]本质上采用了欧盟
289 的重铸模式：给予法律更清晰的结构；使用更现代的术语；使某一特定领域的法律与其他密切相关的法律领域更加一致；通过确保法律体现合理和明智的公平理念，使法律更容易被普通人所理解。[55]实质上，委员会是在说，附加的简化步骤（可能需要一些改革因素）通常应当是法典化的前兆，当然是在刑法领域。一旦逐步的简化已经进行完毕，注意力就可以转向准备一部复合性的

法典了。

赋予同一术语以含义的多样性只会给英国的起草者和使用者带来困惑。值得欣慰的是,转置只会在重铸时起作用,因为这会引入新的条款。但是,欧盟所有的法律改革方法都必须深入研究,并被英国起草者用作修改英国立法的起草指引。英国的起草者必须确定欧盟重铸后发生了什么变化,或者由于欧盟汇编和欧盟法典化(程度要小得多)而被不同地加以解释、修改或废除的内容。然后,可以通过将欧盟文本与现行英国法律并置的方式来规划转置。这种转置并不一定要求将欧盟文书逐字逐句地放置在一个独特的文本中:转置确实要求在现有国内法文本中以与国内法环境最匹配的格式顺利地接收它们。因此,对英国来说,比起将欧盟文书分割成更多但格式熟悉的英国法律,引入一份冗长的整体性欧盟法律文书,可能会在法律及其相对于国内法律渊源的等级地位方面造成更多的不确定性。

注　释

〔1〕 See J. Teasdale, *Statute Law Revision: Repeal, Consolidation or Something More?*,11 European Journal of Law Reform 157, 195 (2009).

〔2〕 See J. Vanderlinden, *Qu' est-ce qu' un code?*,46 Cahiers de Droit 29(2005). 克莱夫将法典化作为一个术语,用以反映改革和重述"某一特定领域的法律规则或多或少全面、组织良好、经过立法的声明或者重述,无论规则的来源是什么,也无论它们在法典化过程中是否发生了变化。" E. Clive, *Current Codification Projects in Scotland*, 4 Edinburgh Law Review 341, 341 - 342 (2000); E. Clive, *Thoughts from a Scottish Perspective on the Bicentenary of the French Civil Code*, 8 Edinburgh Law Review 415 (2004).

〔3〕 See NK Chakrabarti, *Principles of Legislation and Legislative Drafting*, R. Chambray and Co. Private Ltd., 2007, 204 - 205.

〔4〕 See E. Steiner, *Codification in England: The Need to Move from an Ideological to a Functional Approach—A Bridge too Far?*,25 Statute Law Review 209, 220 (2004).

〔5〕 See A. Samuels, *Improving the Quality of Legislation*, 3 Anglo-American Law Review 523, 533 (1974).

〔6〕 See A. Harmathy, *Codification in a Period of Transition*, 31 University of California Davis Law Review 783, 784(1997 - 1998).

〔7〕 See G. Letourneau and SA Cohen, *Codification and Law Reform: Some Lessons from the Canadian Experience*, 10 Statute Law Review 181, 184(1989).

〔8〕 See L. James, *Restructuring the Labour Code in Lieu of Quality in Legislation Principles:*

Will the Use of a Code Prove Beneficial?, 11 European Journal of Law Reform 259, 268 (2009).

〔9〕 See F. Fairfax Stone, *A Primer on Codification*, 29 Tulane Law Review 303, 307(1954 – 1955).

〔10〕 See M-J Longtin, *La codification comme element ou source de justice*, 42 Les Cahiers de Droit 667, 674 (2001).

〔11〕 See P. Ferguson, *Constructing a Criminal Code*, 20 Criminal Law Forum 139, 142 (2009).

〔12〕 See D. Tallon, *Codification and Consolidation of the Law at the Present Time*, 14 Israeli Law Review 1, 4 (1979).

〔13〕 See CGB Nicholson, *Codification of Scots Law: A Way Ahead, or a Blind Alley*?, Statute Law Review 173, 177 (1987).

〔14〕 See PJ Omar, *Lessons from the French Experience: The Possibility of Codification of Commercial Law in the United Kingdom*, International Company and Commercial Law Review 235, 240 (2007).

〔15〕 See C. Skinner, *Codification and the Common Law*, 11 European Journal of Law Reform 225, 229 – 232(2009).

〔16〕 But see contra G. Weiss, *The Enchantment of Codification in the Common-Law World*, 25 Yale Journal of International Law 435, 529(2000).

〔17〕 See L. Farmer, *Reconstructing the English Codification Debate: The Criminal Law Commissioners*, 1833 – 1845, 18 Law and History Review 397, 398(2000).

〔18〕 See P. LeGrand, *Strange Power of Words: Codification Situated*, 9 Tulane European and Civil Law Forum 194, 213 (1994).

〔19〕 See F. Bennion, *Codification of the Criminal Law—Part 2: The Technique of Codification*, 1 Criminal Law Review 295, 298(1986).

〔20〕 See C. Pejovic, *Civil Law and Common Law: Two Different Paths Leading to the Same Goal*, 32 Vanderbilt University Law Review 42, s 5 (2001).

〔21〕 See *Report of the Renton Committee on the Preparation of Legislation* (Cmnd 1975, 6033) 85.

〔22〕 See I. Stewart, *Mors Codicis: End of the Age of Codification*?, 27 Tulane European and Civil Law Forum 17, 37 (2012).

〔23〕 See J-L Warsmann, *Simplifions nos lois pour guérir un mal français*, Rapport sur la qualité et la simplification du droit, La Documentation française (Feb. 2009), www.ladocumentationfrancaise.fr/rapports-publics/094000276/.

〔24〕 See P. Rickard-Clark, *Access to Justice: Accessibility*, 11 Legal Information and Management 159 (2011).

〔25〕 See Sir A. Russell, *Legislative Drafting and Forms*, Butterworths, 1938, p. 64.

〔26〕 See R. Dickerson, *Legislative Drafting in London and Washington*, Cambridge Law Journal 49, 55 (1959).

〔27〕 See G. Gretton, *Of Law Commissioning*, 17 Edinburgh Law Review 120, 131(2013).

〔28〕 See N. Marsh, *Law Reform in the United Kingdom: A New Institutional Approach*, 12 William and Mary Law Review 263, 280(1971).

〔29〕 See Sir E. Caldwell, *A Vision of Tidiness: Codes, Consolidations and Statute Law Revision*, in B. Opeskin and D. Weisbrot eds., The Promise of Law Reform, Federation Press, 2005, p. 40, 44.

〔30〕 See P. Breuer, *Consolidation and Confusion*, 9 Statute Law Review 62(1988).

〔31〕 See HC Deb. 1968, Vol. 14, cols. 347 - 365.

〔32〕 See A. Lynch and P. Ziegler, *The Amendment of Legislation*, 12 Statute Law Review 48, 56 - 57 (1991).

〔33〕 See A. Samuels, Consolidation: A Plea, 26 Statute Law Review 56 (2005).

〔34〕 See Lord Hope of Craighead, *Do We Still Need a Scottish Law Commission?*, 10 Edinburgh Law Review 10, 27 (2006).

〔35〕 See L. J. H. Beighton, *Editorial—Tax Law Rewrite: Plans for* 1998/99, British Tax Review 273, 274 (1998).

〔36〕 See DM Walker, *The Second Annual Report of the Scottish Law Commission*, Scottish Law Times (News) 2, 3 (1968); DM Walker, *The Scottish Law Commission under Review*, 8 Statute Law Review 115, 118 (1987).

〔37〕 关于缺乏熟练的起草者来从事汇编工作的问题，参见 *Report of a Working party of the Statute Law Society on Consolidation of Enactments*, 5 Statute Law Review 171, paras 15 - 16(1984)。

〔38〕 See Irish Law Reform Commission, *Legislation Directory: Towards a Best Practice Model*, LRC CP 49, 2008, p. 1.85.

〔39〕 See E. Donelan, *European Approaches to Improving Access to and Managing the Stock of Legislation*, 30 Statute Law Review 147, 181(2009).

〔40〕 See Teasdale, *Statute Law Revision*, (n 1) 196.

〔41〕 See M. D. Ascenzo, *The Intent of the Consolidation Regime*, 8 Journal of Australian Taxation 371, 380 (2005).

〔42〕 See Law Drafting and Regulatory Management in Central and Eastern Europe, *Sigma Papers: No.* 18.

〔43〕 See A. Battiau, Codification, atout ou danger?, 9 Revista Stiinte Juridice 18, 22(2013).

〔44〕 See J. L. Sourioux, *Codification et autres formes de systématisation du droit à l' époque actuelle*, *Le Droit français*, Journal de la sociologie de legislation compare 145, 147 (1988).

〔45〕 See H. R. Hahlo, *Codifying the Common Law: Protracted Gestation*, 38 Modern Law Review 23, 29(1975).

〔46〕 See W. Voermans, *C. Moll, N. Florijn and P. Van Lochem Codification and Consolidation in the European Union: A Means to Untie Red Tape*, 29 Statute Law Review 65, 74 - 75 (2008).

〔47〕 See Communication from the Commission to the European Parliament, the Council, the European Economic and Social Committee and the Committee of Regions, *Regulatory Fitness and Performance (REFIT): Results and Next Steps*, COM(2013) 685 final, 1.

〔48〕 See point 1 of the Interinstitutional Agreement on Better Law Making of 20 December 1994 [1996] OJ C 102, 2.

〔49〕 See Communication from the Commission to the European Parliament and the Council, *Codification of the Acquis communautaire*, COM(2001) 645.

〔50〕 See Communication from the Commission to the European Parliament and the Council, *Codification of the Acquis communautaire*, COM(2001) 645.

〔51〕 See G. Ciavarini Azzi, *Better Lawmaking: The Experience and the View of the European Commission*, 4 Columbia Journal of European Law 617, 625(1998).

〔52〕 See W. Robinson, *Drafting of EU Acts: A View from the European Commission*, 10 European Journal of Law Reform 151, 159(2008).

〔53〕 See Interinstitutional Agreement of 28 November 2001 on a more structured use of the recasting technique for legal acts [2002] OJ C 77, 1, recital 5 and art 2.

〔54〕 See Law Commission, *Simplification of Criminal Law: Public Nuisance and Outraging Public Decency*, Law Com No. 193, 2010, p. 1. 1.

〔55〕 See K. Stevenson and C. Harris, *Breaking the Thrall of Ambiguity: Simplification (of the Criminal Law) as an Emerging Human Rights Imperative*, 74 Journal of Criminal Law 516, 529(2010).

第十六章

税收立法[1]

税收立法对现代起草者提出了最大的挑战。与刑法一样，税法也是一个晦涩难懂的复杂法律体系，并延伸到多个层面的规制。[2]并且，与刑法一样，税法也必须被那些有义务执行税法而没有机会学习或者专门研究税法的非专业人士清楚地理解。除此之外，税收立法是出了名的易于变动，因为它会被定期修改。这造成了另外两个层面的复杂性：对于起草者来说，时间是一种没有给予他们的奢侈品，因此很少有内部和外部监督的空间；对于使用者来说，根本没有时间去适应新的观念，并在它们再次被修改之前理解它们。[3]或许正是认识到这种不可避免的复杂性，英国建立了税收简化办公室（OTS），其研究和解决税收法律的一些复杂工作大大推动了对此的争论。 290

本章以桑顿的五个起草阶段作为讨论特定问题的时间轴，审视税收立法的起草。那么，让我们从政策以及对起草指引的理解开始。

理解起草指引：起草者的初步考虑

税收是政府最重要的领域之一，因为它关系到政府收入的主要来源。客观意义上的税收政策只存在于法律语言中。起草过程涉及政策决定的不断完善。这是通过在起草过程中对税收政策的准确详细说明来实现的。因此，税收政策的起草过程可以看作是税收政策的形成过程，其在起草过程的最开始只是初具雏形，在起草过程结束时才得以充分实现。现行立法中存在的问题可能出自不同的来源，包括新的税收政策选择、经济的变化、避税技术的改进，以及先前在政策、起草和管理过程中糟糕的选择。[4] 291

英国税收政策的要素和原则是：

— 税收应当是有效率的，支撑增长；
— 税收应当是确定的和可预测的；
— 税收应当易于理解和遵守；
— 税收制度应当是公平的，奖励工作，支持抱负，并向最能负担得起的人要求最多。[5]

换言之,当前政府的税收政策是通过可预期和确定的立法引入的简单易懂即公平、有回报和有激励作用的税收体系,以促进经济增长和成本效率性。如果要从起草的角度来分析这一点,政府要求起草者通过立法,从而通过可理解的立法文本(简单易懂)来进行规制。

因此,税收政策的终极目标是建立一个公平、有回报和有激励作用的法律体系,这是通过作为规制工具的立法来实现的。但税收立法必须是确定的、可预期的、清晰的和可理解的。规制成功的标准是经济增长、措施的成本效率性和通过税收立法激发公民主动性。有了这些通用的起草指引,在其特定的背景下,起草者开始分析和研拟立法方案。

分析提议

从定义上讲,税收政策是复杂的:它分布在不同的层面,零散且碎片化,始终处于变化之中,而且技术性很强。细节是必要的,但可能会削弱主要的规制信息,后者则可能在不可避免的细节条款中丢失。这种结构对大多数使
292 用者来说是一个挑战,包括税务专业人士、街头的非税务专业人士和非专业人士。有人认为,税收复杂性是由于以下原因产生的,即由于系统的有机发展,使渐进改革变得困难;由于政府在技术或者目标系统的设计过程中使用外生因素,或者公开追求政策目标的政治成本过高,从而导致税收体系的隐秘使用。[6]

为了解决这种复杂性,在分析阶段(但也许在设计阶段更是如此),起草者主要关注以下两个问题:第一,在初级立法中必须保留什么,什么进入授权立法,什么可以留给解释性说明、政策文件或者指南;第二,在现有复杂的立法和规制框架内,新的立法文本如何落实到位。让我们从第一个问题即编排问题开始。

设计法律

税收立法很难理解。将条款置于初级立法还是次级立法的困境,始终在如下两种需求之间进行平衡,即对于向公民提出新税收义务而言,不断增长的议会正当性的宪法需要;[7]以及对于剥离立法文本中不必要细节的需要,这些细节可能减损使用者对规制信息要旨的注意力。对于税收而言,排他性授权立法解决方案很难获得支持:除上述宪法方面外,授权立法在定义上对

大多数使用者而言,是不可通达的:这会危及公民对新规制的认识,危及其实施以及最终规制本身的有效性。但是,大多数税法所要求的详细篇幅,使授权立法成为难以通达的技术性细节的首要候选方案,篇幅之长令人不快。然而,对新的税收管理体制进行冗长分析并提供大量适用税收立法的实例和情景的需要依旧强烈。并且,根据决策者的要求,这一做法显然有助于立法的可通达性。

由于可理解性缺乏预见税法适用之所有情况的能力以及通常由授权立法解决的对灵活性的需要,在制定法中提供所有必要的税收立法细节,通常并不被认为是恰当的。因此,解决这一问题的办法在于广泛使用各种解释性文件,使立法者、税务官员和纳税人了解其目的和预期运作。例如,英国税务 293
机关会发布额外的法定减让、解释性手册和业务说明。《解释法案》提供了进一步的引导,至少对那些意识到该法存在并可以使用该法的使用者而言是如此。当然,详细的解释性说明是十分宝贵的。

至于现行复杂税法对新立法的顺利接收,与其他立法领域并无多大差别。遵守本土的起草风格,有助于提升新旧法律之间的兼容性。对税法整体的全面理解有助于识别缝隙或者重叠之处,进而选择恰当的起草工具,是新立法,对旧立法进行修改,还是废除并重新颁布。使用连贯的术语并避免使用新术语,不仅可以促进确定性和易懂性,还可以促进兼容性。良善的立法质量滋养了有效的税收立法。但是,是什么使一部税法成为一部好的税法呢?苏伦伊(Thuronyi)为起草良善的税法确认了以下标准:(1)易懂性(understandability),即法律更易于阅读和遵循;(2)系统性(organisation),即法律的内部组织构成及其与其他税法相协调;(3)有效性,即法律使预期政策得以实施的能力;(4)一体化(integration),即法律与该国法律制度和起草风格的一致性。[8]

当然,这些标准是相互关联和重叠的。系统性对于易懂性是重要的。一体化有助于易懂性。所有的标准都有助于明确苏伦伊的有效性概念。此外,苏伦伊的概念在起草税收立法的第一阶段至第四阶段发挥着不同的作用:作为分析起草指引的棱镜,它们与第二阶段有关;作为一般性概念,它们指导着第三阶段草案的初步设计;当然,作为主观的起草选择,它们在第四阶段被应用。

易懂性是良善税法的基本要素。复杂性是立法固有的弱点,其在税收立

法中更为突出。[9]确认税收立法的复杂性来源并不简单。“无论是税收简化
294 还是作为其镜像的复杂性,都不是一个容易被定义或者测量的概念。”[10]2012年12月,税收简化办公室在这一领域取得了重大进展,并确认税收立法和英国税务及海关总署(HMRC)的行政管理或者政策复杂性的七个不同指标。[11]

1. 立法的复杂性:
   a. 章节或者段落的数量;
   b. 托雷(Tolley's)2011-2012年的立法页数;
   c. 经税收简化办公室审查的减免数量;
   d. 金融法案的数量(自2000年起);
   e. 冈宁迷雾(Gunning-Fog)[12]可读性指数的分数。
2. HMRC指南的复杂性。
3. 受该立法影响的纳税人数量。
4. 该地区相关纳税人的平均能力。
5. 规避风险。
6. 合规成本。
7. HMRC的运行成本。

OTS指数用于评估现有立法和立法草案,并作为证据表明哪些税收立法领域特别复杂。立法复杂性通过加权个别因素进行打分,进而得到10分以内的分数。其中,10分代表最复杂的税收区域。

该指数及其应用不适合胆小者。首先,从一个方法论真空的原始领域编制它需要创新、进步和大胆。但结果无疑是极好的。被确认的复杂性来源确实是任何类型的立法中复杂性的最重要因素,它们是可测量的,并对传统上是抽象概念的东西进行基于证据的分级。值得注意的是,每一种复杂性的评分都不是纯粹客观的,因此,允许该机制具有一定程度的主观性,这反映了一种实践智慧式立法起草的真正本质。当然,人们可以找出该指数中的缺陷:
295 我认为最容易识别的是,使用章节和段落的数量作为立法复杂性的元素。公允地说,与简短的复杂文本相比,一份冗长的简单文本可能更容易理解:但同样公允的是,立法的篇幅确实是复杂性的一个因素。无论如何,在该指数中,这只是五个因素中的一个。而且,毕竟它是少数几个可测量的复杂性指标之一。非常有意思的是,该指数将得到进一步的应用,不仅适用于税收立法,还适用于其他领域。[13]从目前的情况来看,这是一个可以得出有用结论的创新

工具。

值得注意的是，该指数已经发展为第二版。[14]新版本将复杂性划分为潜在的复杂性（主要是政策和立法的复杂性）以及复杂性的影响（主要是单个纳税人的合规成本和全体纳税人的合计成本）。人们认为，这种区分可以确定为什么一个特定区域对纳税人或者 HMRC 有如此重大的影响，并减少首次迭代中的双重计数。[15]在版本二中，以下是复杂性的来源：

1. 政策的复杂性：
   a. 豁免的数量加上减免的数量；
   b. 发生变化的金融法案的数量（自 2000 年以来）。
2. 立法的复杂性：
   a. 冈宁迷雾可读性指数；
   b. 立法的页数。
3. 操作的复杂性：
   a. HMRC 指南的复杂性；
   b. 报税信息要求的复杂性，即纳税人收集履行其义务所需信息的难度。

新版本的指数不包括资源复杂性指标。它修正了一些现有的指标：例如，1a 已经扩展到包括减免的数量。原来指数中的"章节和段落的数量"被剔除，因为它完全由立法页数决定（这会造成重复计算）。对于资源复杂性指标，合规成本和 HMRC 成本已汇总为一个单一的数字。它还为评分者应当考 296
虑哪些可测量的标准提供了相当广泛的指导。新版本保留了章节和段落数量的使用，但附有一个评论，即理想情况下应当计算字数。但是，第二个版本的真正创新在于 OTS 税收立法的整体进路：OTS 的 2014 年版本文件宣称复杂性，尽管是邪恶的，但并非总能通过立法起草来解决。应对复杂性的替代或附加措施包括：政策目标的改变；经营状况或者所涉事务的简化；在额外的复杂性可能避免规避或者违规的地方，却创造出规避或者违规。[16]

该指数正在进一步发展。但是，即使在这个阶段，它也可以是一个非常有用的工具，用来确定具体税收立法文本之复杂性的原因，并找到解决这些问题的方法。当然，人们可以想办法改善这种结构。例如，添加使用者测试练习可以为该指数结果的准确性提供一个额外的安全网。但在立法上，没有什么是完美的。因此，人们必须接受该指数令人钦佩的创新，并将其作为确认或者进一步改进该指数的一种手段。

撇开指数不谈,回到易懂性的问题上来,解决税收立法的简短性或者篇幅问题十分有趣。篇幅是否与复杂性直接相关是值得商榷的。尽管有人怀疑一个句子越长就越复杂,但很少有基于使用者的研究涉及整个立法文本的篇幅。在英语法律体系中,句子长度一直是语言学和语篇分析专家争论的话题。蒂尔斯玛(Tiersma)和索兰(Solan)报告:希尔图宁(Hiltunen)指出,每句话平均约45.04个单词;库尔茨昂(Kurzon)报告说,在1970年至1990年的20年间,每句话的字数从92.50个单词(1970年)和45.06个单词(1980年)稳步下降到37.06个单词(1990年):这些结论表明,"尽管如此,句子越来越短的趋势是明显的"。[17] OTS的《税收减免中期报告》指出,立法的数量并不一定导致复杂性或者立法能够借以被解释和适用的清晰性和容易性。[18]税法改写工程[19]中被改写法案共2413页,大大增加了立法篇幅,但使用通俗易懂的语言使文本更容易理解,至少对那些刚开始缴税的人来说是这样。因此,篇
297 幅可能是复杂性的指标,但并不一定意味着复杂性。[20]毕竟,回到第一章价值的金字塔,清晰性与准确性和无歧义性都是有效性的促成性因素,而简洁性在这里根本不存在。

还是在复杂性方面,另一个促成性因素是透明性。一部透明的制定法允许使用者了解立法文本之必要性的基本原理,以及其所引入的基本规则。将政策与立法联系起来从来都不是一件容易的事:目前的思维方式或者程序认为,二者被一个巨大的峡谷分割开来,甚至连整个起草团队都无法承受。[21]这可能源于政府政策文件的机密性。但现代立法起草要求,政策要被公开披露:这不被视为通往政府机密政策禁区的慷慨通行证,而被视为由此产生的立法文本的有效性的必要条件,该文本必须由起草者起草,而这些起草者了解他们所表达的政策;并且由使用者来执行,而这些使用者意识到新规则为何发挥作用,以及它们所发挥的功能。换言之,现代的思维是这样的,即如果新要求背后的理论基础得到清晰地解释和传达,则公民行为就更容易改变。税收立法的困难在于,政策是严厉的且缺乏吸引力:政府开征税收是为了积累收入,而不是提供服务。但当然,没有积累的收入,就无法提供服务。无论严厉与否,政府政策必须以真诚和具体可衡量的方式与起草者和使用者分享,以此作为检验立法文本有效性的手段。一个具体的长标题在传递法律改革的主要机制方面会有很长的路要走,但是带有具体可衡量的有效性标准的

目标条款或者目的条款，既能传达具体的政策目标，又能作为立法前和立法后审查的标准。

这引致更广泛意义上的有效性，即其有助于产生预期的规制结果，而不是苏伦伊狭义的实施理念。归根结底，税收立法的有效性取决于：适用新规则的纳税人人数、合规程度、制定法解释的性质、对授权立法和修正案的需要，以及实现法律目的条款提出的具体规制结果。研究表明，简化的税收立法对新手和专家使用者都产生了积极的影响，并且专家比新手受到的影响更为积极。[22]在这一点上，值得记住的是，目的条款在立法前和立法后的审查中 298
获得了新的作用，并且这些都需要重新考虑它们的内容和起草方式。现代目的条款有助于就立法文本的效用进行循证决策，如果发现其无效的话，则导致对其审查更具依据的看法以及最终失效。

有效性要求起草者推动立法文本的适用和制定法解释。[23]换言之，在起草税收立法时，起草者意识到立法文本在其中发挥作用的是复杂立法框架和一般规制框架。税收立法是一个法律领域，在众多相关文本中很容易找到相互冲突或者平行的条款，在这些文本中，复杂的概念与大量的立法文本相遇。意识到相应的修改和废除并非易事，专业政策官员和起草者需要跳出自己的认知，潜入非专业使用者层面，并猜测哪些条款可能由于使用者和（某种程度上）法官缺乏税务专业知识进而导致不良的适用或者解释。当然，歧义性永远无法得到辩解。但模糊性可能成为起草者的救命稻草，尤其是在追求税收管理灵活性以便应对意外情况的过程中。[24]例如，在起草所得税时，可以列出所有可扣除的业务费用：这将提供确定性，但不能提供灵活性。最好提供一个概括规则，例如，在实现应税收入过程中所发生的一切费用都是可扣除的，并有明确的限制。这一概括规定可以在立法中（以澳大利亚为例）或者在解释性说明和政策指南中进一步举例说明。

最后，第一章中起草品质的金字塔也适用于此：税务起草者通过清晰性、准确性和无歧义性来追求有效性。通俗易懂的语言和性别—中立语言是达到这一目标的工具。

初步设计

牢记这些原则，税务起草者着手进行立法文本的初步设计。在决定了初级立法的内容，[25]确认了有效性的来源，并且讨论了复杂性、易懂性、简洁性和透明性的主要关注领域之后，起草者现在着手研究设计的初稿。设计税法并没有什么新颖之处：其结构与任何立法文本的结构并无不同，也不应有什么不同。

299 因此，将制定法中同一部分的相关条款组合在一起是有帮助的。紧跟着可以是例外和特殊情形下的特殊规则。附表的广泛使用（特别是基林附表）是值得赞扬的，因为它使起草者能够保持文本简短，没有细节。清晰和准确地引入权力以及授权立法的适当使用也至关重要。

但税收立法是法律领域的一个有代表性的例子，在这一领域，采用分层方法将极为有益。在通过使用者测试确认立法的三个主要使用者群体之后，[26]起草者现在可以开始分别与每个群体对话。换言之，税收立法将是分层方法的首选。这一点得到了下列事实的支持，即该术语的引入归功于 OTS 的约翰·怀廷（John Whiting）。我对分层文本的处理方法是，在同一立法文本中容纳三个部分，所有部分都是初级立法的组成部分。第一部分将针对非专业使用者，并使用通俗易懂的语言，通过一个具体的长标题向他们传递法律改革的主要机制，通过一个具体的目标清单向他们传递立法的目标，并附有实现规制结果的可衡量标准，以及主要的规制信息，即清晰地说明使用者的权利和义务是什么，以及为了遵守这些权利和义务需要做什么。第二部分将针对税务专业人员，使用与现行立法语言相似的语言，并回答关于什么是新的，以及他们被期望如何遵守和促进其他人遵守的问题。第三部分将面向税务专家、税务律师和法官，主要处理程序问题、相应的修正案、过渡性（第一部分和第二部分不需要的条款）和其他技术性税务和法律细节。这种分层的文本将受益于具体的解释性说明，突出部分之间的相互关联以及该文本和既有文本之间的关系。使用和适用新文本的简介示例将非常有用。政策文件和指南将进一步适用这一点。

起　草

无论结构如何，起草税收立法确实是一项艰巨的任务，该任务需要一位正统的起草者。避免使用技术性语言需要与遵守广泛接受的术语相平衡。
300 例如，公司、合伙、雇员、合同和抵押等概念在税法以外的法律中有很好的定义，使用这些词而不是那些对非专业人士而言可能更容易理解的、更简单的词，是恰当的。

随着频繁修改,不可避免地会出现对大幅修改后的税法进行编号的复杂性。重新编号(歧义性的一个不可争辩的原因)通过在现有章节之间插入新的章节得以避免。然而,这可能导致奇怪的和令人困惑的章节名称。值得注意的是《美国国内税收法典》的非连续性编号:这涉及在制定法的每个部门之间留下章节编号的空白;如果要添加新的章节,可以使用未使用的章节编号来命名。但这当然具有令人怀疑的有效性:如果 12 和 20 之间的条款被命名为 13 或者 12 之二,这对使用者来说又有什么区别?

税收立法中充斥着许多由相同或不同的立法文本、《解释法案》甚至法院判决引入的定义,这些定义有时相互冲突。此外,税收定义往往不但涉及整个法案,而且特定于部分或者章节。税收立法中的定义问题如此突出,以至于它们是税法改写工程的重点之一。[27] OTS 所确认的良善税收定义的要素是:清晰性;聚焦本质特征;在可能的情况下使用现有定义;避免循环性;避免比喻或者晦涩的语言;肯定而非否定。[28] 几乎没有迹象表明,税务起草者背离了在其他立法领域中起草定义的良好做法,唯一的区别是,税收立法不允许出现错误。困难的概念需要在实践者所熟悉的技术性术语[29] 与有利于非专业使用者的简单语言之间取得平衡。税收定义的索引被认为是一项受欢迎的创新。[30] 也许解决这个问题的一种简单方法是,邀请税收起草者将定义以及整个文本的语言对准主要使用者的专业化水平:与公司税相比,个人所得税立法要求的语言要简单得多。

原则上,值得一提的是,"Tax"既描述了为治理目的而征税的过程,也描述了通过这一过程筹集的资金。[31] "Duty"是指通过如下来源的关税和消费 301
税[32] 而募集的资金:货物进口至该国;货物出口;当地制造的货物(消费税)或者死者的遗产(遗产税)。"不动产税"(Rate)是指为地方当局征收的税款,通常是以不动产的价值(应税价值)为基础,并且每年一次性或者分期缴纳。"地方税"(Cess)是为地方当局征收的税。"通行费"(Toll)是对道路使用征收的税。"征费"(Levy)是指为了特定目的,由从属性立法授权征收的一种税款。

税率可以表示为价值的百分比(如所得税);或者根据某一计量单位征收的固定金额,如按重量、体积、时间单位征收的固定金额(如汽油税);或者直接与税的标的物有关的金额(如人头税);或者固定年度金额(如车辆消费税)。

纳税义务人的认定取决于税收的性质。但起草者有责任明确说明，谁应当纳税。“任何人”或者“本法适用之人”的使用者并不足以表示税收条款的主体范围。同样地，被动语态也是不够的。

在确定纳税义务产生的时间点时，也需要类似程度的清晰性。这可以是一项活动（如赚取工资），也可以是一个事件（如死亡或者购买）。无论哪种方式，都必须被清楚地引入。

起草者还必须预见到应纳税的时间。这可能与纳税义务产生的时间一致或者不同。缴税可能发生在纳税义务产生之时，或者在纳税义务产生之前（如航班起飞前在出票时缴纳的机场税），或者在纳税义务产生之后（如所得税在赚取工资后按年支付）。

任何免于纳税的情况也必须被清晰地预见到，事实上，最好根据一般规则在该法案中引入它们。不幸的是，在实践中，这些通常被留给授权立法：在此，便捷性和灵活性超越了清晰性。

征税的行政安排也必须被清晰地引入。它们既可以在分层文本的第一部分中表示为付款指引，或者如果它们与非专业使用者无关，也可以在第二部分中表示为行政管理程序。当引入与该法域内的规范相同的安排时，起草
302 者在简洁性（避免重复现行立法中既有条文）与清晰性（重复具体法案中的相同安排）之间进行权衡：如果该安排涉及非专业使用者，则存在重复的空间，因为交叉参引会创造复杂性并阻碍有效性。

对于不缴纳、部分缴纳、逾期缴纳、不记账、虚假或误导性申报、避税、逃税或者妨碍检查人员，罪行和处罚也可能是必要的。在此，税收起草者会诉诸起草刑事条款的一般原则。

核　证

起草过程的最后一个阶段是对立法文本的核证。这是一个简单讨论核证问题的恰当时机。作为实现质量的一种手段，草案需要被核证。核证分为在内部进行（在起草团队内部进行）和在外部进行（由其他利害相关部门和受影响机构开展）。对立法文本的审查应当是贯穿起草的一个持续过程，特别是为了提高其清晰性和检查其实用性。

最佳实践是对草案的每一个版本都进行法律形式、清晰性和易理解性（comprehensibility）的审查。在起草结束时，必须对法律的最终版本进行更广

泛的审查,包括一系列法律核证。

因此,每一份草案都要检查其法律形式、清晰性和易理解性,包括如下方面:在形式、结构和布局上符合特有风格;符合标准的语言用法,具有易理解性和无歧义性;符合对条款逻辑顺序的结构要求,进而有助于实现清晰性;与现有术语的一致性。在最后阶段,额外的法律核证还包括检查宪法和法律的遵守情况,对国际和区域性条约及其衍生义务的遵守,以及对实施机制之有效性的控制。

法律核证检查包括检查是否符合宪法,尤其是保障个人权利和自由的规范;是否遵守更高位阶的法律(如授权立法与初级立法保持一致);是否与现有的法律和程序保持一致。一个特别的重点领域是,越来越多地使用溯及既往性的税收立法。有人认为,自预算公布之日起生效的税法可能符合法治的宪法原则;但是,在任何公告之前溯及既往性的税法,“严重违反了法治的最低要求”。[33]

实施控制(implementation controls)检验的是:文本是否引入了足够的和 303
有效的操作规定,特别侧重于产生预期规制结果的机制,在这里,确保合规性的机制至关重要。此外,实施、执行和裁决程序必须是公正的、一致的、透明的、非歧视性的,并能够产生预期的规制结果。此外,还必须强调对通过赋权性条款转让的权力进行核证:主管的部长必须被具体确定;行使被授予权力是强制性的还是选择性的,必须被清楚地表达;行使强制性权力的期限必须被清楚地引入;权力的要素必须被清楚地描述。

法典的使用

鉴于税收立法中存在众多问题,人们不禁要问,法典化或者汇编是否可以作为一种实现清晰性的工具。税收法典的使用有助于消除重复的条款。缺少法典可能会造成歧义性,因为在不同的法律中,重复的定义或者行政性条款可能有所不同。甚至共同条款的汇编也有利于税收立法,因为它有助于合理化;它确认了税法的一般原则,后者承载着税收政策和法律的总体规制信息;[34]并且最终通过苏伦伊的易懂性、系统性、有效性和一体性,促进了合规性。

在汇编英国税收立法方面,税法改写项目走了很长一段路。澳大利亚和新西兰亦是如此。[35]但是,尽管支持者可能是热衷的,税收立法的复杂性依然存在。毫无疑问,复杂性是税法固有的。问题是对于复杂的政策和法律,有什么解药:OTS 已经铺平了道路,但当然总有更多的事情可以做。[36]

注 释

〔1〕 我衷心感谢英国财政部税务简化办公室,特别是税务总监约翰·怀廷、杰里米·舍伍德和卡罗琳·特恩布尔·霍尔,感谢他们慷慨地为我提供见解和文件。约翰·怀廷针对立法的“分层方法”是本书中使用的方法。

〔2〕 See generally v. Thuronyi, Comparative Tax Law, Kluwer Law International, 2003; H. Ault et al, Comparative Income Taxation: A Structural Analysis, Kluwer Law International, 2004.

〔3〕 See American Institute of Certified Public Accountants, *Guiding Principles for Tax Simplification*; *Tax Policy Concept Statement*, (2002) 9, http://www. aicpa. org/interestareas/tax/resources/taxlegislationpolicy/advocacy/downloadabledocuments/tpcs% 202% 20 – % 20 principles% 20for% 20tax% 20simplification. pdf.

〔4〕 See R. K. Gordon and V. Thuronyi, *Tax Legislative Process*, in V. Thuronyi, Tax Law Design and Drafting, International Monetary Fund, 1996, p. 1, 2.

〔5〕 See H. M. ,Revenue and Customs, *Creating a Simpler*, *Fairer Tax System*, 15 Jan. 2014, www. gov. uk/government/policies/creating-a-simpler-fairer-tax-system.

〔6〕 See M. James, *Tax Simplification*: *the Impossible Dream*?, British Tax Review 392, 393 (2008).

〔7〕 See D. Morris, “*A Tax by any other Name*”: *Some Thoughts on Money*, *Bills and other Taxing Measures*: *Part* 1, 22 Statute Law Review 181, 205 (2001).

〔8〕 See V. Thuronyi, *Drafting Tax Legislation*, in Tax Law Design and Drafting Vol. 1, International Monetary Fund, 1996, p. 1, 2, www. imf. org/external/pubs/nft/1998/tlaw/eng/ch3. pdf.

〔9〕 但唐纳森认为,税收复杂性是提供公平税收制度的必要成本:S. A. Donaldson, *The Easy Case Against Tax Simplification*, 22 Vancouver Tax Review 645, 681 (2003); J. Partlow, *The Necessity of Complexity in the Tax System*, 13 Wyoming Law Review 303, 306(2013)。

〔10〕 See E. J. McCaffery, *The Holy Grail of Tax Simplification*, Wisconsin Law Review 1267, 1269(1990).

〔11〕 See OTS, *The OTS Complexity Index*, Fig 1, www. gov. uk/government/uploads/system/uploads/attachment_data/file/193493/ots_complexity_index_methodology_paper. pdf.

〔12〕 这是每个句子的单词数量加权平均数以及每个句子中长单词数量。一种解释是,那些接受了全日制教育的人(在比该指数稍晚的年龄)可以理解该文本。

〔13〕 但议会法律顾问办公室在 2013 年编制了自己的文件,指明了复杂性的来源,且这些来

源并不一致；www. gov. uk/government/uploads/system/uploads/attachment_data/file/187015/GoodLaw_report_8April_AP. pdf。

〔14〕 See OTS, *The OTS Complexity Index—Version* 2, www. gov. uk/government/uploads/system/uploads/attachment_data/file/250995/ots_complexity_index_version2. pdf.

〔15〕 See D. Ulph, *Measuring Tax Complexity*, 2013, www. gov. uk/government/uploads/system/uploads/attachment_data/file/193497/ots_david_ulph_measuring_tax_complexity. pdf; R. Baron, *Thoughts on the OTS December* 2012 *Document on a Complexity Index*, 2013, www. gov. uk/government/uploads/system/uploads/attachment_data/file/193498/ots_richard_baron_complexity_index. pdf.

〔16〕 See G. Jones, P. Rice, J. Sherwood and J. Whiting, *Developing a Tax Complexity Index for the UK*, www. gov. uk/government/uploads/system/uploads/attachment_data/file/285944/ OTS_Developing_a_Tax_Complexity_Index_for_the_UK. pdf.

〔17〕 See P. M. Tiersma and L. M. Solan, *The Oxford Handbook of Language and Law*, Oxford University Press, 2012, p. 41.

〔18〕 See OTS, *Review of Tax Reliefs*: *Interim Report*, Dec. 2010, www. hm-treasury. gov. uk/d/ ots_review_tax_reliefs_interim_report. pdf.

〔19〕 Capital Allowances Act 2001, Income Tax (Earnings and Pensions) Act 2003, Income Tax (Trading and Other Income) Act 2005, Income Tax Act 2007, Corporation Tax Act 2009, Corporation Tax Act 2010 and Taxation (International and Other Provisions) Act 2010.

〔20〕 See OTS, *Length of Tax Legislation as a Measure of Complexity*, www. gov. uk/ government/uploads/system/uploads/attachment_data/file/193496/ots_length_legislation_paper. pdf; JF Avery Jones, *Tax Law*: *Rules or Principles*?, 17 Fiscal Studies 63 (1996).

〔21〕 关于税收政策的抽象性质，参见 P. Kirchhof, *Die Kunst der Steuergesetzgebung*, 51 Neue Juristische Wochenschrift 3217, 3218 (1987)。

〔22〕 See R. Woellner, C. Coleman, M. McKerchar, M. Walpole and J. Zetler, *Can Simplified Legal Drafting Reduce the Psychological Costs of Tax Compliance? An Australian Perspective*, 6 British Tax Review 717 (2007).

〔23〕 关于税收立法的法定解释的谨慎进路，参见 N. Lee, *A Purposive Approach to Tax Statutes*?, 20 Statute Law Review 124, 143 (1999)。

〔24〕 See J. Sherwood, *Tax Thresholds and Ceilings—The Numbers Game*, Dec. 2012, www. gov. uk/government/uploads/system/uploads/attachment_data/file/193494/ots_tax_threshold_ paper. pdf.

〔25〕 See H. Xanthaki, *Thornton's Legislative Drafting*, Bloomsbury Professional, 2013, p. 357.

〔26〕 关于良法项目，参见 www. gov. uk/good-law; Findings of User Testing of Legislative Texts: Results from Bunnyfoot of the Project Undertaken by The National Archives and OPC into Users of Legislation and how they Respond to Different Drafting and Presentational Approaches, https://bigdataforlaw. kahootz. com/gf2. ti/f/425314/11840293. 1/PDF//TNA_OPC_legislation_study_user_testing_report_BF1481_v1. 5. pdf。

〔27〕 See Tax Law Rewrite, *The Way Forward*, Annex 1: Guidelines for the Rewrite, www. hmrc. gov. uk/rewrite/wayforward/tlra1. htm.

〔28〕 See M. Scott and C. Turnbull-Hall, *Definitions in Tax Legislation and their Contribution to Complexity*, Sept. 2013, www. gov. uk/government/uploads/system/uploads/attachment_data/file/246081/ots_review_of_definitions_in_tax_legislation. pdf, 28 – 29.

〔29〕 See A. Broke, *Simplification of Tax or I Wouldn't Start from Here*, 1 British Taw Review 18, 21 (2000).

〔30〕 See OTS, *Summary of Responses to the Report "Definitions in Tax Legislation and their Contribution to Complexity"*, www. gov. uk/government/uploads/system/uploads/attachment_data/file/300384/OTS_definitions_project_summary_of_responses. pdf.

〔31〕 See H. Spitzer, *Taxes vs. Fees: A Curious Confusion*, 38 Gonzaga Law Review 335, 357 (2002 – 2003); OECD, *Definition of Taxes*, 1996, www. oecd. org/daf/mai/pdf/eg2/eg2963e. pdf.

〔32〕 See HM Revenue and Customs, *Excise Duty—Index*, www. hmrc. gov. uk/briefs/excise-duty/ index. htm.

〔33〕 See G. T. Loomer, *Taxing Out of Time: Parliamentary Supremacy and Retroactive Tax Legislation*, British Tax Review 64, 90 (2006).

〔34〕 See R. Gordon, *Law of Tax Administration and Procedure*, in V. Thuronyi ed., Tax Law Design and Drafting Vol. 1, International Monetary Fund, 1996, www. imf. org/external/pubs/ nft/1998/tlaw/eng/ch4. pdf.

〔35〕 See S. James, A. Sawyer and I. Wallschutzky, *The Complexities of Tax Simplification: Progress in Australia, New Zealand and the United Kingdom*, 14 Australian Tax Forum 29 (1998).

〔36〕 See A. Sawyer, *New Zealand's Tax Rewrite Program—in Pursuit of the (Elusive) Goal of Simplicity*, 8 British Tax Review 405, 426 (2007).

第十七章

域外立法

属地性和治外法权(extra-territoriality)是国际法的概念。国 304
际法对边界进行了规定。原则上,这些与其司法管辖范围相一致。[1]通常,一个主权立法机关[2]对其有权管辖[3]的区域进行排他性[4]的立法。这一区域包括国家的陆地和内水,加上领水及其下的海床,以及上述两个区域上面的领空。[5]

当然,这不是硬性规定。长期以来,国际法和国内法都承认这方面的例外情况。因此,普通法、国际惯例和国际协定都将国家管辖的领土范围[6]扩大到特定地点,如国家驻外使馆,或者扩大到特定的主体或者对象,如悬挂本国国旗的船舶,或者扩大到特殊地位的持有人,如驻外的外交官或者军队。司法管辖范围的扩展可以是永久性的,也可以解决短期需求。例如,荷兰君主出生的美国医院在短期内被宣布为荷兰领土,从而确保君主从技术上讲是在荷兰土地上出生的,因此将获得独特的荷兰国籍。
这是国际法文献中长期分析的主题,在起草指引要求背离属地 305
规则的情况下,其涉及起草问题。由于这是一个日益频繁的现象,[7]本章旨在处理立法中的治外法权问题,既将司法管辖权扩展到域外,也要对外国司法管辖区的法律作出回应。

尽管属地性面临越来越多的挑战,但推定仍然是一国制定的法律不扩展到到国外生效。[8]换言之,该推定仍然适用于法律的属地适用,[9]并且反对立法的域外效力。[10]在此值得注意的是,这场辩论涉及立法:普通法的域外效力似乎得到广泛接受,因为普通法特别是其一般原则适合进行国际适用。[11]

但在进一步讨论这一问题之前,有必要确定一下"治外法权"这一术语的含义。这一术语指的是,国内立法机关在国际法确定的国家地理边界以外行使管辖权。治外法权包括两类法律:第一类域外立法,是指规范海外国民行为的立法,[12]域外立法最明显的例子是适用于本国国民的税收立法,无论其是否居住在国籍国的地理边界内。第二类域外立法,是指适用于立法国家领土以外的非国民的法律。[13]一个例子可以是关于人口贩运的域外条款,将国家当局的管辖权扩大到起诉和审判外国籍罪犯在国外进行的人口贩运。在第一类立法中,人们可以确定

这一规制的联系和相对的正当性:根据他们的国籍选择,本国国民必须接受
306 税收立法。在第二类域外立法中,没有明显的选择连接点:似乎对人口贩卖行为之谴责的普遍性,被视为在域外活动的外国罪犯与本国法律制度之间的联系。

我们可以看到为什么域外立法是一个有争议的法律类别。[14]特别是如果考虑到立法管辖权不可避免地从行为所在地的主权国家(地理和管辖权意义上)侵入现有的和现在相互冲突的规制和立法领域。这就是国际社会对这一不可避免的冲突的不安,即治外法权的扩展被归类为一种管辖权的域外主张,用于反对另一主权立法机关的管辖范围,或者主张在另一主权立法机关管辖范围内有管辖权。这一主张的正当性、所涉两个司法管辖区都要同意的要求,以及对管辖权进行优先排序的绝对必要性,都因最近向区域性或者国际性立法机构主张管辖权而更加沉重。因此,不但国内管辖权和立法管辖权之间存在冲突,而且作为第三个立法领域的区域和国际管辖权也变得更加复杂。[15]除此之外,也许与立法辩论更为相关,通过域外立法进行规制会引起人们对由于所使用立法工具的碎片化而导致对不良规制的担忧。[16]

治外法权的理论:现实主义、自由主义及其超越

国际法理论对治外法权现象提出了相互冲突的进路。传统的现实主义框架将国家视为不透明的台球,[17]在一个有着严格国家边界的世界中运作。[18]对一个现实主义者来说,每一个国家以及相应的每一个司法管辖区都
307 有明确界定且无法逾越的边界:颠倒这些边界是不可接受的,因为它超出了不透明的确定性。因此,一个现实主义者将发现,不可能为调整发生在国家边界以外的事件的立法进行辩护。对一个现实主义者来说,立法必然受制于属地性。对现实主义者来说,将一个行为归类为合法或者非法,只能由行为发生地的司法管辖区的法律来决定。因此,立法被推定地解释为,其运行和效力方面被限制于立法机关具有普遍正当权力的领土范围。

谱系的另一端是自由主义的观点。这排除了属地性和权力的概念。如果现实主义者在无政府主义的国际体系中把国家作为与其他国家互动的单一实体,那么自由主义者主要关注的是国家与社会的关系。[19]普遍性和国际性是自由主义世界的名称。对一些作者来说,法律应该与领土联系在一起的观念是前全球化世界的古老残余。[20]国家边界和管辖权范围在自由主义议程

中几乎没有地位。[21]利益是对管辖空间和范围进行自由探究的焦点,而不是边界。国家发挥着个人和群体利益之代理人的作用。[22]使用利益作为划分管辖权的中心概念是一个相当协调的概念。虽然国家边界确实是不透明的,并且原则上在国家之间被一致同意为可接受的,但利益可以自我引入、自我宣布以及(或许更令人担忧的)自我行使。利益是一个如此模糊的术语,以致恶意的国家可以在没有或者甚至违背其意愿的情况下对外国行使立法权。换言之,在一个迄今为止司法上尚未受到规制的国际环境中,利益可以被篡夺用来理论化或者证成立法属地性的单方施加。但值得庆幸的是,利益概念并不像人们所担心的那样武断或者模糊。

自由主义议程中的利益概念是通过"影响测试"被具体说明的。[23]在美国铝业案中,罗纳德·汉德(Learned Hand)法官将影响解释为"对国家商业的 308
影响":一个国家的域外立法权可以被强加在意图和确实对国家商业有影响的行为上。[24]《美国外交关系法第三次重述》确认,只要一国对这种管辖权的行使不是不合理的,[25]该国可以就在领土内具有或者意图具有实质性影响[26]的域外行为,或者针对某些国家利益的域外行为制定法律。如果我们分析这两个著名的影响声明,就可以找出自由议程中所使用的三个利益正当性标准。第一,有关利益必须影响到立法管辖区的国家商业。这是一个事实标准,因此,可以通过财政或者统计证据来客观证明对国家商业的损害。这一标准现在扩展到在性质上是特殊的非商业利益:这排除了域外立法行动背后的政治或者意识形态动机。第二,对国家商业的影响必须是实质性的和可预见的。[27]这是一个定性标准,可以通过证明对国家商业的影响与所采取的立法措施之间合比例性的定性或者定量证据加以证明。第三,行使治外法权必须不能不合理。这是另一个定性标准,它引入了第三个次级检验,即合理性。[28]合理性是在八个不同因素的基础上被评估的,包括受规制活动与立法国之间联系的紧密度、受规制活动的特征,以及与现行外国规制发生冲突的可能性。[29]因此,即使在自由主义框架内,只有在立法措施能够通过对商业或者其他具体利益产生实质性影响的测试、合比例性测试和合理性测试的情况下,治外法权才是可以辩护的。不过,斯劳特(Slaughter)认为,将自由主义理论应用于治外法权问题,很可能会导致"更接近治外法权的推定,而不是属地 309
性的推定"。换言之,影响测试应当逆转对属地性的推定。[30]

毫无疑问,在我们这个全球化和法律全球化的时代,司法管辖边界已经失去了许多不透明性。[31]鉴于需要全球化解决方案的全球化现象,这已经成为必要。这方面的一个主要例子是跨国犯罪,如人口贩运或者洗钱。当唯一有效的立法选项需要跨国界合作和跨辖区的解决方案时,在打击这些现象的斗争中,隐藏在司法管辖边界后面是没有意义的。因此,在涉及跨境规制需求的具体适用中,属地性似乎已经失去了吸引力。但与此同时,影响测试本身就不民主,[32]因为它提供了被规制者同意之外的主权来源。[33]那么,对属地性的拒绝是否必然导致对治外法权的推定呢?

抑或是,非属地性或者去属地性(a-territoriality)是一个合理的解决方案?立法的范围最终受到那些参与立法通过并同意其适用的那些人组成的网络的限制和约束。如果该网络本身受到自然地理的约束或者界定,那么领土范围的推定和领土代理人的权力便是有根据的。但是,如果那些参与该立法通过的人所组成的网络跨越了地理边界,那么立法本身也会如此。让我们从宪法的角度来审视这一论点:立法机关被一群人授予立法的权威,这群人承认自身是立法机关所属国家的公民。这个人民共同体已经在一个国家内自我组织起来,并同意将立法权让与立法机关,该立法机关则是通过立法进行规制的约定机构。[34]并且,他们还向其所选的立法机关提供专属权力,以规制他
310 们及其活动。[35]与此相反,外国人并没有提供通过在国外制定的域外立法来规制他们的权威。[36]通常,这一共同体是在一个国家内组织起来的,其地理范围与国家的边界重合。[37]但是,如果该共同体超越了国家的边界,通过立法进行规制的正当性就被让与由区域性或者国际性共同体形成的区域或者国际组织。这就相应地证成并且正当化了区域法和国际法。如果一个共同体是根据一种特定利益形成的,例如,对一条跨越三个国家边界的河流所产生的电力进行规制,这个共同体将权力让渡给这三个国家,通过跨界立法进行规制。这是双边或多边协定的基础。[38]现在,如果一个国家中某个共同体的特定利益允许通过立法来管理这个位于国家边界之外的利益,那么就需要形成一个新的共同体,后者具有让渡该立法权的正当性。这一新的共同体的第一部分是其国外利益受到规制的共同体;第二部分则是新规制所在地的共同体。第一种需要让渡由其原籍国立法机关对其利益进行规制的立法权,尽管它们通常希望规制源自外国立法机关。第二种需要将立法权让渡给正在立法的立法机关,其规制权原则上没有通过协议的方式被授权。换言之,域外立法需要从本国公民和外国公民那里获得正当性。域外立法是对规范的背

离,其正当性要么取决于双边立法措施,要么取决于固有双边协定的单边措施。

实践中的治外法权

在英国,国家权力范围以外的犯罪行为完全没有法律意义。这导致了属地性的推定,[39]但毫无疑问,制定法可以扭转这种影响。但是,在没有国际协议的情况下,在国外行使管辖权的主张受到法律和现实问题的困扰。首先, 311
国家主权通常会使适用于外国国民的域外立法失效。而为了进行刑事审判甚至刑罚,在侦查、起诉阶段收集证据以及最终将受其影响的人纳入司法管辖范围的过程中,任何此类法律在实践中的适用将会遇到无法逾越的实际困难。但最近有迹象表明,由于需要处理那些损害英国利益但不在或者不完全在英国境内的行为,对域外或者跨国管辖权的一些自然抵制正在被打破。[40]

但适用于国家自己在国外之臣民的域外立法,已经存在多年。早期的例子是1861年《侵害人身罪行法案》第9条:

> 凡……谋杀……[是]在英国以外的土地上实施的……女王陛下的任何臣民所犯下的每项罪行……均构成谋杀……[和]可以……就所有方面……在英格兰的……任何法院……进行审判……就好像该罪行实际上是在该国犯下的一样。

关于民事事务,英国法律承认,某些民事事务必须按照外国法律处理。[41]例如,调整管辖权以外不动产或者管辖权以外婚姻有效性的法律。这当然是国际私法或者冲突法的领域。[42]

因此,实践中,治外法权据称是为了调整本国国民在管辖范围之外的国家运输活动,调整本国国民的行为或者其在管辖范围之外的财产,或者调整外国国民在管辖范围之外的活动。关于本国国民在国外运输方面的活动,值得注意的是,普通法对公海发生的事情具有管辖权。但实践中,无论是对海上船舶、石油钻井平台等人工设施,还是在管辖区领空以外的空中航空器,都通过制定法来要求管辖权。此外,关于某些严重罪行和税收,要求对海外国民行使管辖权。这种主张的理由是,受该国立法约束的人不能为了在该国犯罪而将自己或者其财产转移到该国以外,以此来逃避法律制裁:换言之,个人不允许“选择法院”(forum shop)。通常,这些罪行非常严重,如谋杀,或者这 312
些罪行对本国管辖权有直接影响,如官员腐败、货币犯罪、海关犯罪、逃税或者协助非法移民。所有这些似乎是对治外法权非常正当的行使,并被国籍国与立法国之间的联系所证成。

从起草者的角度来看,这种类型的治外法权提出了复杂的挑战。进行域外立法的政策选择是既定的,在一定程度上,这种选择的合宪性也是如此。[43]但治外法权是一种背离规范的行为。因此,使用者的注意力必须被吸引到治外法权上。起草者面临的第一个困境可能是出于域外效力的目的,在初级立法和授权立法之间做出选择。初级立法当然是最适当的选择,因为它既确保加强议会控制,又确保向公民和受立法之域外效力影响的外国公民进行更广泛的宣传。但最近有一些治外法权授权的例子,事实上有些被过于广泛地表达。[44]第二个困境是在关于治外法权的特别法案与带有治外法权的一般性法案(作为一般规则的例外)之间作出选择。特别法案的主要优点是醒目的路标,以此表达治外法权作为一项主要的规制信息。但在英国,法令全书中唯一一部在标题中包含治外法权的立法是1996年《域外美国立法(制裁古巴、伊朗和利比亚)(保护贸易利益)令》。一般性法案的优点是,对所涉领域之规制的整体表达,其引入了一般规则及其例外。在第二种情况下,起草者的关注点是清晰性的最佳工具以便表达一般法案的域外要素。在这里,一个好的方法是一个单独的标题章节,用以处理该法案所有的域外方面规范。大多数英国法案都是那样起草的。[45]当然,这里有一个两难的问题:把属地性区分开来,而不是以"行为发生在国外不是一种抗辩"为抗辩形式引入它,真的更有意义吗?在起草过程中,边注被严重遗漏的现象极为罕见;但在它们缺失的情况下,治外法权的重心似乎将平衡倾向一个具有单独标题的单独章节。

313 关于这一点,一个良好做法的例子是《能源法案2004》第102节:

108A 法的域外运行

(1)凡凭借本法在大不列颠以外地方发生的作为或者不作为构成犯罪的,可在大不列颠的任何地方就该罪行提起法律程序,且就所有附带目的而言,该罪行可被视为已在大不列颠的任何地方发生。

(2)根据本法就英国以外地方所作规定

(a)在适用于个人的范围内,适用于该等个人,无论他们是否为英国公民;以及

(b)在适用于法人团体的范围内,适用于该等法人团体,无论该等法人团体是否为根据联合王国某一地区的法律成立为法人团体。

但是,关于调整管辖范围以外的外国国民的域外立法,情况有所变化。在这里,与其他法律体系发生冲突的可能性最大。如果没有双边协定,这部立法很可能只适用于在管辖范围内有住所或者经常居住地而暂时在国外的个人,或者适用于在管辖范围内进行贸易但其主要资产不在管辖范围内的外国公司。有一系列国际公约和协定要求对外国国民在国外的活动(除了其他事项以外)行使管辖权。一个例子是调整海上设施或者国际犯罪(如劫机)的立法。另一个例子是国际社会对一个国家实施的经济制裁。即使是这种常见的做法也会引起反对。[46]但是,属于这一范畴的立法的正当性既不能被完全接受,也不能被完全拒绝。正是在这里,正当化共同体的存在才能起作用:经济制裁是通过国际社会进行正当化的一个例子,即便是被施加制裁的国家也同意参与其中。国际犯罪是另一个这样的例子。但是,在没有任何双边协议的情况下,将管辖权扩大到外国国民的立法,是缺乏正当性的立法的一个例子,并且不能被认为是可接受的。

起草者在这些案例中的作用更多的是法律顾问、宪法顾问和立法顾问,而不是立法技术人员。在这里,表达并不能挽回局面。这些都是合宪性远远不够牢固的案例,因此,起草者的主要干预措施是理解起草指引、分析提案和 314
设计一个宪法上可接受的立法文本。[47]

在这一点上,好的做法的一个例子是《反恐怖主义、犯罪和安全法案2001》第51节:

> (1)就根据第47节或者第50节在联合王国境外所犯罪行而进行的法律程序,可在联合王国的任何地方进行,且为附带目的,该罪行可被视为已在联合王国的任何地方犯下。
>
> (2)女皇陛下可借枢密院命令,可以将第47节或第50节的适用范围扩大至联合王国以外做出的行为,并适用于根据海峡群岛、马恩岛或任何殖民地的法律成立为法人团体。

无论这类立法在国际法中的地位如何,问题在于,根据立法国的国内法,这类立法仍然存在于法令全书中,并且可以加以适用或者试图加以适用。除了诉诸国际法院或者纯粹的政治压力外,受到单方面属地性扩张"攻击"的司法管辖区几乎没有保护自身及其公民的工具。起草者能做些什么以保护他们自己的法令全书免受如此不受欢迎的外国渗透呢?

阻断性立法

或许令人惊讶的是，起草者似乎比政策官员、外交官和律师拥有更有效的保护工具。国际论坛或许能做到这一点。但归根结底，受到“攻击”的法令全书能够而且必须有效地保护自身。各国经常针对外国域外立法颁布报复性立法。[48]阻断性立法[49]一般用于描述各国用以对抗治外法权之单方面主张的影响而采用的立法机制：[50]

第一种选项是通过禁止在外国诉讼中提供证据和出示文件的立法。这就确保了任何基于域外外国法律的起诉都是无效的。该机制是一种间接但
315 安全的方式，使得外国的治外法权规定无效，从而使其背后的政策不产生任何效果。并且，这一选项的附加值是此类立法的通过完全处于防御性立法机关的主权范围内。

第二种选项是通过旨在阻断或者防止外国判决执行的立法。这类立法的目的是剥夺外国立法的有效性，从而确保外国立法背后的政策没有效果。同样，这类国内立法完全处于防御性立法机关的主权范围内，尽管可能存在区域性法律，阻止这类立法适用于所涉区域组织的成员。

第三种选项是通过禁止遵守外国当局命令的国内立法。这类立法的逻辑和目标与前两种选项一样。但是，禁止遵守外国当局命令的立法可以在国际上表现得更友好或者更开放：国家当局将在调查、起诉和审判的所有阶段与外国当局合作，但对由此产生的判决的承认可能正当地受到互惠性支配，或者受到国家对外国程序公平性的评估。

第四种选项是阻断遵守，即禁止遵守外国域外立法的立法。例如，在《欧盟涵盖制裁条例》中，[51]欧盟只允许在非常严格的条件下遵守。[52]

第五种选项是通过追回性立法（claw-back legislation），即允许一个实体针对位于当地司法管辖区的已被外国判决的债权人资产，收回判决款项的立法，该实体是其外国资产被执行的外国判决的主体。[53]这类立法在性质上是报复性的，反映了被“攻击”政府清晰而响亮地选择去公开宣示其对外国政府的厌恶，并直接和公开地对外国立法机关采取行动。[54]在性质上，追回性立法的选择是政治性的，而不是法律性的。

316 在对外国立法机关单方面主张管辖权的所有类型的回应中，起草者的作用是通过准确的起草指引来界定的。前四类立法可以通过政策官员选择适

用的违抗程度来加以表达。谱系的一端是国内立法，后者接受并鼓励与外国当局的合作，但这种合作受制于一些可接受的国际性克减工具：互惠性、双重犯罪规则、[55]在外国诉讼中对合宪性和公平性的控制、外国诉讼与国家司法程序机制的符合性。根据国际法，所有这些都是可以接受的，但它们的表达和随后的适用范围可能如此广泛，以致一般合作条款最终在实践中被取消。谱系的另一端是国家追回性立法或者前三类选项的立法，其中引入了一项不承认外国诉讼、判决和命令的清晰且不间断的规则，无论国内立法多么低调，针对域外立法的实际立法行动却是一种对抗性行动。[56]起草者必须牢记，存在阻断性立法的替代措施，并且必须提醒政策官员注意各种可能性。这并未超出起草者的正常职责：起草者有责任质疑立法的必要性，并警告反射性立法具有诸多危险。

阻断性立法的替代措施

存在很多阻断性立法的替代措施。根据立法是最后解决方案的原则，起草者必须在试图立法之前，审查这些措施是否卓有成效。

首先，领土和国籍是国际法中国家管辖权的两个传统基础，这一国际法信条始终值得政府予以肯认。[57]当然，这一规则也有例外，并由国际法中的管辖权冲突规则加以调整。这些是在影响、合理性和礼让性学说的基础上加以适用的。影响允许任何国家对在其边界以外进行的活动课予责任，只要这些活动影响到该国领土；但是，域外立法不得与犯罪发生地的法律相抵触。合 317
理原则通过要求对利益进行平衡来限定影响。[58]礼让性是一种相互期待的实用主义原则。然而，礼让是一种自由裁量性的行为原则，在适用公认的基本法律原则（black letter law）时常常被抛弃；[59]这是其不准确性和内在模糊性导致的结果。[60]除这些原则之外，阻断性立法的其他替代措施还有外交措施，国际协商、谈判和协定，双边或多边贸易或其他协定。

域外立法的规则

一个国家可以在任何时候调整其公民或者居民的行为或者活动，即使这些行为或者活动暂时不在其地理范围内。船舶或者飞机上的犯罪通常由登记国来加以规制，尽管可以适用其他管辖权基础。非居民或者非公民的活动可受法院地法律管辖，前提是其影响到有关国家，且该活动在发生主要犯罪的管辖区内构成刑事犯罪。后一条规则也适用于发生主要犯罪的司法管辖区是中立的情况。乔治（George）宣称，这些规则导致共同管辖权，而不是选择管辖权。[61]

归根结底，治外法权是国际法中充满争议的一章，其适用原则并不固定。国内立法必须承认治外法权是对规范的一种背离。它只适用于少数宪法上被证成的情况，国内立法机关对这些情况的规制不仅在内部是合宪的，而且其外在也符合国际法。起草者在域外立法中的作用是质疑其必要性，质疑其合宪性，并质疑其与能够有效实现基本政策目标的其他可能替代措施相比的普遍性。就起草而言，清晰性和无歧义性是其追求的目标，并与将有效性归于域外政策目标的任务相平衡。

注 释

〔1〕 See S. Elden, *Contingent Sovereignty, Territorial Integrity and the Sanctity of Borders*, 26 School of Advanced International Study Review 11 (2006); J. Agnew, *Sovereignty Regimes: Territoriality and State Authority in Contemporary World Politics*, 95 Annual Association of American Geographers 437 (2005); G. Lindell and Sir A. Mason, *The Resolution of Inconsistent State and Territory Legislation*, 38 Federal Law Review 390 (2010).

〔2〕 关于主权和治外法权之间的联系，参见 S. S. Lotus (France v. Turkey) PCIJ Rep. 1927, Series A, No. 10。

〔3〕 See M. Akehurst, *Jurisdiction in International Law*, 46 British Yearbook of International Law 145, 179 (1978); W. L. M. Reese, *Legislative Jurisdiction*, 78 Columbia Law Review 1587, 1587 (1978).

〔4〕 See H. G. Maier, *Resolving Extraterritorial Conflicts, or "There and Back Again"*, 25 Vanderbilt Journal of International Law 7, 11 (1984).

〔5〕 该概念基于《威斯特伐利亚条约》：参见 L. Gross, *The Peace of Westphalia* 1648 - 1948, 42 American Journal of International Law 20, 28 - 29 (1948); K. Raustiala, *The Geography of Justice*, 73 Fordham Law Review 2501, 2508 (2005)。

〔6〕 See A. M. Weisburd, *Due Process Limits on Federal Extraterritorial Legislation?*, 35 Columbia Journal of Transnational Law 379, 383 (1997).

〔7〕 See Joint Committee on Foreign Affairs and Defence, Commonwealth of Australia, *Australian—United States Relations: The Extraterritorial Application of United States Laws*, 1983, http://webpac.auinfo.gov.au; PB Stephan, *A Becoming Modesty—U. S. Litigation in the Mirror of International Law*, 52 DePaul Law Review 627, 650 - 656 (2002).

〔8〕 See A. J. Colangelo, *Constitutional Limits on Extraterritorial Jurisdiction: Terrorism and the Intersection of National and International law*,48 Harvard International Law Journal 121, 126 (2007).

〔9〕 See T. R. Holbrook, *Is the Supreme Court Poised to Assess the Extraterritorial Scope of US Patent Law?*, 36 European Intellectual Property Review 212, 213 (2014).

〔10〕 See W. Estey, *The Five Bases of Extraterritorial Jurisdiction and the Failure of the Presumption against Extraterritoriality*, 21 Hastings International and Comparative Law Review 177, 178 (1997 – 1998).

〔11〕 See J. A. Meyer, *Extraterritorial Common Law: Does the Common Law Apply Abroad?*, 102 The Georgetown Law Journal 301, 307(2013 – 2014).

〔12〕 See J. A. Meyer, *Dual Illegality and Geoambiguous Law: A New Rule for Extraterritorial Application of US Law*, 95 Minnesota Law Review 110, 123 (2011).

〔13〕 See L. Brilmayer and C. Norchi, *Federal Extraterritoriality and Fifth Amendment Due Process*,105 Harvard Law Review 1217, 1218 (1992).

〔14〕 然而,举例来说,欧洲“在许多情况下已经非常接近于超越其普遍受限的方法”。E. Jardine, *An Agreement between Australia and the European Union on Trade Practices: A Proposal*, 4 Trade Practices Law Journal 67(1996).

〔15〕 See P. Schiff Berman, *Global Legal Pluralism*, 80 South California Law Review 1155, 1168(2007); P. Schiff Berman, *The Globalization of Jurisdiction*,151 University of Pennsylvania Law Review 311, 329 (2002).

〔16〕 See A. Parrish, *The Effects Test: Extraterritoriality's Fifth Business*, 61 Vanderbilt Law Review 1455, 1490(2008).

〔17〕 See A. Wolfers, *Discord and Collaboration: Essays on International Politics*, the Johns Hopkins Press, 1962, p. 19 – 24.

〔18〕 See T. J. Biersteker, *State, Sovereignty and Territory*,in W. Carlsnaes et al, Handbook of International Relations, Sage, 2002, p. 157, 167; K. Raustiala, *The Evolution of Territoriality: International Relations and American Law*, in M. Kahler and BF Walter eds., Territoriality and Conflict in an Era of Globalisation, University of California, 2006, p. 219, 220, 234 – 248; JG Ruggie, *Territoriality and Beyond: Problematizing Modernity in International Relations*, 47 International Organisations 139, 148(1993); S. Sassen, *Territory and Territoriality in the Global Economy*, 15 International Society 372, 373(2000).

〔19〕 See A. M. Slaughter, *International Law in a World of Liberal States*, 6 European Journal of International Law 503, 508 (1995).

〔20〕 See G. B. Born, *A Reappraisal of the Extraterritorial Reach of US Law*, 24 Law and Policy in International Business 1, 61 – 79 (1992); L. Kramer, *Vestiges of Beale: Extraterritorial Application of American Law*, 501 Supreme Court Review 179, 184 (1991); A. M. Slaughter, *Liberal International Relations Theory and International Economic Law*, 10 American Journal of International Law and Policy 717, 736(1995); A. M. Slaughter and DT Zaring, *Extraterritoriality in a Globalized World*, http://papers. ssrn. com/sol3/papers. cfm? abstractid = 39380.

〔21〕 See P. S. Berman, *Dialectical Regulation, Territoriality, and Pluralism*, 38 Connecticut Law Review 929, 932 - 938(2006).

〔22〕 See D. Post, *The "Unsettled Paradox" : The Internet, the State, and the Consent of the Governed*, Indiana Journal of Global Legal Studies 521, 523(1998) 5.

〔23〕 See W. S. Dodge, *Extraterritoriality and Conflicts-of-Laws Theory: An Argument for Judicial Unilateralism*, 39 Harvard International Law Journal 101, 141, 154 (1998).

〔24〕 See 148 F 2d 416 (2nd Cir, 1945); United States v. Sisal Sales Corp, 274 U. S. 268 (1927); United States v. Aluminum Co of America (Alcoa), 148 F. 2d 416 (2d Cir. 1945) (L Hand J).

〔25〕 See Restatement (Third) of the Law: The Foreign Relations Law of the United States (1987), 402, 403 and 415.

〔26〕 See L. Kramer, *Extraterritorial Application of American Law after the Insurance Antitrust Case: A Reply to Professors Lowenfeld and Trimble*, 89 American Journal of International Law 750, 751(1995).

〔27〕 See R. Weintraub, *The Extraterritorial Application of Antitrust and Securities Laws: An Inquiry into the Utility of a Choice-of-Law Approach*, 70 Texas Law Review 1799, 1825 (1992).

〔28〕 洛温菲尔德宣称,只有在国际礼让概念下合理的情况下,美国法律才应在域外适用,而不管其在美国有何影响:参见 A. Lowenfeld, Public Law in the International Arena: Conflicts of Laws, International Law, and Some Suggestions for Their Interaction, 163 Recueil des Cours 311, 373 (1979)。

〔29〕 See D. B. Massey, How the American Law Institute Influences Customary Law: The Reasonableness Requirement of the Restatement of Foreign Relations Law, 22 Yale Journal of International Law 419, 427 (1997).

〔30〕 See W. S. Dodge, *Understanding the Presumption Against Extraterritoriality*, 16 Berkeley Journal of International Law 85, 99 (1998).

〔31〕 See A. L. Parrish, *Reclaiming International Law from Extraterritoriality*, 93 Minnesota Law Review 815, 817(2008 - 2009).

〔32〕 See M. Gibney and RD Emerick, *The Extraterritorial Application of United States Law and the Protection of Human Rights: Holding Multinational Corporations to Domestic and International Standards*, 10 Temple International and Comparative Law Journal 123, 133 (1996).

〔33〕 See D. Post, *Against Cyberanarchy*, 17 Berkeley Technology Law Journal 1365, 1385 (2002).

〔34〕 See D. R. Johnson and D. Post, *Law and Borders—The Rise of Law in Cyberspace*, 48 Stanford Law Review 1367, 1369 - 1370(1996).

〔35〕 See M. D. Rosen, *The Surprisingly Strong Case for Tailoring Constitutional Principles*, 153 University of Pennsylvania Law Review 1513, 1616(2005).

〔36〕 See J. K. Powell, Prohibitions on Campaign Contributions from Foreign Sources: Questioning Their Justification in a Global Interdependent Economy, 17 University of Pennsylvania Journal of International Economic Law 957(1996).

〔37〕 “多数人强迫少数人的权威和正当性只存在于政治边界之内”，参见 J. H. H. Weiler, *Does Europe Need a Constitution? Demos, Telos, and the German Maastricht Decision*, 1 European Law Journal 219, 222 (1995)。

〔38〕 欧盟似乎在与受援国达成协议后使用治外法权：See J. Scott, ‘Extraterritoriality and Territorial Extension in EU Law’ (2014) 62 American Journal of Comparative Law 87, 87.

〔39〕 See G. R. Sullivan and C. J. Warbrick, *Territorial Jurisdiction: Criminal Justice Act* 1993, 43 International and Comparative Law Quarterly 460(1994).

〔40〕 See G. Mullan, *The Concept of Double Criminality in the Context of Extraterritorial Crimes*, 1 Criminal Law Review 17, 19 (1997).

〔41〕 See S. Dutson, *The Conflict of Laws and Statutes: The International Operation of Legislation Dealing With Matters of Civil Law in the United Kingdom and Australia*, 60 Modern Law Review 668 (1997).

〔42〕 See S. de Peuter, *The Application of Foreign Public Law in Conflict of Laws: An Outline*, 13 International Business Law Journal 79(1990).

〔43〕 See E. S. Podgor, *Globalisation and the Federal Prosecution of White Collar Crime*, 34 American Criminal Law Review 325, 329(1997).

〔44〕 例如，《商船航运（防止船舶造成空气污染）令 2006》第 3 条规定，“在不影响第 2 条之一般性的情况下，条例可特别包括以下条款……（b）关于……（ii）条例的域外实施。”

〔45〕 例如，《军事遗骸保护法 1986》第 3 节。

〔46〕 See R. Meltzer and D. Ross, *Sanctions without Borders*, 30 International Financial Law Review 30, 31(2013).

〔47〕 正当性是一个首要关切：参见 A. L. Parrish, *Kiobel, Unilateralism, and the Retreat from Extraterritoriality*, 28 Maryland Journal of International Law 208, 231 (2013)。

〔48〕 See V. Lowe, *The Problems of Extraterritorial Jurisdiction: Economic Sovereignty and the Search for a Solution*, 34 International and Comparative Law Quarterly 724, 727 (1985).

〔49〕 See P. M. Roth, *Reasonable Extraterritoriality: Correcting the “Balance of Interests”*, International and Comparative Law Quarterly 245, 251(1992).

〔50〕 See D. Senz and H. Charlesworth, *Building Blocks: Australia's Response to Foreign Extraterritorial Legislation*, 2 Melbourne Journal of International Law 69, 78(2001).

〔51〕 See Council Regulation 2271/96 of 22 November 1996 Protecting Against Effects of the Extra-territorial Application of Legislation Adopted by a Third Country, action based Thereon and Resulting Therefrom [1996] OJ L 309/1, art 5.

〔52〕 See H. L. Clark, *Dealing with US Extraterritorial Sanctions and Foreign Countermeasures*, 25 University of Pennsylvania Journal of International Economic Law 475, 476 (2004).

〔53〕 See W. Pengilley, *United States Trade and Antitrust Laws: A Study of International Legal*

Imperialism from Sherman to Helms Burton, 6 Competition and Consumer Law Journal 187, 212 - 213(1998).

〔54〕 See G. McFarlane, *US Extra-territorial Legislation Puts Close Alliances under Strain*, Company Lawyer 31, 32(1998).

〔55〕 See R. Jennings, *Extraterritorial Jurisdiction and the United States Antitrust Laws*, 33 British Yearbook of International Law 146, 151 (1957); N. Jareborg, *Double Criminality: Studies in International Law*, Iustus Förlag, 1989; and in the context of extradition, see MC Bassiouni, *International Extradition and the World Public Order*, Kluwer, 1974, p. 311.

〔56〕 See J. Yoon, *International Law: Closing the Gap on Extraterritorial Jurisdiction one Way or the Othe*r, 14 Florida Journal of International Law 503, 515(2001 - 2002).

〔57〕 See I. Brownlie, *Principles of Public International Law*, Oxford University Press, 2008, p. 289.

〔58〕 See Timerlane Lambert Co. v. Bank of America, 549 F 2 d 597 (9th Cir., 1976).

〔59〕 See Note, *Predictability and Comity: Towards Common Principles of Extraterritorial Jurisdiction*, 98 Harvard Law Review 1310, 1317(1985).

〔60〕 See M. D. Ramsey, *Escaping "International Comity"*, 83 Iowa Law Review 893, 951 - 952(1997 - 1998).

〔61〕 See B. J. George Jr, *Extraterritorial Application of Penal Legislation*, 64 Michigan Law Review 609, 637(1965 - 1966).

第十八章

制定法解释与立法起草

立法解释(interpretation)通常被定义为立法建构(construction)。乔治·恩格尔(George Engle)爵士宣称,解释和建构意指同一件事情。但克拉布(Crabbe)教授在解释和建构之间进行了区分,指出建构的范围比解释要广泛:"它是针对所涉条款的法律效力或者后果(因此是在解释之后产生的)。"[1]马蒂诺(Martineau)和萨勒诺(Salerno)将建构视为一项双重任务,包括对制定法的理解和对案件或者情形的事实所作解释的适用。[2]公允地说,建构是通过适用来确认立法规则含义的智识过程;因此,既可以是为了解释的目的,也可以是为了适用的目的。 318

适用是指通过理论上的学术争论或者日常使用中的实际情况,将立法规定中的概念和条款转移到特定环境下的智识过程。因此,适用与立法的使用是同义的。回到"善法"的三个角色的概念,适用是由非专业使用者,经过(非法律的)专业训练的使用者以及律师和法官承担的。适用不需要辩论或者争论;它是一个分析和理解的过程。制定法解释被设定在辩论或者争论的环境中。这是一个解决语词含义争论的过程。它可以被定义为对病态立法条款的澄清,即对歧义的、模糊的或者不完整的立法条款的澄清。

因此,制定法解释是律师和(主要是)法官最关心的问题。对于澄清立法中的歧义性、划定立法中的模糊性和堵住立法中的漏洞而言,制定法解释是必要的。通过使用这些手段,制定法解释允许法官通过判例法去"立法"。[3]并且如果可能,可以宣布 319
法律违宪或者过时。

对议会而言,制定法解释也是必要的。这是理解法案条款和整体的内在组成部分,[4]当然也包括法案与现有法案和后续法案的关系。识别模糊性并有意识地决定是否需要模糊性,是议会中制定法解释的另一个要素。

制定法解释似乎与起草者无关。它发生在起草者工作完成和立法被制定之后。但对于起草工作而言,制定法解释是同一问题的另一面。由于制定法解释的目的在于治愈文本性的弊病,因此,可以将其视为对立法质量进行的循证分析。当然,这并不意味着，任何对制定法解释的需要都暗示着起草失败。起草者的目的很可能是援引制定法解释，以此作为解决起草团队内部可能出于政策或者政治原因而尚未解决的概念性问题的手段。但是，对制定法解释的需要是一种暗示，即起草工作可能失败或者有所疏忽，无法产生准确的、无歧义的或者完整的文本。既然起草者的追求正是要做到这一点（制定一个准确、无歧义、完整的文本），因此，制定法解释必须在起草者的头脑中。在起草者起草的时候，他们尽可能地[5]思考适用和解释立法文本的方式。因此，在这方面，制定法解释对起草者也非常重要。在起草时意识到解释可能产生的后果，起草者将有机会对自己的表达方式进行微调，以增强他们希望传达的意义。[6]

但是，回到上文观点，对未来的制定法解释的准确预测尽管是可能的，却不能保证立法质量。在提出任何一组事实供其适用之前，它可以避免仅仅因制定法的文字而产生的问题。但它不可能避免立法的不确定适用问题，例如，在将制定法的文字适用到一组事实的过程中产生的问题。

320 英国制定法解释的现行技术[7]

在英国，[8]制定法解释从来就没有一种唯一和独特的方法。[9]英国没有走具体、详尽和书面的（尽管缺乏灵活性和内在的普遍性）制定法解释规则汇编的大陆法系路线，[10]而是选择了熟悉的普通法的惯习路线。由于这些规则在历史上的不同时期进入了该体系，并且不可避免地附属于具体案例，制定法解释规则往往是并行存在的。

历史上，人们可以辨认文义解释、除弊解释、黄金解释以及最近的目的解释方法。简言之，在萨塞克斯贵族案（Sussex Peerage case）[11]中显而易见的文义规则要求，如果一部法案的文字是准确的和无歧义的，则法官必须简单地以其自然和普通的意义来解释这些文字。如果一部法案的语言是清晰和明确的，则无论后果如何，法官都必须赋予其效力。[12]如果一部法案的文字是清晰的，即使可能导致明显的荒谬，法官也必须遵循这些文字。[13]法院与立法机关是否存在荒谬错误的问题无关。[14]“本院认为，只要制定法的字面阅读……能够产生一个可理解的结果，显然没有理由根据议会的假定意图[15]来阅读或者改变文字。”[16]作为对严格适用文义规则[17]所带来的不公平裁决[18]
321 以及起草者所要求的无法达到的完美性[19]的回应，除弊规则要求，[20]法官确认导致立法干预的损害或者问题所在，找出法律现在提供的补救措施，抑制任何可能导致这一损害继续的事项,[21]以及最后根据立法者的真实意图推进该补救措施。[22]"当一项法令的目的是清晰的时候,对一些无意中使用的文字作出牵强附会的解释往往是正当的(因为它是必要的)。"[23]当然,对真实意图[24]和真实补救措施的评估可以偏离文本的字面含义。这对试图避免不公正但严格符合文本作出判决的法官而言,可能是有利的。但如果其被一位能动的法官所适用,可能会破坏法律的确定性和正当性。

> 这是适用于所有类别制定法的基本原则,即您不得以任何理由为该制定法条款附加一个该条款文字所无法合理承受的含义。如果它们能够有不止一个的含义,那么可以在这些含义之间做出选择,但除此之外不得加以尝试。[25]

因此,除弊规则和字义规则的结合产生了更公平的黄金规则。[26]阿特金森勋爵(Lord Atkinson)[27]宣称:

> 在对制定法的建构中,它们的文字必须以其普通的语法含义来加以解释,除非它们是在上下文中,或者在它们出现的制定法的目的中,或者在它们据之被使用的环境中,用于表明它们是在不同于普通语法的特殊意义上被使用的。

因此,当文义规则产生不一致或者荒谬时,更具创造性和积极性的除弊规则可以被用来纠正该错误。[28]但是,正如法律委员会1969年报告所述,荒 322
谬的东西的主观性以及缺乏将结果归类为荒谬的清晰测试,与其他普通法法域相比,黄金规则在英国更不受欢迎(因此我引用了加拿大的一个案例)。1993年,从佩珀诉哈特(Pepper v. Hart)案开始,[29]英国高级法官[30]引入了对立法进行多维解释的概念,根据文义规则和语境,即根据法案的主题、范围、目的[31]和背景,包括《议会议事录》(Hansard)所证明的议会辩论,来考量文字的普通含义。[32]

目前普遍存在的目的性解释能够被归因于对公平和公正的考虑吗?还是说,它是根据1998年《人权法案》(HRA)赋予英国法官所谓更多自由的直接或者间接后果?我发现很难支持这样的观点,即正是《人权法案》将英国法官的做法变为一种更能动的解释进路,从而导致在一般人权领域[33]据称对法官造法更大的容忍度。[34]尽管对适用《人权法案》第3节作出的每一项判决进行的经验分析都会提出雄辩的论据,[35]但在我看来,这不在本章的范围之内,所以我们只能诉诸定性分析。《人权法案》第3节只是引入了解释义务,它不是一种司法否决(judicial override),它引入了对先例原则的豁免,它仍然被词
323 语的一般含义所限定。[36]此外,值得注意的是,目的解释产生于1993年,大约在《人权法案》通过的前五年。因此,从时间上来说,人们可以认为,这一时机是恰当的。诚然,目的解释可以(尽管部分地)归因于新的司法自由,这种自由源于通过适用《人权法案》来宣布法案不兼容的权力。[37]但目的解释并没有真正背离英国的制定法解释传统,[38]至少没有像一些作者所认为的那样。[39]正如迪普洛克勋爵(Lord Diplock)在20世纪70年代所说的那样,在该判决之前的三十年里,目的解释已经成为一种趋势。[40]毕竟,不存在任何脱离作者意图的意义。[41]法官仍然(并且很大程度上确实)必须遵守制定法解释的有限必要性以及推定和格言给他们设定的限制:[42]这些限制了所谓的司法能动倾向,并就制定法解释必须如何进行设定了清晰的指导方针,而无论所使用的是什么规则。[43]

英国的制定法解释体系存在其固有的限制和约束,其法律价值及其在实践中的适用不受影响,并继续限定着所有的制定法解释规则,包括目的解释。[44]首先,只有在词义不清晰或者有争议时,解释才被请求。[45]因此,对于法律的日常建构和适用而言,目的解释是不需要的,因而也是不被请求或者容忍的。根据定义,解释仅限于特殊情况(尽管在实践中经常发生),要么是
324 在任何一组事实被提出以供其适用之前,仅因制定法的文字而产生起草问题;要么是在将制定法的文字适用于一组事实的过程中产生的不确定适用问题。法官适用制定法,但他们不得阻挠制定法。[46]其次,即使在上述确定的特殊情况下,法官也只能为了澄清歧义的或者模糊的立法而使用解释,[47]以及为了在无明文规定的情况下(casus omissus)补充法律规定而使用解释。[48]但歧义性、模糊性或者不完整性并非或者不应当无意地发生,至少并非总是如此。在这种情况下,立法机关要么有意识地决定,要么无意识地使自身陷入文本失败的不幸境地。因此,在这种情况下,作为法律的适用者和解释者,司法机关发挥能动作用既具有宪法正当性,又是其法律义务。[49]实现这一点的手段必然是通过判例法。并且,即使是这一判例法,通常也要受到高等法院的具体审查和一般司法实践的抽象审查:在未来的案件中,判决可能会被撤销,或者可能会被持续的相反判例法驳倒。最后,法官继续受到推定和格言的约束。下面将详细讨论这些问题。但就此处的论点而言,必须指出的是,

在使用目的解释时,法官继续在宪法和法律惯例的范围内工作。因此,通过较新的法律继续废除与其不一致的较早的法律。一部新的法律在性质上仍然是前瞻性的,且在操作上不是回溯性的。[50]法律继续为频繁的未来案件所采纳。在解释制定法时,自由主义的建构仍然是可取的。一段话根据其当前和后续的内容被最佳地解释。一个令人疑惑的词,其含义继续通过其所依附的词来加以明确。[51]对于没有解释需要的内容,仍然没有必要去解释。明确提到一件事仍然是排斥另一件事。关于同一主题的制定法仍须一并阅读。在特殊或者特定词语之后的一般性词语,仍被解释为与该特殊或者特定词语是相同的种类或者类别。也许更重要的是,仍然有一个格言,即议会立法,事出有因。必须对法律进行解释,以便赋予议会意志以效力。[52]这三点有效地 325
证明,英国法官[53]在他们认为合适或者恰当的时候,并不是任由其使用目的解释。尽管所谓的司法能动主义可以归因于制定法解释的自由主义,但归根结底,这一点被英国宪法内在的制衡机制很好地平衡了。

但这是否意味着,英国制定法解释的进路在过去几年里完全保持不变?可以公平地承认,英国法官最近的制定法解释进路已经发生了变化。如今,对制定法的解释沿着"一条司法意见的谱系伸展开来,从严格的文义主义这一端到广泛的目的解释另一段"。[54]但这并不是引入《人权法案》的直接和唯一后果。英国制定法解释的新自由主义进路仅仅反映了区域法律全球化的自觉和无意识的影响,特别是参考欧洲法院的目的论解释。[55]即使人们不把这种变化完全归因于英国制定法解释的欧洲化,也必须接受这一变化已经被欧洲思想加速了。[56]丹宁勋爵(Lord Denning)向其同僚保证,欧洲粗线条的和目的论的解释方法"听起来并不真的那么令人恐慌",因为这仅意味着欧洲法官通过超越设计或者目的来解释立法。[57]宾汉姆勋爵(Lord Bingham)将目的论解释描述为"将血肉提供给一副备用且松散构造的骨架"的过程。[58]在佩珀诉哈特案发生之前的几年,奥利弗勋爵(Lord Oliver)提出,为了履行英国当时的欧共体(EEC)义务而通过的英国法案属于特殊类别,应当被目的性地加以解释,以确保遵守当时的欧共体法律。[59]如果目的性建构有助于遵守当时的欧共体义务,[60]那么即使偏离了对立法机关所使用语词的严格和字面的 326
适用,它也将适用。[61]

英国法官能制定法律吗?尽管在上述限制的范围内,先例原则[62]是否真的允许英国法官形成严格的立法性先例从而允许他们去立法?尽管英国最高法院的判决对所有下级法院都有约束力，但自1966年以来，它们无法约束法院本身。因此，尽管英国最高法院的法官形成了一个法律立场，并将其贯彻到所有下级法院，但当这个问题通过另一个案件加以重新考虑时，这种法律立场很容易被改变。因此，人们可能争辩说，与1966年以前上议院的无所不能相比，现在向最高法院提供法官制定的法律的可能性已经大大降低了。

但是，即使在1998年之前，英国法官享有的自由裁量权似乎与欧洲大陆法系法官的自由裁量权也不相称。尽管英国对三权分立原则的态度阻止法官宣布某一法案过时或者违宪，但这一原则并没有在严格的意义上(stricto sensu)被适用。在过去，大法官被允许参与国家的所有三项职能。最近，英国法官获得了前所未有的机会去操纵国内立法，以此作为手段将其挤压在欧盟立法(根据marleasing案[63])和《欧洲人员法案》的目的(telos)和文本中。[64]但这种新的自由不应被狭隘地看待。欧盟成员国和《欧洲人权公约》签署国的国家法官也享有类似的自由和责任。这对《人权法案》或者实际上对于英国法官来说，并不特别。这可以归因于法律全球化对国家司法系统提出的日益增长的需求，即实现国家和区域/国际文件之间的平稳(因而内在灵活的)趋近。

那么，上议院法官的制定法解释方法是否已经被《人权法案》彻底改变了呢？当然不是。认为《人权法案》的实施改变了英国制定法解释的精神，将无视文本清晰时文义规则的持续流行，文本不清晰或者适用不确定时目的解释
327 的例外适用，制定法解释作为一个概念的特殊用法，以及格言和推定的持续盛行，这些格言和推定限定了根据《人权法案》第3节所可能做出的司法能动主义的范围。英国法官只是承担(并受其困扰)将国内法与欧盟立法以及欧洲人权法院相结合的义务，正如《人权法案》所表达的那样。但这是一项值得给予英国法官的特权。替代方案是基于如下理由对英国的法律制度进行谴责，即先前立法与《人权法案》之间的不一致导致的一系列不受控制且危险的默示废除，进而导致混乱的不确定性。毕竟，除了现在被指控进行司法立法的英国法官之外，还有谁会被要求去宣布这些明确的废除呢？

起草者的职责

但这将起草者置于何地呢？起草者不能过分依赖建构规则。这是一个安全网，用来确保法律制度在不幸发生起草错误的情况下不会手无寸铁。[65]

但它们并没有免除起草者制定清晰的、准确的和无歧义的有效立法的责任。[66]事实上,这正是制定法解释规则[67]可以促进的:通过允许起草者洞察其文本可以并且很可能会被使用者接收的方式,来制定有效的立法文本。换言之,制定法解释规则可以指导起草者努力预测,当使用者决定栖居于立法文本的世界中时,将选择对其信息进行的众多可能[68]解释中的哪一个。[69]因此,起草者可以通过尽最大努力地确保该草案不会引起任何起草问题,以及通过发现可能存在的不确定适用问题来防止出现解释的问题。[70]为此,起草者运用制定法解释规则来识别可能存在的问题,使指引部门意识到可能涉及的问题,找出指引部门希望达到的结果,并最终起草出来,以使之清晰地加以实现。换言之,制定法解释规则是一种起草工具,有助于找出并避免无意的 328
模糊性、歧义性和不完整性,从而有助于实现有效的立法。

推　定

但是,作为制定法解释规则,起草者必须知道的究竟是什么?推定是一个极好的出发点。它们是制定法解释的一般原则,表达了立法的沟通规则,这些规则已经被如此广泛接受,以至于在适用和法律解释的情况下,规制信息的发送者能够正当地预期使用者对其适用。推定通常有助于法院在难以直接证明的情况下,将超出其自然倾向产生信念的任意效果归因于事实。[71]它们可以被视为"法庭被迫得出的关于推定事实存在的推论"。[72]鉴于它们的交互沟通式,通过向使用者保证其所接收的消息是预期要传递的消息,推定通常有助于使用者。[73]它们也对起草者有用,起草者可以在某种程度上依靠推定来预见大多数使用者将如何接收他们所表达的信息。

但有一个告诫。推定是一般规则,这些规则的例外既是可能的,也确实有用。因此,推定是等同于可反驳证据的制定法解释。只要起草者完全意识到这正是他们正在做的事情,就没有什么可以阻止他们去违反推定。有意识地背离一项推定是可以接受和值得赞扬的,因为它使起草者认识到条款具有不同的含义。因此,它指导起草者确保读者意识到不同的含义,并确保读者意识到这种不同之处的范围。[74]没有一份意见一致的推定清单。并且,存在相互矛盾的推定。但最完整的清单可以从克拉布(Crabbe)那里借来。[75]存在符合普通法、符合宪法、符合国际法的推定,[76]并且有一项反对改变现行法律 329
的推定。现行法律的任何改变都需要符合宪法、判例法、现行法律、法院管辖权和一般法律原则。一部法案是合理的。有一种反对不公正的推定。一致性推定要求相同的想法总是以相同的方式表达。有一个确定性的推定。有一种反对冗赘的推定:无用的话可以被法院驳回。[77]词语在整个法案中都有相同的含义,[78]该法案要作为一个整体来阅读。[79]也有关于判决终局性、确凿证据条款、犯罪意图、[80]遵守自然公正原则和补救措施的排他性推定。[81]并且,有一个反对推翻法院管辖权的推定。有一个对待人的公平性推定。除非行动或者行为被宣布为非法,否则该行动或者行为是合法的。法案汇编不改变现行法律。只有当法案在其颁布之日之前的某个日期改变法律时,才授予制定法回溯性效力(retroactive operation)。只有当法案对其颁布之前发生的事件附加新的后果时,才授予溯及既往的效力(retrospective operation)。对王室或者共和国的适用通常在《解释法案》中加以规定。属地运作是规则。

推定清单表明,它们是以宪法、立法理论和实践为基础的制定法解释惯例的表达。它们经常被法官所引用,但涉及具体的立法文本时,它们仍然是未经证实和未被证成的。正是推定的这一方面,使其不可靠和不稳定,至少从准确和确定的立法文本的起草者的观点来看是这样。但是,它们也源于数百年来的宪法和立法习惯,从而使它们成为普遍适用的立法和司法智慧的结晶。因此,它们不容易发生根本性的或者突然的变化。推定等同于大陆法系的一般原则。[82]但是,在被汇编到一个立法文本中的完整而详尽的清单的意义上,它们仍然是未法典化的,因此,仍然通过法院持续的制定法解释予以确
330 立和加强。这似乎是一个不错的选择:因为在新西兰,将制定法解释规则法典化的尝试并不成功,据赞德(Zander)说,类似的尝试在英国也不会成功。[83]

格　言

格言与推定没有什么不同,因为它们都是由几百年来的判例法所形成的宪法和立法理论与实践的表现形式。[84]但是,它们不同于推定,因为它们是不可反驳的。原则上,它们不能被背离。例如,较新的法律继续废除与其不一致的较早的法律。新的法律在性质上必须是前瞻性的,并且不具有溯及既往的效力。

格言通常与推论是可以互换的。例如,溯及既往性的格言是通过溯及既往效力这一推定来加以限定。由于格言还未被法典化,它们被归类为"格言"或者"推定",由法官使用它们来解释立法。对规则普遍适用的确信,导致法

官将它们宣布为格言。任何不那么神圣的东西都被归类为一种推定,从而允许对被引入的规则进行例外规定的可能性。

起草与制定法解释

制定法解释以及实际上的适用,不同于起草。它是在法律起草工作圆满完成并获得议会通过之后才发生的。因此,制定法解释是立法议程的一部分,但不是立法起草辩论的直接组成部分。但是,完全分离这二者与混淆它 331
们同样是错误的。[85]

制定法解释规则构成立法环境的一部分。并且,尽管这些规则并不能免除起草者提供清晰的、准确的和无歧义立法文本的责任,但它们可以帮助起草者对使用者如何看待所产生的立法表达,形成立法前的洞察。换言之,对制定法解释规则的了解为起草者提供了进入使用者心灵的窗口。这可以指导起草者根据使用者理解的偏爱微调立法表达。[86]

困境在于,草案是否需要重复已经确立的解释惯例,或者实际上是可以在《解释法案》中找到的条款。困境实际上处于重复和由此产生的冗长,以及表达的简洁性。答案并不容易得到。《解释法案》和制定法解释规则被视为新法律在其中发挥作用的法律环境的一部分。我们不可能在一部法案中重复所有相关的宪法、法律和普通法规则。但是,通过故意忽视对《解释法案》或者更为棘手(如果可能的话)的制定法解释规则的交叉参引,造成歧义性和不确定性的危险是相当严重的。只能回到起草品质的金字塔。简洁性一点也不起作用,但清晰性确实起作用。因此,原则上讲,清晰性似乎要求重复《解释法案》或者确认推定或者格言的法院判例中的规定。

但这当然可以通过立法文本特定受众被估计的法律意识来加以限定。在刑事法院的程序规则中重复"犯罪意图"的概念是没有意义的,该程序规则主要是(如果不是专门的话)针对律师和法官的。实际上,对推定进行释义,会使得程序规则的博学使用者去考虑偏离这一概念的既定定义和内容的可能性。但是,人们可以期望非专业使用者了解《解释法案》的存在,乃至其条款的内容和解释吗?

如果起草者要为非专业使用者重复解释规则,那么具体在哪种情形呢?试图在立法文本中这样做是徒劳的,最终会适得其反地浪费资源:从哪里着手,并且又到哪里停止交叉参引和解释?[87]是否真的有可能向非专业使用者 332

传授多年的背景和内容方面的法律培训？非专业使用者是否真的应该接受这种培训，以便了解政府要求他们做什么或者不做什么？

立法文本必须与使用者对话，包括非专业的或者博学的或者二者之间的使用者。不需要法律培训，也不需要无休止地交叉参引使用者无法获得的立法文本。在这里，立法的公布可以发挥关键作用。国家档案馆在立法语言的使用模式方面的工作是创新性的，并且是对这一具体需求的回应：通过可选的信息窗口和对相关文本可点击的指引，让使用者了解立法的背景。[88] 与此同时，起草者仍然面临两难境地。在如下二者之间保持平衡是他们职责的一部分，即传递完整信息的需求，同时保持文本中没有对于未经培训的使用者而言无用的数据。并且，这也是主观性工作的一部分，即实践智慧式立法起草。

注　释

〔1〕 See VCRAC Crabbe, *Understanding Statutes*, Routledge-Cavendish, 1994, p. 52.

〔2〕 See R. J. Martineau and M. B. Salerno, *Legal, Legislative and Rule Drafting in Plain English*, Thomson West, 2005, p. 104.

〔3〕 在英国并非如此。

〔4〕 See Cooper v. Motor Insurers' Bureau [1985] QB 575.

〔5〕 但这并不总是可能的：参见 R. Carter, *Statutory Interpretation Using Legislated Examples: Bennion on Multiple Consumer Credit Agreements*, 32 Statute Law Review 86, 93(2011)。

〔6〕 See R. J. Martineau, *Drafting Legislation and Rules in Plain English*, West, 1991, p. 24.

〔7〕 这一部分的初稿，参见 H. Xanthaki, *The UK Human Rights Act: A True Excuse for Judicial Law making by the Law Lords?*, 18 Jura. 244(2012)。

〔8〕 关于爱尔兰关于制定法解释的判例法发展，参见 The Law Reform Commission, *Consultation Paper on Statutory Drafting and Interpretation: Plain Language and the Law*, LRC CP14 – 1999; and for the status of statutory interpretation in Singapore, see G. Yihan, *A Comparative Account of Statutory Interpretation in Singapore*, 29 Statute Law Review 195, 196(2008)。

〔9〕 See R. Graham, *A Unified Theory of Statutory Interpretation*, 23 Statute Law Review 91, 134(2002).

〔10〕 关于大陆法系的制定法解释，参见 G. Carney, *Comparative Approaches to Statutory Interpretation in Civil Law and Common Law Jurisdictions*, 35 Statute Law Review 1 (2014)。

〔11〕 See (1844) 11 Cl & F 85; 8 ER 1034.

〔12〕 See Warburton v. Loveland (1832) 2 D & Cl (HL) 480, per Tindal CJ at 489.

〔13〕 See Amalgamated Society of Engineers v. Adelaide Steamship Co. Ltd. (1920) 28 CLR 129, per Higgins J at 161.

〔14〕 See R. v. City of London Court Judge [1892] 1 QB 273, per Lord Esher MR at 290.

〔15〕 See Editorial, *Legislative Intention*, 28 Statute Law Review iii (2008).

〔16〕 See R. v. Oakes [1959] 2 QB 350, per Lord Parker CJ at 354.

〔17〕 See Sir F. Pollock, *Essays on Jurisprudence and Ethics*, MacMillan and Co., 1882, p. 85; Lord Reid, *The Judge as Law Maker*, 12 Journal of the Society of Public Teachers of Law 28(1972); Stock v. Frank Jones (Tipton) Ltd. [1978] ICR 347, 354; Bulmer Ltd v. Bollinger [1974] Ch 401, 425.

〔18〕 See R. v. The Judge of the City of London Court [1892] 1 QB 273 9 CA; Sir W. Dale, *Legislative Drafting: A New Approach*, Butterworths, 1977, p. 296.

〔19〕 See The Law Commission and the Scottish Law Commission, *Interpretation of Statutes* (Law Com No. 21, 1969); (Scot Law Com No. 11, 1969) 17.

〔20〕 See Heydon (1854) 3 CoRep7a; 76 ER 637; Corkery v. Carpenter [1951] KB 1, 102.

〔21〕 See R. (McCann) v. Crown Court at Manchester [2003] 1 AC 787 (HL) [16] - [18].

〔22〕 关于立法意图和危害,参见 R. v. Secretary of State for the Environment, Transport and the Regions, ex p Spath Holme Ltd [2001] 2 AC 349 (HL)。

〔23〕 See Sutherland Publishing Co. v. Caxton Publishing Co. [1938] Ch 174, per MacKinnon LJ at 201.

〔24〕 See D. Greenberg, *The Nature of Legislative Intention and Its Implications for Legislative Drafting*, 27 Statute Law Review 15, 28 (2006); RN Graham, *A Unified Theory of Statutory Interpretation*, 23 Statute Law Review 91, 134 (2002).

〔25〕 See Jones v. DPP [1962] AC 635, per Lord Reid at 668.

〔26〕 See Adler v. George [1964] QB 2, 7; Warburton v. Loveland (1828) 1 Hud & B 623; for the prominent Irish cases see People (Attorney General) v. McGlynn [1967] IR 232; DPP v Flannagan [1979] IR 265.

〔27〕 In Victoria (City) v. Bishop of Vancouver Island [1921] AC 384.

〔28〕 Eg Case Comment, *Statutory Interpretation: Correction of Obvious Drafting Error*, 170 Justice of the Peace and Local Government Law 623(2006).

〔29〕 See [1993] 1 All ER 42, 50; [1993] AC 593 (HL).

〔30〕 关于澳大利亚目的性解释的判例法,参见 Zheng v. Cai [2009] CLR 239, 446, 455; Certain Lloyd Underwriters Subscribing to Contract No IH00AAQS v. Cross [2012] HCA 56, [25] - [26]. For the Hong Kong approach to purposive interpretation, see A. Cooray and A. Law, *Legislative Guidelines on the Use of Extrinsic Materials in Statutory Interpretation: is Hong Kong Ready?*, 9 Asia Pacific Law Review 23(2001). For the Irish approach, see P. Hunt, *Statutory Interpretation: Pepper v. Hart—the Irish Situation*, 8 Irish Tax Review 17(1996). For Canada, see JJ Magyar, *The Evolution of Hansard Use at the*

Supreme Court of Canada: *A Comparative Study in Statutory Interpretation*, 33 Statute Law Review 363(2012)。

〔31〕 See G. MacCallum, *Legislative Intent' in R Summers*, *Essays in Legal Philosophy*, Blackwell, 1968, p. 237, 240.

〔32〕 See Learned Hand J. in Cabell v. Markham (1945) 148 F 2d 737, 739; Lord Bingham in R. (Quintavalle) v. Secretary of State for Health [2003] 2 AC 687, [8]; Lord Hoffmann in ICS v. West Bromwich Building Society [1998] 1 WLR 896, 913; and Lord Nicholls in Wilson v. First County Trust (No. 2) [2003] UKHL 40 [114] - [117]; R. Greenfield, *Statutory Interpretation since Pepper v. Hart*, 14 Capital Tax Planning 63 (1995); and I. McLeod, *The Use of Hansard in Statutory Interpretation*, 156 Local Government Review 1021(1992).

〔33〕 See P. Brady, *Convention Compatible Statutory Interpretation*: *A Comparison of British and Irish Approaches*, 33 Statute Law Review 24, 25 (2012).

〔34〕 即使有人接受法官会考虑自身利益的论点,包括其解释选择对其声誉的成本:参见 RNM Graham, *What Judges Want*: *Judicial Self-interest and Statutory Interpretation*, 30 Statute Law Review 38, 70 (2009)。

〔35〕 关于个案分析,参见 J. van Zyl Smit, *The New Purposive Interpretation of Statutes*: *HRA Section* 3 *after Ghaidan v. Godin-Mendoza*, 70 Modern Law Review 294(2007)。

〔36〕 关于这一点的雄辩和博学分析,参见 Arden L. J. , *The Interpretation of UK Domestic Legislation in the Light of the European Convention of Human Rights*, 25 Statute Law Review 165, 177 - 178 (2004)。

〔37〕 See J. A. Holland and J. S. Webb, *Learning Legal Rules*, Blackstone Press, 2001, p. 227.

〔38〕 See D. Greenberg, *All Trains Stop at Crewe*: *The Rise and Rise of Contextual Drafting*, 7 European Journal of Law Reform 31, 36(2006).

〔39〕 See G. Bowman, *Legislation and Explanation*, The Loophole(2002), www. opc. gov. au/calc/docs/calc-june/audience. htm; G. Slapper, *Statutory Interpretation*: *A New Departure*, 14 Business Law Review 56(1993); JH Baker, *Statutory Interpretation and Parliamentary Intention*, 52 Cambridge Law Journal 353(1993).

〔40〕 See Lord Diplock in Carter v. Bradbeer [1975] 3 All ER 158; for old cases supporting purposive interpretation, also see Kammins Ballrooms Co Ltd. v. Zenith Investments Ltd. [1970] 2 All ER 871; R v. Pigg [1983] 1 All ER 56; and Re X (A Minor) (Adoption Details: Disclosure) [1994] 3 All ER 372.

〔41〕 See C. Walshow, *Interpretation is Understanding and Application*: *The Case for Concurrent Legal Interpretation*, 34 Statute Law Review 101, 123 (2012).

〔42〕 不仅仅是在英国:参见 LA Marchili Como Legislar con Sbiduria y Elocuencia—El Arte de Legislar Reconstruido a Partir de la Tradicion Retorica, Buenos Aires, Editorial Dunken, 2009, p. 262 - 358。

〔43〕 See F. Bennion, *A Human Rights Act Provision Now in Force*, 163 Justices of Peace 164 (1999), www. francisbennion. com/pdfs/fb/1999/1999 - 011 - threading - 10. pdf.

〔44〕 See Magor and St Mellons Rural District Council v. Newport [1952] AC189, per Lord Simonds at 191.

〔45〕 引用一个美国案例,参见 Caminetti v. United States, 242 U. S. 470, 485 (1917)。

〔46〕 See Lord Devlin, Judges and Lawmakers, 39 Modern Law Review 1, 13 (1976).

〔47〕 See M. Troper, C. Grzegorczyk and JL Gardies, *Statutory Interpretation in France*, in DN MacCormick and RS Summers eds., Interpreting Statutes: A Comparative Study, Dartmouth, 1991, p. 171, 190.

〔48〕 See Magor & St. Mellons Rural District Council v. Newport Corporation [1951] 2 All ER 839.

〔49〕 See M. Vranken, *Statutory Interpretation and Judicial Policy Making: Some Comparative Reflections*, 12 Statute Law Review 31, 46(1991).

〔50〕 See Lauri v. Renad [1892] 3 Ch 402, per Lindley LJ at 421.

〔51〕 See River Wear Commissioners v. Adamson (1877) 2 AC 743, per Lord Blackburn at 763; R (Westminster CC) v. National Asylum Service [2002] 1 WLR 2956, per Lord Steyn at [5].

〔52〕 See Editorial, *Legislative Intent*, 29 Statute Law Review ii (2008); Black-Clawson International Ltd. v. Papierwerke Waldhof-Aschaffenburg AG [1975] AC 591, per Lord Reid; R. v. Secretary of State for the Environment, Transport and the Regions, ex p Spath Holme Ltd. [2001] 2 AC 349, per Lord Nicholls at 395; Wilson v. First County Trust (No. 2) [2004] 1 AC 816, per Lord Hope at [111].

〔53〕 美国法官的实际情况,参见 M. D. Goodman, *Reconstructing the Plain Language Rule of Statutory Construction: How and Why*, 65 Montana Law Review 229, 264 – 265(2004)。

〔54〕 See Hon J. J. Spigelman, *The Intolerable Wrestle: Developments in Statutory Interpretation*, 84 Australian Law Journal 822, (2010).

〔55〕 See J. E. Levitsky, *The Europeanisation of the British Legal Style*, 42 American Journal of Comparative Law 347, 371 372 (1994).

〔56〕 See Greenberg, *All Trains Stop at Crewe*, (n 38) 32.

〔57〕 See James Buchanan & Co. Ltd. v. Babco Forwarding & Shipping (UK) Ltd. [1977] 2WLR 107, 112.

〔58〕 See Commissioners of Customs and Excise v. ApS Samex [1983] 1 All ER 1042, 1056.

〔59〕 See Pickstone v. Freemans Plc [1989] 1 App Cas 66, 125 – 126 (1988).

〔60〕 See EMH Hirsch Ballin, *Reflections on Co-actorship in the Development of European Lawmaking*, in EMH Hirsch Ballin and LAJ Senden eds., Co-actorship in the Development of European Law-making: The Quality of European Legislation and its Implementation and Application in the National Legal Order, TMC Asser Press, 2005, p. 3, 15.

〔61〕 See Litster v. Forth Dry Dock [1990] 1 AC 546, 559.

〔62〕 Common law judges ask themselves, "What did we do last time?": see TM Cooper, *The Common and the Civil Law—A Scots View*, 63 Harvard Law Review 468, 471(1950).

〔63〕 关于导致 Marleasing 案的欧盟判例法分析,参见 K. Sawyer, *The Principle of "Interpre-*

tation Conforme": *How Far Can or Should National Courts Go when Interpreting National Legislation Consistently with European Community Law?*, 28 Statute Law Review 165, 166 - 169(2007)。

〔64〕 See The Home Office, Rights Brought Home (Cm 3782, 1997) para. 2.7; P. Sales and B. Hooper, *Proportionality and the Form of Law*, 119 Law Quarterly Review 427(2003).

〔65〕 See J. Stark, *Understanding Statutes by Understanding Drafters*, 85 Judicature 190, 191 (2002).

〔66〕 See D. Greenberg, *Laying Down the Law*, Sweet and Maxwell, 2011, p. 265.

〔67〕 Statsky 拒绝使用"规则"一词作为制定法解释的标准,理由是没有法院被要求去适用准则:See WP Statsky, *Legislative Analysis and Drafting*, West Publishing Co., 1984, p. 83。

〔68〕 See J. Tontti, *Right and Prejudice: Prolegomena to a Hermeneutical Philosophy of Law*, Ashgate, 2004, p. 36 - 37, 130 - 131.

〔69〕 See P. Ricoeur, *The Hermeneutical Function of Distanciation*, in P Ricoeur ed., From Text to Action: Essays in Hermeneutics, II, The Athlone Press, 1991, p. 84 - 86.

〔70〕 See J. Landis, *A Note on "Statutory Interpretation"*, 43 Harvard Law Review 886, 892 (1930).

〔71〕 See R. D. Gordon, *Fictitious Fraud: Economics and the Presumption of Reliance*, 9 International Journal of the Law in Context 506, 510(2013).

〔72〕 See R. Nazzini, *The Wood Began to Move: An Essay on Consumer Welfare, Evidence and Burden of Proof in Article* 82 *Cases*, 31 European Law Review 518, fn 32(2006).

〔73〕 关于推定的性质,参见 D. Mendonca, Presumptions, 11 Ratio Juris 399(1998)。

〔74〕 关于法官在解释阶段偏离推定的困难,参见 D. Bailey, Die-hard Presumptions, 58 Trusts and Estates Law & Tax Journal 27(2004)。

〔75〕 See VRAC Crabbe, *Understanding Statutes*, Cavendish Publishing, 1994, p. 119 - 177.

〔76〕 See I. McLeod, *Principles of Legislative and Regulatory Drafting*, Hart Publishing, 2009, p. 57.

〔77〕 See Stone v. Yeovil Corpn (1876) 1 CPD 691, 701.

〔78〕 See R. v. Millward [1985] QB 519.

〔79〕 See Dimond v. Lovell [1999] 3 All ER 1, 10.

〔80〕 See J. E. Stannard, *A Tale of Two Presumptions*, 21 Liverpool Law Review 275(1999).

〔81〕 关于其他证据性推定,参见 A. Craig, Evidential Presumptions, 152 New Law Journal 217 (2002)。

〔82〕 See T. C. Wegerich, *Statutory Interpretation in Germany: The Continental Approach to Dealing with the Law*, 15 Holdsworth Law Review 217(1991/1992).

〔83〕 See M. Zander, *The Law-Making Process*, Butterworths, 1999, p. 170.

〔84〕 See R. N. Graham, *In Defence of Maxims*, 22 Statute Law Review 45, 68(2001).

〔85〕 关于适用与解释之间的联系,参见 S. D. Smith, *That Old-Time Originalism*, in G. Huscroft and B. W. Miller ed., The Challenge of Originalism: Theories of Constitutional Interpretation, Cambridge University Press, 2011,p. 240。

〔86〕 See Sir A. Russell, *Legislative Drafting and Forms*, Butterworths, 1938,p. 13.

〔87〕 See Office of the Parliamentary Counsel, *When Laws Become Too Complex: A Review into the Causes of Complex Legislation*, 29, www. gov. uk/government/uploads/system/uploads/ attachment_data/file/187015/GoodLaw_report_8April_AP. pdf.

〔88〕 关于获得立法及其与法治的直接关系,参见 R. Cormacain, Accessing Legislation: 40 Years post-Renton, 19 Web Journal of Current Legal Issues (2013), http://webjcli. org//article/view/264/361。

第十九章

后里斯本时代立法质量与议会的作用[1]

如果历时地看立法(作为一种规制工具)的质量,那么挑战 333
的概念就更像是一种轻描淡写,而非对严峻现实的描述。本书涉及作为促进立法质量之手段的立法及其条款的起草,这有助于提高规制实效,进而实现成功的规制。现在是时候回到规制这一主题了,这里关注的不是介绍性的基础知识,而是通过该领域的最新发展而实现的议程推进。就此而言,欧盟和英国均有相当多的创新成果;并且,从英国的角度来看,分析这两个论坛对于全面了解英国政策和法律中规制质量的内容是必要的。因此,本章评估了《里斯本条约》之后欧盟和英国在立法质量规制框架方面取得的进展,重点仍然是经由立法的规制和起草者的经验教训。由于这一分析的要素已经在第一章中得到确认,本书在此回到原点:由于立法是一种规制工具,本书已经处理了良善立法的殊异性和细节,现在以良善规制的最终发展来结尾。良善立法和良善规制相互促进,并将质量论证分别置于有效性和实效之中。

欧盟关于立法质量的规制框架[2]

欧盟对立法质量的长期参与具有如下特征,即在规制议
程[3]背后有一股强大的英国政治推动力。虽然这可能导致普通 334
法在起草惯例中占据上风,但新兴的立法风格则为欧盟独有。它很好地平衡了普通法系和大陆法系的结构,从而与两个法系相适应。但与此同时,它尊重欧盟法律的复杂性,例如,普遍将欧盟判例法作为具有约束力的法律规范的一种渊源。

这一动态过程于其中发生的框架,是由一长串文件构成的。这些文件大部分是非约束性的,为适用于所有欧盟机构的立法起草过程和格式设定了规则。

第一套具体的质量促进规则是由1992年的萨瑟兰报告(*Sutherland Report*)[4]提出的。萨瑟兰勋爵设定了新立法措施必须符合的五项标准,以此作为实现立法质量的手段,包括采取规制行动的必要性;选择最有效的行动方案,无论是立法性方案还是替代性方案;该措施与所需要的规制结果之间的合比例性;

拟议措施与现有措施之间的连贯性；在筹备阶段进行广泛的咨询磋商。

但是，如何才能将萨瑟兰报告付诸实施呢，特别是涉及起草惯例和规则时？在萨瑟兰勋爵于1992年12月提交报告两个月后，欧洲理事会要求更清晰、更简单的立法。[5] 1993年6月，理事会对这些概念进行了阐释，并通过使用一份立法质量的决议，提出了达到这些要求的具体措施：这份决议触及了用词、结构以及与现有立法内容的一致性。[6] 为了使立法更容易理解，该决议要求采用清晰、通俗易懂、简洁和无歧义的用词。该决议鼓励的做法是：在整个法案中使用相同的术语；使用公认的章/节/条款/段落结构；遵守序言的作用，后者是简单明了地证成制颁条款的一种方式；对源自该法案的权利和义务进行明确规定；明确规定该法案的生效日期；保证各个法案之间规定的一
335 致性。决议不鼓励如下做法：使用不必要的缩写；使用特定群体的行话；使用长句；对其他文本不精确的参引；交叉参引太多；使用不具有立法性质的政治声明；无意义地重复现有规定；与现有立法不一致。在特别提及修改先前立法文本的法案时，该决议不鼓励纳入自主条款，后者无法被直接纳入现行法案。该决议非常类似于国家背景下的立法手册，但其篇幅要短得多，而且为起草者提供的具体惯例和一般原则的范围并不平衡。虽然决议所规定的起草规则和惯例并非原创或者创新，但其巨大价值在于：对欧盟而言，其对立法质量、立法的可理解性和评估欧盟立法文本的固定清晰标准的概念，进行了前所未有的关注。[7] 但是，决议几乎没有约束力，因而法律价值有限，但无论怎样，这项决议具有一般规定性。

因此，立法过程中各个行动者的职责便是，采取具体措施将萨瑟兰报告和决议在特定的立法领域中付诸实施。为此，在1994年12月，欧洲理事会、委员会和议会在机构间关于立法文本官方编纂的协议中，详细阐述该决议的指南，尽管仍然没有约束力。决议和协议当然是直接相关的：该决议宣称"使共同体立法更具可理解性的一般目标，不仅应当通过系统地利用欧盟汇编，还应当通过实施以下指南来实现"。[8] 在1995年6月，摩立特集团（Molitor Group）将萨瑟兰报告标准应用于立法和行政简化中。[9] 2003年，为了简化[10]的目的，又提出优先排序（prioritisation）概念作为补充。

当这一切仍在进行，委员会对立法采取了一个更加原则但仍然没有约束力的立场。在1995年和1996年，更好的立法（*Better Lawmaking*）[11]报告确定
336 了欧盟立法政策的规制目标：立法质量、一致性、起草过程的开放性、精心策

划且协调的立法过程，以及对立法的全面监督和评估。在关注欧盟层面的立法质量的同时，委员会确定了立法质量在成员国实施措施中的关键作用，以此作为欧盟规制质量的决定因素。

这一点在委员会 1996 年的内部市场简化立法倡议（Simpler Legislation for the Internal Market，SLIM）中很明显。在内部市场部长们的大力鼓励下，该倡议旨在简化欧盟立法及其成员国的实施性立法。[12]这一主题在 1997 年 6 月得到确认，委员会的简化方法被明确地扩展到（成员）国内措施。[13]委员会 1997 年更好的立法报告则进一步确认了这一点，该报告呼吁成员国的起草部门努力实现共同体法律的有效实施，并积极参与到提高立法质量的过程中。[14]在 1998 年 2 月 13 日至 14 日举行的内政部长非正式会议上，部长们一致强调他们坚决支持对国家和共同体规则的简化。[15]该政策的基本原理在 1998 年的《更好的立法报告：一份共同的责任》[16]中得到了明确表达，[17]该报告将成员国称为“立法的主要生产者，因而是（课予企业）负担的最直接原因”。在一系列文件中，委员会将其对成员国所采取之立法措施质量的强调，扩展到了对转置欧盟工具的监督与评估，包括加入欧盟之前和之后。[18]

但是，委员会如此雄辩地向欧盟和成员国加以扩展的立法质量，其要素究竟是什么？1998 年委员会工作人员发表题为“使单一市场规则更有效，实施和强制执行中的质量[19]”的工作文件，其澄清了立法质量的必要性、目的和内容：清晰和简单的立法有助于企业和公民在没有过多负担的情况下遵守法 337
律；[20]它促进了法律实施；它解决了对过多繁文缛节的抱怨，后者经常引发损害赔偿案件，如弗朗科维奇案（Francovich）。[21]所有这一切都可以通过使用具备如下条件的立法来实现，即易于转置为国内法并适用，以及根据委员会[22] 1998 年规制政策指南和 2002 年利益团体咨询磋商的一般原则和最低标准，将利益团体在咨询磋商中表达的观点纳入考虑。在 2002 年《欧盟治理：更好的立法》通讯[23]中，负责任性（accountability）、有效性和合比例性被提出，作为更好的立法的主要要素。此外，向欧洲理事会提交的委员会通讯《更少地立法，以便更好地行动：事实》[24]则强调，将注意力集中在通过严格适用辅助性和比例原则获得的政策优先事项的需要（更少地立法），对优化咨询磋商程序的需要，以及对更清晰、更简单和更易理解之立法的需要（更好地行动）。这些目的可以通过如下方式来实现：减少立法提案；使用作为一种规制工具[25]之立法的替代性方案；引入为了清晰、融贯和无歧义立法的起草指南，以便提高立法起草质量；通过 SLIM 机制来简化立法；恰当使用正式汇编（或者在今天的术语中的法典化）、法律重铸和非正式汇编；[26]更便捷的信息获取通
338 道；适当的转置；各机构共同承担责任；国内立法的合理化。

立法质量规则的高峰是 1998 年关于共同体起草质量共同指南的机构间协议：[27]共同体的法案必须是清晰的、简单的、准确的、简洁的且具有同质的内容。对于有关法案的类型及其受众，起草必须是恰当的。术语必须内在地和外在地一致。采取标题—序言—制颁条款—附件（必要时）这一标准结构。标题提供了主题的完整指示。引注列明了该法案的法律依据。序言则列出了制颁术语主要条款的简明理由，但没有对其进行解释或者复制。只有规范性质的条款才能包含在立法中。必须将内部性和外部性参引条款保持在最低限度。废除必须被明确地提出。转置或者强制实施的日期必须被明确到“日/月/年”。2003 年关于更好的立法的机构间协议补充了这一点。但 2003 年的协议仅仅侧重于改善机构间的协调性和透明度，为替代性规制工具提供一个框架，增加影响评估的使用，以及欧盟法律的简化。[28]

但是，1998 年协议在提升立法质量的方法方面，仍然没有约束力且相当碎片化。这似乎就其本身而言，甚至与此处提到的许多相关欧盟文本相结合，协议以及欧盟均未能证明立法质量的要素必须是什么。

后里斯本时代的智慧规制倡议

在欧盟，为提高立法质量而采取的行动热潮在 2003 年的某个时候结束。许多政策文件继续提到更好的规制，后者继续处于欧盟治理争论的最前沿，但对它们的仔细研究无疑表明，立法从作为自主性产品转变为一种规制工
339 具。这当然非常有见地，因为立法确实是一种规制工具。但不幸地是，在欧盟，这一概念性运动导致了对立法的明显无知，至少从起草的角度来看是这样。人们可以将这一运动背后的概念框架追溯到 2001 年曼德尔肯集团（Mandelkern Group）关于更好的规制的报告。[29]值得注意的是，自 2001 年以来，更好的规制报告的依据并未因此限于合比例性和辅助性，而从 2007 年起，甚至是更好的规制报告的标题也已经被辅助性和合比例性所篡夺，从而排除了立法质量惯例和创新性评估的可能。[30]2008 年“欧盟更好规制的第二次战略审查”仅仅关注行政负担、立法审查、减少立法文书的数量以及强调欧盟及其成员国的共同责任。[31]同样，2009 年“欧盟更好规制的第三次战略审查”则

是从立法到规制议程的另一个典型例证：尽管清晰的、准确的和可理解的立法是规制改革的基础，但没有一项建议能够解决这一问题：立法前和立法后审查是唯一的关切。[32]

该领域最近的创新是智慧规制议程。[33]2010 年 10 月，关于智慧规制的委员会通讯从旧的优化规制议程正式过渡到新的规制议程。[34]委员会确定了议程中的三个关键信息。第一，智慧规制关涉整个政策周期，因此触及一部立法的设计，包括实施、强制执行、评估和修订。第二，智慧规制仍然是欧盟机构与成员国之间的共同责任。第三，规制使用者的观点在智慧规制[35]中起着关键作用，因为咨询磋商是民主的要素。[36]换言之，智慧规制的新颖性关涉三 340
个主题：(1)贯穿整个政策周期的智慧规制；(2)共同分担的责任；(3)利益相关者的参与。[37]

毫无疑问，智慧规制是革命性的。专家们对委员会议程的反应是积极的，尽管已经确定需要采取进一步行动。这包括需要对每项新的规制提案进行影响评估；提高路线图的信息价值；使影响评估委员会更加独立；从最终使用者的角度进行系统的后评估；加强高级别工作组的作用；向公众咨询。[38]智慧规制展现了明显的积极意义。

其遵循斯特法努博士将起草过程认定为立法过程的一部分，后者则是政策过程的一部分。[39]智慧规制确认欧盟规制是机构和成员国的共同责任，其肯定了深入磋商的必要性。重点是通过减少行政负担来简化欧盟法律，到 2012 年减少 25% 的繁文缛节；通过对关键领域(环境等)的适切性进行检查，[40]以及通过战略性的一般政策评估，事前对法律有效性和效率进行评估；通过影响评估选择“最好的”立法；[41]通过立法后审查、在线问题解决系统(SOLVIT)[42]和欧盟试点项目(EU Pilot)来改进实施记录；通过通俗易懂的语言、法典化、重铸和电子访问来实现更清晰、更易理解的立法。这些是有价值的目标。委员会可以展现相当大的成功。例如，欧盟的影响评估系统被称 341
赞为一流。[43]问题是如何实现这些崇高目标。

简化欧盟法律确实是一个很好的目标。[44]令人沮丧的是(或者令人印象深刻)，74% 的欧洲公民认为，欧盟产生了太多的繁文缛节。[45]委员会通过影响评估和利益相关者咨询磋商，[46]以及在 2012 年 12 月的规制适切性与绩效计划(REFIT)中定期进行的适切性检查，对此做出了回应。[47]这些倡议有助于减少繁文缛节，可以减少远远超过行政负担减少计划中所规定的 25% 的目标:[48]精确的数字相当于13个优先领域减少了25%的负担,等于节省了308亿欧元,而且另有50亿欧元仍有待共同立法者采用。[49]

但是,简化不能仅仅意味着简化立法和减少行政负担。[50]事实上,智慧规制议程忽视了简化的许多关键方面。不考虑这些方面,减轻行政负担便无法实现。[51]所选政策的简单性如何?如果一项政策选择本身很复杂,那么减少
342 繁文缛节就不足以保证其对于公民是可理解的。所选规制手段的简单性如何?难道众所周知的对使用者不友好的立法不是一个最复杂的规制工具?因此,通过立法来减轻行政负担具有可能危及最终结果的内在复杂性。当一个简单的规制工具被认为无效时,作为简化一项简单政策之表达的方法,其所选起草方式如何呢?复杂的立法风格会削弱简化工作的实际效果,无论所选简单政策中行政负担的百分比如何:如果使用者无法理解法律的语言,他们又如何从减少繁文缛节的政策所创造的机会中受益呢?直截了当的强制执行方法怎么样?如果成员国的实施措施是复杂的并且抓住欧盟文本中自由裁量权的机会以便增加进一步的负担,人们是否可以信赖欧盟文本中行政负担的减少呢?最后,当使用的立法前审查和立法后审查方法本身就很复杂,进而使用者无法使用的时候,欧盟法律是否被认为是简单的呢?

同样,事前对法律的有效性和效率进行评估,在理论上是一项非常棒的倡议。[52]其被定义为根据干预的结果和影响以及它们旨在满足的需求,[53]对干预所做的判断。但是否其通过适切性检查和一般政策评估就可以简单实现呢?在有效性定义没有最终被提供的立法环境中,规制团队应该努力实现的目标就成为一个移动的目标、一个模糊和有歧义的目标,其对于规制过程中的不同参与者而言具有不同的含义,欧盟与其成果国层面之间[54]更是如此。然而,即便有效性概念是清晰的,在涉及一部具体立法时,为了成功规制而必须使用的有效性的具体标准又包括哪些呢?在特定时间为特定社会服务的特定法律体系中适用的立法的特定背景中,将有效性概念之语义场域中的一般要素加以适用,并非一项简单的任务,因而真的不应该被忽视或者听之任之。我们迫切地需要确保政策制定者、法律专家和立法起草者之间就立法的有效性标准达成共识,并将这些标准清晰地表达在立法本身之中,这或
343 许可以通过将其包括在一个目的条款中加以实现。之后,这些标准可以运用到立法后审查中,进而被用来确保有效性,使文本能够延续其立法生命。

但如何解决无效性问题呢?如果在立法后监督预设的时间,该部立法不

符合有效性标准怎么办:该部立法会因为日落条款而自动失效吗?是否会继续困扰法令全书,直到一位开明的决策者决定解决这个问题?还是会导致通过一部修改性立法来自动对其进行微调?

此外,智慧规制未能确定成员国层面进行评估的方式,甚至根本无法确定。在此,其他考量也应该发挥作用。在立法过程中,国家审查是强制性的,还是可以根据国家主权给予成员国自由裁量权?还有就是,智慧规制未能处理国家审查过程的范围,即是否必须与国家的实施性措施严格相关,以及是否可以涉及欧盟原始文本。这是至关重要的,特别是涉及国内立法时,其通过直接或者间接的违反而偏离欧盟的政策和法律,甚至通过可接受的自由裁量权来正当地违反欧盟的政策和法律,就像实施指令时那样。如果国内审查工作确认欧盟政策存在缺陷怎么办?是否可以向欧盟报告,以及这是否会导致欧盟层面的任何行动?

此外,该倡议未能界定效率。目前尚不清楚这是否关涉包括财务成本的数学工作,是否必须计算社会和其他影响以减轻负担,或者到底如何计算这些负担。

改善实施记录是智慧规制第三个有参考价值的地方。[55]但是,我们必须再次在目标与提出的实现方法之间进行区分。是否可以通过立法后审查、在线问题解决系统的可获得性,以及用于澄清和协助适用欧盟立法的欧盟试点计划来改进实施呢?[56]对新的、原有的和有抱负的成员国而言,完全转置之定义的清晰指引如何呢?为了欧盟起草和欧盟法的转置,立法质量定义的清晰指引又如何呢?以英国起草国家初级立法的模式为基础(议会法律顾问办公室),建立国家起草办公室,由经过训练的专家起草者来审查(如果不是起草) 344
实施措施怎么样?将实施的审查范围从实质性转置扩展到技术性转置的质量又怎么样?

最后,谁会不同意选择“最好的”立法呢?但这真的仅仅通过影响评估、更清晰易懂的立法、通俗易懂的语言、法典化、重铸和电子访问就可以实现吗?在将立法用作一种规制工具的意义上,如何开展关于有效性之整体进路的辩论?为起草者设定目标的层次结构为何?培训起草者来实现这些目标怎么样?在包括欧盟委员会、理事会和议会在内的欧盟机构中,考虑设立由经过训练的起草者组成的集中起草办公室怎么样?培训国家起草者来为这项努力做贡献又怎么样?[57]

因此,即使在后里斯本时代,欧盟的立法质量仍然面临着挑战,而这些挑战在很大程度上仍未得到解决。对欧盟相关举措(更好的规制议程)的分析表明,2003 年前后出现了停顿。尽管此前在立法质量领域的活动十分热烈,从那之后欧盟所有的倡议都将立法质量作为目标,但将注意力转移到整体规制质量上,从而将立法质量放在了一边。[58]

作为欧盟更好的治理运动的主要关注点,转向规制质量绝不是该领域的一个负面发展。实际上,立法质量是规制质量的本质组成部分:没有规制质量,人们就无法理解立法质量的概念。由于立法起草只能追求有效性,即在政策起草过程中所有行动者的合作和协同作用下,制定可以实现规制的立法文本。如果规制目标是错误的或者不合法的,或者对作为规制工具之立法的选择是不恰当的,或者实际上立法的实施没有被充分考量,人们便不可能期待产生高质量的立法。但与此同时,在立法是恰当规制工具的情形下,没有立法质量,人们就不可能感知到规制质量。笔者认为,这是欧盟当前战略的重大错误。通过将关注焦点从立法转向规制,欧盟似乎完全忘记了立法,在
345 某种程度上试图简单地希望解决立法质量一直存在的问题。[59]对智慧规制的分析也得出了相同的结论,2010 年的欧盟倡议构成了更好规制的替代物。

更令人失望的是 2020 年欧洲议程,不仅更好的规制被忽视,智慧规制也被忽视。[60]

问题是为什么欧盟认为可以从更好的规制转向智慧规制,然后再转变为增长和竞争力的战略。至少从立法研究的角度来看,这两个转向都没有意义。在这些议程都没有产生预期成果的时候,为什么欧盟决定抛开更好的规制和智慧规制?人们不能严肃地支持如下主张,即欧盟立法和成员国的实施性立法或者欧盟规制环境已达到完美。

假设后者对所有人来说都显而易见,那么首先必须寻求对这个问题的回答,以便确定实际上更好的规制和智慧规制的目标是什么。尽管在起草和规制领域,我们大部分人花费时间和精力来剖析这两个议程中的每一个条款,欢欣鼓舞于对立法和规制产生关注的错觉,并试图理解新议程及其条款实际意味着什么,以及它们如何被实现,但我们忽略了一个关键点:两个议程的目的条款,即消除商业障碍并使其具备与非欧盟企业对抗的竞争力。虽然我们完全无视它,但这些议程明确表达的目的实际上并不是要处理欧盟立法质量或者规制质量问题:只是将立法和规制质量作为追求经济增长和提高竞争力

这一政策目标的手段。正是这一目标在2020年欧洲议程中得到了重复,甚至被更加清晰地表达。

那么,让我们重温一下问题。这两个议程是否已经结出果实?如果将它们与其明确声明的目的进行对比,此时它们就只能被视为短期和中期的举措,或者作为导致2020年议程的初步步骤,那么它们确实结出了果实。事后反思以及无法估量的失望,让人们现在可以看到欧盟战略的启示。为了处理欧盟企业的竞争力和增长问题,欧盟选择分阶段进行规制。并且,将更好的规制和智慧规制倡议作为最终阶段(2020年议程)的第一阶段和第二阶段,该最终阶段是为了最初构想的规制结果,即增长和竞争力。这一长期战略的宏 346
伟概念让笔者和大多数起草和规制同僚们都望而却步。看到它的发展,人们只能称赞欧盟在分阶段工具中对立法的示范性适用。从立法质量的一般专业化和政治上无害的议程,转向一般专业化和政治上敏感的规制议程,作为实现经济增长和提高竞争力这一如今在政治上可接受但之前却敏感的目标的手段,其是一项出色的政策战略。如果将规制的前两个阶段视为更广泛的竞争议程的初始短期阶段,那么将这一政策付诸实施的这两个规制阶段便是成功的:企业现在对更简单的、与商业相关的欧盟法律(SLIM)有了一些了解。并且,通过咨询磋商、简化以及立法前和立法后监督,行政障碍亦被去除。因此,现在可以将更好的规制和智慧规制束之高阁了。为了促进经济增长和提高竞争力,工作还将继续全力以赴地进行。

但是,这一最终揭示或者主观实现,即欧盟一直在追求竞争力和增长,是好消息吗?恐怕不是。欧盟笨拙地错过了一个在企业和公民之间平衡其关注焦点的独特机会。尽管首先享受到更好的规制、智慧规制和2020年欧洲议程的成果,但是公民仍然面临着由许多不良的欧盟法律(无法被SLIM机制解决,因为它们与中小企业无关)和不良规制(无法通过智能规制解决,因为行政负担不适用)所引发的同样困惑的问题。这种不平衡完全可能是故意的。毕竟,增长和竞争力是一项仅针对企业的政策。但是,在《里斯本条约》明确表达的公民和公民权的重点范围内,这如何才能被证成?在《里斯本条约》所如此雄辩宣称的对欧盟公民之社会公平的重视中,其又如何被纳入其中呢?该条约宣称增长和竞争力将从国内市场迈向公民、国际正义与和平的领域。

笔者的观点是,在欧盟立法研究领域,欧盟所面临的新挑战是将更好的规制、智慧规制和2020年欧洲议程同时适用于公民与企业,从而表明《里斯本条约》不是一份良善政治意图的清单,而是对其公民和人民而言关于新欧盟的一个准确反映。面临的挑战是回到更好的规制和智慧规制,并从公民的角度来评估它们的成功之处,而此处的公民是以条约的公民身份概念为焦点的。将关注点从企业转移到公民,将使这三种规制倡议中的有效性图景变得更加黯淡。因为要使欧盟立法和欧盟规制令人满意,仍然需要令人生畏的工作量。但这绝对必要。

347 立法质量的英国进路

在英国,规制改革实质上始于1997年更好的规制特别工作组(Better Regulation Task Force)原则,旨在涵盖任何政策干预及其实施:合比例性、负责任性、一致性、透明性和针对性。在此期间,一系列政府倡议蓬勃发展,在更好的规制和政策制定、[61]影响评估、[62]书面咨询、[63]实施周期[64]和强制执行[65]之间建立起联系。2003年更好的规制工作组的"良善规制的原则"[66]则将更好的规制与更少的立法挂钩,并提供了一系列替代性规制方案:无为、广告宣传运动和教育、利用市场、财政激励、自我规制与自愿性行业准则,以及规定性规制。

规制改革在联盟政府的宣言中占据了中心地位,正如《联盟:我们的政府方案》这一文件中所显示的。[67]政府承诺通过引入"一进一出"规则来减少繁文缛节。[68]根据这一规则,在其他规制不被更加大幅削减的情况下,[69]不得引入新的规制;结束"勾选框"规制文化,转而通过共同规制和提高行业标准来对高风险组织进行针对性检查;对规制和规制者施加日落条款,以确保定期审查每项规制的必要性;让公众有机会挑战最糟糕的规制。这些是更好的规制的重要性,也是首相2011年4月6日在给所有内阁部长的信中所宣布的:

> 我们需要大力解决规制问题,让企业去自由竞争和创造就业机会,给予人们更大的自由度和个人责任感……我希望,在现代历史上,我们成为离任时减少而非增加规制之整体负担的第一个政府。

348 为了实现这一目标,英国政府引入了"一进两出"的方法。它还承诺仅在以下情况中使用规制来实现其政策目标:非规制的方法不能产生令人满意的结果;成本—效益分析表明,与替代性的自我规制或者不规制方法相比,规制具有明显的边际优势;规制和实施框架能够以明显合比例的、负责任的、一致的、透明的和有针对性的方式来加以实施。[70]

允许公众参与该事业的承诺是在被称为“繁文缛节的挑战”倡议中制定的，该倡议鼓励私人部门帮助确定他们认为应该从法规全书中删除或修改的现有法规。联合政府报告说，自2011年以来，其去规制化的努力已超过了新的国内规制的成本，达8.5亿英镑以上：在新规制计划(New Regulation)的第一份声明中，通过私人养老金指数提供的大部分规制性节约，现在已经被养老金自动注册制度所抵消。抛开私人养老金改革，自2011年以来对企业的规制预计至少节约1.6亿英镑。[71]

2012年通过的法案数量仅为20份，总页数为1886页：[72]这是从20世纪90年代末到21世纪初达到高峰之后的新低。但是，尽管自20世纪80年代以来法案的数量有所减少，但每份法案的平均页数却显著增加，20世纪80年代和90年代分别是37页和47页，过去10年则增加到85页；如果将这些数字与20世纪50年代的平均数16页进行比较，则更少但更长法案的趋势变得明显。[73]人们可能将这种增加归因于通俗易懂的语言起草，增加了空白量和更大的页边空白，后者导致每页少了20%的字数。[74]但是，有一个不可否认的关键因素需要考虑：在过去的三四十年里，行政立法性文件的数量稳步增 349
加。[75]因此，立法的数量，包括初级立法和授权立法，似乎在实践中正在为自己的领地抗争。[76]

在英国规制改革的背景下，每个政府部门现在都有一个优化规制部门，其任务是减少繁文缛节，并减少超负荷规制。[77]因此，控制新规制的发展仍然是主管部门的任务。[78]对这些单位的监督是通过2009年的规制政策委员会(RPC)[79]和2010年内阁小组委员会提名的减少规制委员会进行的，前者对建议的规制措施进行独立审查，后者则要求对每项新的规制都要求有强有力的论据。RPC通过对影响评估中所展示的规制证据及其分析进行外部和独立的挑战来履行其职责，以便支持由政府提出的新规制措施的发展。[80]同时，商业、创新与技术部的优化规制实施委员会，通过识别和支持规制的积极成果来引领规制改革，而国家审计局则对规制改革的各个方面进行研究和报告，如影响评估、[81]行政负担减轻或者规制的商业方面。保证国内和欧盟措 350
施之规制质量的许多步骤，在图19-1、图19-2中得到证明：[82]

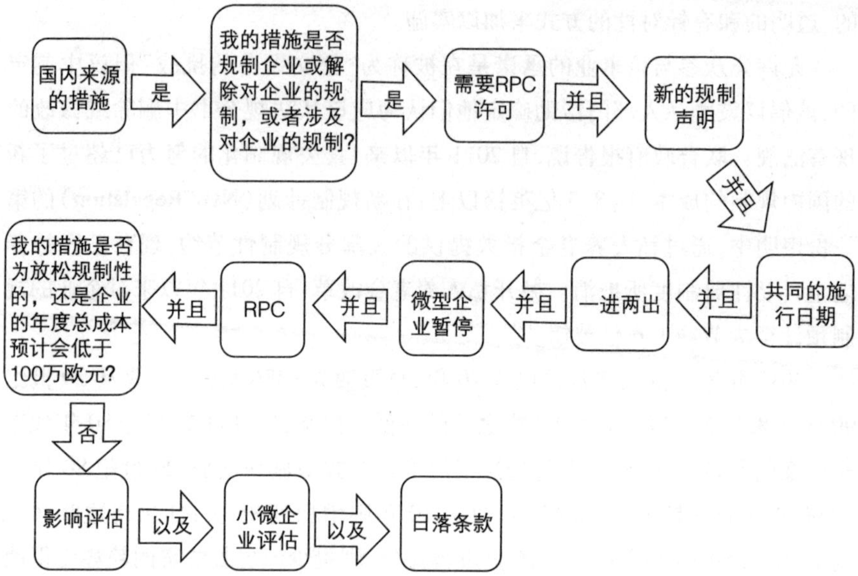

图 19－1　新规制的流程示意:国内措施

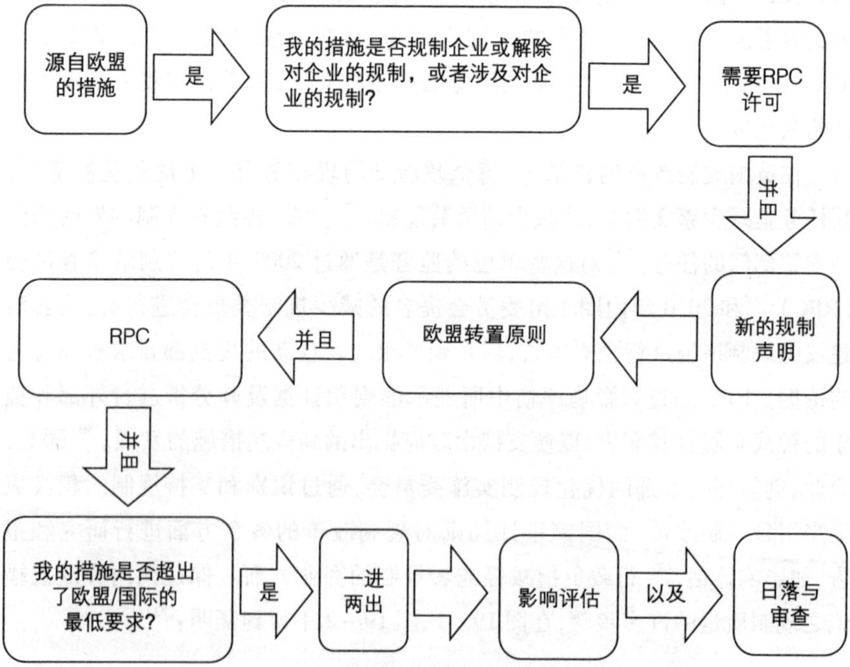

图 19－2　新规制的流程示意:源自欧盟的措施

毫无疑问,英国在规制改革领域一直非常活跃。最近经济合作与发展组织(OECD)对英国更好的规制政策实施情况的审查证明了这一点,该审查认为英国的规制改革令人印象深刻。[83]经合组织确认的卓越点包括:在政策的 351
广度与规制的存有量与流动性之间的有效平衡;事前影响评估活动的广度和深度;基于风险的有效的规制实施;欧盟更好的规制倡议在英国的广泛应用。[84]经济合作与发展组织确认的需要进一步加强的要点包括:需要加强对公民和公共部门工作人员的倡议,以此作为平衡使用商业作为主要政策行动者的一种手段;需要在实践中进一步应用现有的良好透明度和咨询过程;需要制定长期的规制战略。

现代议会与立法质量

尽管在过去二十年中,政府在立法质量上的努力一直是颇具争论的议题,但现代议会对这一事业的贡献却尚未得到证明。“在设定什么是准备充分的立法的标准的过程中,议会至少应当是一个合作伙伴,而不是任凭行政机关逐个法案地决定这一点。”[85]议会被设定为会仔细审查立法草案,[86]但很少有关于立法质量是什么的分析,[87]以及在立法前和立法后阶段对其进行审查的精确和具体标准是什么。[88]如果英国议会是确认立法前审查过程[89]的绝佳展示,那么它可以有效地促进作为立法质量的立法有效性。[90]立法前审查使得议会以及更广泛的社会利益相关者在法案通过之前[91]有机会影响法案的内容,[92]从而提供事先解决立法质量问题的机会。有效性必须处于立 352
法前审查的最前沿,这涉及循证的经验研究。[93]

英国议会采用的立法质量的标准是什么?[94]2013 年 5 月,英国下议院指派政治和宪法改革委员会就“确保立法质量的标准”进行报告。议会首席法律顾问理查德·希顿(Richard Heaton)表示,法案草案的立法前审查(在法案最终定稿前的委员会阶段)是“改善立法并确保其符合议会和公众有权期待的质量标准的最佳途径之一”。但是并非所有法案都适合立法前审查。[95]仍然只有少数法案草案会被公布,并且在委员会被讨论的法案也极少:2013 年,在 58 个政府立法后审查备忘录中,[96]只有三个是委员会专门报告的主题,尽管还有一些其他的立法后审查活动。[97]早在 1992 年,里蓬委员会(Rippon Commission)就得出结论,认为对法案运行的立法后审查还不够。[98]最近,政府承担了将立法后审查扩展到所有法案的义务。[99]有趣的是,“立法标准规

范”目前正在起草中。下议院政治和宪法改革委员会作出总结:

> 在设定和监督立法标准这一问题上,作为政府的合作伙伴,议会必须发挥更大的作用。这将要求议员在主张自己的角色和“更关注”立法标准时,以及更有效地利用现有程序和文件时(如影响评估),改变态度;也要求建立新的机制来协助他们履行立法义务。在与议会的合作中,政府也需要改变态度。[100]

353 因此,议会必须检查什么?一长串的基本质量原则可以作为致力于提高立法质量的现代议员们的核对清单:

1. 导言条款
   a. 标题:简洁、准确、切题、独特、有辨识度
   b. 序言:关于法律依据和立法过程的专门法律规定
   c. 制颁条款:根据议院的风格
   d. 生效日期:明确的日期
   e. 目的条款:立法后审查的可衡量标准
2. 实质条款
   a. 措辞
      i. 清晰性
      ii. 准确性
      iii. 无歧义性
   b. 内容
      i. 在宪法/法律/立法的范围内
      ii. 目标通过预期手段可以实现
      iii. 立法后审查周期/日落条款
3. 最终条款
   a. 保留和过渡性条款:如果它们很长,也可以放在一个附表中
   b. 废除性条款
   c. 相应的修改:这些可以放在附件中,特别是如果废除和相应的修正案很多,并且可以方便地以表格形式呈现
   d. 附件

在立法质量与法律确定性之间，以及最终在法治和人权之间，存在直接关联。要求公民在知情的情况下遵守恶法，可以视为对公民的一种诱捕。难道捍卫公民对清晰、准确和无歧义立法（作为实现有效规制的方式）的权利不在议会权力的范围之内吗？

因此，尽管起草高质量的立法是行政部门的任务，但现代议会在审查行政部门向其提供的产品方面具有至关重要的作用。抛开政策考虑因素，议会也必须在立法质量的棱镜下审查立法。立法质量是立法有效性的同义词。现代议员必须意识到什么是有效性，以及其如何被实现。立法质量方面的培训工作非常艰巨，但其对于国家的回报肯定是值得的。

注　释

〔1〕 本章原始版本，See H. Xanthaki, *EU Legislative Quality Post-Lisbon*: *The Challenges of Smart Regulation*, 35 Statute Law Review 66（2014）。

〔2〕 更全面的分析，See H. Xanthaki, *The Problem of Quality in EU Legislation*: *What on Earth is Really Wrong*?, 38 Common Market Law Review 651（2001）。

〔3〕 当然，源自英国以外的一些倡议形塑了这一议程，如荷兰对库普曼（Koopmans）报告的贡献，申维宁根（Scheveningen）会议和阿姆斯特丹政府间理事会。

〔4〕 See *The Internal Market after* 1992: *Meeting the Challenge*, Report to the EEC Commission by the High Level Group on the operation of the internal market SEC(92)2044; also Supplement to European Report No. 1808 of 31 October 1992; Commission, *Follow-up of the Sutherland Report*, (Communication) COM(93)361 final and SEC(92)2227 fin; Opinion of the Economic and Social Committee of 5 May 1993, *On the Commission Communication on the Operation of the Community's Internal Market after* 1992: *Follow-up to the Sutherland Report*, [1993] OJ C 201/59; Commission, *Follow-up to the Sutherland Report*: *Legislative Consolidation to Enhance the Transparency of Community Law in the Area of the Internal Marke*, (Communication) COM (93)361 fin; Commission, *On the Handling of Urgent Situations in the Context of Implementation of Community Rules*: *Follow-up to the Sutherland Report*, (Communication) COM (93)430 fin.

〔5〕 See Edinburgh European Council, *Conclusions of the Presidency*, Bull EC 12/92, 7.

〔6〕 See Council Resolution of 8 June 1993 on the quality of drafting of Community legislation [1993] OJ C 166/1, 1.

〔7〕 这些规则也包含于 Council Decision 93/662/EC of 6 December 1993 adopting the Council's Rules of Procedure [1993] OJ L 304/1。

〔8〕 See Interinstitutional Agreement of 20 December 1994 on an accelerated working method for official codification of legislative texts [1995] OJ C 293/2, [1996] OJ C 102/2.

〔9〕 See *Report of the Group of Independent Experts on Legislative and Administrative Simplification: Summary and Proposals*, COM (95) 288 final; Commission's Comments on the Report SEC (95) 2121 final; and the European Parliament Resolution of 4 July 1996, [1996] OJ C 211, 23.

〔10〕 See Commission, *Updating and Simplifying the Community Acquis*, (Communication) SEC (2003) 165, COM/2003/0071 final.

〔11〕 See Better Lawmaking 1995: Report of the Commission to the European Council [of Madrid] on the Application of the Principles of Subsidiarity and Proportionality, on Simplification and Codification CSE(95)580 Bull 11 – 1995, point 1.9.2; Better Lawmaking 1996: Report of the Commission to the European Council [of Dublin] on the application of the principles of subsidiarity and proportionality, on simplification and consolidation CSE (96)7.

〔12〕 See Commission, *Simpler Legislation for the Internal Market (SLIM): A Pilot Project*, (Communication) COM(96)204 final; Resolution of the European Parliament of 10 April 1997 on the Communication from the Commission to the Council and the European Parliament, *Simpler Legislation for the Internal Market (SLIM): A Pilot Project*, COM(96)204 fin, A4 – 0108/97 [1997] OJ C 132/213.

〔13〕 See COM(97)618 final, 2.

〔14〕 See Bull EU 11 – 1997, point 1.1.1.

〔15〕 See http://europa.eu.int/comm/dg15/en/update/general/camb.htm#1, 1.

〔16〕 See Bull EU 5 – 1998, point 1.8.3.

〔17〕 See COM(1998)715 final.

〔18〕 See *Annual Report* 2007 *on Monitoring the Application of Community Law*, COM(2008) 777; *A Europe of Results—Applying Community Law*, COM(2007)502; *Annual Report* 2006 *on Monitoring the Application of Community Law*, COM(2007)398 and Annex SEC (2007)976; *Annual Report* 2005 *on Monitoring the Application of Community Law*, COM (2006)416; *Better Monitoring the Application of Community Law*, COM(2002)725 (2002).

〔19〕 See SEC(1998) 903 3 – 5.

〔20〕 关于行政负担的分析，参见 Commission, *Reducing Administrative Burdens in the European Union*, 2008 progress report and 2009 outlook Commission working document COM (2009)16, Annexes EN; *Reducing Administrative Burdens in the Eur-opean Union*, 2007 progress report and 2008 outlook Commission working document COM (2008)35; Commission, *Action programme for reducing administrative burdens in the EU*, (Communication) COM(2007)23 and Annexes SEC(2007)84 and SEC(2007)85; Commission, *Measuring Administrative Costs and Reducing Administrative Burdens in the EU Commission working document*, COM(2006)691; EU Standard Cost Model, *Operational Manual Assessing Administrative Costs set by EU Legislation*; Commission, *EU Common Meth-od-*

ology for Assessing Administrative Costs Imposed by Legislation, (Communication) COM (2005)518; Commission, *Outline of the Proposed EU Common Methodology and Report on the pilot phase*, (April-Sept. 2005) Annex SEC(2005)1329; Commission, *Minimising Admin-istrative Costs Imposed by Legislation, Detailed Outline of a Possible EU Net Administrative Cost Model*, Annex to the Communication (COM(2005)97) on "Better Regulation for Growth and Jobs in the EU" SEC(2005)175.

〔21〕 See Case C-479/93 Francovich [1995] ECR I-3843.

〔22〕 See Commission, *Making Simple Market Rules More Effective*, (Communication) COM (1998)296 final; *Towards a Reinforced Culture of Consultation and Dialogue—General Principles and Minimum Standards for Consultation of Interested Parties by the Commission*, (Communication) COM(2002)704 (2002).

〔23〕 See Commission, *European Governance: Better Lawmaking*, (Communication) COM/2002/0275 final.

〔24〕 See eg the voluntary agreement between the Commission and European car manufactur-ers Bull EU 5-1998, point Institutional Affairs, 1.8.3.

〔25〕 See Voluntary Agreement COM(1998)495.

〔26〕 See *Third Progress Report on the Strategy for Simplifying the Regulatory Environment Commission Working Document*, COM(2009)17, Annex 6; *First progress Report on the Strategy for the Simplification of the Regulatory Environment Commission Working Document*, COM(2006)690, Annex 2; Commission, *Implementing the Community Lisbon Programme: A Strategy for the Simplification of the Regulatory Environment*, (Communication) COM(2005)535; Commission, *Codification of the Acquis Communautaire*, (Communication) COM(2001)645.

〔27〕 See Interinstitutional Agreement of 22 December 1998 on Common Guidelines for the Quality of Drafting of Community Legislation [1999] OJ C 73, 1.

〔28〕 See Parliament, Council and Commission Interinstitutional Agreement of 16 December 2003 On Better Law-making [2003] OJ C 321/01.

〔29〕 See Mandelkern Group on Better Regulation, *Final Report* (13 *November* 2001), http://ec.europa.eu/governance/better_regulation/documents/mandelkern_report.pdf.

〔30〕 See "*Subsidiarity and Proportionality*" *Report* 2011 (19th Report on Better Lawmaking 2011) COM(2012)373; "*Subsidiarity and Proportionality*" *Report* 2010 (18th Report on Better Lawmaking 2010) COM(2011)344; "*Subsidiarity and Proportionality*" *Report* 2009 (17th Report on Better Lawmaking 2009) COM(2010)547; "*Subsidiarity and Proportionality*" *Report* 2008 (16th Report on Better Lawmaking 2008) COM(2009)504; "*Subsidiarity and Proportionality*" *Report* 2007 (15th Report on Better Lawmaking 2007) COM(2008)586.

〔31〕 See Commission, *Second strategic review of Better Regulation in the European Union*, (Communication) COM(2008) 33 final; COM(2008) 35 final; SEC(2008) 120; COM/2008/0032 final.

〔32〕 See Commission, *Third strategic review of Better Regulation in the European Union*, (Communication) COM(2009) 16 final; COM(2009) 17 final; SEC(2009) 55.

〔33〕 See H. Xanthaki, *The Regulatory Reform Agenda and Modern Innovations in Drafting Style*, in L Mader ed., Regulatory Reform, Nomos, 2013, 128.

〔34〕 See Commission, *Smart Regulation in the European Union*, (Communication) COM (2010)543, http://eurlex.europa.eu/LexUriServ/LexUriServ.do? uri = CELEX:52010DC0543:EN:NOT.

〔35〕 关于行政负担的广泛咨询示例,参见 Commission Staff Working Document, "Monitoring and Consultation on Smart Regulation for SMEs Accompanying the document Communication from the Commission to the European Parliament, the Council, the European Economic and Social Committee and the Committee of the Regions Smart Regulation—Responding to the Needs of Small and Medium-sized Enter- prises", COM (2013) 122 final SWD (2013) 60 final。

〔36〕 See http://ec.europa.eu/governance/better_regulation/smart_regulation/consultation_en.htm.

〔37〕 See H. McColm, *Smart Regulation: The European Commission's Updated Strategy*, 2 European Journal of Risk Regulation 9(2011).

〔38〕 See *Common Position Paper of the Five European Independent Advisory Boards for Cutting Red Tape and Better Regulation*, Adviescollege toetsing regeldruk (ACTAL), The Netherlands; Nationaler Normenkontrollrat (NKR), Germany; Regelr? det, Sweden; Regulatory Impact Assessment Board (RIAB), Czech Republic; Regulatory Policy Committee (RPC), United Kingdom, www.regelradet.se/wp-content/uploads/2012/09/2012-Reaction-on-consultation-Smart-Regulation.pdf.

〔39〕 See C. Stefanou, *Drafters, Drafting and the Policy Process*, in C Stefanou and H Xanthaki eds., Drafting Legislation: A Modern Approach, Ashgate, 2008, p. 321.

〔40〕 关于适切性检验的示例,参见 http://ec.europa.eu/dgs/secretariat_general/evaluation/docs/fitness_check_en.pdf; http://ec.europa.eu/environment/water/blueprint/fitness_en.htm; and http://ec.europa.eu/transport/air/fitness_check_en.htm。

〔41〕 关于影响评估,参见 http://ec.europa.eu/governance/impact/key_docs/key_docs_en.htm; http://ec.europa.eu/governance/impact/key_docs/docs/meg_guidelines.pdf; http://ec.europa.eu/governance/impact/iab/members_en.htm。

〔42〕 See http://ec.europa.eu/solvit/site/about/index_en.htm.

〔43〕 See OECD, *Sustainability in Impact Assessments—A Review of Impact Assessment Systems in Selected OECD Countries and the European Commission*, (Paris, 2011); European Parliament, *Comparative Study on the Purpose, Scope and Procedures of Impact Assessments Carried out in the Member States of the EU* (2011); CEPS/University of Exeter, *Regulatory Quality in the European Commission and the UK: Old Questions and New Findings* (2012).

〔44〕 See *Third Progress Report on the Strategy for Simplifying the Regulatory Environment*,

COM(2009) 17.

〔45〕 See Eurobarometer Question QA16.4, 59: http://ec. europa. eu/public_opinion/archives/eb/eb79/eb79_anx_en. pdf.

〔46〕 See *Smart Regulation—Responding to small and medium-sized enterprises*, COM(2013) 122; Commission, *Commission follow-up to the "TOP TEN" Consultation of SMEs on EU Regulation*, (Communication) COM(2013) 446 final.

〔47〕 See COM(2012)746 final.

〔48〕 See SWD(2013)401 final.

〔49〕 Ibid. ,4. 这个表格包括:例如,降低水果和蔬菜销售的检验成本(9.7 亿欧元),微型企业会计指令豁免与整体管理体制的进一步现代化(64.71 亿欧元),简化药品变更报告,药物警戒及其在临床试验中的应用(3.68 亿欧元),减少欧盟内部贸易、农业、工业生产等方面的统计要求(3.3 亿欧元),增值税电子发票,简化退款、一站式服务、针对中小企业的特殊安排和远距离销售(260 亿欧元)。这些例子指的是根据委员会提案估计的负担。

〔50〕 See Commission, *Action Programme for Reducing Administrative Burdens in the European Union*, (Communication) COM(2007) 23, http://eur-lex. europa. eu/LexUriServ/ Lex-UriServ. do? uri = CELEX: 52010DC0543: EN: NOT; Commission, *Regulatory Fitness and Performance (REFIT): Results and Next Steps*, (Communication) COM(2013) 685 final, 1.

〔51〕 关于智慧规制包括什么的演示,参见 European Commission, *Communication from the President: The Working Methods of the Commission* 2010 – 2014, C(2010) 1100, http://ec. europa. eu/commission_2010 – 2014/president/news/documents/pdf/ c2010_1100_en. pdf。

〔52〕 See the Evaluation Partnership, *Evaluation of the Commission's Impact Assessment System Final Report* 2007, 60, http://ec. europa. eu/governance. impact/key_docs/docs/tep_eias_finalreport. executive surnmary_en. pdf.

〔53〕 See G. Luchetta, *Impact Assessment and the Policy Cycle in the EU*, 3 European Journal of Risk Regulation 561, 572 – 573(2012).

〔54〕 关于在不确认评估的内容和标准的情况,评估策略的描述示例,参见 Commission, *EU Regulatory Fitness*, (Communication) SWD(2012) 422 final; SWD(2012) 423 final, COM(2012) 746 final, 24。

〔55〕 See Commission, 28*th Annual Report on Monitoring the Application of EU Law*, COM (2011) 588 final, 3.4.1, http://ec. europa. eu/eu_law/docs/docs_infringements/annual_report_28/com_2011_588_en. pdf.

〔56〕 关于欧盟试点,参见 Report from the Commission, 29*th Annual Report on Monitoring the Application of EU Law* (2011), SWD(2012) 399 final, SWD(2012) 400 final, COM (2012) 714 final。

〔57〕 有关批评智慧规制的完整陈述,参见 H. Xanthaki, *Implementation of EU Legislation*, O-ral Evidence, Public Hearing at the Legal Affairs Committee of the European Parliament

"Better Regulation" Hearing (Brussels, 21 June 2011)。

〔58〕 See M. Mousmouti, *The Effectiveness Test*, 6 Legisprudence 191, 196 (2012).

〔59〕 See C. H. Montin, *Smart Regulation in the European Union*, http://montin. com/ documents/smartregulation. pdf.

〔60〕 See http://ec. europa. eu/europe2020/index_en. htm.

〔61〕 See *Cabinet Office Guidance on Policy-making*, www. policyhub. gov. uk.

〔62〕 See *Better Policy Making: a Guide to Regulatory Impact Assessment*, www. cabinetoffice. gov. uk/regulation/scrutiny/betterpolicy. htm.

〔63〕 See *Code of Practice on Written Consultation*, www. cabinet-office. gov. uk/service- first/ 2000/consult/code/ConsultationCode. htm.

〔64〕 See *Guidance on Implementation Periods*, www. sbs. gov. uk/content/pdf/implementation-guidelines. pdf.

〔65〕 See *Enforcement Concordat*, www. cabinetoffice. gov. uk/regulation/PublicSector/enforcement/Enforcement. htm.

〔66〕 See http://webarchive. nationalarchives. gov. uk/20100407162704/http:/archive. cabinet-office. gov. uk/brc/upload/assets/www. brc. gov. uk/principlesleaflet. pdf.

〔67〕 See *The Coalition: Our Programme for Government*, www. gov. uk/government/uploads/ system/uploads/attachment_data/file/78977/coalition_programme_for_government. pdf.

〔68〕 有关繁文缛节挑战的更多信息,参见 www. redtapechallenge. cabinetoffice. gov. uk/ home/index。

〔69〕 See www. bis. gov. uk/assets/biscore/better-regulation/docs/o/11 – 671-one-in-one-out-methodology.

〔70〕 See Department for Business, Innovation and Skills, *Better Regulation Framework Manual*, (July 2013) 4, www. gov. uk/government/uploads/system/uploads/attachment_data/ file/211981/bis-13-1038-better-regulation-framework-manual-guidance-for-officials. pdf.

〔71〕 See HM Government, *One-in, One-out: Third Statement of New Regulation*, (July 2012) www. bis. gov. uk/assets/biscore/better-regulation/docs/o/12-p96b-one-in-one-out-fourth-statement-new-regulation. pdf.

〔72〕 See HL Library Note LLN 2013/008, *Volume of Legislation*, 4.

〔73〕 See HL Library Note, LLN 2011/028, *Volume of Legislation*.

〔74〕 See R. Heaton, *House of Commons Political and Constitutional Reform Committee*, *Ensuring Standards in the Quality of Legislation*, *First Report*, HC 2013 – 2014, 85 incorporating HC 2012 – 13, 74 – i to vii Question 64.

〔75〕 See R. Cracknell and R. Clements, *Acts and Statutory Instruments: The Volume of UK Legislation* 1950 *to* 2012, HC Standard Note SN/SG/2911, 2.

〔76〕 see R. Pagano, *Introduzione alla legistica—L'arte di preparare le leggi*, Giuffre, 1999, p. 6.

〔77〕 关于这项政策的证据,参见 Department for Environment Food and Rural Affairs, *Better Regulation evidence plan* 2011/12, Joint Evidence Plan with Defra and Environment Agency, (April 2011), www. defra. gov. uk/publications/files/pb13490 – ep – better-reg. pdf。

〔78〕 有关具体应用于环境的更好规制示例,参见 Department for Environment, Food and Rural Affairs, *Red Tape Challenge—Environment Theme Proposals*, March 2012, www. defra. gov. uk/publications/files/pb13728-red-tape- environment. pdf。

〔79〕 关于委员会 2012 年报告,参见 http://regulatorypolicycommittee. independent. gov. uk/wp-content/uploads/2011/09/Rating-Regulation-July-2011-FINAL-A. pdf. 2012。

〔80〕 See www. bis. gov. uk/assets/biscore/better-regulation/docs/o/12-p96b-one-in-one-out-fourth-statement-new-regulation. pdf; RPC, *Rating Regulation: An Independent Report on the Analysis Supporting Regulatory Proposals*, *January-June* 2011, 7, http://regulatorypolicycommittee. independent. gov. uk/wp-content/uploads/2011/09/Rating-Regulation-July-2011-FINAL-A. pdf.

〔81〕 有关政府影响评估方法的最新描述,参见 Department for Business, Innovation & Skills, *Impact Assessments: Guidance for Government Department*, 27 Feb. 2014, www. gov. uk/government/collections/impact-assessments- guidance-for-government-departments。

〔82〕 这两张源于 Department for Business, Innovation and Skills, *Better Regulation Framework Manual*, July 2013, 6 and 7, www. gov. uk/government/uploads/system/ uploads/attachment_data/file/211981/bis-13-1038-better-regulation-framework-manual-guidance-for-officials. pdf。

〔83〕 See www. oecd. org/dataoecd/61/60/44912018. pdf.

〔84〕 关于这些政策的清单及其在英国的实施情况,参见 www. bis. gov. uk/ policies/bre/improving-eu-regulation/guiding-principles-eu-legislation。

〔85〕 See House of Commons Political and Constitutional Reform Committee, Ensuring Standards in the Quality of Legislation, First Report (n 74).

〔86〕 See U. Villani, *L'impatto del trattato di Lisbona sul ruolo deo parliament nazionali*, in C. Decaro and N. Lupo, *Il "Dialogo" tra Parliamenti: Obiettivi e Risultati*, LUISS University Press, 2009, p. 407, 410 – 11.

〔87〕 See A. Brazier eds. , *Law in the Making: Influence and Change in the Legislative Process*, Hansard Society, 2008, p. 193 – 194.

〔88〕 See A. Flückinger, *Concluding Remarks: Can Better Regulation be Achieved by Guiding Parliaments and Governments? How the Definition of the Quality of Legislation Affects Law Improvement Methods*, 4 Legisprudence 213 (2010).

〔89〕 See A. Kennon, *Pre-legislative Scrutiny of Draft Bills*, Public Law 477, 492 (2004).

〔90〕 关于这一问题的出色分析,参见 A. Samuels, *Ensuring Standards in the Quality of Legislation*, 34 Statute Law Review 296 (2013)。

〔91〕 See Law Commission, *Post-Legislative Scrutiny*, Law Com 302, 2006, (Cm 6945, 2006).

〔92〕 See HC Deb 24 Feb. 2004 Vol. 418 col 17WH (Phil Woolas MP, Deputy Leader of the House of Commons).

〔93〕 See P. Westerman, *Breaking the Circle: Goal-legislation and the Need for Empirical Re-*

search,1 The Theory and Practice of Legislation 385, 413 (2013).

〔94〕 完整的分析,参见 H. Xanthaki, *Legislative Drafting: The Birth of a New Sub-discipline of Law*, 1 IALS Student Review 57(2013)。

〔95〕 See L. Clapinska, *Post-Legislative Scrutiny of Acts of Parliament*, 32 Commonwealth Law Bulletin 191, 203(2006).

〔96〕 See Cabinet Office, *Guide to Making Legislation*, (June 2012) pt 40.

〔97〕 See Liaison Committee, *Select Committee Effectiveness, Resources and Powers: Responses to the Committee's Second Report* (HC 2012 - 2013, 911) 12.

〔98〕 See Hansard Society Commission (chaired by Lord Rippon), *Making the Law*, (Nov. 1992) para. 316; Commons Modernisation Committee, *The Legislative Process* (HC 1997 - 1998, 190); Lords Constitution Committee, *Parliament and the Legislative Process* (HL 2003 - 2004, 173); Commons Modernisation Committee, *The Legislative Process* (HC 2005 - 2006, 1097).

〔99〕 See Leader of the House of Commons, *Post-legislative Scrutiny—The Government's Approach*, (Cm 7320, 2008); Constitution Committee, *Parliament and the Legislative Process* (HL 2003 - 04, 173 - I) paras. 167 - 168, 171, 180, 189 and 285.

〔100〕 See House of Commons Political and Constitutional Reform Committee, *Ensuring Standards in the Quality of Legislation*, First Report (n 74) para. 28.

第二十章

立法教育与培训[1]

教育与培训 354

最后,转向培训问题。在深入考察了良善规制的要素和良善立法作为规制的一种手段之后,对立法研究领域中的培训和教育问题进行简单提及,将是一种有价值的收尾。

关于两种主义的永恒争论仍然十分热烈。传统主义者们[2]主要是较为年长的人。他们主张,起草只能在工作中习得。[3]改革派则建议采用正规(formal)训练和工作培训[4]相结合。为了在这场持续讨论中采取某种立场,人们必须不可避免地转向立法起草的性质。第一章已经对此进行了分析。但仍有必要提醒一下争论各方的基本要素。[5]

普遍的观点(主要在普通法世界)认为起草是一种纯粹的艺术形式[6]或者是一种准技艺(quasi-craft)。[7]正是这种学科进路支持对起草者进行导师制训练。如果起草是一种艺术或者技 355
艺,那么创造性和创新便是这项任务的核心。规则和惯例承载着相对的价值,起草者的主要任务是从那些经验更加丰富的人那里习得这项技艺。如果我们认为起草是一项艺术,那么正规训练对起草者而言便无关紧要。换言之,如果经验是唯一重要的事情,那么年长者所投入的时间就可以为学徒们提供学习这项工作的唯一机会。但是,起草真的是开明的法律学者所拥有的一种自由技能吗?这些学者代表各类政府部门或者起草立法的机构加入起草委员会。[8]

还是说,起草是一门科学[9]或者技术?[10]这是大部分大陆法系普遍采取的进路。如果起草是一门科学,那么就有一些正式的规则和惯例。如果适用正确的话,这些规则和惯例的内在目的生成过程(teleogenesis)就会产生可预测的结果。如果遵循这种进路,正规训练的空间就很大。起草者可以学到科学规则和惯例及其正确的适用方式,以产生可预测的结果。

真正的问题当然是,我们是否必须在艺术或者科学之间进行一个严肃的选择?如果人们将起草视为法学的分支学科,就必定存在第三种选项:法既不是艺术的一部分,也不是实证主义意义上[11]的科学[12]的一部分。在科学中,规则适用具有普遍性和不可错性:重力(法则)在世界任何地方和任何时间都适用(好吧,在地球上)。法就不同了。"所有的法都是普遍的,但在某些事情上它则不能作出普遍正确的主张……错误不在法,也不在立法者,而是在于事物的本性之中。"[13]但是,否认法律是一门科学的观点并不必然证实起草是一门艺术。艺术往往缺乏任何意义上的规则。在追求审美愉悦时,艺术会使用任何可用的工具。艺术是无政府主义的,但起草不是。当然,起草规则不是僵化的,但它们是存在的。使用同义词是起草者遵循的一项原则,主要是为了达到清晰性。对所有的起草
356 规则而言,总是可能存在例外,但这并不意味着毫无规则。这些规则赋予它们一定程度的可预测性,因为后者是理论的六个要素之一。[14]

既然起草不是纯粹的科学,亦非纯粹的艺术,那么它是什么?对亚里士多德[15]而言,所有的人类理智可以被分类为:[16]作为认识的科学;作为技艺的艺术;作为基于实际情况进行主观决策的实践智慧;[17]将实际情况主观归类到原则之下的实践智慧和作为认识的智慧。[18]法律和起草看上去是实践智慧的经典例子,因为它们是自由的学科,具有松散却普遍的规则和惯例,后者凭借知识和经验得到正确适用。作为实践智慧,起草"源于对复杂社会环境中各种形式的社会实践的偶然性和不确定性的了解"。[19]换言之,起草的艺术在于对其科学的主观使用和适用,准确地说,是以有意识的、主观的、亚里士多德式的方式,将其普遍理论原则适用和实践到具体的问题情境之上。[20]实践智慧支持基于有据可循但主观地将原则运用到特定情况来选择解决方案。[21]实践智慧是"对细微差别和具体感觉进行回应的实践智慧,超越了抽象的或者一般的正义理论。用这种方式,实践智慧依赖于一种直接洞见,而不是更形式化的推理过程"。[22]

但是,谁是拥有实践智慧的人?起草者的任务主要是分析,[23]也就是对
357 政策[24]进行原理化和概念分析,以便摆脱困境,就问题的解决方案提供建议,[25]以及在特定时间的特定问题的独特情境下,选择能够实现预期结果的恰当规则或者惯例。换言之,起草者需要对大量经常有冲突的规则和惯例有所意识,需要确认适用于该问题的最相关的情境组合。并且,起草者需要理论知识和实践经验,以促进在最独特的问题情境以及相关法域中最能发挥作用的规则和惯例。[26]换言之,由于起草包括艺术和科学的元素,起草者的任务便包括:既要确定所有相关的情况和规则,又要推广最合适的规则。因此,要

求起草者具备的技能既包括对相关规则的理解，也包括通过运用最恰当规则的经验而获得的智慧。这些是起草培训必须教授的主要技能。并且，它们构成了这一论点背后的核心推理：起草培训必须兼具学术性和实践性，既要正规训练，也需要通过导师指导。但是，在对此做进一步探寻之前，让我们澄清一下起草规则都包括哪些，以及在选取最佳规则的时候，起草者主观选择的基础是什么。

换言之，哪一个是最终的标准，该标准的正确应用会引导起草者在规则和起草惯例之间做出适当的选择？用以衡量立法质量的标准是哪一个？答案当然是有效性。由于立法是一种规制工具，因而良法应当最大限度地有助于实现其所服务的政策。缺少政策过程中其他行动者的协同作用，一部法律本身便不能产生充足的规制结果。[27]良法，是指借助协同作用，能够产生政策制定者所要求的规制结果。[28]面对摆在面前的问题，有效性是起草者在选择最恰当起草规则时使用的标准。关于立法质量的这一定性界定，反映和包含了起草规则与惯例，以及最终在实践智慧意义上立法起草的主观性与灵活性。

培训 vs 工作上的导师指导 358

在实践智慧式立法起草中追求立法质量的领域，对最恰当培训方式的选择变得相当明显。起草是实践智慧式的：其基本上是起草者做出的一系列主观选择。这些主观选择是或者必须是，建立在两个相互分离但却是首要的和相互交织的技能：专门知识（know-how）和经验。因此，要想为今后的任务做好准备，必须鼓励起草者采用可以练就以下两种技能的方式来进行培训，即他们在起草中的知识和经验。

起草经验可以借助一位经验丰富、开明和善于说教的资深人士的指导而不断积累，但这通常可遇而不可求。[29]这是起草者作为学徒获得的一个方面或者技能。起草的这一面向是认可起草者任务中的艺术元素。这种培训类型的性质是专业的，甚至可以称其为职业的。起草者彼此之间学到的比从手册中学到的确实要多。[30]

但这还不够。纯粹的导师制培训会将起草降格为“一种根据实用工具理性来运用技术知识和技能的技艺（techne）”。[31]换言之，通过将经验孤立为对起草者而言唯一的技能，我们很容易忽视起草者任务中的第二个要素：知识和理解。而这只有通过研究生学术项目中的正式“课堂训练”[32]才能够被探究,这些项目则是在具有良好声誉的研究生教育机构的指导和支持之下提供的。毕竟,这些教育机构的职员在教育技术方面受过培训,它们的项目也在独立审查的连续周期中被评估,至少教学是他们的看家本领。与起草培训的职业面向相比,其学术面向也同样重要,如果不是更重要的话。这反映了实践智慧式起草的科学元素。

正是学术训练或者正规训练,使起草者能够理解立法质量的概念,意识到起草牵涉哪些选择,确定起草者追求的品质或者价值,以及做出这些选择需要的标准和基础。并且,这是在一个抽象的语境中。学术的或者理论的语
359 境在真实的例子以及在实践中的运用,伴随而来的便是通过职业训练而得到的经验。没有这一学术理论背景,起草者就缺少经验的理论化:所提供之问题解决方案背后的例子和理由的链接以及为未来吸取的任何教训都将缺失,因为学徒制采取孤立的和基于案例的教育。但是,没有职业训练和实践应用,理论也同样会迷失,因为没有具体的案例来传播习得的教训和被解释的推理。

由于起草的双重性质及其要求的双重技能,不可能考虑在没有正式学术引导和长期[33]实际操作经验[34]的情况下对起草者进行培训。

教育机构必须提供哪些方面的培训呢?[35]起草是法律的分支学科,其前提是对法律的全球性理解。因此,起草只能在研究生教育环境中被传授。当然,起草和制定法解释的元素必须提供给法律本科生,但这不可避免地将更多地是一种品味和技能导向的传授。没有意识到法源、其在法体系中的位阶顺序、宪法或者宪法性原则,以及行政结构,我们便无从讨论立法中的有效性和质量。在研究生层次,学生可以探究起草的主要概念和起草选择赖以做出的一般原则。当然,这必须被置于对立法环境的分析之中:起草仅仅是立法过程的一部分,立法过程则是政策过程的一部分。如果不探讨法律预期在何种政策背景下发挥作用并有效取得成果,就不可能将法律视为仅是规制的一种工具。关于立法起草(作为立法研究的一部分),正规培训所要求的并不是对每一个具体的起草问题提供答案:毕竟,至少是统一且普遍适用的意义上,这类答案是否存在值得怀疑。[36]

培训所需要的是,解释起草者在起草、立法和政策过程中的作用,引入起草的主要理论原则,[37]并将这些原则置于一个层级结构中。换言之,对起草
360 指引的要求是,使用理论作为起草者做出主观选择的指南(不是脚本)。这类

培训反映了起草作为一门艺术性科学或者自由学科的性质,有助于立法者在法域中形成同质的[38]起草风格。[39]这可以避免起草意外(各类情况),就像将定义条款统一置于立法文本的最后,而不是传统的开头。同时,这类培训尊重和确认法律规则的动态性质,[40]即起草惯例的动态和演进性质。为了实现有效性,这些规则和惯例需要宽松性、弹性、创新和变化。[41]

进行导师指导的需求是否会以某种方式否定对正规学术培训的需求?答案当然是没有。[42]我们可以在起草者和脑外科医生之间进行类比。就像脑外科医生一样,需要先接受本科医学培训(学术的和应用的),紧接着进行专业化的研究生正规教育,包括在手术室中进行职业培训。起草者需要本科法学训练(学术的和应用的),紧接着在立法研究领域进行专业化的研究生训练,还要在一个经验丰富的资深人士的指导下,在起草办公室中积累实际操作经验。这种专业化水平和培训时间的长度对于提供起草者所需的所有技能是必要的。

将起草者与神经外科医生进行比较绝无傲慢之意。二者都是专业学科的分支学科。并且,在法律人和起草者之间并没有等级次序的观念,就像在普通的医疗实践者与神经外科医生之间没有此类观念一样。起草者与神经外科医生之间的类比仅仅以充分履行职责所需的超级专业化类型为基础;唯一的区别在于:没有人质疑神经外科医生的专业化技能,但仍然有人认为任何法律人(经常甚至是非法律人)都能够很好地进行起草。就像极少有神经正常的人会让一个脚部专家去进行脑部手术一样,也很少有神经正常的人要求未经训练的专家去起草立法。我们应该预料到法官和律师可能在起草方面很糟糕(当然除非经过培训),就像是我们应该预料到起草者在法庭上表现很糟糕一样(当然除非经过训练和实践)。

立法起草中的诊所式教育与培训 361

正式培训和导师指导之间的十字路口是诊所式教育。在向立法起草者提供的培训中,这一点被忽略了。[43]理想的结构是立法起草诊所,如威廉·达尔爵士起草诊所(Sir William Dale Drafting Clinic),这是一个客户可以获得由实习起草者提供的公益立法起草服务的论坛。

立法起草诊所的共生(symbiotic)性质使客户和受训人员都受益。[44]它为受训人员提供了与真实客户联系并接收真实文件的独特机会,使他们有机会亲身参与起草过程,也使他们有机会将所学理论知识应用于实践。所有这一切都没有专业评估环境的压力,并且受到资深人士的独特指导,这些资深人士本身在立法理论和实践方面接受过全面的培训。换言之,立法起草诊所展现了导师指导所具有的令人印象深刻的优势,以及从训练有素的资深人士那里获得指导的附加值。这些资深人士脱离了传统与风格的国别殊异性,并能够应用国际趋势来提高立法质量。这克服了纯粹导师指导的主要缺点,这种指导倾向于机械地重复传统的起草风格,进而重复而不是根除过去的起草错误和法律不充分性的国别缺陷。

对于客户来说,立法起草诊所展现出获得免费立法起草服务的独特前景。其工作质量并不必然具有最高标准。但凭借其合理的结构,诊所可以确保立法选择都有所根据,并保障制作出风格现代且具有进步性的立法文本。此外,客户享有参与培训年轻起草者的特权,从而有助于保障不稳定法域中的立法质量。

对于接收诊所草案的法域和法域中的专业起草者而言,诊所提供了一个现代立法起草技术的展示场所,提供了一个查看和审查创新性立法文本的机会,进而保留对本法域有用的内容,拒绝无效的内容。

362 诊所实践的缺点在于:立法的有效性在很大程度上是一个相对的概念。立法文本必须在特定的立法环境中"发挥作用",也必须在特定时间内为特定法域"效力"。[45]因此,如果是为了有效性,那么草案的"本国化"是绝对必要的。换言之,诊所制作的草案必然是一种法律移植:有所助益但需要在本土环境中"本国化"。

因此,诊所必须要么与作为受训者的当地起草人员一起工作,要么是以一种持续沟通的方式与客户一起工作,以确保匹配性。实际上,出于匹配的目的,资深人士或者受训者在客户法域中拥有一些经验是有意义的。例如,在威廉·达尔爵士起草诊所,文件被分配给该法域的起草者,或者被分配给该资深人士所熟悉的法域。这确实导致很多请求遭到拒绝,但是不可能用无效的法律草案来发挥诊所的功能。

至少首先在起草共同体内部,现在是将起草作为法律的一个分支学科,并将起草技能视为特殊专业技能的时候了。[46]并且,最终将这种专业的正规培训和导师指导培训结合起来作为起草者必备的历练。但是,这种培训到底可以在哪里进行呢?

起草者的国别培训 vs 普遍培训

起草是否如此地以国家为中心,以至于培训必须明确地与学生将要效力的法域的殊异性相关?还是说,在立法起草中存在普遍价值,可以在本国法域之外的研究机构中加以提升和探究?

作为立法质量的同义词,同时也是全世界起草者的最终追求,有效性是普遍的。立法质量的普遍性与法律规则的普遍性相关联。因此,如果对立法质量的追求是普遍的,那么提高对这一追求的认识所需的培训能否同样普遍?

如果我们赞成如下观点:尽管存在国别殊异性,法律体系之间仍然可以相互学习,[47]那么此处的问题就不是质量是否可以转换,而是如何转换。[48] 363
沃特森(Watson)[49]主张,法律规则在很多地方是同样的,不受它们的历史起源、与特定人群的联系、任何特定时期或者任何特定地点的影响。[50]其他学者则用"相似事物之间必须相似对比"这一限定语来作出限定,[51]即国家之间的比较应放在相同的历史发展阶段。[52]有学者支持基于差异的可转移性(transferability),因为在既定的社会中,只有差异才能增强我们对特定社会法律的理解。[53]

耶林(Jhering)、茨威格特(Zweigert)和科茨(Kötz)[54]等人借助功能性这一相对的菱镜,来审视可比较性这一问题。[55]对他们而言,可转移性不是一个国别性的事务,而是有益和必要的。[56]正是这种功能性概念支撑着建立在有效性基础上的可转移性。[57]良法的目标是按照当时政府要求的路线来推行适当的改革。如果被要求的改革适用于一个以上的法域,那么有效性这一概念便打破了单一法域的地理边界。可转移性不但是可能的,而且是可取的。在当前法律全球化的时代,[58]跨国问题需要紧急的跨国解决方案。如今,一体化跨国进路似乎不再是一种奢求,而是一种现实主义反应。人体器官交易、有组织犯罪、恐怖主义和恋童癖等跨越了国界,因而需要去国别化的解决方案。借鉴已经在其他地方得到适用的法律,为起草团队提供了一个机会,使 364
他们能够提出和适用政策和立法对策,并对可能产生的结果进行了解。

起草者所追求的起草品质的金字塔促使将有效性作为起草者共同的最高追求,同时允许他们在特定时期特定社会的宪法、政治、法律和文化的约束下,选择最恰当的工具。因此,定性的功能性质量定义,反映了全球化时代的一体化性质,同时强调了立法概念自然化的必要性。因此,它促进了真正的普遍性,而非肤浅的标准化。起草的多样性并不意味着起草国别主义。它只是反映了起草品质在同一层级阶梯内固有的主观优先顺序,完全建立在国别殊异性的基础之上,而非建立在所谓的大陆法系与普通法系严格区分的基础上。但是,如果大陆法系与普通法系之间的藩篱被拆除,那么起草风格和选择的多样性又该如何解释呢?

如果将起草视为一系列主观选择,那么对作为结果的法律多样性的解释只能是影响这些选择的因素具有多样性。法律体系的性质是其中之一,但仅仅是影响因素中的一个。但是,透过多样性而发光的却是普遍性:

— 在立法质量的概念中;

— 在有助于提高质量的品质中;

— 在它们的层级分类中。

毕竟,在亚里士多德式实践智慧领域,品质是不确定的道德。因此,实践智慧式起草便涉及作为一项道德公理的有效性品质。作为一种品质,有效性是不确定的。然而,像所有实践智慧一样,起草含有一种心智—道德的(mental-moral)习惯,通过在具体情形中调试普遍公理,将其变得确定。[59]因此,作为立法质量的有效性是普遍的,本身是不确定的。为了赋予其特定的元素,我们需要将有效性置于法律体系、文化、立法环境和政策的背景之中。

结 论

起草是法律的一门实践智慧式分支学科,理应如此认定。起草不仅是学术的,就像起草不仅是一门技术科学。起草包含了谱系的两端,因为其是一门自由的艺术,一门实践智慧意义上的学科。

365 在亚里士多德的意义上,实践智慧式立法起草要求起草者为解决他们在给定时间面临的问题,选取最适当的主观选择。换言之,起草需要明智:正如法官针对案件情况适用最适当的法律规范一样,起草者则针对他们被要求处理的具体起草问题的情况,适用最适当的理论起草原则。

为了充分完成这项任务,起草者需要具备两种不同的技能:(1)认识和理解理论的起草原则、目的、适用及其预期结果;(2)在其目前服务的法域内和法域外的具体案件中适用起草原则的经验。

要获得第一种技巧,起草者需要完成一项立法起草理论方面的正规学术培训，既在抽象层面，也在应用层面。这种正式培训最好由学术机构提供，后者应当具备学术培训经验，对职员及其所提供的培训进行公正评估，同时由在立法研究和教师培训领域具有卓越学术能力的职员提供。借助国际和比较经验，利用其他法域的专门知识是有益的。

为了获得第二项技能，起草者必须在所选法域中由经验丰富的资深人士进行导师制培训，该资深人士应当在该法域长期供职且具备指导技能。

所需要的只是理解：理解立法起草的性质，理解其所包括的内容以及其如何被处理。笔者内心的希望是，本书对目前的争论已经有所增益，进而促进法律的这门新分支学科的发展，笔者称为实践智慧式立法起草。

注　释

〔1〕 关于这一章节的最初版本，参见 H. Xanthaki, *Duncan Berry: A True Visionary of Training in Legislative Drafting*, The Loophole 18(2011); H. Xanthaki, *EU Legislative Quality post-Lisbon: the Challenges of Smart Regulation*, 35 Statute Law Review 66(2014)。

〔2〕 See M. M. Hoyt, *Education, Training and Retention of Legislative Draftsmen in Canada*, 5 Commonwealth Law Bulletin 260, 273(1979); J. Ewens, *Legislative Draftsmen: Their Recruitment and Training*, 57 Australian Law Journal 567, 567 – 570 (1983).

〔3〕 这是英联邦的普遍看法。See D. Hull, *Commonwealth Survey of Terms and Conditions of Service of Legislative Draftsmen*, 10 Commonwealth Law Bulletin 1357, 1359 (1984).

〔4〕 See D. Berry, *Legislative Drafting Training in the Hong Kong Department of Justice*, The Loophole(2005), www. opc. gov. au/calc/papers. htm#CALCpapers2005; C. Parkhill, *Best Practices for Developing Drafting Team Expertise—Australia: Publications and Presentations*, Canadian Institute for the Administration of Justice conference, Ottawa, 11 – 12 Sept. 2008.

〔5〕 关于科学与艺术之争论的分析，参见 H. Xanthaki, *On Transferability of Legislative Solutions: the Functionality Test*, in C. Stefanou and H. Xanthaki eds., Drafting Legislation: A Modern Approach—in Memoriam of Sir William Dale, AshgateDartmouth, 2008, p. 1。

〔6〕 See B. G. Scharffs, *Law as Craft*, 45 Vanderbilt Law Review 2339 (2001).

〔7〕 See C. Nutting, *Legislative Drafting: A Review*, 41 American Bar Association Journal 76 (1955).

〔8〕 See F. Ost and M. van de Kerchove, *Jalons pour une Theorie Critique du Droit*, Publications des Facultés universitaires Saint-Louis, 1987, p. 52.

〔9〕 See contra Editorial Review, 22 Canadian Law Times 437(1903).

〔10〕 See contra J. C. Piris, *The Legal Orders of the European Union and of the Member States:*

Peculiarities and Influences in Drafting, 8 European Journal of Law Reform 1 (2006).

〔11〕 关于法律作为一种科学的相反观点,参见 M. Speziale, *Langdell's Concept of Law as Science: The Beginning of Anti-Formalism in American Legal Theory*, 5 Vanderbilt Law Review 1 (1980)。

〔12〕 See R. R. Formoy, *Special Drafting*,21 Bell Yard: Journal of the Law Society's School of Law 3 (1938); 相反观点可以参见 C. Langdell, *Harvard Celebration Speeches*,3 Law Quarterly Review 123 (1887)。

〔13〕 See Aristotle, E. N., 5. 10. 1137b13 – 24.

〔14〕 See B. Flyvbjerg, *Making Social Science Matter: Why Social Inquiry Fails and How it Can Succeed Again*, Cambridge University Press, 2001, p. 39.

〔15〕 See Aristotle, *Nichomachean Ethics*, bk VI, chs 5 – 11 (D Ross trans, 1980).

〔16〕 See M. Griffiths and G. Macleod, *Personal Narratives and Policy: Never the Twain?*,42 Journal of Philosophy of Education 121, 126(2008).

〔17〕 See Aristotle, *Nichomachean Ethics*, bk VI, chs 5 – 11 (n 15).

〔18〕 See S-U von Kirchmann, *Die Werlosigkeit der Jursprudenz als Wissenschaft*, Verlage von Julius Springer, 1848.

〔19〕 See B. Caterino and S. F. Schram, *Introduction*, in SF Schram and B. Caterino eds., Making political science matter: Debating knowledge, research, and method, New York University Press, 2006, p. 8.

〔20〕 See W. Eskridge Jr., *Gadamer/Statutory Interpretation*, 90 Columbia Law Review 635 (1990).

〔21〕 See E. Engle, *Aristotle*, *Law and Justice: the Tragic Hero*, 35 Northern Kentucky Law Review 4 (2008).

〔22〕 See C. Rideout, *Storytelling*, *Narrative Rationality*, *and Legal Persuasion*, 14 Legal Writing: Journal of the Legal Writing Institute 75(2008).

〔23〕 See E. C. Page, *Their Word is Law: Parliamentary Counsel and Creative Policy Analysis*, Public Law 790, 797(2009).

〔24〕 See E. Moran, *Foreword: Special Issue on Legislative Drafting*, 36 Commonwealth Law Bulletin 1, 6(2010).

〔25〕 See G. Bowman, *Why is there a Parliamentary Counsel Office?*, 26 Statute Law Review 69, 71(2005).

〔26〕 See VCRAC Crabbe, *Drafting in Developing Countries: The Problems of Importing Expertise*, 4 African Journal of International and Comparative Law 630, 645(1992).

〔27〕 See J. P. Chamberlain, *Legislative Drafting and Law Enforcement*, 21 American Labour Legislation Review 235, 243(1931).

〔28〕 See L. Mader, *Evaluating the Effect: A Contribution to the Quality of Legislation*, 22 Statute Law Review 119, 126(2001).

〔29〕 See K. Pattchett, *Preparation*, *Drafting and Management of Legislative Projects*, (Workshop on The Development of Legislative Drafting for Arab Parliaments, Beirut, 3 – 6

Feb. 2003) para. 32.

〔30〕 See R. Cormacain, *An Empirical Study of the Usefulness of Legislative Drafting Manuals*, 2 The Theory and Practice of Legislation 205, 221(2012).

〔31〕 See B. Flyvbjerg, *Phronetic Planning Research: Theoretical and Methodological Reflections*, 5 Planning Theory and Practice 283, 286(2004).

〔32〕 该术语源自 VCRAC Crabbe, *Teaching Legislative Drafting: The Commonwealth Experience*, 19 Statute Law Review 113, 115(1998)。

〔33〕 培训是一项长达六七年甚至更长的长期事业。参见 G. P. Nazareth, *Legislative Draftsmen: A Continuing Dearth*, in Annex to Paper LMM in Commonwealth Secretariat, Meeting of Commonwealth Law Ministers (Colombo, Sri Lanka, 14 – 18 Feb. 1983): Memoranda (Commonwealth Secretariat, London, 1983) 129, 131。

〔34〕 See S. Lortie, *Providing Technical Assistance on Law Drafting*, 31 Statute Law Review 1, 17(2010).

〔35〕 关于培训的基本要素分析,参见 D. Miers and A. Paget, *Teaching Legislation in Law Schools*, 1 Statute Law Review 23, 24 ff (1980)。

〔36〕 See G. Bowman, *The Art of Legislative Drafting*, 7 European Journal of Law Reform 3, 15 (2005).

〔37〕 See W. D. Lewis, H. Hall, E. Freund and S. Williston, *Report of the Special Committee on Legislative Drafting*, 6 American Bar Association Journal 503, 504 (1920).

〔38〕 See D. Le May, *Pour un manuel de legistique*, 21 Cahiers de Droit 995(1980); G. Ciavarini Azzi, Better Lawmaking: The Experience and the View of the European Commission, (1998) 4 Columbia Journal of European Law 624.

〔39〕 See Interview with Norm Larsen, Draftstoevsky (comments), (2000 – 2002) 28 Manitoba Law Journal 205; J. Kobba, *Criticisms of the Legislative Drafting Process and Suggested Reforms in Sierra Leone*, 10 European Journal of Law Reform 231(2008).

〔40〕 See B. Deffains and M. Obidzinski, *Real Options Theory for Law Makers*, 75 Recherches économiques de Louvain 117(2009).

〔41〕 See W. Holdsworth, *A History of English Law*, Vol. XII, Methuen and Co. Ltd. , 1938, p. 157.

〔42〕 See B. Simamba, *Improving Legislative Drafting Capacity*, 28 Commonwealth Law Bulletin 1125(2002).

〔43〕 该领域有一些非常优秀的诊所,参见 Columbia University School of Law Legislative Drafting Research Fund, www. law. columbia. edu/llm_intro/grad_studies/Research#93175; Boston University School of Law, *Legislative Programs*, www. bu. edu/law/central/jd/programs/clinics/legislative/index. shtml; CR Feldblum "The Joy of Teaching Legislation" (2004) 7 New York University Journal of Legislation and Public Policy 31, 36 – 37。

〔44〕 See K. Kerrigan and P. Plowden, *Who Benefits? —Case Management and Clinical Education*, 30 Law Teacher 315, 328(1996).

〔45〕 See O. Kahn-Freund, *On Uses and Misuses of Comparative Law*, 37 The Modern Law Review 1(1974); D. Berkowitz et al., The Transplant Effect, 51 The American Journal of Comparative Law 163 (2003).

〔46〕 See D. Dewhurst, LA Levert QC and A. Zariski, Producing Legislative Counsel: Ways and Means, 33 Statute Law Review 339, 353 (2012).

〔47〕 See P. de Cruz, *Comparative Law in a Changing World*, Routledge-Cavendish, 2007, p. 513 - 514; also see E Örücü, *Critical Comparative Law: Considering Paradoxes for Legal Systems in Transition*, 4(1) Electronic Journal of Comparative Law(2000), http://www.ejcl.org/41/abs41 - 1.html.

〔48〕 关于借鉴与起草过程的深入分析，参见 H. Xanthaki, *Legal Transplants in Legislation: Defusing the Trap*,57 International and Comparative Law Quarterly 659(2008)。

〔49〕 关于该术语的分析，参见 E. Öcürü, *Critical Comparative Law: Considering Paradoxes for Legal Systems in Transition*, 59 Nederlandse Vereniging voor Rechtsvergelijking 59 (1999); E. Öcürü, *Law as Transposition*,51 International and Comparative Law Quarterly 206 (2002)。

〔50〕 See A. Watson, *Legal Transplants and Law Reform*,92 Law Quarterly Review 80 (1976); A. Watson, *Legal Transplants: An Approach to Comparative Law*, Scottish Academic Press, 1974; A. Watson, *Legal Transplants and European Private Law*, Ius Commune Lectures on European Private Law,No. 2.

〔51〕 See H. Gutteridge, *Comparative Law*, Cambridge University Press, 1949,p. 73; W. W. Buckland and A. D. McNair, *Roman Law and Common Law*, Cambridge University Press, 1936.

〔52〕 See C. Schmidthoff, *The Science of Comparative Law*, 19 Cambridge Law Journal 96 (1939).

〔53〕 See F. Teubner, *Legal Irritants: Good Faith in British Law or How Unifying Law Wends up in New Divergences*, 61 Modern Law Review 11 (1998); J. W. F. Allison, *A Continental Distinction in the Common Law: A Historical and Comparative Perspective on English Public Law*, Clarendon Press, 1996,p. 16.

〔54〕 See K. Zweigert and H. Kötz, *Einführung in die Rechtsvergleichung 3. Neubearbeitete Auflage*, JCB Mohr, 1996.

〔55〕 See K. Zweigert and K. Sier, *Jhering's Influence on the Development of Comparative Legal Method*, 19 American Journal of Comparative Law 215 (1971).

〔56〕 See K. Jhering, *Geist des römischen Rechts*, Vol. 1 (1955) 8 - 9.

〔57〕 关于立法起草的功能性分析，参见 Xanthaki, *Legal Transplants in Legislation* (n 49)。

〔58〕 See L. A. Mistelis, *Regulatory Aspects: Globalization, Harmonization, Legal Transplants, and Law Reform—Some Fundamental Observations*, 34 International Lawyer 1059(2000).

〔59〕 See J. Dunne, *Back to the Rough Ground*, University of Notre Dame Press, 1993,p. 311.

索　引*

* 本处页码为原书页码,即本书边码。

案例目录*

INTERNATIONAL

Permanent Court of International Justice

EUROPEAN UNION

* 本处页码为原书页码，即本书边码。

DOMESTIC

Australia

Canada

Ireland

New Zealand

United Kingdom

United States

立法目录*

INTERNATIONAL

EUROPEAN

---

* 本处页码为原书页码，即本书边码。

DOMESTIC

Australia

Canada

Malawi

New Zealand

United Kingdom

United States

译者后记

思来想去，最后还是决定写一篇简短后记，将自己在本书翻译过程中的相关经历与些许感受与读者分享。

我自己所学专业是法学理论，方向为立法学。攻读博士学位期间以及参加工作以后，导师宋方青教授带我从事了很多立法实务工作。在过去十年里，我参与了福建省、厦门市和其他地方30余部法规、规章的起草、论证或者评估工作，这些实务课题虽然非常耗时、费力，而且在当前考核体系中的分量比较小，但我仍乐在其中。看到自己参与的一部部法规、规章付诸实施，为自己能够为国家和社会做些许贡献而倍感自豪。

我是宋方青老师手把手教出来的。在所有学生里，老师给予我的亲身指导应该最多，自己很感恩，也倍感身上传承的担子。后来老师担任厦门大学法学院院长，公务繁重，课题事务无法事必躬亲，很多团队工作便委托我来协调，我则定期向老师汇报。2015年以来，我们团队承接了立法实务类课题50余项，团队研究成果得到了委托方的高度认可。有几次，老师建议将这些年我们在立法起草方面的经验总结出来，供新加入团队的成员学习参考，我自己也想可以与老师合作写一本立法起草方面的书。于是，我便搜集相关资料，也便找到了海伦·赞塔基教授的这本权威著述。

海伦·赞塔基教授出生于希腊，执教于英伦，具有大陆法系和英美法系双重的教育研究背景，这使得她的著述兼具理性严谨和经验实用的特点。她是英国立法起草领域第一位大学教授，是国际立法协会的现任主席，是立法法理学特别是立法起草领域的权威。在我之前的印象里，英国主要是判例法国家，与德法等欧陆国家相比，立法学方面的研究应该相对薄弱。直到阅读这本书后，我才改变了自己的最初印象。在英国，立法起草已经成为一门新兴的独立学科。从海伦·赞塔基教授这本书的目录就可以大体看出，其理论不仅体系完备、内容细致，更重要的是非常实用，是许多英联邦国家立法起草者和研究者的必备参考书目。

于是，我萌生了将此书翻译成中文的想法，并与海伦·赞塔基教授进行了沟通。为了提高翻译质量，当然也为了提高我在立法起草方面的理论素养，她推荐我参加了2019年伦敦大学高等法律研究院威廉·达尔爵士立法研究中心举办的立法起草课程班。开班第一天，根据中心主任斯特法努博士介绍，我是高等法律研究院的第二位中国学生，更是威廉·达尔爵士立法研究中心的首位中国学生。听到他的这番话，其他国家的同学都对我表示祝贺，并给予鼓励，我自己也倍感幸运与荣幸。随着综合国力和影响力的增强，中国在国际舞台上的地位愈发重要。在伦敦学习期间，授课老师多数都是英国议会法律顾问或者一些重要的政治人物，很多时候他们都会主动与我交流。与我们对西方的了解相比，他们对于中国的了解实际上远远不够。有几次，我也深深感受到意识形态的偏见在西方更严重，因而沟通对话非常必要。

海伦·赞塔基教授给我们授课了七次，均涉及本书的内容。除了课堂上的交流外，我们还专门约了几次时间就本书其他内容进行了讨论，特别是其引入中国的可能性和可信性。后来，我们一起参加了在意大利罗马举办的国际立法协会2019年年会，会后我们还就译稿的一些内容专门花了半天时间进行讨论。同时，也正是在那次会议上，经我在德国学习期间的合作导师、国际立法协会的创始人、终身荣誉主席乌尔里克·卡蓬教授的引荐，我有幸成为国际立法协会首位中国籍会员，厦门大学立法研究中心则成为国际立法协会首个单位会员，开启了中国立法学界与国际立法学界交流的大门。

翻译是一件创造性的体力活。语言差异不仅反映了思维方式的不同，而且也隐含了特定的文化和宪制差异。例如，delegated legislation，我们一般将其译为委任立法、授权立法，但就英文本意而言，其是指基于初级立法的授权而制定的次级立法。实践中，议会制定的初级立法中会有一个赋权性条款（enabling provision），政府或者其他被授权主体则根据该条款中的授权（delegation），制定一部授权立法（delegated legislation）。但是，“授权”是一种主动行为，delegated 却是被动形式。就这一点而言，delegated legislation 翻译成“受权立法”或者“根据授权的立法”，可能更为恰当。特别是当 delegate、delegated、delegation 同时出现在文中时，delegate 与 delegated 之间的区分便不可忽视。但鉴于“授权立法”已成为中文译法通例，因而本书保留了这一译法。只有出现诸如 delegated text 或者 instrument 之类的表述时，才采取意译方式，将其翻译为“根据授权制定的文本或者文书”，而不是翻译为“授权文本或者文书”。当然，鉴于能力所限，文稿中不严谨甚至错误之处在所难免，真诚欢迎读者们批评指正。

最后，我要特别感谢宋方青教授对我出国学习的鼓励和支持，她把我们这些弟子当作自己的孩子，虽然自己公务繁多，但依然定期与我们一起讨论问题，不断给予我们学术上的指导和生活上的关爱；感谢海伦·赞塔基教授给予我的信任，她为人亲和，授课深入浅出，极富智慧，颇具人格魅力。她思想包容，对中国非常友好。在她的鼓励和支持下，她的女儿将普通话作为自己的第一外语。同时，我还要感谢厦门大学对于本书中文版的资助。在母校百年华诞期间举办的国际学术会议上，我负责邀请了三位外籍荣誉教授和客座教授线上参加了会议，他们都是我出国学习期间协助学校引进的，算是自己对学校的一点回报。我还想特别感谢法律出版社陈慧女士，她温婉有力地督促我把握好翻译进度。正是她认真、细致、有耐心、高质量的沟通协调，促成了本书中文版的顺利出版。

姜孝贤

2021年5月10日